DIDACTICA NOVA

Band 9

Gunter Gesper, Uta Lehmann, Claudia Antonia Remmert, Wolfgang Thiem (Hrsg.)

# Methoden im Pädagogikunterricht –

## gemeinsames Werkzeug von Lehrern und Schülern

Schneider Verlag Hohengehren GmbH

**Didactica Nova**
**Arbeiten zur Didaktik und Methodik des Pädagogikunterrichts**
**herausgegeben im Auftrag**
**des Verbandes der Pädagogiklehrer und Pädagogiklehrerinnen (VdP) von**
**Eckehardt Knöpfel**

Der Verband der Pädagogiklehrer und Pädagogiklehrerinnen (VdP) vertritt als Fachverband die Interessen der Lehrerinnen und Lehrer der Fächer *Erziehungswissenschaft, Erziehungskunde, Pädagogik, Sozialpädagogik* und *Sozialwesen* an allgemeinbildenden (Gymnasien, Realschulen, Gesamtschulen und Hauptschulen) und beruflichen Schulen (Berufsfachschulen, Fachoberschulen, Berufskollegs, Höheren Berufsfachschulen, Beruflichen Gymnasien, Fachgymnasien). Interessenten wenden sich bitte an die **Geschäftsstelle des VdP, Hubertusstr. 32, 46485 Wesel**

Mail: geschaeftsstelle@vdp.org
Internet: www.vdp.org
FAX: VdP-Geschäftsstelle 0281 / 82452

**Umschlaggestaltung: Wolfgang H. Ariwald, BDG, 59519 Möhnesee**

**Gedruckt auf umweltfreundlichem Papier (chlor- und säurefrei hergestellt).**

Die Deutsche Bibliothek – CIP-Einheitsaufnahme

Methoden im Pädagogikunterricht : gemeinsames Werkzeug von Lehrern und Schülern / Gunter Gesper ... (Hrsg.). – Baltmannsweiler : Schneider-Verl. Hohengehren, 2001
(Didactica nova ; Bd. 9)
ISBN 3-89676-397-0


Printed in Germany. Druck: Frech, Stuttgart

# Inhaltsverzeichnis

# Vorwort des Herausgebers der Reihe

## Didactica Nova – Innovation für die pädagogische Fächergruppe!

Die Erweiterung der methodischen Kompetenz der Lehrer/innen und Schüler/innen gehört zu den besonderen Akzentsetzungen in den Lehrplänen der 90er Jahre (nicht nur) für den Pädagogikunterricht. Im gültigen Lehrplan Erziehungswissenschaft für das Bundesland Nordrhein-Westfalen wird dem Methodischen sogar ein eigener Bereich zugestanden: Die methodische Erschließung der Erziehungswirklichkeit.

Wer sich orientieren und fortbilden will, dem standen bisher an neuerer Literatur zwei Werke zur Verfügung: Neben Klaus Beyers Handlungspropädeutischer Pädagogikunterricht Teil II. Inhalte – Arbeitsformen – Sozialformen (= Band 3 der Reihe Didactica Nova) „klassischer“ Methodenlehre bekamen Kolleg/inn/en Anregungen durch Eckehardt Knöpfels Reader „Texte zur Methodik des Pädagogikunterrichts in der Sekundarstufe I und II“ (= Anstöße zum Pädagogikunterricht Band 2). In diesem Band wurden vorrangig neuere Methoden und Moderationsformen vorgestellt, die ich Ende 90er Jahre für meine Student/inn/en und Referendar/inn/e/n zusammengetragen habe. Der vorliegende Band tritt an die Stelle dieses Readers, der nicht mehr aufgelegt wird.

Wolfgang Thiem und seiner Arbeitsgruppe aus dem Bundesland Brandenburg kommt das Verdienst zu, die Neukonzeption angedacht und durchgeführt zu haben. Dieser Band unterstreicht das Gewicht, das sein schulpädagogischer Lehrstuhl mit einem Schwerpunkt „Didaktik des Unterrichtsfaches Pädagogik“ für den Pädagogikunterricht in ganz Deutschland gewonnen hat. Mein Dank gilt nicht allein den Herausgeber/inne/n des Bandes, sondern auch allen, die als Mitarbeiter/innen, ihre Kompetenz zur Verfügung gestellt haben.

Was soll mit diesem Band intendiert werden? Das deutsche, ja das europäische Bildungs- und Schulwesen hat seine Wurzeln in kirchlichen, genauer gesagt in mönchischen Traditionen. Im Mittelalter war die katholische Kirche die große Erziehungsanstalt. Durch die Reformation, den Pietismus, die Aufklärung und die sich anschließende Säkularisierung verlor die Kirche ihre prägende Kraft für die Schule, aber wichtige Inszenierungsmuster und Rituale hielten sich bis ins ausgehende 20. Jahrhundert. Die Rute als Symbol des Lehrers hat zwar ausgedient, aber an ihre Stelle sind andere „Strafmittel“ getreten. Die gottesdienstliche Inszenierung des Unterrichts mit dem „predigenden“ Lehrer vor der „Schülergemeinde“ ist immer noch die häufigste Unterrichtsform. Hilbert Meyer berichtet von einer empirischen Studie, nach der 76,86% aller unterrichtlichen Handlungsmuster frontalen Charakter tragen (1993, S. 61). Man kann vermuten, dass diese Vorgehensweise in den Alltagstheorien von Lehrer/inne/n gründet. Subjektive Theorien sind oft stabiler und wirklichkeitsprägender als wissenschaftliche Modelle und Theorien über Unterrichtsorganisation und Kognitionspsychologie.

Auch der Pädagogikunterricht steht in dieser Tradition. Und nicht wenige Ausbilder/innen in Schule und Universität verbreiten nach wie vor die Meinung, der frontale, textgeleitete Unterricht sei der „sachgerechte Pädagogikunterricht". Dem ist zu widersprechen!

Das Gegenteil von gottesdienstähnlichen Unterrichtsinszenierungen bilden nicht farbige, modernistische Methodentableaus, die in kurzer Zeit möglichst unterschiedliche Methoden und Medien anwenden. Nicht allein die Vielfalt ist entscheidend, sondern der begründete Einsatz in einem didaktisch gesicherten, die Lernvoraussetzungen der Schüler/innen bedenkenden Gesamtkonzept. Frontale Muster behalten dabei ihren Wert als bewusst gewählte unterrichtliche Erarbeitungsform.

Auch im methodischen Bereich muss deutlich werden, dass Unterricht – gerade im Fach Pädagogik! – nicht gegen fachtheoretische Vorgaben verstößt. Die Methoden des Pädagogikunterrichts tragen in erster Linie dazu bei, Erziehungswirklichkeit zu erschließen, zu verstehen und zu bewerten. Sie haben als „Wege zum Ziel" die Aufgabe, Schüler/inne/n sicher zu machen im pädagogischen Erkenntnisgang. Heinz Klippert hat Recht, wenn er sagt, Methodentraining gehört zu den zentralen schulischen Erfordernissen. Die auf diesem Gebiet geschaffenen Kompetenzen sind genauso wichtig wie die vermittelten Inhalte.

Pädagogikunterricht als Inszenierung?! Damit meine ich, dass Lehrer/innen und Schüler/- innen **ein** Ensemble darstellen, das sich gemeinsam auf den Weg macht, sich ihr „Stück" zu erarbeiten. Jeder spielt dabei eine andere Rolle. Jeder bringt andere Talente ein. Jeder ist gleichermaßen am Erfolg beteiligt. Dass dabei die Probenarbeiten oft mehr Spaß machen als die Premierenvorstellung, versteht sich von selbst. Dabei muss der/die Pädagogiklehrer/in nicht zwangsweise der Regisseur / die Regisseurin sein. Mündigkeit als oberstes Erziehungs- und Bildungsziel setzt Selbsttätigkeit als einen Weg zur Selbstständigkeit voraus. Diesem Ziel dienen die in diesem Band vorgelegten Inszenierungsmuster. Lehrer/innen, die bewusst einen Schritt zurücktreten, um als Moderator/inn/en und Prozesshelfer/innen Schüler/innen auf dem Weg zum selbstbestimmten Lernen und Leben in sozialer Verantwortung zu verhelfen, vergeben damit keine Chancen. Im Gegenteil: Sie schaffen viele. In Lerngruppen, die sich als demokratische Arbeitsgemeinschaften verstehen, gibt es unterschiedliche Rollen und damit verbundene Entwicklungsaufgaben – und keine sollte über- oder unterschätzt werden.

Als Ergänzung zu Klaus Beyers klassischem Methodenband stellt diese Buch eine wichtige Bereicherung dar, dem eine weite Verbreitung zu wünschen ist!

Eckehardt Knöpfel

## Literatur

Meyer, Hilbert: UnterrichtsMethoden. Band II. Frankfurt/Main: Scriptor [5]1993.

# Vorwort der Herausgeber

Der vorliegende Band 9 der Reihe Didactica Nova ist der **methodischen Gestaltung** des Pädagogikunterrichts gewidmet.

Unsere Beiträge richten sich an Lehrerinnen und Lehrer, die dieses Fach unter verschiedenen Bezeichnungen in unterschiedlichen Schulformen und Schulstufen unterrichten. Ob als Pädagogik im beruflichen Schulwesen, als Erziehungswissenschaft in der gymnasialen Oberstufe vieler Bundesländer, ob als Sozialwesen in der Sek. I in Thüringen bzw. an Realschulen in Bayern, ob als Sozialpädagogik an Realschulen in Rheinland-Pfalz oder als Lebensgestaltung, Ethik und Religionskunde in Brandenburg - wesentlicher gemeinsamer Bestandteil sind **Analyse und theoretisch begründete Durchdringung von Erziehungswirklichkeit.**

Keinem anderen Unterrichtsfach obliegt wohl eine solch extreme Verpflichtung, über die pädagogisch begründete Qualität der methodischen Gestaltung des Unterrichts nachzudenken. Unterricht und Lernen wird auch unmittelbar Gegenstand der unterrichtlichen Auseinandersetzung.

Erfahrene Lehrerinnen und Lehrer aus dem Land Brandenburg und aus Nordrhein-Westfalen stellten sich deshalb der Aufgabe, ihre Erfahrungen in der Gestaltung wichtiger Bereiche der Methodik des Faches darzustellen. Dabei kann keineswegs Vollständigkeit angestrebt werden. Vielmehr sind die Autoren bestrebt, entscheidende Bereiche der methodischen Gestaltung des Pädagogikunterrichts anzusprechen. Es war den Herausgebern dieses Bandes wichtig, die konkreten praktischen Erfahrungen der Lehrerinnen und Lehrer in den Mittelpunkt zu stellen. Es waren also weniger theoretische Abhandlungen gefragt, sondern die Vielfalt praktischen Tuns sollte gekennzeichnet und veranschaulicht werden. So haben wir bei der redaktionellen Bearbeitung auch bewusst auf übertriebene Vereinheitlichung verzichtet, der Band lebt von der Vielfalt der Handschriften und Stile der einzelnen Autoren.

Die Brandenburger Lehrerinnen und Lehrer haben sich zu Beginn der 90er Jahre in einem Zusatzstudium für dieses für das Land neue Fach qualifiziert, dabei haben ihnen im Studium auch erfahrene Kollegen aus Nordrhein-Westfalen ihre praktischen Erfahrungen übermittelt. Das Studium war so organisiert, dass bereits ab zweitem Studienjahr parallel eigener Unterricht im Fach möglich wurde. Heute können die Lehrerinnen und Lehrer dokumentieren, was aus den hilfreichen Anregungen geworden ist. Mehrere Kursdurchgänge liegen nun schon hinter ihnen, mehrere Abiturprüfungen – sei es schriftlich oder mündlich – wurden realisiert. Dort, wo das Fach angeboten werden kann, hat es festen Fuß gefasst, wird von den Schülern bevorzugt angewählt und dokumentiert ein anspruchsvolles Niveau.

In einem **ersten Teil** werden fachspezifische und pädagogische Anforderungen an die methodische Gestaltung des Pädagogikunterrichts abgeleitet.

Im einleitenden Beitrag entwickelt Wolfgang Thiem aus Zielen, Inhalten und fachdidaktischen Anliegen des Faches **allgemeindidaktische und fachdidaktische Ansprüche** an die methodische Gestaltung des Pädagogikunterrichts, wobei im besonderen Maße von der pädagogischen Handlungspropädeutik als wesentlichem Ziel des Pädagogikunterrichts ausgegangen wird. Methodisches Handeln des Lehrers wird dabei in zwei Richtungen akzentuiert: inhaltliche Erschließung der Erziehungswirklichkeit durch die Schüler zu organisieren und dabei bewusst ihre methodische Kompetenz auszubilden und zu vervollkommnen. Es werden acht Anforderungen an die methodische Gestaltung von Pädagogikunterricht formuliert, die in den folgenden Beiträgen in vielfältiger Weise aufgegriffen werden.

Uta Lehmann untersucht in ihrem Beitrag den **Zusammenhang von Wissenschaftspropädeutik und Studierfähigkeit**, um Konsequenzen für die methodische Gestaltung des Pädagogikunterrichts abzuleiten. Dabei bezieht sie insbesondere aktuelle Forderungen für eine Weiterentwicklung der gymnasialen Oberstufe ein.

Edwin Stiller greift die Fragestellung der **methodischen Erschließung der Erziehungswirklichkeit** und die Ausbildung von Methodenkompetenz der Schüler auf. Dabei führt er auch eine Auseinandersetzung mit dem Methodenbegriff in der Erziehungswissenschaft selbst und in vorhandenen Richtlinien und Lehrplänen unseres Faches. Aus der Überzeugung der Untauglichkeit isolierten, inhaltsleeren Methodentrainings leitet er Vorstellungen für ein mögliches Methoden-Spiralcurriculum ab, das er für das erste Halbjahr der Jahrgangstufe 11 konkretisiert.

Der **zweite Teil** des Bandes ist der **Darstellung konkreter methodischer Erfahrungen** gewidmet, wobei die Reihenfolge der Anordnung keine Rangfolge der Bedeutsamkeit darstellt:

Wolfgang Thiem betrachtet die Aufgabe, von **Erlebnissen und Erfahrungen der Schüler** auszugehen, ihre Vorkenntnisse und Interessen am Thema zu berücksichtigen. Dazu beschreibt er das Konzept erfahrungsbezogenen Unterrichts in der Anwendung auf den Pädagogikunterricht und stellt ausgewählte Visualisierungs- und Kooperationstechniken dar.

Peter Laska wendet sich der **Fallanalyse** im Pädagogikunterricht zu, einem sehr häufig einzusetzenden Mittel, um sich mit Erziehungswirklichkeit auseinanderzusetzen. Dabei macht er die Genese der Fallanalyse im Kursverlauf deutlich und analysiert Fall als Prototyp sowie als Einzelfall. Deutlich wird herausgearbeitet, dass eigentliches Ziel des Pädagogikunterrichts nicht ist, Theorien auf einen Fall zu übertragen, sondern auf der Grundlage theoretischen Wissens wahre Sätze über Erziehung erzeugen zu können (P. Menck).

Aus einem Reader des Verbandes für Pädagogiklehrer und Pädagogiklehrerinnen haben wir zur Ergänzung einen instruktiven Beitrag von Jürgen Langefeld übernommen.

Gunter Gesper wendet sich der Frage zu, wie Pädagogikunterricht dazu beitragen kann, **praktische Pädagogik erleben** zu lassen, indem die Lernenden **Praxisein-**

**sätze** in Kindertagesstätten, in der Schule oder auf dem Spielplatz realisieren und ihre Erfahrungen in Protokollen niederlegen.

Elfi Weiß geht einer anderen Form der praktischen Erfahrung von Pädagogik nach: **Erkundungen vor Ort.** Sie zeigt sehr konkret und anschaulich, welche Anforderungen dabei gestellt sind und **wie** sich ihre Kursteilnehmer engagiert in konkreten Erkundungen vor Ort der Waldorfpädagogik, der Pädagogik von Janusz Korczak, der Vorstellung von Schule von Peter Petersen, der Pädagogik Maria Montessoris sowie der Pädagogik der Laborschule Bielefeld genähert haben, sie praktisch verarbeitet haben. Dabei kennzeichnet die Autorin zugleich die jeweiligen pädagogischen Konzepte und charakterisiert so, welchen Inhalten die Schüler nachgingen.

Im Grunde geben beide Beiträge auch sehr konkrete Hinweise, wie der künftig vorgesehene „Andere Leistungsnachweis“ als Ersatz von Klausuren im Sinne einer Facharbeit organisiert werden könnte.

Claudia Antonia Remmert wendet sich der Anforderung zu, im Pädagogikunterricht verstärkt auch **biografisches Lernen** einzubeziehen. Ausgehend von der Feststellung, dass biografisches Lernen innere Bewegtheit erzeugt, erläutert sie notwendige „Spielregeln“ für Lehrende und Lernende und geht auf praktische Ansätze biografischen Lernens ein. Dabei werden die Arbeit mit persönlichen Fotografien, die Arbeit an Texten, die Arbeit mit Phantasiereisen sowie die Arbeit mit freier Textgestaltung hervorgehoben.

Kerstin Mettke beschreibt am Beispiel von Torey L. Haydens „Sheila“, wie **Ganzschriften** zum Gegenstand der Auseinandersetzung mit Erziehungswirklichkeit werden können, indem sie die Vorgehensweise erläutert und unterschiedliche Möglichkeiten des unterrichtlichen Einsatzes erörtert. Angehangen sind einige allgemeine Orientierungen für den Umgang mit Ganzschriften sowie konkrete Werkempfehlungen.

Edwin Stiller wendet sich der **rezeptiven und produktiven Arbeit mit Fotografie** im Pädagogikunterricht zu. Ausgehend von Kontroversen, die Fotografien in einem Lehrbuch bei Lernenden ausgelöst haben, betrachtet der Autor den medienspezifischen Charakter der Fotografie und ihre Rolle in der qualitativen erziehungswissenschaftlichen Forschung. In anregender Weise werden der rezeptive und produktive Umgang mit dem Medium der Fotografie beschrieben.

Peter Laska beschreibt das **Bilderbuffet** in seiner Anwendung auf den Pädagogikunterricht.

Aus der Zeitschrift „Pädagogikunterricht“ und einem Reader des Verbandes für Pädagogiklehrer und Pädagogiklehrerinnen haben wir Beiträge übernommen, von denen wir glauben, dass sie nach wie vor aktuell sind und dazu anregen können, die Auseinandersetzung mit Erziehungswirklichkeit in unterschiedlichen Formen zu sichern:

Beiträge von Stefan Rogal, Hans-Georg Tangemann und Jürgen Langefeld zu Möglichkeiten, **Erziehungswirklichkeit bzw. pädagogisches Handeln zu simulieren** – Standbild, Plan- und Rollenspiel.

Eckehardt Knöpfel erläutert eine interessante Methode der Textarbeit: **Die Klangbildmethode**. Bei dieser Methode wird versucht, bei der Erschließung und der Interpretation von Texten ganzheitlich vorzugehen und den Gefühlsbereich einzubeziehen.

In Ausschnitten aus einer längeren Arbeit von Anja Dams wird das **Lehren und Lernen mit elektronischen Medien im Pädagogikunterricht** beschrieben, womit eine wahre Fundgrube für die konkrete Arbeit mit elektronischen Medien vorliegt. Angehangen sind einige weitere aktuelle Internet-Adressen, die Gunter Gesper mit Hilfe seiner Kursteilnehmer sammelte, unter denen erfolgreich Recherchen für unser Fach möglich sind.

Carola Volk geht in ihrem Beitrag der **Leistungsermittlung und -bewertung** im Pädagogikunterricht nach, wobei sie insbesondere die Abiturprüfung in den Mittelpunkt stellt. Ausgehend von den Anforderungen an Abiturprüfungen wird deren Realisierung an konkreten Beispielen veranschaulicht, wozu jeweils Anforderung und zugrunde gelegter Text, Erwartungshorizont und Bewertungshinweise dargestellt werden. Konkrete Hinweise erfolgen für die bei der Aufgabengestaltung notwendige Materialsuche und -auswahl.

In einem **Methodenregister** werden Methoden und Verfahren aufgeführt, die im zweiten Teil des Bandes ausführlich in ihrer praktischen Handhabung beschrieben wurden. Im **Verzeichnis der Autoren** werden alle beteiligten Autoren vorgestellt.

Die Herausgeber des Bandes bemühten sich um eine behutsame redaktionelle Bearbeitung, wobei in der Regel die Neue Rechtschreibung genutzt wurde. Zitate blieben allerdings ungeändert. Bei den technischen Arbeiten wurden wir von Frau Rita Kleine unterstützt.

Wir hoffen, mit den ausgewählten Beiträgen einige wesentliche Bereiche der methodischen Gestaltung des Pädagogikunterrichts aufgegriffen zu haben und so Lehrerinnen und Lehrern, aber auch Studierenden unseres Faches Anregungen für den Ausbau ihrer eigenen methodischen Kompetenz zu geben.

Herausgeber und Autoren erhoffen eine kritisch-konstruktive Annahme des Bandes und erwarten Ihre Meinungsäußerungen.

Uta Lehmann, Claudia Antonia Remmert,

Gunter Gesper, Wolfgang Thiem

# Teil I: Methodische Gestaltung des Pädagogikunterrichts – eine fachspezifische und pädagogische Fragestellung

WOLFGANG THIEM

# Allgemeindidaktische und fachdidaktische Ansprüche an die methodische Gestaltung des Pädagogikunterrichts

*„Methodisches Handeln des Lehrers besteht aus der Inszenierung des Unterrichts durch die zielgerichtete Organisation der Arbeit, durch soziale Interaktion und sinnstiftende Verständigung mit den Schülern."*

Hilbert Meyer 1987, S. 21.

In diesem Beitrag sollen aus allgemeindidaktischen Anforderungen an Unterricht heute und aus der didaktischen Konzeption des Faches, seiner Ziele und Inhalte **spezifische Ansprüche an die methodische Gestaltung des Pädagogikunterrichts** abgeleitet werden. Sie werden ihre konkrete Widerspiegelung in den folgenden vorwiegend praktisch geprägten Orientierungen finden.

Wenn ich von methodischer Gestaltung spreche, fasse ich das methodische Handeln im Sinne des vorangestellten Zitats von Hilbert Meyer. Die von Witlof Vollstädt (2000, S. 8) nach Hilbert Meyer (1987, S. 235) zitierte und von mir übernommene Abbildung (vgl. S. 7) verdeutlicht die Breite der betrachteten Dimensionen.

Ich verzichte deshalb an dieser Stelle bewusst auf die Auseinandersetzung mit dem „schillernden Methodenbegriff". Das wird Edwin Stiller bei seinen Überlegungen zur Methodenaneignung der Lernenden tun. Das allgemeine Strukturmodell wird damit eine weitere Differenzierung erfahren, indem der Blick noch stärker auf Methoden der Fachwissenschaft gelenkt wird.

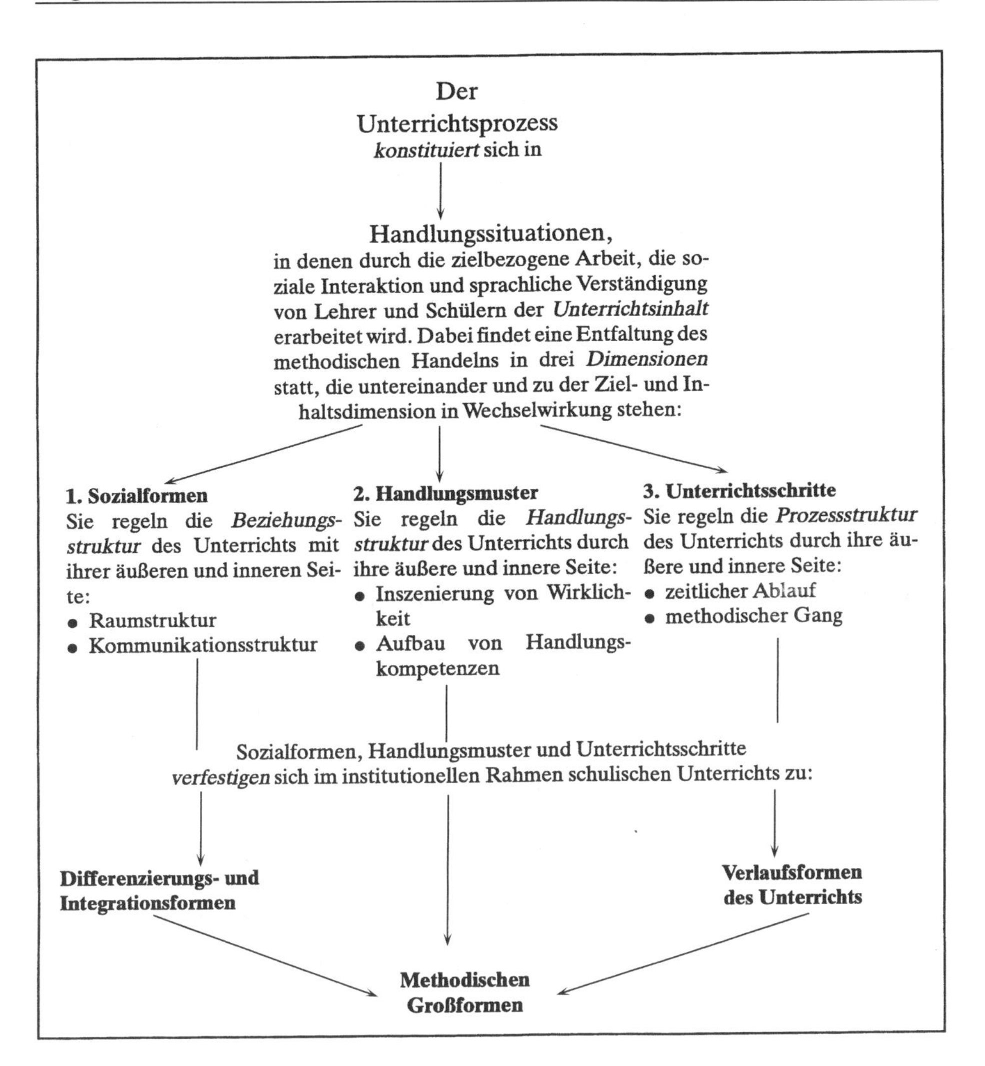


Abb. 1 Ein Strukturmodell methodischen Handelns (Quelle: Meyer 1987, Bd. 1, S. 235)

## 1. Ansätze und Determinanten eines fachdidaktischen Konzepts

Klaus Beyer untersuchte in seinen Arbeiten den Zusammenhang zwischen Allgemeiner Didaktik und Fachdidaktik und betont die Integrationsfunktion von Fachdidaktik, zwischen „Ansprüchen der Allgemeinen Didaktik an den Unterricht und den Möglichkeiten des Faches so zu vermitteln, dass eine integrierte Unterrichtskonzeption entsteht“ (2000, S. 21). Zweifellos ist es dazu notwendig, einerseits vom Selbstverständnis der Bezugswissenschaft und andererseits von der Funktion und Aufgabenstellung des jeweiligen Faches im Fachkanon der Unterrichtsstufe auszugehen.

Pädagogik oder Erziehungswissenschaft als Fach des gesellschaftswissenschaftlichen Aufgabenfelds der gymnasialen Oberstufe erhält seine spezifische Legitimation aus dem möglichen Beitrag, Hilfe zur „Selbstverwirklichung in sozialer Verantwortung“ zu leisten und pädagogische Handlungskompetenz auszubilden.

Das schließt ein,

- „die Entfaltung der personalen Identität zu unterstützen;
- Fähigkeiten und Bereitschaft zur Kommunikation und Kooperation auszubilden;
- Empathie, positive Wertschätzung, Akzeptanz und Toleranz zu sich und anderen auszuprägen;
- pädagogische Aspekte in verschiedenen Bereichen beruflichen und persönlichen Lebens zu erkennen, zu werten und zu berücksichtigen“ (Rahmenplan Erziehungswissenschaft Sek. II 2001, S. 3).

Ähnliche Anliegen verfolgen im Sinn von konkreter Lebenshilfe, der bewussten Ausbildung von personaler und sozialer Kompetenz auch entsprechende Fächer in der Sekundarstufe I (so Sozialwesen im Wahlpflichtbereich in Thüringen).

Das Fach hat wesentliche Potenzen, unterschiedliche **Kompetenzen** (vgl. Heinz Klippert 1995) der sich entfaltenden Persönlichkeit auszubilden – neben der **Fachkompetenz** entstehen bei den in den Rahmenplänen festgelegten Zielen und Inhalten vielfältige Möglichkeiten, bewusst **personale** und **soziale** Kompetenzen anzuzielen; das Aneignen und Anwenden von entsprechenden **Methoden** unterstützt alle drei anderen Kompetenzbereiche (vgl. dazu den Beitrag von Edwin Stiller i. d. Bd.).

Wissenschaftspropädeutik und Propädeutik pädagogischen Handelns stehen deshalb in engem Zusammenhang (vgl. auch Beitrag von Uta Lehmann i. d. Bd.). Handlungspropädeutik im Unterricht des Faches Erziehungswissenschaft „erfordert, dass die Lernenden pädagogische Handlungsfelder, Handlungsbedingungen, Möglichkeiten und Grenzen erzieherischen Handelns kennen lernen, erleben und ein Bewusstsein für dessen Konsequenzen entwickeln“ (ebenda). Der Rahmenplan des Faches in Nordrhein-Westfalen kennzeichnet dabei zwei Bereiche, die die Grundstruktur des Faches bestimmen: **inhaltliche Erschließung** von Erziehungswirklichkeit und **methodische Erschließung** der Erziehungswirklichkeit (1999, S. 9f.).

**Methodisches Handeln** des Lehrers schließt somit zwingend ein, zur gezielten Ausbildung pädagogischer Handlungskompetenz

1. die **inhaltliche Erschließung der Erziehungswirklichkeit** durch die Lernenden anzuleiten, zu ermöglichen, anzuregen, zu werten;
2. die dazu notwendige **methodische Kompetenz der Lernenden** bewusst auszubilden und zu vervollkommnen (vgl. dazu die Vorschläge Edwin Stillers in diesem Band für ein methodisches Spiralcurriculum).

Die didaktische Grundstruktur des Faches wird durch die Aufgabenstellung bestimmt, **von Erziehungswirklichkeit auszugehen**, sie mit Hilfe wissenschaftlicher Erkenntnisse der Erziehungswissenschaften, aber auch anderer Wissenschaften wie Psychologie, Soziologie, Biologie, Philosophie u. a. zu **durchdringen**, wodurch **fundiertes Handlungswissen** bereitgestellt werden soll. Diese inhaltliche und methodische Auseinandersetzung ist durch direkte oder vermittelte Begegnung mit Erziehungswirklichkeit, ihrer Reflexion und Mitgestaltung gekennzeichnet.

Die Rahmenpläne des Faches in Nordrhein-Westfalen (vgl. 1999, S. 12) und Brandenburg (vgl. 2001, S. 4) formulieren dazu **vier Ebenen methodischer Schritte**, die dabei zu bewältigen und bewusst anzueignen sind:

- wahrnehmen, erkennen und darstellen;
- deuten, analysieren und erklären;
- urteilen, entscheiden und Stellung nehmen bzw. werten (Brandenburg);
- planen, simulieren und handeln.

Inhalte und Methoden stehen somit im Pädagogikunterricht in einem spezifischen Wechselverhältnis. Daraus ergeben sich **allgemein- und fachdidaktische Ansprüche an seine Gestaltung**, die an anderer Stelle auf der Grundlage des Brandenburger Fachkonzepts von 1992 (Vorläufiger Rahmenplan) ausführlicher entwickelt wurden (vgl. Wolfgang Thiem 1997, S. 97ff.).

Allerdings hebt Klaus Beyer hervor, dass alle fachdidaktischen Konstrukte aus mehreren Gründen zwingend, „nur als Angebote an den Pädagogiklehrer verstanden werden (können), zu denen Alternativen denkbar sind“ (2000, S. 23). Es fehlt noch eine verlässlich empirisch begründete fachdidaktische Konzeption, bisher fließen nur partiell Erfahrungen von Lehrern in diesem Fach ein. In den Beiträgen dieses Bandes kommen deshalb bewusst erfahrene Lehrerinnen und Lehrer zu Wort, die wesentliche Möglichkeiten methodischer Gestaltung des Pädagogikunterrichts aus ihren Erfahrungen kennzeichnen.

## 2. Ansprüche an die methodische Gestaltung des Pädagogikunterrichts

Im weiteren sollen ausgewählte wesentliche **Ansprüche an die methodische Gestaltung** hervorgehoben werden, wie sie einerseits in Orientierungen der Rahmenpläne ihren Niederschlag finden und andererseits die Inhalte der konkreten Methodendarstellungen begründen.

**Erstens:**

**Handlungsorientiertes Konzept des Unterrichts sichern, das die problemorientierte, forschende inhaltliche und methodische Auseinandersetzung mit Erziehungswirklichkeit ermöglicht, anregt, leitet, wertet und ggf. auch korrigiert**

In der Allgemeinen Didaktik wird mit Handlungsorientiertem Vorgehen ein Unterrichtskonzept beschrieben, das in besonderem Maße auch dem differenzierten Anliegen des Pädagogikunterrichts entspricht (vgl. beispielsweise Herbert Gudjons 1997, S. 109ff.). Allgemeindidaktisch wird es insbesondere durch die geänderten Sozialisationsbedingungen (beispielsweise das „allmähliche Verschwinden der Wirklichkeit“ durch die starke Zuwendung zu elektronischen Medien – Hartmut von Hentig 1984; die aktuelle „Armut der Kindheit“ an sozialen Beziehungen – Cloer 1991); durch den notwendigen Zusammenhang von Handeln und Denken sowie die Aufgabe der Schule begründet, den ganzen Menschen zu sehen und wie K.E. Nipkow treffend formulierte, „Sinnstiftung durch Gegenwartserfüllung“ anzustreben.

Auch Wolfgang Klafki betonte bei seinen Vorstellungen einer didaktischen Analyse, aber auch in seinem Vorläufigen Perspektivenschema der Kritisch-konstruktiven Didaktik, dass bei der Bestimmung des Bildungswerts bestimmter Inhalte **Gegenwartsbedeutung, Zukunftsbedeutung** und **exemplarische Bedeutung** der vorgesehenen Bildungsgegenstände für den Lernenden gegeneinander abzuwägen und zu bewerten (1963, S. 163ff. und 1985, S. 194ff.) sind.

Für den Pädagogikunterricht wird – wie oben dargestellt – handlungsorientiertes Vorgehen zu einer unabdingbaren Bedingung, um „methodische Erschließung der Erziehungswirklichkeit“ (vgl. Beitrag von Edwin Stiller) und pädagogische Handlungspropädeutik zu sichern.

Wesentliche Aspekte handlungsorientierten Vorgehens werden von Herbert Gudjons in fünf Merkmalen gekennzeichnet, die sich in starkem Maße mit Anliegen des Pädagogikunterrichts treffen:

- Aktivierung aller Sinne;
- Selbstverantwortung und methodische Kompetenz der Schüler;
- Produktorientierung;
- kooperatives Handeln;
- Lebensbezug.

Die Vorstellungen zu diesem Unterrichtskonzept entwickelten sich aus unterschiedlichen Quellen des Konzepts: einerseits Auffassungen der Kulturhistorischen Schule (A. N. Leontjew, P. J. Galperin, N. F. Talysina u. a.) zur etappenweisen Ausbildung geistiger Handlungen und andererseits der Kognitiven Psychologie (beispielsweise Jean Piaget u. a.). Aufgenommen wurden aber auch historisch langfristig entstandene pädagogische Positionen von notwendigem Zusammenhang von Lernen und Handeln, zu erinnern ist nur an die Projektidee von John Dewey, an den Arbeitsschulgedanken, wie er von Georg Kerschensteiner, Hugo Gaudig, Otto Scheibner, Adolf Reichwein durchaus differenziert vertreten wurde.

Wichtig ist es dabei allerdings, dass keineswegs verkürzte Auffassungen das Konzept in Verruf bringen dürfen, wenn beispielsweise

- Lernen und Handeln gleichgesetzt werden;
- Lernen nur noch allein durch Handeln möglich sein soll;
- Handeln nur auf praktische Tätigkeiten beschränkt wird.

Zu betonen ist vielmehr die **aktive,** eben **handelnde Auseinandersetzung mit dem Inhalt** durch vielfältige sinnliche, geistige, sprachliche und auch praktische Handlungen.

Edwin Stiller verdeutlicht in seiner Methodenmatrix die Vielfalt handelnder Auseinandersetzung mit Erziehungswirklichkeit in vier Methodenfeldern, wobei es um Erkundung, theoriegestützte Erklärung, Simulation und praktische Realisierung von pädagogischem Handeln ebenso geht wie um theoretisch begründete Reflexion der Lernenden über eigenes pädagogisches Denken und die eigene Biografie (vgl. seinen ersten Beitrag).

Dabei kann **handlungsorientiertes Vorgehen** bedeuten, zwischen Lehrer und Schüler Handlungsprodukte zu vereinbaren, die die Ergebnisse der Lernprozesse widerspiegeln können (vgl. Hilbert Meyer 1988, S. 214).

Der „**Königsweg**“ handlungsorientierten Vorgehens ist aber sicher, **problemorientiertes**, **forschendes Lernen** zu organisieren, wie es beispielsweise im **projektorientierten Vorgehen**[1] möglich wird. Ansätze dazu zeigen viele der folgenden Beiträge. Die Rahmenpläne Brandenburgs (2001) und Nordrhein-Westfalens (1999) regen beispielsweise in ihren Inhaltsübersichten zu „möglichen Projektthemen“ an, die auf sehr unterschiedliche Weise aufgegriffen werden können.

Das Konzept von Projektunterricht ist sicher jedem Lehrer geläufig – aber sehr oft werden eben wichtige Potenzen der Grundidee verschenkt, wenn Schülern beispielsweise in einer Projektwoche wieder etwas „vorgesetzt“ wird, wo sie nur noch entscheiden können, in welchem Projekt sie mitarbeiten wollen. Die Schüler sind

---

[1] Ich bleibe hier bewusst allgemein in meiner Formulierung: projektorientiertes Vorgehen kann die Gestaltung einer Projektwoche der Schule (mit Oberthema oder differenziertem Angebot), aber auch einzelner Kurse bedeuten; auch Projekttage und -themen für Klassenstufen haben sich bewährt – es kann aber auch die Bearbeitung eines Themas im Rahmen eines Kurses über mehrere Wochen und evtl. Unterrichtsverlagerung sein.

dann also nicht in die Entwicklung der Projektidee, die Abwägung unterschiedlicher Aspekte der Bearbeitung, die Entwicklung eines Projektplans und die praktische Vorbereitung einbezogen. Das alles ist zugegebenermaßen sehr aufwendig, aber die „Projektidee" ist nur so pädagogisch sinnvoll (verkommt sonst schnell zur „Beschäftigungstherapie", die Schüler schnell „entlarven", wo möglich noch in der letzten Schulwoche vor den Ferien!).

Im Pädagogikunterricht geht es in besonderem Maße auch um **Ermöglichung der Selbstbestimmung des Lernens**, um die Möglichkeit, dass Lehrer und Schüler gemeinsam die Inhalte konstituieren, **„neu erschaffen"** (vgl. Lothar Klingberg 1983, S. 764).

Das verlangt die **Einbeziehung** der Lernenden in **Planungsprozesse**, die **Organisation** eines **vielfältigen Diskurses** in der Auseinandersetzung mit den Inhalten ebenso wie die **gemeinsame Auswertung und Thematisierung des Lernprozesses** in einer Unterrichtseinheit (vgl. hierzu auch den Beitrag von Edwin Stiller).

Dem dient beispielsweise ein **handlungsorientierter Einstieg** in ein neues Themengebiet, wie er sich aus Exkursionen bzw. Erkundungen vor Ort ergibt (vgl. Beitrag von Elfi Weiß). Breite Möglichkeiten bietet **konkret erlebte Pädagogik** in unterschiedlichen Erziehungsfeldern (vgl. Beitrag von Gunter Gesper). Aber auch ein **Bilderbuffet** (vgl. Beitrag von Peter Laska) kann das Mitplanen der Lernenden und ein Akzentuieren der Zielstellungen sowie Inhalte ermöglichen.

Dabei kommt es darauf an, die **Auswahl erzieherischer Situationen** so zu treffen, dass die Sensibilität der Lernenden für die Einmaligkeit erzieherischen Handelns geschaffen wird, die Aneignung von unterschiedlichen Erklärungsansätzen bzw. die Reaktivierung bereits vorhandenen Verfügungswissens möglich wird, damit die Schüler erklären und entscheiden können, welche Erklärungsmuster situationsangemessen genutzt werden können (vgl. auch Achtens).

Dabei kann die Fallanalyse (vgl. Beitrag von Peter Laska) ebenso günstigen methodischen Zugang darstellen wie kreative Textarbeit sowie die Arbeit mit Ganzschriften (vgl. Beitrag von Kerstin Mettke). Auch die Auseinandersetzung mit Fotografien (vgl. den Beitrag von Edwin Stiller) ist ein sehr produktives und angemessenes Verfahren handlungs- und problemorientierter Auseinandersetzung mit Erziehungswirklichkeit.

**Zweitens:**

**Von den Erfahrungen der Schüler ausgehen, biografisches Lernen zur Auseinandersetzung mit Erziehungswirklichkeit organisieren**

Die Lernenden haben vielfältige Erfahrungen mit Erziehungsprozessen der eigenen Kindheit und der Schule, aber auch aus Beobachtungen von Erziehungsprozessen im Alltag, ihrer sozialen Umwelt. Zur Einbeziehung solcher Erfahrungen und Erlebnisse können vielfältige Methoden dienen: Phantasiereisen (vgl. Beitrag von Claudia Antonia Remmert), Abfragemethoden, Collagen u. a. (vgl. Beitrag von Wolfgang Thiem). Erfahrungen können aber auch bewusst organisiert werden, wie Elfi Weiß und Gunter Gesper in ihren Beiträgen zeigen.

Unter Bezug auf G. W. Allport (1969) wird „biographical learning" zu **persönlich bedeutsamem Lernen**, wodurch die höchste Ebene der persönlichen Involviertheit aufgrund eines besonderen Interesses, das in den lebensgeschichtlichen Aufbau einer Persönlichkeit integriert ist, erreicht wird. Biografisches Lernen ist somit nach Herrmann Buschmeyer u. a. eine Form des Lernens, die sich durch „bewusste Auseinandersetzung mit der eigenen Lebensgeschichte und deren Aneignung" auszeichnet (vgl. 1992, S. 15).

„Biographische Selbstreflexion ist damit der Versuch, den Ansatz der sozialwissenschaftlichen Biographieforschung auf das **eigene** Leben anzuwenden und für die **eigene** Identitätsfindung fruchtbar zu machen" (Herbert Gudjons u. a. 1986, S. 25 – Hervorhebung im Original).

Es ist wohl ein besonderer Vorzug des Pädagogikunterrichts, dass er sich im besonderen Maße mit dem Werden des eigenen Ichs und den Wegen zur Identität beschäftigt, was in anderen Unterrichtsfächern nur randständig erfolgt.

Unter Bezug auf Dieter Baacke (1995) sind drei **Ebenen des Verstehens biografischer Daten** zu unterscheiden:

- **nachvollziehendes Verstehen** als Erschließen von Erfahrungen, die dem Bewusstsein, der Erinnerung unmittelbar zugänglich sind;
- **analytisches Verstehen** als Erschließung der Tiefenstruktur der Erinnerung, selbstreflexive Anwendung theoriegeleiteter Deutung;
- **entwerfendes Verstehen** als Betrachtung alternativer Handlungsmöglichkeiten mit der Perspektive, Lernchancen für das Individuum zu eröffnen (vgl. Herbert Gudjons u. a. 1986, S. 35).

Der Beitrag von Claudia Antonia Remmert in diesem Band vermittelt Erfahrungen mit unterschiedlichen methodischen Vorgehensweisen bei biografischem Lernen.

Ein spezifischer Gegenstand der Auseinandersetzung im Rahmen biografischen Lernens im Pädagogikunterricht zur Unterstützung der Identitätsfindung könnte auch der **Umgang mit Geschlechterrollen** und deren historischem Wandel sein, was ich hier nicht weiter differenzieren kann (vgl. Wolfgang Thiem 1997, S. 103).

**Drittens:**

**Förderung und Ausbildung sozialer Kompetenzen als spezifisches Anliegen des Pädagogikunterrichts**

Jedes Unterrichtsfach muss dazu beitragen, Kommunikations- und Kooperationsfähigkeit und -bereitschaft auszubilden und zu vervollkommnen. Der Pädagogikunterricht hat aber auch hierzu spezifische Potenzen, weil theoretische Erklärungsmodelle der Kommunikations- und Kooperationsprozesse selbst zum unmittelbaren Inhalt des Unterrichts werden. In Kooperation mit anderen Fächern sollte also in jedem Kurshalbjahr ein konkreter Beitrag zur Entwicklung dieses Kompetenzbereiches auf der Grundlage der erreichten Qualitäten in der jeweiligen Lerngruppe und der Möglichkeiten der konkreten Fachinhalte geleistet werden. Es kommt insbesondere darauf an, Fähigkeiten zu diskurshaftem Denken auszubilden und die Aneignung von Strategien der Konfliktlösung und zur partner- und themenzentrierten Kommunikation zu sichern (vgl. den Beitrag von Edwin Stiller zum Methoden-Spiralcurriculum in diesem Band).

**Viertens:**

**Betrachtung unterschiedlicher sozialer Ebenen sichern – Regionales in die Auseinandersetzung einbringen**

Im Zusammenhang mit der Bedeutung des biografischen Lernens und der Bemühung um Kommunikations- und Kooperationsförderung steht die Forderung, im Pädagogikunterricht folgende **soziale Ebenen** zum Tragen zu bringen, die Jürgen Langefeld in einer Zielmatrix zur Ausbildung von Verantwortlichkeit differenziert darstellt (1989, S. 22):

- **Ich** mit der eigenen Biografie, der eigenen Entwicklung und dem Selbstkonzept;
- **Du** mit Partnerbeziehungen (Offenheit, Empathie für andere ...);
- **Wir** mit Kenntnissen über Gruppe, ihre Entwicklung und Dynamik; Gruppendruck u. a.);
- **Region** (Kenntnis des Lebensraums; Partizipation an der Aktivität des Lebensraums ...);
- **Gesellschaft** (Kenntnisse zur pluralistischen Medien- und Informationsgesellschaft, Einbindung in Normen des Gesellschaftssystems, Mitwirkung an gesellschaftlichen Prozessen ...).

Dabei hebt Jürgen Langefeld im besonderen Maße die **Region** als eine pädagogische Kategorie hervor, weil sie Überschaubarkeit und Beeinflussbarkeit sichert und mit persönlichen Erfahrungen und Erlebnissen verbunden ist, einen Lebenszusammenhang repräsentiert. Die Wirkung des Eingehens auf regionale Ereignisse, Erscheinungen sieht er insbesondere in der „normativen Sinnstiftung und Sinnfindung in der ethischen Dimension des Unterrichts" (1997, S. 8).

„Moralität entsteht aus den Vertrauenserfahrungen des Nahbereichs und ist die Verdichtung eines Erfahrungsprozesses, der sich in der überschaubaren Tat bewährt und so langsam wieder – über die Verantwortlichkeit des Subjekts – Solidarität in der Gesellschaft aufbaut" (ebenda, S. 6). Dabei werden insbesondere folgende Möglichkeiten hervorgehoben:

- über Entfaltung der erzieherischen Dimension in der Werteerziehung und durch biografische Bezüge;
- über ein Schulprogramm, das Schule als „gerechte Gemeinschaft" versteht – wer denkt dabei nicht an die „**Polis**" im Schulkonzept von Hartmut v. Hentig?
- durch den Aufbau kleiner sozialer Einheiten, von Verantwortlichkeiten im sozialen Nahraum der Schule (vgl. ebenda, S. 9).

Die Beiträge von Gunter Gesper und Elfi Weiß in diesem Band geben dazu interessante Anregungen.

Aber auch vielfältige Aktivitäten von Pädagogikkursen an Brandenburger Schulen zeugen von diesem Versuch, subjektive Verantwortung zu übernehmen und pädagogisches Handeln zu realisieren. Als Beispiele und Anregungen können gelten:

- Überlegungen des Kurses für die Erstellung oder eine Akzentuierung eines Schulprogramms (beispielsweise in einer Zukunftswerkstatt) und „Anstiftung" einer allgemeinen Diskussion in der Schulöffentlichkeit, was sicher nicht immer sofort mit „offenen Ohren" aufgenommen wird;
- Auslösung von Diskussion über Unterricht und seine methodische Gestaltung durch Kursteilnehmer in anderen Lerngruppen und mit anderen Lehrern, was durchaus erst einmal heftige Missverständnisse auslösen kann;
- „Expertenführung" kleiner Gruppen interessierter Schüler der Grundschule und ihrer Eltern beim „Tag der offenen Tür" im weiterführenden Gymnasium bzw. der Gesamtschule durch die Schule und zu möglichen Hospitationen durch Kursteilnehmer;
- aber auch die pädagogische Betreuung von Besuchern mitgebrachter jüngerer Kinder bei solchen Ereignissen bzw. an Projektpräsentationstagen;
- die Organisation von Arbeitsgemeinschaften und Förderzirkeln mit jüngeren Schülern an der Schule;
- Information der Schüler der 10. Klassen über das Anliegen und die Besonderheiten des Unterrichtsfaches durch Kursteilnehmer, um die Kurswahl in der gymnasialen Oberstufe vorzubereiten;
- die Integration von Kindern unterschiedlicher nationaler, kultureller und religiöser Herkunft an der Schule in außerunterrichtlichen Tätigkeiten an der Schule durch Kursteilnehmer zum Schaffen gegenseitigen Verständnisses (beispielsweise Kennenlernen von nationalen Festen, von kulturellen Traditionen und Riten, von spezifischen Sitten und Speisen).

Drei Beispiele aus der Arbeit von Claudia Antonia Remmert:

- In der Situation wachsender rechtsextremistischer Aktivitäten gründeten die Lernenden eines Kurses Erziehungswissenschaft eine Gruppe „Prima Klima", die sich als Mediatoren, Konfliktschlichter qualifizieren wollen (das Internationale Bildungswerk Berlin bietet dazu Workshops an), um in der Schule ihre Hilfe anzubieten;

- Kursteilnehmer organisieren zur Zeit der Abiturprüfung ein schmackhaftes Buffet für Lehrer und Schüler, wobei sie in der Farbgestaltung des Umfeldes und der umrahmenden Musik ihre Kenntnisse aus dem Pädagogikunterricht anwenden;
- Zusammenarbeit mit der Nähe gelegenen Universität – Kennenlernen der Bibliothek, Besuch einer Seminarveranstaltung mit Frau Prof. Ursula Drews und ihren Grundschulpädagogikstudenten zur Körpersprache.

Dieter Knape berichtet in der Regionalpresse, wie sich die Schüler des Kurses Erziehungswissenschaft, Jahrgangsstufe 13, mit Beiträgen zum Thema Gewalt, Aggressivität als anthropologisches, pädagogisches und soziales Problem am Comenius-Projekt beteiligen, das über Internet-Schulen verschiedener europäischer Länder angeboten wird (vgl. 2001).

**Fünftens:**

**Medien auf vielfältige Weise zum Gegenstand der inhaltlichen Auseinandersetzung und zum Mittel der Vermittlung von Erziehungswirklichkeit werden lassen**

Der Alltag der Medien- oder auch Informationsgesellschaft macht deutlich, welche große Rolle Medien im gesellschaftlichen Leben spielen. Eine wesentliche Aufgabe des Pädagogikunterrichts ist es, sich mit der Rolle der **Medien als Faktor der Sozialisation** auseinanderzusetzen, Mechanismen der Manipulation zu entlarven und positive Bedeutungen herauszuarbeiten.

Zugleich sind die Medien aber ein wichtiges **Mittel, Erziehungswirklichkeit zu vermitteln** und an die Lernenden heranzubringen. Bedeutsam sind dabei **die folgenden Perspektiven**:

- Medien können **unmittelbare Begegnung mit Erziehungswirklichkeit** ermöglichen: Spielzeuge, Spiele und Kinder- und Jugendliteratur in der historischen Entwicklung (beispielsweise Gründe der starken Faszination der Jugendlichen durch Harry Potter);
- Auditive, visuelle, audiovisuelle sowie Print-Medien **bilden Erziehungswirklichkeit** ab, beispielsweise:

  * Videos mit Informationen über bedeutende pädagogische Persönlichkeiten und ihre Praxis (beispielsweise Johann H. Pestalozzi, Jan Amos Comenius oder Ruth Cohn),

  * Darstellungen pädagogischer Situationen in Spielfilmen oder Dokumentationen (beispielsweise P. Weir: „Club der toten Dichter", F. Truffaut: „Wolfsjunge"; P. Sehr: „Kaspar Hauser");

  * Ganzschriften mit erzieherischen Situationen, mit Lebensverläufen in außergewöhnlicher Entwicklung (vgl. den Beitrag von Kerstin Mettke i. d. Bd.);

  * viele aktuelle Dokumentationen im täglichen Fernsehen und der aktuellen Presse über Erziehungssituationen (Geo-Wissen, aber auch andere Zeitschriften bieten dazu geradezu eine Fundgrube!);

- Medien **reflektieren Erziehungswirklichkeit theoretisch** – theoretisch begründete Reflexion, Wertung und Beurteilung von Erziehungswirklichkeit durch die Lernenden verlangt auch die medienvermittelte Rezeption fachwissenschaftlicher Erkenntnisse, wobei neben Erziehungswissenschaft auch andere Bezugswissenschaften zu berücksichtigen sind. In Frage kommen Textsorten unterschiedlichster Art, deren jeweiliger Charakter aber den Lernenden bewusst werden sollte: wissenschaftliche Darstellungen, Alltagstheorien, populärwissenschaftliche Texte, Lexikonartikel, Statistiken, historische Quellen und vieles mehr.
- Medien dienen dazu, **Erziehungswirklichkeit zu gestalten und zu simulieren** (Standbilder, Rollen- und Planspiele);
- Medien stellen eine wesentliche Form der **Präsentation von Ergebnissen des Pädagogikunterrichts** dar (Ausstellungen, Internetseiten, Praktikumsberichte, Facharbeiten, Erlebnisberichte, Videos, spielerische Auftritte u. a.).

**Sechstens:**

**Pädagogikunterricht im besonderem Maße als „erziehenden Unterricht" organisieren, Erziehung im und durch Unterricht ermöglichen**

Eine Position, die in besonderem Maße auf Johann F. Herbart zurückgeht und sicher ebenso umstritten ist wie der Erziehungsbegriff selbst. Gerade mit Transformationsprozessen im Zusammenhang mit der deutschen Wiedervereinigung trat bei den Lehrern in den neuen Bundesländern große Verunsicherung auf, Recht und Pflicht der Erziehung der Familie und der Schule zu vereinbaren. Inzwischen ist auf Grund von Entwicklungen im sozialen Zusammenleben der Gesellschaft (Aggressionen, Fremdenfeindlichkeit) weitgehend unbestritten, welchen Erziehungsauftrag Schule zu leisten hat. Vielmehr ist man teilweise oft schnell dabei, der Schule den „schwarzen Peter" zuzuschieben.

Geht man von einem weiten Begriff der Erziehung aus, wie er beispielsweise von Klaus Beyer und Andreas Pfennings eingeführt wurde, der Erziehung als Förderung der Persönlichkeit anderer in deren Interesse in sozialer Wechselwirkung und gesellschaftlichem Kontext kennzeichnet, so wird Erziehung zu einem lebenslangen Prozess (vgl. auch Klaus Beyer u. a. 1989, S. 15).

Aus dieser Sicht ist auch Unterricht in der gymnasialen Oberstufe – und erst recht Pädagogikunterricht – erziehender Unterricht, was beispielsweise Peter Menck mit Hinweis auf den mündigen Schüler der Oberstufe verneinte (1989, S. 39).

Allerdings darf Erziehung im Unterricht keineswegs Aufoktroyieren von Standpunkten, Wunschbildern eigener Lebenserfahrungen sein, darf sich nicht auf „Tradieren" von Werten und Normen der Gesellschaft beschränken.

Gerade bei dem Pluralismus von Werten und dem oft konstatierten und teilweise auch beklagten Werteverfall muss sich Schule entscheiden:

„Sie kann sich – wenn Barbareivermeidung überhaupt angestrebt ist – nur auf sehr allgemeine, also universalistische Werte beziehen, muss **diese jedoch (begründet) offensiv verteidigen“** (Ulf Preuss-Lausitz 1993, S. 33 – Hervorhebung von mir – W. T.).

Solche Werte ergeben sich nach Meinung des Autors nicht aus der „Natur“ des Menschen, sondern „aus dem Willen, dass die Menschen sowohl different sein können als auch different zusammenleben.“ Dabei sieht der Autor insbesondere „Werte der **Menschenrechte, des Lebens- und Erfahrungsrechts des einzelnen, die Anerkennung der sozialen Bedürfnisse, die Erhaltung des vielfältigen Lebens auf diesem Globus überhaupt“** (ebenda, S. 33 – Hervorhebung im Original).

Mit diesen Positionen deckt sich das Konzept von Harald Ludwig, der Erziehung im Unterricht „als Hilfe zur reflektierten Selbstbindung des jungen Menschen an Normen und Werte“ kennzeichnet. Damit wird aber in besonderem Maße ein Anliegen des Pädagogikunterrichts berührt.

Der Autor leitet daraus **Merkmale erziehenden Unterrichts** ab, die schon ausgeführte Ansprüche an Pädagogikunterricht unterstreichen, wobei Erziehen nicht zum Lehren hinzukommt, sondern dessen Qualität kennzeichnet, was bisher bereits ausgeführte Ansprüche an den Unterricht unterstreicht:

- Erziehend kann Unterricht nur sein, wenn der **„Schüler als personales Subjekt“** ernst genommen wird und seine Selbstständigkeit im Denken und Werten gefördert wird;
- Unterricht ist erziehend, wenn er die **„zwischenmenschlichen Beziehungen“** zu positiver Entfaltung kommen lässt, was freiere Arbeitsformen einfordert;
- erziehender Unterricht soll auch die **qualitative Dimension der Wirklichkeit** sehen lernen, um so einem positivistischen Wissenschaftsideal entgegenzuwirken; er muss offen für die Sinnfrage des Heranwachsenden sein;
- erziehender Unterricht muss an **praktische Erfahrungen von Kindern und Jugendlichen** anknüpfen und wird so unter vielfachen Aspekten handlungsorientierter Unterricht sein.

Dabei sind aber auch Grenzen von Unterricht zu sehen, unbedingt sind zusätzliche Möglichkeiten des Schullebens und eine engere Verbindung der Schule mit dem außerschulischen Leben zu nutzen (vgl. ebenda S. 40ff.).

**Siebentens:**

**Fächerübergreifendes und fächerverbindendes Vorgehen mit naturwissenschaftlichen und anderen gesellschaftswissenschaftlichen Fächern sichert das Ausprägen pädagogischer Kompetenzen**

Pädagogikunterricht ist von vornherein **interdisziplinär angelegt;** Analyse und Bewertung von Erziehungswirklichkeit verlangt, wie oben dargestellt, die Einbeziehung von Erklärungsmodellen aus der Soziologie, der Psychologie, aber auch Biologie, Philosophie und anderen Wissenschaften.

Die angezielte Ausbildung pädagogischer und kommunikativer Handlungsfähigkeit verlangt, bewusst über die Grenzen des Faches hinaus, Beziehungen zu anderen Fächern und Kursen herzustellen. So bieten sich gemeinsame Vorhaben mit den Kursen Biologie (beispielsweise zur Anlage-Umwelt-Problematik) ebenso an wie Verbindungen zur Politischen Bildung, zu Deutsch/Literatur, aber auch Kunst und Geschichte, wenn es um die Familie als Sozialisationsinstanz geht. Kommunikationstraining und andere gezielte Methodeneinführungen können ebenfalls nicht inhaltsleer erfolgen (vgl. Beitrag von Edwin Stiller) und verlangen fachübergreifendes Denken.

**Achtens:**

**Kumulatives Lernen durch Aneignen unterschiedlicher theoretischer Erklärungsmuster und das bewusste Aneignen und Anwenden wissenschaftlicher Methoden zur Auseinandersetzung mit Erziehungswirklichkeit organisieren**

**Kumulatives Lernen** ist ein ebenfalls missverständlicher und verschieden interpretierter Begriff, der aber in der aktuellen Diskussion um Qualität von Bildung eine große Rolle spielt. Kumulation als alleinige Anhäufung, beispielsweise von Wolken, wird zum „falschen Bild“. Vielmehr ist wohl eher eine medizinische Erklärung der „Neuen Rechtschreibung“ von Bertelsmann (1996) von Kumulation als „sich steigernder, vergiftender Wirkung kleiner Dosen von Arzneien“ ins **Positive** umzukehren.

Kumulatives Lernen soll nicht einfach Kenntnisse „anhäufen“, vielmehr soll es vorhandenes Wissen und Können bewusst aufgreifen, Neues gezielt damit verknüpfen und so weiter inhaltlich ausbauen und vervollkommnen. Es geht dabei um eine „Vernetzung der Kenntnisse“, was zugleich eine wesentliche Bedingung für eine hohe Einprägens- und Behaltensrate ist.

Jedoch oft erscheint den Lernenden jedes neue Thema als etwas absolut Neues, weil es nicht ausreichend gelingt, die Zusammenhänge mit vorangegangenen Inhalten bewusst zu machen.

Kumulatives Lernen schließt also ein, dem Lernenden die Ausgangsposition, das Ausgangsniveau im vorhandenen Wissen, in den Erfahrungen und dem Können zum konkreten Gegenstand bewusst zu machen und dieses zu reaktivieren. Oft wird das mit Bezug auf Martin Luther als Forderung formuliert, den Schüler dort abzuholen, wo er sich gerade befindet, was natürlich bei „überfüllten“ Klassen und Kursen keineswegs leicht ist (vgl. meinen zweiten Beitrag i. d. Band).

**Kumulatives Lernen** muss **im Pädagogikunterricht** wohl insbesondere einerseits sichern, **unterschiedliche theoretische Erklärungsmuster für pädagogische Prozesse und Erscheinungen** anzueignen und in der Erklärung und Wertung von Erziehungswirklichkeit zu nutzen. Andererseits geht es im besonderen Maße um den **Ausbau und die Perfektionierung der Methodenkompetenz** der Lernenden (vgl. Spiralcurriculum von Edwin Stiller).

So kommt neben dem bewussten Aufgreifen von Erfahrungen und vorhandenen Kenntnissen und Fähigkeiten sowie der Berücksichtigung von Interessen wohl gezielten didaktischen Maßnahmen der **Anwendung** und **Systematisierung** eine große Bedeutung zu (vgl. Wolfgang Thiem 2000, S. 18ff.).

Durch **Anwenden vorhandener Kenntnisse** (beispielsweise unterschiedlicher Erklärungsmodelle menschlicher Entwicklung, unterschiedlicher Lern- oder Sozialisationstheorien, Devianztheorien) **auf neue Situationen** der Erziehungswirklichkeit (z. B. Fallbeispiele), bei denen die Lernenden mögliche Erklärungs- und Deutungsmuster **selbständig auswählen** müssen, werden die als Abstraktionen gewonnenen Kenntnisse konkretisiert und inhaltlich bereichert.

Gezielte **Systematisierung** im Kursverlauf sichert, dass die Lernenden bewusst neue Erklärungsmodelle bzw. Theorien einordnen, sie miteinander vergleichen, ihre jeweiligen Vorzüge und Grenzen erkennen. Auch in der Könnensentwicklung der Methodenaneignung kommt es darauf an, einzelne Handlungen in immer komplexere Methoden zu integrieren und Bedingungen ihres jeweils adäquaten Einsatzes zu erörtern.

Spezielle Bedeutung erhält dieses gezielt kumulative Vorgehen bei der Sequenzplanung der Kurse der gymnasialen Oberstufe, weil die Aufgabenstellungen der Abiturprüfung einem Sachgebiet **eines** Schulhalbjahres der Qualifikationsphase zu entnehmen sind, aber den Rückgriff auf Fähigkeiten und Kenntnisse aus stofflichen und thematischen Zusammenhängen anderer Schulhalbjahre fordern müssen (vgl. Beitrag von Carola Volk i. d. Bd.).

## Literatur

Beyer, Klaus: Anforderungen an die fachdidaktische Konstruktion (1997). In: Beyer, Klaus (Hrsg.): Grundlagen der Fachdidaktik Pädagogik. Didactica Nova, Band 8. Baltmannsweiler: Schneider-Verlag Hohengehren 2000, S. 21 bis 24.

Beyer, Klaus; Knöpfel, Eckehardt; Pfennings, Andreas (Hrsg.): Einführung in pädagogisches Denken und Handeln. Paderborn: Schöningh 1989.

Buschmeyer, Herrmann u. a.: Biographisches Lernen. Erfahrungen und Reflexionen. Soest: Landesinstitut für Schule und Weiterbildung 1992.

Gudjons, Herbert; Pieper, Marianne; Wagener, Birgit: Auf meinen Spuren. Das Entdecken der eigenen Lebensgeschichte. Reinbeck/Hamburg: Rowohlt 1986.

Gudjons, Herbert: Didaktik zum Anfassen. Lehrer/in-Persönlichkeit und lebendiger Unterricht. Bad Heilbrunn: Klinkhardt 1997.

Klafki, Wolfgang: Studien zur Bildungstheorie und Didaktik. Weinheim: Beltz 1963.

Klafki, Wolfgang: Neue Studien zur Bildungstheorie und Didaktik. Beiträge zur kritisch-konstruktiven Didaktik. Weinheim: Beltz 1985.

Klingberg, Lothar: Zur didaktischen Inhalt-Methode-Relation. In: Wissenschaftliche Zeitschrift der PH Potsdam. H. 4/ 1983, S. 759 bis 769.

Klippert, Heinz: Kommunikationstraining. Weinheim: Beltz 1995.

Knape, Dieter: Interessantes Schulprojekt in Rangsdorf. In: Märkische Allgemeine, Potsdam vom 17.01.2001, S. 13.

Langefeld, Jürgen: Fachdidaktik für den Pädagogikunterricht. In: Pädagogikunterricht. Heft 2/3 1989, S. 11 bis 37.

Langefeld, Jürgen: „Warum in die Ferne schweifen ...? Zur Ethik von unten“. In: Das Richtige tun – auch ungewissen Ausgangs. Wesel: VdP-Eigenverlag 1997, S. 3 bis 10.

Ludwig, Harald: Zur Pädagogik der Sekundarschule. In: Bennack, Jürgen (Hrsg.): Taschenbuch Sekundarstufe. Baltmannsweiler: Schneider-Verlag Hohengehren 1995, S. 36 bis 43.

Menck, Peter: Pädagogikunterricht für die 90er Jahre. Revision eines didaktischen Konzepts? In: Pädagogikunterricht, Heft 2/3 1989, S. 38 bis 47.

Meyer, Hilbert: UnterrichtsMethoden. Band I. Frankfurt/Main: Scriptor 1987.

Ministerium für Bildung, Jugend und Sport des Landes Brandenburg: Rahmenplan Erziehungswissenschaft. Sekundarstufe II. Gymnasiale Oberstufe/ berufsorientierter Schwerpunkt Sozialwesen). Potsdam 2001 (in Druck).

Preuss-Lausitz, Ulf: Die Kinder des Jahrhunderts. Zur Pädagogik der Vielfalt im Jahr 2000. Weinheim: Beltz 1993.

Richtlinien und Lehrpläne für die Sekundarstufe II – Gymnasium/ Gesamtschule in Nordrhein-Westfalen: Erziehungswissenschaft. Düsseldorf 1999.

Thiem, Wolfgang: Einführung in das Studium der Pädagogik als Unterrichtsfach. Didactica Nova, Band 1. Baltmannsweiler: Schneider-Verl. Hohengehren 1997.

Thiem, Wolfgang: Von der Anregung zum aktiven Lernen über die Erstaneignung zur Ergebnissicherung. Ein Überblick. In: Pädagogik, Heft 2/ 2000, S. 18 bis 21.

Vollstädt, Witlof: Viele Methoden oder Methodenvielfalt? In: Pädagogik, Heft 2/ 2000, S. 7ff.

UTA LEHMANN

> *„Wir brauchen in der Wissensgesellschaft insgesamt nicht mehr zu lernen – aber wir müssen das Richtige lernen."*
>
> Roman Herzog 1999, S. 5.

# Wissenschaftspropädeutik und Ausbildung von Studierfähigkeit –

## Konsequenzen für die Gestaltung des Pädagogikunterrichts in der gymnasialen Oberstufe

Seit 1834 wird mit der bestandenen Abiturprüfung die Berechtigung für ein Universitätsstudium erworben. Daraus resultieren vielfältige Anforderungen an die gymnasiale Oberstufe, denn das Abitur in seiner Funktion als Hochschulzugangsberechtigung bedeutet (zumindest formal) auch die inhaltliche und methodische Qualifikation für das Studium. Dieser Anspruch ist nicht unumstritten und immer wieder Gegenstand von Diskussionen, die einhergehen mit Klagen über die Diskrepanz zwischen den Fähigkeiten der Abiturienten und den Anforderungen der Hochschulen und Ausbildungsträger. Diese Kritik betrifft sowohl die Wissensstruktur und instrumentelle Fähigkeiten, als auch die Selbstregulationsfähigkeit beim Lernen, soziale Kompetenzen und motivationale Defizite (vgl. Ständige Konferenz 1995, S. 23f.).

Mit der Fortschreibung der Vereinbarung zur Gestaltung der gymnasialen Oberstufe in der Sekundarstufe II (Beschluss der KMK vom 07.07.1992 in der Fassung vom 28.02.1997) formulierte die KMK die Ergebnisse mehrjähriger Beratungen zur Weiterentwicklung der gymnasialen Oberstufe. Eine wichtige Grundlage hierfür war der 1995 vorgelegte Abschlussbericht der von der Ständigen Konferenz der Kultusminister (KMK) eingesetzten Expertenkommission zur „Weiterentwicklung der Prinzipien der gymnasialen Oberstufe und des Abiturs". In diesem Bericht wird die Trias von Zielsetzungen in der Oberstufe – vertiefte Allgemeinbildung, Wissenschaftspropädeutik und Studierfähigkeit – erneut unterstrichen. „Nach ihrer Zielsetzung kann man vom Primat der Studierfähigkeit, nach der didaktischen Spezifik vom Vorrang der Wissenschaftspropädeutik, nach der sozialen Funktion von vertiefter Allgemeinbildung und der Vermittlung von Studierfähigkeit und Studienberechtigung ausgehen" (1995, S. 40).

Die Realisierung dieser Zielsetzungen kann nur im Verbund aller Fächer der gymnasialen Oberstufe angestrebt werden und bedarf sowohl der Fortentwicklung curricularer und organisatorischer Strukturen als auch notwendiger Überlegungen hinsichtlich einer entsprechenden Lernorganisation und Lernkultur.

Im Folgenden sollen die Zielsetzungen Wissenschaftspropädeutik und Studierfähigkeit und daraus resultierende Konsequenzen für die methodische Gestaltung des Unterrichts näher gekennzeichnet und in einigen Aspekten für den Fachunterricht Erziehungswissenschaft konkretisiert werden.

## 1. Wissenschaftspropädeutik

Im Unterschied zum Prinzip der Wissenschaftsorientierung, das auf allen Stufen schulischen Lernens Anwendung findet, kennzeichnet Wissenschaftspropädeutik einen grundlegenden Aspekt gymnasialer Bildung. Als solcher ist er unumstritten, hinsichtlich seiner Gewichtung und konkreten Möglichkeiten seiner Umsetzung im Unterricht gibt es allerdings unterschiedliche Interpretationen. Beklagt wird in diesem Zusammenhang die Fülle an wissenschaftlichem Stoff, der Verlust an Sacherfahrung u. ä.

Um Missverständnissen vorzubeugen: Wissenschaftspropädeutik meint weder wissenschaftliches Arbeiten selbst, noch ein Überfrachten des Unterrichts mit vorweggenommenen Studieninhalten, sondern die Hinführung der Lernenden zur Wissenschaft.

„*Verbindliches Merkmal des Unterrichts in der gymnasialen Oberstufe ist das wissenschaftspropädeutische Arbeiten, das exemplarisch in wissenschaftliche Fragestellungen, Kategorien und Methoden einführt. Dabei geht es um die Beherrschung eines fachlichen Grundlagenwissens als Voraussetzung für das Erschließen von Zusammenhängen zwischen Wissensbereichen, von Arbeitsweisen zur systematischen Beschaffung, Strukturierung und Nutzung von Informationen und Materialien, um Lernstrategien, die Selbständigkeit und Eigenverantwortlichkeit sowie Team- und Kommunikationsfähigkeit unterstützen*“ (Ständige Konferenz 1997, S. 4).

Als didaktisches Prinzip thematisiert Wissenschaftspropädeutik damit nicht nur Ansprüche an fachliche Inhalte und Lehrende, sondern bezieht den Lernenden mit ein. In der Auseinandersetzung mit den Inhalten sollen Fähigkeiten und Verhaltensweisen ausgebildet werden, die nicht nur für ein späteres Studium von Bedeutung sind, sondern für die Persönlichkeitsentwicklung generell. Dabei geht es um Methodenbewusstsein, die Beherrschung von Techniken des wissenschaftlichen Arbeitens, die Befähigung zum in Frage Stellen, Argumentieren, Reflektieren, das Bewusstsein der Grenzen wissenschaftlicher Erkenntnisgewinnung u. a. Im Sinne dieser Aufgabe sind alle Fächer gefordert. Wissenschaftspropädeutik vollzieht sich vor allem im jeweiligen Fachunterricht, auch wenn ihr Ziel stets über Fachgrenzen hinausgeht. Unter Berücksichtigung der Eigenart des jeweiligen Unterrichtsgegenstandes sind die Möglichkeiten zur systematischen Vermittlung, Einübung und Reflexion wissenschaftlicher Arbeitsweisen zu realisieren.

Im Rahmenplan Erziehungswissenschaft des Landes Brandenburg heißt es dazu:

Wissenschaftspropädeutik „*wird im erziehungswissenschaftlichen Unterricht realisiert, indem eine wissenschaftlich begründete Auseinandersetzung mit den Inhalten des Faches erfolgt und die Wechselwirkung von Wissenschaft und Erziehungswirklichkeit untersucht und aufgedeckt wird.*

*Erkenntnisse zu Möglichkeiten, Grenzen und dem verantwortlichen Umgang mit Wissenschaft fördern die Bereitschaft der Lernenden zum Überdenken eigener Vorstellungen und Urteile*" (Ministerium für Bildung 2001, S. 5).

Diese Aussage impliziert konkrete Anforderungen an den Unterricht:

- Eine wissenschaftlich begründete Auseinandersetzung mit fachlichen Inhalten erfordert neben einem entsprechenden Grundlagenwissen auch die Beherrschung von Fähigkeiten zur Informationsgewinnung und –auswertung, Kommunikationsfähigkeit u. ä. Die Entwicklung dieser Fähigkeiten kann nur in einem Unterricht erfolgen, der den Schülern die Möglichkeit gibt, selbst aktiv zu werden.
- Erziehungswirklichkeit bildet den Bezugspunkt für reflektiertes pädagogisches Denken und Handeln. Vermittelte und erlebte Begegnung mit Erziehungswirklichkeit, ihre Reflexion und Mitgestaltung wird zum konkreten Gegenstand der Auseinandersetzung. Auf diese Weise wird vermieden, dass sich wissenschaftliche Inhalte verselbständigen.
- Rationale Wirklichkeitserfassung erfordert bewusstes methodisches Vorgehen. Die Lernenden müssen in signifikante Methoden erziehungswissenschaftlicher Erkenntnisgewinnung eingeführt werden und die Möglichkeit erhalten, reflektierend mit ihnen umzugehen.
- Analysieren, Interpretieren, Beurteilen und Werten von Erziehungswirklichkeit erfordert auch die Einbeziehung von Erklärungsmodellen anderer Wissenschaften und verdeutlicht den Schülern die Notwendigkeit, Bezüge zu anderen Fächern herzustellen. Fachgebundenes, fachübergreifendes und fächerverbindendes Lernen und Arbeiten sind Formen der Unterrichtsgestaltung, die die Schüler das Wechselspiel von Disziplinarität und Interdisziplinarität erleben lassen.
- Wissenschaftliche Erkenntnisse unterliegen dem Wandel und der Fortentwicklung. Durch Auseinandersetzung mit verschiedenen erziehungswissenschaftlichen Theorien und Erklärungsmodellen und ihren Vergleich kann einer unkritischen Übernahme wissenschaftlicher Positionen entgegengewirkt werden.

Die Notwendigkeit wissenschaftspropädeutischen Arbeitens im Unterricht soll durch zwei empirische Befunde unterstrichen werden:

- In einer aktuellen HIS-Studie wird festgestellt, dass eine große Anzahl von Studienanfängern (37%) deutliche Defizite in wissenschaftlichen Arbeitstechniken hat (vgl. Karl Lewin/Ulrich Heublein/Dieter Sommer, S. 16).

- Eine Befragung von über 200 Schülern der 11. Klasse im Land Brandenburg machte deutlich, dass die überwiegende Mehrheit der Schüler (ca. 90%) Fähigkeiten zum wissenschaftlichen Denken und Arbeiten als bedeutsam für die spätere Tätigkeit erachtet, unabhängig davon, ob die eigene Perspektive im Studium oder einer Berufsausbildung gesehen wird.

Dennoch muss gegenwärtig eingeschätzt werden, dass Wissenschaftspropädeutik im oben gekennzeichneten Sinne im Unterrichtsalltag der gymnasialen Oberstufe noch unzureichend realisiert wird. Eine wesentliche Ursache hierfür wird in der Dominanz des Frontalunterrichts gesehen, der es den Schülern kaum ermöglicht zu erfahren, was wissenschaftliches Arbeiten kennzeichnet (vgl. Hilbert Meyer 1997, S.437f.).

## 2. Studierfähigkeit

Die Tatsache, dass mit dem Abitur die allgemeine Hochschulreife bestätigt wird, ist immer wiederkehrend Anlass, die Vorbereitungsleistung der gymnasialen Oberstufe auf ein Studium zum Gegenstand bildungstheoretischer und bildungspolitischer Diskussionen zu machen. Dies lässt sich bis zur Einführung des Abiturs zurückverfolgen und ist auch in der Gegenwart aktuell. Im Ergebnis solcher Diskussionen wurden in der Bundesrepublik beispielsweise der „Tutzinger Maturitätskatalog“ (1958) erarbeitet, die „Kriterien der Hochschulreife“ (1969) und die „Vereinbarung zur Neugestaltung der gymnasialen Oberstufe“ (1972) sowie ihre aktuelle Fortschreibung 1997. Verständigte man sich im Maturitätskatalog neben einer Zielvorgabe auch noch auf ein inhaltliches Minimum, so führte die Veränderung des Fächerkanons, die Entwicklung der Wissenschaften u. a. dazu, dass ein solcher Katalog den Anforderungen nicht lange genügen konnte. Nicht übersehen werden kann dabei jedoch, dass der Gedanke von höherer Verbindlichkeit von Inhalten und Prüfungsverfahren in der Oberstufe immer wieder, auch in der jüngsten Diskussion, seine Verfechter findet.

**Was also kennzeichnet Studierfähigkeit?** Welche Vorstellungen und Anforderungswünsche prägen diesen Begriff?

Allgemeine Studierfähigkeit ist als eine sehr komplexe Qualifikation zu verstehen, die weit über fachliches Wissen hinausgeht. Auch wenn die konkreten Vorstellungen darüber z. T. von Fach zu Fach bzw. auch bei Hochschullehrern und Studierenden differieren, herrscht Konsens darin, „dass Studierfähigkeit kognitive, motivationale, ethische und soziale Dimensionen des Handelns und Verhaltens von Personen bündelt“ (Ständige Konferenz 1995, S. 79).

Die Konkretisierung dieser Dimensionen erfolgt im Allgemeinen über eine Dreiteilung von Konstituenten der Studierfähigkeit:

- die psychisch-personale Komponente,

- die formale Komponente,
- die materiale Komponente.

Die **psychisch-personale Komponente** umfasst Persönlichkeitsqualitäten und Charaktermerkmale, die der einzelne auf der Grundlage seines genetischen Potentials und durch Impulse aus dem sozialen Umfeld (Familie, Schule u. a.) im Verlaufe der Zeit entwickelt hat. Benannt werden im Zusammenhang mit Studierfähigkeit vor allem: Lern- und Leistungsbereitschaft, Ausdauer, Motivation, Belastbarkeit, Selbstständigkeit u. a. m.

Die **formale Komponente** der Studierfähigkeit beinhaltet Fähigkeiten, die über das spezifisch Fachliche hinausgehen und für die geistige Arbeit generell erforderlich sind. In diesen Bereich gehören insbesondere die kognitive und kommunikative Kompetenz sowie Methoden und Techniken des wissenschaftlichen Arbeitens.

Drei Kompetenzbereichen wird gegenwärtig in diesem Zusammenhang eine herausgehobene Bedeutung beigemessen:

- „sprachliche Ausdrucksfähigkeit, insbesondere die schriftliche Darlegung eines konzisen Gedankengangs. (...)
- verständiges Lesen komplexer fremdsprachlicher Sachtexte. (...)
- sicherer Umgang mit mathematischen Symbolen und Modellen" (Ständige Konferenz 1997, S. 3).

Diese Kompetenzbereiche repräsentieren die Grundformen der Kommunikation. Ohne die Beherrschung dieser basalen Fähigkeiten ist ein Eindringen in und eine Teilnahme an Wissenschaft nicht möglich. Ihre Ausbildung kann „vermutlich nur in einem Zusammenspiel von Fächern, das von der Überzeugung der wissenschaftspropädeutischen Bedeutung dieser Kompetenzen getragen ist, mit befriedigendem Erfolg erworben werden" (Ständige Konferenz 1995, S. 161).

Damit wird deutlich, dass es zur Kennzeichnung von allgemeiner Studierfähigkeit nicht darum gehen kann, aus einzelnen Fachkulturen heraus Qualifikationen zu addieren. Der Konsens kann nur darin bestehen, gemeinsame Anforderungen unterschiedlicher Fachkulturen, d. h. quer zu den Fächern liegende formale Haltungen und Fähigkeiten zu extrahieren. Über die bereits genannten Sprachkompetenzen hinaus hebt die KMK in diesem Zusammenhang den Erwerb folgender Fähigkeiten besonders hervor:

- „Verständnis sozialer, ökonomischer, politischer und technischer Zusammenhänge;
- Denken in übergreifenden, komplexen Strukturen;
- Fähigkeit, Wissen in unterschiedlichen Kontexten anzuwenden;
- Fähigkeit zur Selbststeuerung des Lernens und der Informationsbeschaffung;
- Kommunikations- und Teamfähigkeit;
- Entscheidungsfähigkeit" (Ständige Konferenz 1997, S. 4).

Kontrovers betrachtet wird die **materiale Komponente**, verstanden als Wissensbreite und Wissenstiefe in Fächern und Aufgabenfeldern (vgl. Arno Schmidt 1994, S. 222). Die Diskussionen um einen verbindlichen Kernbestand an Fächern, den Grad der Differenzierung und das Niveau differenzierter Bildung sind ein Ausdruck dafür, dass eine verbindliche Definition materialer Inhalte, die Studierfähigkeit im Sinne allgemeiner Hochschulreife sicherstellen, unter den Bedingungen einer sich immer stärker differenzierenden Wissenschaftslandschaft und der sehr unterschiedlichen Fachkulturen zunehmend schwieriger bzw. unmöglich geworden ist.

Damit soll nicht formaler Bildung das Wort geredet werden. Die fächerübergreifenden und personalen Qualifikationen lassen sich nur an konkreten Aufgabenstellungen und Gegenständen erwerben. Unter diesem Blickwinkel ist über die spezifischen Potenzen einzelner Fächer nachzudenken. So fordert beispielsweise die Thematisierung von Erziehung als Kommunikations- und Interaktionsprozess geradezu heraus, sich nicht nur mit Kommunikationssituationen auseinander zu setzen, Ursachen und Folgen misslungener Kommunikation zu diskutieren, sondern auch eigene kommunikative Kompetenz zu entwickeln. Variable Gesprächsformen, Kommunikationstraining und Metakommunikation geben die Möglichkeit, die in der Auseinandersetzung erarbeiteten Bedingungen einer gelingenden Kommunikation erfahrbar zu machen und die Bewältigung schwieriger Situationen zu üben. Dennoch kann die Ausbildung der Kommunikationsfähigkeit nicht allein als Pensum des Pädagogikunterrichts betrachtet werden, sondern muss in allen Fächern Beachtung finden.

Betrachtet man die für Studierfähigkeit als bedeutsam erachteten Fähigkeiten so fällt auf, dass kaum Aussagen über deren erwünschtes Niveau getroffen werden. Hier muss der jeweilige Rahmenplan konkretere Informationen geben. So wird der im Zusammenhang mit sprachlicher Ausdrucksfähigkeit geforderte „angemessene Umgang mit Texten“ (Ständige Konferenz 1997, S. 3) im Rahmenplan Erziehungswissenschaft durch Stichworte wie „Systematisches Lesen“, „Strukturieren und Aufbereiten von Texten“, „Auswerten von Fachliteratur“, „Arbeit mit Ganzschriften“ und „hermeneutische Quellenarbeit“ (Ministerium für Bildung 2001, S. 7) hinsichtlich seines Anspruchsniveaus verdeutlicht.

Der Ausbildungsgrad der geforderten Kompetenzen wird durch vielfältige Faktoren beeinflusst. Zu diesem Bedingungsgefüge gehören die individuellen Bedingungen der Lernenden, die curricularen und organisatorischen Voraussetzungen sowie die konkrete methodische Gestaltung des Unterrichts. Unter dem Gesichtspunkt, dass „Unterrichtsgestaltung und Lernorganisation ... die Felder (sind), in denen die Oberstufe sich mehr als bisher auf neue Erwartungen und legitime Ansprüche der Abnehmer einstellen kann“ (Ständige Konferenz 1995, S. 11), muss über grundlegende methodische Konsequenzen nachgedacht werden.

## 3. Konsequenzen für die methodische Gestaltung

Ausgangspunkt für methodische Überlegungen unter dem Aspekt der Entwicklung von Studierfähigkeit ist das Verständnis von Kompetenz als „Fähigkeit zu selbstverantwortetem und selbstbestimmtem Handeln" (ebenda, S. 84). Ihre Herausbildung erfordert eine Unterrichtsgestaltung, die den Schülern selbstständiges und selbstbestimmtes Lernen ermöglicht, ihnen Raum gibt sich zu erproben, Fehler zu machen und aus den Fehlern zu lernen, sie die Konsequenzen ihres eigenen Handelns erfahren lässt.

Lothar Klingberg spricht in diesem Zusammenhang von der „Subjektposition" des Lernenden, gekennzeichnet durch ein Mitentscheiden, Mitgestalten und Mitverantworten. Das Adverb 'mit' schließt ein, dass es im Unterricht auch Bereiche gibt, in denen die Entscheidung und Verantwortung vollständig bei den Lernenden liegt (vgl. 1995, S. 118). Selbstständiges Lernen erfordert diese (Mit-)entscheidung hinsichtlich der Zielfindung und Themenwahl, der Methoden, der Arbeitsorganisation und der Kontrolle und Bewertung.

Im Rahmen einer kleineren Untersuchung baten wir Lehrer der gymnasialen Oberstufe einzuschätzen, inwieweit sie den Schülerinnen und Schülern in ihrem Unterricht Möglichkeiten der Selbstbestimmung einräumen. Die Ergebnisse zeigen, dass großer Entscheidungsspielraum im Zusammenhang mit der Arbeitsorganisation bei der Zusammensetzung von Lerngruppen besteht. Deutlich geringer sind die Freiräume bei Entscheidungen über Wege zur Zielrealisierung, Aufgabenwahl u. ä. Es ist zu vermuten, dass die Ursache hierfür vor allem in der Sorge um die Bewältigung des Stoff-Zeit-Problems und das angestrebte Leistungsniveau zu sehen ist.

Die auch formulierten Erfahrungen, dass die Schüler vom Lehrer festgesetzte Ziele und Aufgaben erwarten, deuten darauf hin, dass sich zumindest ein Teil der Schüler noch nicht als aktive Mitgestalter des Unterrichts betrachtet. Sollen sie jedoch nicht nur den vom Lehrer vorgegebenen Weg nachvollziehen, um möglichst schnell und sicher an das Ziel zu gelangen, sondern zu Akteuren werden, müssen sie Gelegenheit bekommen, ihre eigenen Lernerfahrungen zu machen, d.h. ihre Lernhandlungen selbst zu planen, zu kontrollieren und zu reflektieren. Einzel- und Gruppenarbeit sind die hierfür erforderlichen Sozialformen und müssen daher verstärkt Anwendung finden.

Konzepte wie handlungsorientierter, problemorientierter und projektorientierter Unterricht fordern in ihrer Umsetzung zu Selbstständigkeit heraus, entwickeln die Problemsicht und Fragehaltung der Lernenden weiter und fördern ihre Methodenkompetenz. Zu den konkreten Möglichkeiten im Pädagogikunterricht gehören beispielsweise Erkundungen, Unterrichtsmoderationen und Seminararbeiten, vorausgesetzt sie werden als Formen selbstbestimmten und selbstorganisierten Lernens realisiert und nicht durch Maßnahmen von außen determiniert (vgl. die Beiträge von Gunter Gesper und Elfi Weiß).

Insbesondere über problem- und projektorientiertes Lernen lässt sich zugleich auch die geforderte Verbindung von fachlichem und überfachlichem Lernen realisieren. Auf dringenden Handlungsbedarf in diesem Bereich verwies auch die KMK-Expertenkommission:

„*In der gymnasialen Oberstufe und für das wissenschaftspropädeutische Lernen in der Sekundarstufe II kann das Schulfach allein den Rahmen des Lernens nicht mehr abgeben. Fachübergreifende Themen und fächerverbindender Unterricht sind innerhalb der Fächer und in eigenen Lernaktivitäten unentbehrlich, wenn nicht nur die Einführung in wissenschaftspropädeutisches Arbeiten ermöglicht, sondern auch die notwendige Reflexion wissenschaftlicher Denkweisen und der Rolle der Wissenschaft im Alltag bewusst werden sollen. Erst dann können auch Studierfähigkeit und Berufsorientierung angemessen vorbereitet werden.*“ (Ständige Konferenz 1995, S. 166)

Auch wenn die Notwendigkeit eines solchen „fachübergreifenden Lernens“ in der Schule durchgängig akzeptiert wird, weil „Fachwissenschaften (allein) die Menschenbildung nicht begründen und fundieren können“ (ebenda, S. 111), sollte man sich möglicher Risiken und Probleme einer solchen Vorgehensweise bewusst sein. Sie sind zum einen im „Rückfall in alltagsweltliches Wissen“ und zum anderen in der „Negation des Propädeutischen“ zu sehen. Beide Sachverhalte resultieren daraus, dass der Sinn des Faches übersprungen bzw. ignoriert wird und führen zu einer grenzenlos werdenden Thematik, falscher Orientierung an der Wissenschaft u. a. (vgl. Heinz-Elmar Tenorth 1998, S. 95).

Fachliches und überfachliches Lernen dürfen also nicht als Gegensatz verstanden werden, sondern als einander ergänzende notwendige Bestandteile von Unterricht. Während das Fach eine sachliche und zeitliche Systematik definiert, verdeutlicht fachübergreifendes Lernen die Grenzen des Faches und ermöglicht mehrperspektivisches Denken (vgl. Eckhard Buresch 1998, S. 9). Damit wird deutlich, dass fachübergreifender Unterricht nicht jenseits des Faches beginnt, sondern dass der Fachunterricht selbst die Möglichkeit bietet und nutzen muss, inhaltliche und methodische Bezüge zu anderen Fächern herzustellen. Im Pädagogikunterricht bietet sich ein solches Vorgehen beispielsweise an bei der Bearbeitung der Problematik Anlage – Umwelt (Bezug zum Fach Biologie) oder beim Schwerpunkt Familie als Sozialisationsinstanz (Bezug zu den Fächern Politische Bildung, Geschichte, Kunst, Deutsch – vgl. Ministerium für Bildung 2001, S. 30).

Neben dem fachübergreifenden Lernen wird in den KMK–Materialien auch die Notwendigkeit fächerverbindenden Lernens betont. „Fächerverbindender Unterricht bedeutet, dass Unterrichtsphasen geschaffen werden, in denen zwei oder mehr Fächer an einer gemeinsamen, übergreifenden Themenstellung arbeiten“ (ebenda). Die Gestaltung eines solchen Unterrichts erfordert eine langfristige und intensive inhaltliche und methodische Vorbereitung durch die beteiligten Lehrenden und Lernenden. Die unterschiedliche Kurszugehörigkeit der Schüler verlangt auch organisatorische Überlegungen. Projekte und Themenwochen sind in der Sekundarstufe II offensichtlich besonders geeignete Formen fächerverbindend zu arbeiten.

Sowohl im fächerverbindenden als auch im fachübergreifenden Unterricht können die beteiligten Fächer in unterschiedlicher Weise ins Verhältnis zueinander gesetzt werden:

- „komplementär: eine Sicht oder Erfahrung ergänzt die andere,
- konzentrisch: mehrere Sichtweisen richten sich auf einen gemeinsamen Gegenstand (z.B. Raum, Epoche) oder Problembereich (Verkehrsplanung, Gesundheitsförderung, Umweltpolitik etc.),
- kontrastiv oder dialogisch: eine Sicht oder Erfahrung widerspricht der anderen, relativiert sie, es geht um gegenseitiges Verstehen oder Übersetzen,
- reflexiv: mit Hilfe anderer Sichtweisen, die bewusst als solche eingenommen werden, wird die eigene, die des eigenen Faches (philosophisch, historisch, soziologisch) reflektiert." (Ludwig Huber 1998, S. 15f.)

Die Realisierung eines fachübergreifenden Vorgehens stellt an Lernende und Lehrende erhöhte Ansprüche. Bei den Schülern setzt es qualifizierte Kenntnisse in den betreffenden Fächern voraus und erfordert hohe Transferleistungen. Für die Lehrer bedeutet fachübergreifender Unterricht die Aneignung von Kompetenzen über das eigene Fach hinaus und die Bereitschaft zu intensiver Kommunikation und Kooperation mit Lehrern anderer Fächer. Zugleich ermöglicht es aber auch, Lernprozesse so zu gestalten, dass sich die Ziel- und Inhaltsangebote an komplexen, für den Schüler wichtigen Problemen orientieren und auf diese Weise die Entwicklung der geforderten Kompetenzen fördern.

## Literatur

Buresch, Eckhard: Verantwortung übernehmen heißt nach Antworten suchen. In: Gesamtschule Haspe (Hrsg.): Profiloberstufe. Schwerpunktbildung – Fachübergreifendes Lernen – Projektarbeit. Essen 1998, S. 7–9.

Herzog, Roman: Rede auf dem deutschen Bildungskongress am 13. April 1999 in Bonn.

Huber, Ludwig: Fähigkeit zum Studieren – Bildung durch Wissenschaft. Zum Problem der Passung zwischen Gymnasialer Oberstufe und Hochschule. In: Liebau, Eckart; Mack, Wolfgang; Scheilke, Christoph (Hrsg.): Das Gymnasium. Alltag, Reform, Geschichte, Theorie. Weinheim; München 1997, S. 333–351.

Huber, Ludwig: Varianten fächerübergreifenden Unterrichts. In: Gesamtschule Haspe (Hrsg.): Profiloberstufe. Schwerpunktbildung – Fachübergreifendes Lernen – Projektarbeit. Essen 1998, S.10–16.

Klingberg, Lothar: Lehren und Lernen. Inhalt und Methode. Zur Systematik und Problemgeschichte didaktischer Kategorien. Oldenburg 1995.

Lewin, Karl; Heublein, Ulrich; Sommer, Dieter: Differenzierung und Homogenität beim Hochschulzugang. HIS-Kurzinformation A 7/2000.

Marotzki, Winfried; Meyer, Meinert A.; Wenzel, Hartmut: Erziehungswissenschaft für Gymnasiallehrer. Weinheim: Beltz 1996.

Meyer, Hilbert: Schulpädagogik. Bd. 1: Für Anfänger. Berlin: Cornelsen Scriptor 1997.

Ministerium für Bildung, Jugend und Sport des Landes Brandenburg: Rahmenplan Erziehungswissenschaft. Sekundarstufe II. Gymnasiale Oberstufe/Gymnasiale Oberstufe (berufsorientierter Schwerpunkt Sozialwesen). Potsdam 2001 (in Druck).

Schmidt, Arno: Das Gymnasium im Aufwind. Entwicklung, Struktur, Probleme seiner Oberstufe. Aachen-Hahn 1994.

Ständige Konferenz der Kultusminister: Weiterentwicklung der Prinzipien der gymnasialen Oberstufe und des Abiturs. Abschlußbericht der von der Kultusministerkonferenz eingesetzten Expertenkommission. Bonn 1995.

Ständige Konferenz der Kultusminister: Vereinbarung zur Gestaltung der gymnasialen Oberstufe in der Sekundarstufe II. Beschluss der Kultusministerkonferenz vom 07.07.1972 in der Fassung. vom 28.02.1997. Bonn 1997.

Tenorth, Heinz-Elmar: Alle alles zu lehren. Darmstadt 1994.

Tenorth, Heinz- Elmar: Vom Sinn „fachübergreifenden Lernens“ in der Sekundarstufe II. In: Gesamtschule Haspe (Hrsg.): Profiloberstufe. Schwerpunktbildung – Fachübergreifendes Lernen – Projektarbeit. Essen: Neue Deutsche Schule Verlagsgesellschaft 1998, S.93–98.

EDWIN STILLER

*„Der Schüler muß Methode haben. Dem Lehrer aber muß die Methode, seinen Zögling zur Methode zu führen, eigen sein“*
Hugo Gaudig 1922.

# Zur methodischen Erschließung der Erziehungswirklichkeit –
Vorschläge für ein methodisches Spiralcurriculum

## Einleitung

Der neue Lehrplan Erziehungswissenschaft für die Sekundarstufe II Nordrhein-Westfalen (vgl. Ministerium 1999) formuliert als zweiten Bereich des Faches, gleichberechtigt neben dem ersten Bereich, der **inhaltlichen Erschließung**, die **methodische Erschließung** der Erziehungswirklichkeit.

Die Begriffe **„Erziehungswirklichkeit“** und „**Erschließung**“ werden im neuen Lehrplan nicht definiert. Es ist davon auszugehen, dass die in den vorher gültigen Richtlinien (vgl. Kultusminister 1981) vorgenommenen Erläuterungen weiter Bestand haben.

So wird dort ausgeführt: *„Gegenstand des erziehungswissenschaftlichen Unterrichts sind nicht primär wissenschaftliche Aussagesysteme im Sinne der Universitätsdisziplin Erziehungswissenschaft, sondern die Lebenswirklichkeit unter dem Aspekt erzieherischen Geschehens, Handelns und Denkens. Allerdings müssen vermittelte pädagogische Erfahrungen, pädagogische Reflexionen und erziehungswissenschaftliche Aussagen dieser Lebenswirklichkeit zugeordnet werden; denn sie sind in ihr begründet und beeinflussen sie wiederum in vielfältiger Form.*

*Mit dem Begriff Erziehungswirklichkeit erhält der erziehungswissenschaftliche Unterricht seinen einheitlichen Bezugspunkt. (...) Methodisch könnte der Begriff Erziehungswirklichkeit dazu verhelfen, dass man bei der Thematisierung der jeweiligen Inhalte soweit wie möglich an der Erfahrung der Schüler ansetzt und zur theoretischen Reflexion überleitet*“ (ebd., S. 29f.).

Der Begriff „**Erziehungswirklichkeit**“ hat eine lange geisteswissenschaftliche Tradition, er läßt sich schon bei Schleiermacher finden, der den „*... Ausgangspunkt der Pädagogik weder in der Erziehung vorgeordneten normativen Postulaten oder in einer vorpädagogischen Ethik suchte, sondern in der Erziehungswirklichkeit selbst (...) mit dem Ziel, Aufklärung über die bestehende Erziehungswirklichkeit zu erhalten und damit Informationen über zukünftige Erziehung. (...) Die schlechte Realität sollte mit der guten Theorie konfrontiert werden und, angeleitet* durch die Theorie, im historischen Prozess zu einer guten Realität sich wandeln" (Lutz Rothermel 1997, S. 20f.).

Das Nachdenken über Erziehungswirklichkeit wurde also immer schon mit den Erziehungsmöglichkeiten konfrontiert.

Auch in Standardwerken ist der Begriff Erziehungswirklichkeit vorfindbar, so beispielsweise in vielen Beiträgen der Enzyklopädie Erziehungswissenschaft. Beispielhaft seien hier folgende Zitate angeführt: „*Ziel jeder Forschung ist die möglichst gesicherte Erkenntnis des Zustandes und der Veränderungsbedingungen der sozialen und erzieherischen Wirklichkeit*" (Henning Haft/Hagen Kordes 1984, S. 14). „*Pädagogik ist nicht nur Erkenntnis-, sondern vor allem auch Handlungswissenschaft (vgl. Dietrich Benner 1978). Das heißt, es geht hier nicht nur um die Erkenntnis, sondern vor allem auch um die (Um-) Gestaltung der Erziehungswirklichkeit*" (ebd., S. 29).

**So gesehen bildet die Erziehungswirklichkeit also den Objektbereich der Erziehungswissenschaft**. Aber wie wirklich ist diese Wirklichkeit. Die kritische Erziehungswissenschaft hat schon in den 70er Jahren (vgl. Josef Perger 1996, S. 284) darauf aufmerksam gemacht, dass die Erziehungswirklichkeit nicht objektiv, vom neutralen Standpunkt und ohne Erkenntnisinteresse erfasst werden kann. Die Diskussion um Paradigmenwechsel, postmoderne und konstruktivistische Theorien hat diese Kritik in den 90er Jahren aufgegriffen und verstärkt: „*Auf dem Hintergrund der Grundlagendiskussion in den Sozialwissenschaften läßt sich die Erziehungswissenschaft nicht als bloße Abbildung der Erziehungswirklichkeit begreifen, sondern stellt vielmehr eine* ***'Konstruktion der Wirklichkeit'*** *dar (...)*" (Eckhard König 1996, S. 327). Nun, in Zeiten der Pluralisierung und Individualisierung von Lebenswelten und der Entgrenzung des Pädagogischen (vgl. Heinz-Herrmann Krüger 1995), hat die Disziplin immer größere Schwierigkeiten mit der definitorischen Bestimmung des Erzieherischen und der Erziehungswirklichkeit, die besser im Plural als Erziehungswirklichkeiten zu kennzeichnen sind und die nur mit einem entsprechend pluralen Theorie- und Methodenspektrum erforscht werden kann.

„*Wo ist die Erziehung wirklich (d.h. als spezifische Wirkung) faßbar? Sicher nicht in den Visionen der Erziehungstheoretiker! Auch nicht in den Erziehungsinstitutionen (Gesetzen, Verordnungen, Lehrplänen) und Erziehungseinrichtungen (Familien, Kindergärten, Schulen, Heimen)! Noch nicht einmal in den Intentionen der Erziehungspraktiker! – Vielmehr wird die Erziehung zunächst im Verhalten der erzogen Werdenden in dem Maße wirklich, wie sie bei den Zumutungen ihrer Erzieher 'mitspielen'*" (Werner Loch 1999, S. 75). Werner Loch folgert daraus die Notwendigkeit einer biografischen Erziehungstheorie, was methodisch die qualitative Rekonstruktion der individuellen Biografie auf den Plan ruft und fachdidaktisch/fachmethodisch biografisches Arbeiten nahelegt.

Im alltäglichen Sprachgebrauch meint das Substantiv **„Erschließung"** in erster Linie die Maßnahmen, die die bauliche Nutzung eines Grundstücks durch das Anlegen von Straßen oder Versorgungsleitungen erst ermöglichen. Ferner werden die vorbereitenden Maßnahmen zur Nutzung von Rohstoffquellen als „Erschließung" bezeichnet.

Geht es also bei der inhaltlichen und methodischen Erschließung der Erziehungswirklichkeit nur um vorbereitende Maßnahmen, die auf den forschenden Umgang mit Erziehungswirklichkeit im erziehungswissenschaftlichen Studium vorbereiten?

In der hermeneutischen Tradition des Faches Erziehungswissenschaft meint „erschließen" die um Verstehen bemühte Reflexion.

Das Verb „erschließen" wird in den alten Richtlinien im Kontext der Unterrichtsmethodik eingeführt: *„Die Hinordnung des erziehungswissenschaftlichen Unterrichts auf Reflexion von Erziehungswirklichkeit (...) legt es nahe, im Unterricht vor allem solche Methoden und Medien einzusetzen, die geeignet sind, dem Schüler diese Erziehungswirklichkeit zu erschließen"* (Kultusminister 1981, S. 60).

Diese passive Formulierung, dem Schüler wird die Erziehungswirklichkeit erschlossen, könnte nun in einer reflexiven Wende, dem Leitbild einer/s aktiven, selbsttätig arbeitenden Schüler/in folgend, auf das Subjekt sich zurückbeziehend, programmatisch umformuliert werden:

**Wie können sich Schülerinnen und Schüler die Erziehungswirklichkeit erschließen, im Sinne einer aktiven Aneignung und um Verstehen bemühten Reflexion, einschließlich einer möglichen aktiven Veränderung**.

Damit wäre ich dann bei der „Wie-Frage", also bei der Methodik des Sich-Erschließens angelangt.

## 1. Zum Methodenbegriff

### 1.1 Begriffliche Unschärfen in Richtlinien und Lehrplänen

Im allgemeinen Richtlinienteil wird die Entwicklung von Methodenkompetenz, Methodenbewusstsein und methodologischer Reflexion als zentrale Aufgabe aller Fächer angesehen. Wissenschaftspropädeutisches Lernen wird als methodisches Lernen definiert (vgl. Ministerium 1999, S. XII ff.).

Es wird aber nicht systematisch entwickelt, in welchem Verhältnis ausgewählte Methoden der Referenzdisziplinen (vgl. ebenda, S. XVII) zu einfachen Lern- und Arbeitstechniken stehen oder welche Reduktionsprobleme beim Einsatz universitärer wissenschaftlicher Methoden im Feld der Schule gelöst werden müssen.

Im Lehrplan Erziehungswissenschaft setzt sich der unsystematische Umgang mit dem Methodenbegriff fort und führt dort zu unzulässigen Vermengungen: *„So sind z.B. die folgenden Lern- und Arbeitstechniken in allen Halbjahren relevant: Anwendung empirischer Methoden; hermeneutische Quellenarbeit; Auswertung von*

Fallstudien; Anfertigung von Protokollen und Referaten; Projektarbeit etc." (ebenda, S. 11).

Hier werden Methoden des Unterrichts mit Lerntechniken der Schüler/innen sowie Methoden der Erziehungswissenschaft vermischt, was für das oben eingeforderte Methodenbewusstsein ausgesprochen kontraproduktiv ist.

Auch der Systematisierungsversuch über

„*I. Methoden/Techniken der Beschaffung, Erfassung und Produktion pädagogisch relevanter Informationen (...)*

*II. Arbeit mit wissenschaftlichen Texten und Theorie (...)*

*III. Grundtechniken des wissenschaftlichen Arbeitens (...).*" (ebenda, S. 12f.)

leistet keine tragfähige Hierarchisierung der Ebenen methodischen Handelns. Markierungstechniken erscheinen hier gleichberechtigt mit dem Praktizieren empirischer Methoden, die Makrounterrichtsmethode Zukunftswerkstatt neben der Nutzung von Bibliotheken.

Gleichzeitig wird aber der Anspruch erhoben, eine didaktisch bewusste Progression beim Aufbau der Methodenkompetenz, die angemessene Ansprüche stellt und für Lernende nachvollziehbar ist, zu realisieren.

Dass auf eine Zuordnung spezifischer Methoden zu Halbjahren oder Kursthemen verzichtet wurde (vgl. ebenda, S. 11), ist einerseits zu begrüßen, auf der anderen Seite wird von Fachkonferenzen eine „...*Absprache über die konkreten fachspezifischen Methoden und die konkreten Formen selbstständigen Arbeitens* ..." (ebenda, S. 88) erwartet.

Diese Absprache wird Fachschaften aber nur gelingen, wenn für mehr Klarheit und Systematik im Umgang mit dem Methoden-Begriff gesorgt wird und die unterschiedlichen Ebenen methodischen Handelns im erziehungswissenschaftlichen Unterricht ins Bewusstsein gehoben werden.

## 1.2 Zum Methodenverständnis der Erziehungswissenschaft

„*Methoden sind immer da zu entwickeln und zu begründen, wo eine fertige Antwort oder Problemlösung nicht vorliegt und Forscher sich auf den Weg machen und mögliche Antworten oder Problemlösungen suchen, erproben und überprüfen müssen. (...) Ausgangspunkt ist eine Schwierigkeit, eine unbeantwortete Frage, ein ungelöstes Problem*" (Henning Haft/Hagen Kordes 1984, S. 14).

Wissenschaftliche Forschungsmethoden werden als systematisch angelegte Wege verstanden, die zum Ziel führen sollen, den Zustand und die Veränderungsbedingungen von 'Erziehungswirklichkeiten' möglichst genau in Erkenntnis zu bringen. Dies erfordert heute nicht nur plurale theoretische Erklärungsansätze, sondern genauso einen konsequenten Methodenpluralismus.

Methoden können aber auch Forschungsinhalte mit konstituieren und Zielsetzungen verändern. Die neue Säuglingsforschung ist ein gutes Beispiel dafür, dass neue methodische Möglichkeiten völlig neue Sichtweisen eröffnen und einen Paradigmenwechsel einleiten können.

Diese Feststellung gilt für das methodische Handeln auf allen Ebenen. Überall sind Methoden nicht nur technische Instrumente der Erkenntnisgewinnung sondern sie konstituieren auf allen Ebenen den Erkenntnisprozess mit.

Die Erziehungswissenschaft entwickelt ihre Methodenkonzepte in enger Kooperation mit Soziologie und Psychologie. Klaus Hurrelmann stellte schon 1977 fest: *„Die Pädagogik hat es nicht verstanden, eine auf ihre hermeneutische Tradition aufbauende eigene Methodik zu entwickeln: was hier zuletzt unter Hermeneutik verstanden wurde, war meist zu einem intuitiv feinschmeckerischen Wiederkäuen von Klassikertexten heruntergekommen"* (zitiert in: Henning Haft/Hagen Kordes 1984, S. 18).

Das Methodenverständnis in der Erziehungswissenschaft hat sich ausgehend von einer ausschließlich hermeneutischen, dann – nach der „realistischen Wende" – überwiegend quantitativ-empirisch Ausrichtung und – im Anschluss an den Positivismusstreit – in Richtung Handlungsforschung entwickelt. Die auch in diesem Kontext stattgefundene Herausbildung und Verfeinerung qualitativer Ansätze hat nach kontroversen Diskussionen um den Scheingegensatz von quantitativem und qualitativem Zugriff zu einer reflexiven Methodologie geführt, in der quantitative und qualitative Zugriffe in komplexen Designs verbunden werden (vgl. Heinz-Herrmann Krüger 1997, S. 13 u. 239ff.).

Die heutigen Grundrichtungen erziehungswissenschaftlicher Forschung: empirisch-quantitativ, historisch-hermeneutisch und qualitativ-rekonstruktiv sind auch die Grundrichtungen der Sozialwissenschaften und der Psychologie. Über ihren Methodenbestand kann sich die Erziehungswissenschaft nicht als autonome Disziplin definieren, so Udo Kuckartz in seiner Antrittsvorlesung zu den „Methoden der Sozialforschung in einer Kultur reflexiver Modernisierung" (vgl. Udo Kuckartz 2000).

Nur auf einer konkreteren Ebene von Forschungsdesigns (vgl. die Skizzierung acht solcher Forschungsdesigns in Henning Haft/ Hagen Kordes 1984, S. 45ff.) sind spezifisch erziehungswissenschaftliche Methoden- und Theoriearrangements getroffen worden, die dem spezifischen Gegenstandsbereich des Pädagogischen entsprechen. Hier sind vor allem die pädagogische Begleitforschung und Handlungsforschung (vgl. Glocksee-Schule, Laborschule und Oberstufenkolleg), die Bildungsgangforschung (z.B. im Bereich der Kollegschule) und die interventive Erziehungsforschung (Schulentwicklung, lernende Organisationen) sowie Forschungsdesigns der erziehungswissenschaftlichen Biografieforschung zu nennen (vgl. Winfried Marotzki 1999, S. 109ff.).

Henning Haft und Hagen Kordes begründeten bereits 1984, warum eine Verbindung von quantitativer und qualitativer, von hermeneutischer, quantitativ-empirischer, qualitativ-rekonstruierender und handlungsorientierter Wissenschaft im Bereich der Erziehungswissenschaften notwendig ist und nennen dabei drei Aspekte:

- den besonderen Gegenstand der Erziehungswissenschaft;
- den spezifischen pädagogischen Erfahrungsbegriff;
- das Verständnis von Pädagogik als Handlungswissenschaft.

*„Der Gegenstandsbereich der Bildungs- und Erziehungsforschung (...) liegt nicht einfach in einem Verhalten oder in einem System oder in einer sozialen Interaktion, sondern in der komplexen Wirklichkeit erzieherisch bedeutsamer Praxis: In dieser geht es zugleich um Vermittlung und Aneignung von Qualifikationen und Orientierung durch konkrete Subjekte, seien sie nun individuelle oder kollektive Lerner. Sie gewinnen ihre erzieherischen Impulse aus formellen oder informellen Bildungs- und Sozialisationseinrichtungen, deren Voraussetzungen und Folgen zugleich individuell, institutionell und gesellschaftlich zugleich vorbewußt-latent, subjektiv-intentional und materiell-ideologisch sein können. Gleichzeitig sind die Orientierungen weiterhin einem fortwährenden Wandel unterworfen, in dem menschliche Willensbildung und erziehungswissenschaftliche Orientierung eine große Rolle spielen“* (Henning Haft/Hagen Kordes 1984, S. 18).

Die pädagogischen Erfahrungen in diesem hoch komplexen Feld sind nach Einschätzung von Henning Haft und Hagen Kordes viel *„... radikaler an die Subjektivität der Lernenden und Lehrenden ...“* (ebenda, S. 19) gebunden und rufen zudem die subjektiven Erfahrungen und Erwartungen der Forschenden viel mehr auf den Plan als in anderen Forschungsfeldern.

Schließlich verstehen sich große Teile der Erziehungswissenschaft als Handlungswissenschaft, 1999 nicht mehr in einem naiven, direkten Sinne der konkreten Handlungsanleitung (vgl. Hans-Hermann Krüger 1997, S. 324), aber doch weiterhin mit dem Anspruch einer kritisch-konstruktiven Verbesserung erzieherischer Praxis.

Zentraler Begriff aktueller erziehungswissenschaftlicher Forschungsdesigns ist die alte hermeneutische Kategorie „Verstehen“: *„'Verstehen' bildet den Kern des neuen Paradigmas einer erziehungswissenschaftlichen Forschung, die sich aus Traditionen des Symbolischen Interaktionismus, der Phänomenologie, der Psychoanalyse, der Ethnomethodologie und der Ethnologie heraus entwickelt, auch hermeneutische Traditionen wiederbelebt und frühe Forschungsansätze wiederentdeckt. In vielen Projekten findet sich eine Kombination von quantitativen und qualitativen Zugängen zum Forschungsgegenstand. Alte Polarisierungen lösen sich auf, sowohl quantitative wie qualitative Verfahren erweisen sich als unverzichtbare Bestandteile methodischer Standards gegenwärtiger Erziehungswissenschaft“* (Barbara Friebertshäuser; Annedore Prengel 1997, S. 14).

Verstehen ist heute auch eine zentrale Kategorie in der Kognitionsforschung. Hier wird darunter ein hochkomplexer ganzheitlicher Vorgang verstanden, der vom Textverstehen über Kausalverstehen, Funktionsverstehen bis zum praktischen, empathischen und kritischen Verstehen reicht und auch eine neue wissenschaftliche Bescheidenheit begründet. Die Komplexität und Kompliziertheit von Lernen und Erziehen erfordert qualitative Rekonstruktion individueller Strukturen ebenso wie quantitativ verallgemeinernde Fundierung und Theoriebildung (vgl. Kurt Reusser 1997, S. 9ff.).

Folgende paradigmatische Gemeinsamkeiten kennzeichnen die weiterentwickelten qualitativen Untersuchungsansätze zur Rekonstruktion von Sinn (vgl. Katja Mruck 2000):

- Das **Fremdheitspostulat**: Ähnlich wie in der Ethnologie sieht man die grundsätzlich begrenzten Möglichkeiten der Rekonstruktion von Sinn und geht nicht von einem zwangsläufig gemeinsamen Sinn-Vorrat und Deutungsmuster-Vorrat aus.
- Das **Prinzip der Offenheit**: Im Unterschied zu quantitativ-empirischen Ansätzen formuliert man keine Hypothesen aus dem eigenen Theoriekontext, die man dann in der Erziehungswirklichkeit verifizieren oder falsifizieren will; vielmehr wird mit mehr oder weniger offenen und vorstrukturierten Methoden eine sukzessive Annäherung an das Forschungsfeld vollzogen, die zu einer Hypothesen und Theoriebildung genutzt wird.
- Das **Prinzip der Kommunikation**: Forschungssubjekt und Forschungsobjekt werden als in Kommunikation und Beziehung befindlich begriffen. Das Forschungssubjekt nimmt teil an der Lebenswelt des Forschungsobjekts und verändert sie und umgekehrt. Dieser Tatsache muss durch Metareflexion auf allen Ebenen Rechnung getragen werden.

Methodendebatten sind Reflexionsgegenstand erziehungswissenschaftlicher Methodologie (vgl. Thomas Heinze/Ursula Krambrock 1996). Hier werden Erkenntnisverfahren systematisiert, die Gegenstandsangemessenheit reflektiert, das Verhältnis zu Theorieansätzen und Anwendungsfeldern diskutiert sowie wissenschaftstheoretische Grundsatzfragen einbezogen.

## 1.3 Weitere Dimensionen methodischen Handelns und der Erziehungswirklichkeit

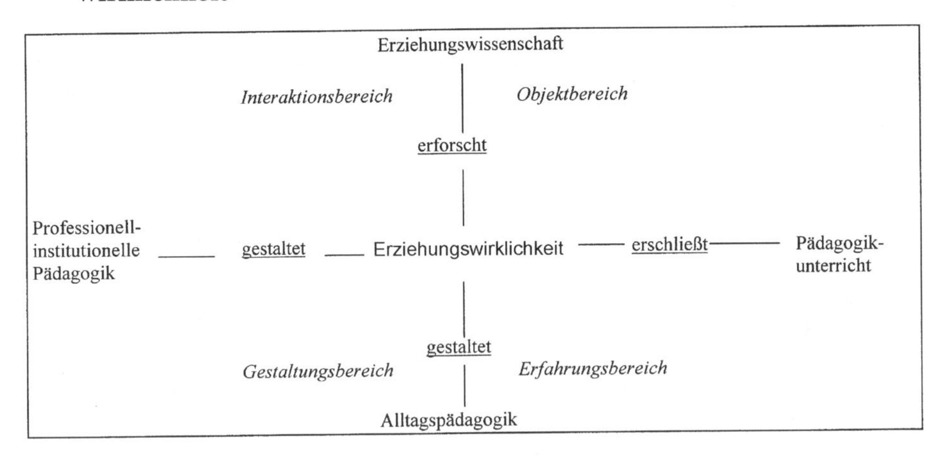


Die Erziehungswissenschaft erforscht ihren Objektbereich Erziehungswirklichkeit mit ihrem Bestand an wissenschaftlichen Methoden, was wiederum zu einer Ausdifferenzierung und Erweiterung des erziehungswissenschaftlichen Wissensbestandes über die Erziehungswirklichkeit führt. Erziehungswirklichkeit ist nach dem oben skizzierten Wissenschaftsverständnis – Erziehungswissenschaft als Handlungswissenschaft – aber zugleich auch ein Gestaltungsbereich der Erziehungswissenschaft. Schließlich ist die Erziehungswirklichkeit ebenso Interaktionsbereich und für die Wissenschaftler Erfahrungsbereich. Interaktion und Erfahrung werden in einer reflexiven Erziehungswissenschaft systematisch einbezogen, in der erziehungswissenschaftlichen Biografieforschung z. B. über ein Forschertagebuch (vgl. Winfried Marotzki 1999).

Da die Erziehungswissenschaft lehrt, ist sie auf dieser Vermittlungsebene auch selbst Teil der Erziehungswirklichkeit.

Diese vier Dimensionen: Objektbereich, Interaktionsbereich, Gestaltungsbereich, und Erfahrungsbereich lassen sich auch in den anderen konstituierenden Feldern der Erziehungswirklichkeit wiederfinden: Professionelle und institutionelle Pädagogik, der Alltagspädagogik sowie in unserem Falle: dem Pädagogikunterricht.

Während die professionell-institutionelle Pädagogik und Alltagspädagogik die Erziehungswirklichkeit primär gestalten, erschließt der Pädagogikunterricht die Erziehungswirklichkeit (in der Lehrplan-Terminologie). Darüber hinaus ist Pädagogikunterricht aber als didaktischer Sonderfall gleichzeitig Erziehungswirklichkeit, genauso wie Alltagspädagogik und professionell-institutionelle Pädagogik zugleich

Alltagswissen bzw. professionelles Handlungswissen sowie Alltagsmethoden und professionelle Methoden (der Beratung, Beurteilung, Diagnose, Instruktion etc.) benötigen und generieren.

Wissensbestände und Methodenbestände werden in allen vier Bereichen auf unterschiedlichen Abstraktions-, Systematisierungs-, und Anwendungsniveaus hervorgebracht.

Die Methodenbestände der professionell-institutionellen Pädagogik, die aufzubauende Methodenkompetenz der Schülerinnen und Schüler sowie Aspekte der Alltagsmethodik sollen im Folgenden skizziert und begrifflich ausdifferenziert werden.

### 1.3.1 Das professionelle Methodenrepertoire der Lehrerin / des Lehrers

In der Literatur zu Unterrichtsmethoden finden sich sehr unterschiedliche Methodenbegriffe und Systematisierungsversuche, die aber überwiegend unbefriedigend sind und zu Begriffsverwirrungen in der Praxis beitragen (vgl. Herbert Altrichter u. a. 1996).

Woher resultiert die Schwierigkeit, klare Begriffsbestimmungen und systematische Ordnung in die Vielzahl der Methoden zu bekommen?

1. Der Bedeutungsumfang des Begriffs Methoden wird unterschiedlich weit gesehen: Einmal geht es um komplexe methodische Gesamtkonzepte (z. B. entdekkendes Lernen), andererseits geht es um Einzeltechniken (z. B. Blitzlicht). In den neuen Lehrplänen stehen methodologische Fragen gleichberechtigt neben Lesetechniken oder Methoden der Bezugswissenschaften.
2. Es ist nicht immer eindeutig, wer als Akteur methodischen Handelns gemeint ist – Lehrer/innen und/oder Schüler/innen.
3. Schließlich ist die Frage, ob Methoden technische Mittel zur Zielerreichung sind oder eigenständigen heuristischen Charakter haben.

Die Methodik-Landkarte im Anhang versucht diesen Problemen Rechnung zu tragen, indem unterschiedliche Ebenen methodischen Handelns begrifflich differenziert werden; das methodische Handeln der Schüler/innen genauso berücksichtigt wird, wie das der Lehrer/innen.

Eine programmatische Orientierung liefern Gunter Otto und Wolfgang Schulz im Vorwort des entsprechenden Bandes der Enzyklopädie Erziehungswissenschaft:

„Die *Wege und Mittel der Erziehung und des Unterrichts* sind dementsprechend Wege des Dialogs zwischen zur Mündigkeit herausgeforderten Menschen und Mittel zur möglichst selbstbestimmten und kooperativen Aneignung der Realität“ (1985, S. 15).

Diese Ausrichtung wendet sich gegen ein technizistisches Zweck-Mittel-Verständnis von Methoden und betont die Chancen, die in der Methodenwahl stecken: Für die Schülerinnen und Schüler können es erweiterte Möglichkeiten sein, den Lernprozess in ihre Hände zu nehmen, für die Lehrerinnen und Lehrer könnte es ein Dauerauftrag zur Forschung in eigener Sache sein (vgl. auch Herbert Altrichter 1996, S. 1485), um die Erfahrung mit Methoden ständig zu reflektieren und professionell weiterzuentwickeln.

Wie läßt sich nun eine Systematisierung der Methoden für den Pädagogikunterricht vornehmen?

Mit Hilbert Meyer (vgl. 1987, S. 235) können zunächst die äußerlichen, formalen Seiten der Methode: die **Sozialformen** und die Unterrichtsschritte, die **Artikulation** des Unterrichts (siehe hierzu meinen Vorschlag der Artikulation von Unterricht: Edwin Stiller 1999, S. 181) von der inhaltlichen, inneren Seite der Methode: den **Handlungsmustern** abgegrenzt werden.

Für die Binnendifferenzierung der Handlungsmuster können folgende Differenzierungen (vgl. Wilhelm H. Peterßen 1999, S. 28f.) hilfreich sein:

- **Unterrichtskonzepte** (handlungs-, problem- oder wissenschaftsorientiert) verbinden didaktische Prinzipien mit ihrer methodisch-unterrichtlichen Umsetzung;
- **Unterrichts-Arrangements** (Makro-Methoden mit didaktischem Konzept, die Methoden und Techniken integrieren können), also z.B.: Projekt, Planspiel, Lehrgang, Fallstudie;
- **Einzel-Methoden** (als selbstständige Bestandteile auf der Mikro-Ebene), z.B. Rollenspiel, Expertenbefragung, Fallanalyse;
- **Techniken** (Kleinst-Methoden), z.B. Blitzlicht, Visualisierungstechniken usw.

Fachdidaktisch habe ich eine Unterteilung, entsprechend den Qualifikationsfeldern der Dialogischen Fachdidaktik vorgeschlagen:

- Wege zum Ich: Methoden biografischen Lernens
- Wege zum und mit anderen: Methoden empathischen und kooperativen Lernens
- Wege erziehungswissenschaftlicher Erkenntnis: Methoden forschenden Lernens
- Wege pädagogischen Handelns: Methoden kreativ-gestaltenden Lernens (vgl. Edwin Stiller 1997, S. 78ff.).

In der Methoden-Matrix im Anhang werden die unterschiedlichen Ebenen methodischen Handelns zu Methodenfeldern gebündelt.

### 1.3.2 Die Methodenkompetenz der Lernerinnen und Lerner

Wenn Schülerinnen und Schüler im oben skizzierten Sinne den Unterricht in eigene Hände nehmen sollen, um sich die Erziehungswirklichkeit möglichst selbstständig zu erschließen, müssen sie sich Methodenkompetenz auf allen bisher angesprochenen Ebenen aneignen:

- **Grundformen der Methodologie** (Methodenfeld 1): Hier geht es um die Methodenkompetenz auf der Metaebene. Vom Unterschied zwischen Alltagssprache und Wissenschaftssprache über die Problematik der Definition erziehungswissenschaftlicher Phänomene bis zur Theorie- und Modellbildung können Schülerinnen und Schüler zentrale wissenschaftspropädeutische Methodenprobleme reflektieren.
- **Grundformen erziehungswissenschaftlicher Methodik** (Methodenfeld 2): Hierbei geht es nicht um die oben skizzierten hochkomplexen Forschungsdesigns, sondern um Grundformen erziehungswissenschaftlichen Forschens: Grundformen empirischen Forschens, wie Experiment, Beobachtung, Befragung, Soziometrie usw., einschließlich ihrer konkreten methodologischen Reflexion. Diese Grundformen erziehungswissenschaftlicher Methodik müssen verknüpft werden mit einer Einführung in die Techniken wissenschaftlichen Arbeitens. Gerade die Einrichtung der Facharbeit macht hier systematische Vermittlungsarbeit notwendig.
- **Erkundendes, simulatives und reales pädagogisches Handeln** (Methodenfeld 3): Entsprechend dem in der Dialogischen Fachdidaktik grundgelegten Verständnis von Handlung können Schülerinnen und Schüler methodische Kompetenzen zur eigenständigen Erschließung der Erziehungswirklichkeit in den Feldern pädagogischen Handelns erwerben. Hier liegen Möglichkeiten der eigenständigen regionalen Recherche, aber auch simulative Zugriffe über pädagogisches Rollenspiel oder Planspiel. Wenn Schülerinnen und Schüler ihren Unterricht mitbestimmend gestalten sollen, ist es unerlässlich, sie mit der Methodenvielfalt des Lehrer-Handelns vertraut zu machen, damit sie fundiert mitbestimmen können und gerade im Pädagogikunterricht selbst die Lehrer/innenrolle im Kurs oder in anderen Lerngruppen übernehmen können (Lernen durch Lehren). So könnten auch pädagogische Handlungsfelder an der eigenen Schule besser erschlossen werden. Die Vermittlung dieser Methodenkompetenz kann integriert geleistet werden, d. h. auf der Ebene der Metakommunikation können Lehrerinnen und Lehrer Transparenz über die eingesetzten Methoden herstellen, Methodenkritik praktizieren und als Modell für professionellen Methodeneinsatz dienen.
- **Selbstreflexive Methodenkompetenz auf der biografischen und interaktiven Ebene** (Methodenfeld 4): Gerade der Pädagogikunterricht als didaktischer Sonderfall hat hier bessere Möglichkeiten als andere Fächer, da z. B. die Bedeutung biografischer Selbstreflexion für Erzieher inhaltlich thematisiert wird und zugleich auf der Selbsterfahrungsebene biografisches Lernen praktiziert wird. Genauso kann hier die nondirektive Methode der Gesprächsführung nach Gordon als professionelles Methodenrepertoire inhaltlich vorgestellt und zugleich als Training für die Verbesserung der kommunikativen Fähigkeiten genutzt werden.

Durchgängig praktiziert werden sollten die vielen Formen der metakognitiven reflexiven Begleitung der Lernprozesse, wie wir es in „Phoenix“ anregen und Instrumente dafür bereitstellen: Planungsbeteiligung (Wabenwahl), Prozessdokumentation und –evaluation (Rückblick) usw..

### 1.3.3 Methoden in der alltäglichen Erziehungswirklichkeit

Alltag und Wissenschaft werden oft als jeweilige Gegenbegriffe gebraucht und entweder die Wissenschaft überhöht – in einem elitär-abgehobenen Wissenschaftsverständnis – oder diskreditiert – Wissenschaft als Kolonialisierung des Alltags bzw. umgekehrt, der Alltag als schmuddelige Praxis diffamiert oder als authentische, nicht entfremdete Lebenspraxis hochstilisiert.

Dabei sind die Dimensionen des Umgangs mit Erziehungswirklichkeit nur in der graduellen Ausprägung anders. Erziehung ist im Alltag, in der professionell-institutionellen Erziehung genau wie in der Erziehungswissenschaft immer mit den jeweiligen Lebensgeschichten verbunden, Erziehung ist immer eine interaktive Beziehung, Erziehung ist immer verbunden mit praktischen Handlungsproblemen und Erziehung ist immer erklärungs- und theoriebedürftig.

Professionell-institutionelle Methoden genau wie wissenschaftliche Methoden haben alle ihren Ursprung in der alltäglichen Erziehungspraxis. *„Die sozialwissenschaftlichen Methoden zur Erkenntnis der Umwelt entstehen aus den Alltagstechniken. In ihnen organisieren sich die persönlichen Erfahrungen und die tradierten der Vorgenerationen zu einem Bestand täglich genutzter Strategien. Wir erkennen, bewerten, verändern die Umwelt nach Regeln, die wir gelernt, erfahren und im Gebrauch verändert haben. Die Alltagstechniken sind das Reservoir für alle sozialwissenschaftlichen Methoden. Sie werden aus ihnen entwickelt, durch Ausgrenzung, durch Absonderung aus ihrem Alltags-Zusammenhang, durch Abstraktion. Beispielsweise experimentieren wir mit Subjekten und Objekten im Alltag, wir erzeugen Situationen, die Menschen oder Gegenstände auf eine Probe stellen. Auch das Spiel hat den Reiz des Ausprobierens. Auf wissenschaftlicher Ebene prüfen wir ein Objekt unter kontrollierten Bedingungen in eingeengter, auf wenige Aspekte reduzierter Weise. Das wissenschaftliche Experiment ist eine Abstraktion des alltäglichen Experimentierens. Gleiches geschieht mit der Beobachtung. (...) Die sozialwissenschaftlichen Verfahren zur Erkenntnis der Umwelt sind also nicht aufgesetzt auf die natürlichen Techniken, ihnen nicht fremd, nicht deduziert aus in sich widerspruchsfreien Gedankengebilden, sondern nach den gleichen Regeln funktionierend wie die natürlichen“* (Gerhard Kleining 1995, S. 12f.).

Das hier für die Sozialwissenschaften Formulierte gilt uneingeschränkt auch für die Erziehungswissenschaft, die sich in den Grundformen derselben Methoden bedient wie die Psychologie oder die Sozialwissenschaften.

Klaus Niedermair, Erziehungswissenschaftler an der Universität Bern, geht sogar von einem Kontinuum von alltäglich-erzieherischer und wissenschaftstheoretischer Reflexion aus:

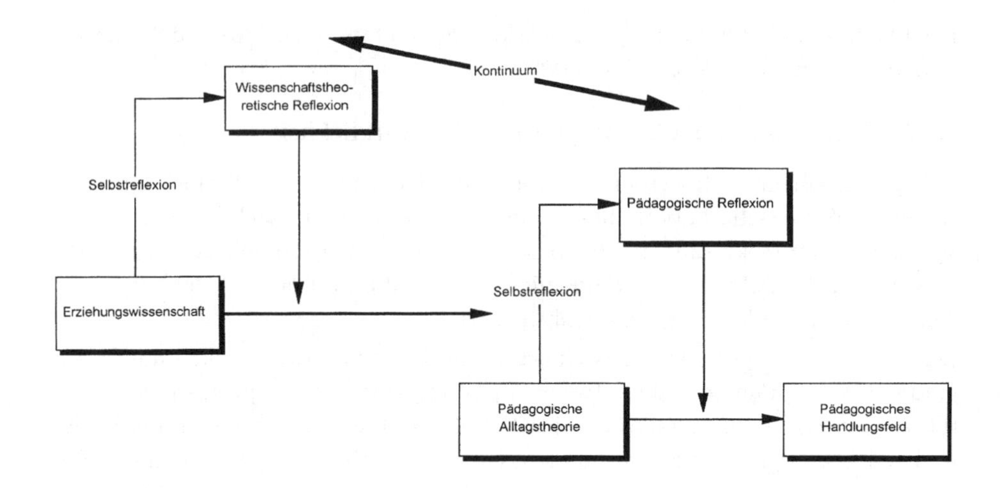


Das Kontinuum von erzieherischer und wissenschaftstheoretischer Reflexion

(Klaus Niedermair 2000)

*„Man mag in bezug auf den Gegenstandsbereich der Erziehungswissenschaft eine Einstellung wie auch immer vertreten: dass es den „pädagogischen Bezug“ zwischen Erzieher und Zögling so nicht mehr gibt, wie er in herkömmlichen Rollenschablonen festgeschrieben war, usw., – jedenfalls wenn man an einer Auffassung von Pädagogik festhält, wonach sich der genannte „pädagogische Bezug“ gerade dadurch auszeichnet, dass da zwei oder mehr Menschen im Spiel sind, von denen einer dem anderen gegenüber ein Mehr an Verantwortung auf sich nimmt, mithin tatsächlich oder vermeintlich einen Vorsprung im Hinblick auf Kommunikations- und Reflexionskompetenz aufweist, dann ist dies vom Setting her die gleiche Situation wie zwischen Forscher und Forschungsgegenstand. Die Situation ist jedoch nicht nur wegen dieser Komplementarität ähnlich, es geht auch um ähnliche Kompetenzen: Genau wie sich der Forscher methodisch vorsichtig seinem Forschungsgegenstand nähern muss, seine Methoden kritisch reflektieren muss, offen sein muss im Hinblick auf die Eigenwirklichkeit der beforschten Subjekte, genauso geht es dem im pädagogischen Feld tätigen Erzieher: Auch er muss auf die Eigenperspektive des zu Erziehenden maximal eingehen können, auch er muss lernen, seine Perspektiven und Methoden, wie er ihn wahrnehmen bzw. verändern kann, kritisch zu reflektieren, auch er muss alternative Handlungsmöglichkeiten anbieten. Die methodische Offenheit und Reflektiertheit in einem weitesten Sinn ist demnach nicht nur ein Ziel der Erziehungswissenschaft (vor allem der sog. Qualitativen Sozialforschung), sondern auch der erzieherischen Praxis. (...)*

*Die erzieherische Praxis besteht weniger darin, dass in bestimmten Situationen vorgegebene Rezepte angewandt werden (im Sinne einer Zweck-Mittel-Rationalität – wie der Erziehungswissenschaftler Brezinka, ein Vertreter des Kritischen*

Rationalismus, angenommen hat), sondern dass zugleich – und das macht die Qualität der Erziehungswissenschaft aus – ständig auf die eigene Praxis und auf das eigene Rezeptwissen reflektiert wird. Dadurch kommt es zu einer Verzahnung von Praxis und Reflexion, zu Selbstreflexion, die für die erzieherische Arbeit und in der Folge für die Erziehungswissenschaft typisch ist bzw. zumindest sein sollte.

Die wissenschaftstheoretischen und methodologischen Fragen sind für die Erziehungswissenschaft insofern die eigentlich praktischen Fragen. Plakativ formuliert: Wissenschaftstheorie und Methodologie in der Pädagogik ist bereits erzieherische Praxis – und umgekehrt“

(Klaus Niedermair 2000, S. 10ff.).

Peter Menck (1997) und Manfred Rotermund (1997) kritisieren den Lehrplanplanentwurf von 1997, er sei völlig unrealistisch, denn im wissenschaftspropädeutischen Unterricht könne man nicht methodologische Fragen kompetent bearbeiten oder empirische Methoden der Datengewinnung einsetzen, denn dies seien Inhalte universitärer Methodenkurse: *„Die Autoren des LE mögen an ihr eigenes Studium denken und daran, welchen Stellenwert die Methodologie der Erziehungswissenschaft und Wissenschaftstheorie in demselben gehabt haben: Entweder kamen sie vor; dann haben wir uns doch hinterher gefragt, was das mit unserem zukünftigen Beruf zu tun hat; oder sie kamen nicht vor; dann führte uns das Studium an den Punkt, an dem sich uns wissenschaftstheoretische Fragen stellten; und das ist für ein wissenschaftliches Berufsstudium schon sehr viel. Wozu das Ganze nun auf der gymnasialen Oberstufe?“* (Peter Menck 1997, S. 2)

Diese Position verschenkt die Chance, Grundformen wissenschaftlichen Erforschens der Erziehungswirklichkeit im Pädagogikunterricht einschließlich ihrer kritischen methodologischen Reflexion zu praktizieren und Schülerinnen und Schülern so einen Einblick in die Arbeitsweise der Erziehungswissenschaft zu ermöglichen.

## 1.4 Fachdidaktische Konsequenzen

Meine fachdidaktische Position, in der forschendes Lernen eine zentrale Rolle spielt, habe ich an anderen Stellen vorgestellt (vgl. Edwin Stiller 1979, 1999), daher möchte ich hier nur an einige Grundelemente erinnern:

- **„So viel Konstruktion wie möglich!“**: Die Freiräume des Lehrplans sollten zur Generierung eigener Fragen genutzt werden, die Lerngruppe an allen Entscheidungen beteiligt werden, der Formulierung eigener Thesen über die Erziehungswirklichkeit viel Raum gegeben werden und es sollte so oft wie möglich projekt- und produktorientiert gearbeitet werden.
- **„Keine Rekonstruktion um ihrer selbst willen!“** Die notwendige Rekonstruktionsarbeit (Orientierungswissen, Methodenwissen) gewinnt konstruktive Züge, wenn sie problemorientiert gestaltet wird und die Fragen der Lerngruppe als Ausgangspunkt nimmt.

- **„Keine Rekonstruktion ohne Ver-Störungen!“** Um eine wissenschaftskritische Position zu erreichen, muss die Perspektivität der Wahrnehmung von Erziehungswirklichkeit immer wieder bewusst gemacht werden und ein Wechsel der Perspektivität ermöglicht werden.

Im fachdidaktischen Diskurs mehren sich die Stimmen, die genau hier ansetzen und den selbstständigen, methodenkompetent forschenden Schülerinnen und Schülern Priorität einräumen.

Elmar Wortmann hat sich in seiner Dissertation (Universität Dortmund) „Verantwortung und Methode im wissenschaftspropädeutischen Pädagogikunterricht“ mit dem reformpädagogischen Konzept von Hugo Gaudig und Otto Scheibner aus den 20er Jahren auseinander gesetzt (1999).

Hugo Gaudig versuchte an einem Lehrerseminar (vor der Akademisierung war dies eine vierjährige Ausbildung nach Abschluss der 10. Klasse) die arbeitspädagogischen Grundsätze der Reformpädagogik auf erziehungswissenschaftlichen Unterricht anzuwenden. Selbsttätigkeit in der Erforschung der Erziehungswirklichkeit und die praktische Anwendung des Gelernten waren die beiden leitenden Prinzipien.

*„Es genügt zur wissenschaftlichen Ausbildung nicht, wenn den Zöglingen des Seminars wissenschaftliche Erkenntnisse überliefert werden (...); sie müssen auch befähigt werden, sich selbsttätig sichere Erkenntnisse zu erwerben; sie müssen die Gesinnung, die Kraft und die Technik wissenschaftlicher Erkenntnisarbeit gewinnen* (Hugo Gaudig, zitiert in ebenda, S. 168).

Elmar Wortmann formuliert für die Gegenwart: *„Wichtig ist danach primär, dass Pädagogikunterricht nicht zu wissenschaftlichem Denken und Handeln hinführt, wenn er wissenschaftliches Wissen und wissenschaftliche Methoden bloß überliefert, die Schüler also zu passiven Rezipienten der Instruktionen des Lehrers macht. Von wissenschaftlicher Arbeit kann nur dort die Rede sein, ‘wo Wissenschaft erzeugt wird, wo Erkenntnis hervorgebracht wird’. Wissenschaftlicher Unterricht im Sinne von Gaudig und Scheibner setzt demnach die Selbsttätigkeit der Schüler voraus“* (1999, S. 168).

Gaudig und Scheibner ermöglichten den Schülerinnen und Schülern eine Vielzahl von praktisch-selbsttätigen Möglichkeiten:

1. *„Das Einschauen ins Ich“ (Selbstbeobachtung psychischer Vorgänge und Zustände)*
2. *„Beobachtung am fremden Seelenleben“*
3. *„Das Betreiben von Sammeltätigkeit“ (Umfragen, Bilder)*
4. *„Das Ausführen psychologischer Schulversuche“ (Untersuchung der Schulneulinge)*
5. *„Auswerten literarischer Darstellungen“*

6. *„Arbeiten im System" (Theoretische Einordnung)*
7. *„Praktisch pädagogisch-psychologische Arbeiten" (Test, Psychogramme)*

(vgl. ebenda, S. 182ff.).

Neben diesen praktisch-selbsttätigen Formen des Erschließens der Erziehungswirklichkeit legt Elmar Wortmann großen Wert auf das systematische Training von Techniken wissenschaftlichen Arbeitens.

Ausdrücklich betont er: *„Wo immer sich die Möglichkeiten zu wirklichem pädagogischem Handeln ergeben, sollten sie im Unterricht aufgenommen werden."* (ebd., S. 177)

Er argumentiert ebenso mit den Parallelen zwischen alltäglichem Untersuchungshandeln und systematisch-wissenschaftlichem Erforschen und folgert:

*„Diese Relationen ermöglichen es, im wissenschaftspropädeutischen Unterricht die Einführung in wissenschaftliche Forschungsmethoden als Elaborierung alltäglicher Kompetenzen zu organisieren. Angesetzt wird bei den alltäglich praktizierten Verfahren, die dann mit Blick auf die wissenschaftlichen Standards weiterentwikkelt, differenziert, korrigiert werden. Im Unterschied zum Studium an den Universitäten geht es nicht um das Vermitteln von hochspezialisierten wissenschaftlichen Vorgehens- und Denkweisen, sondern um die Erfahrung, übende Aneignung und kritische Reflexion grundlegender Forschungsprozeduren (z.B. beobachten, beschreiben, systematisieren) in überschaubaren Lernaufgaben. Die Differenzen zwischen den Alltagsoperationen und den wissenschaftlichen Standards weisen dabei in die Richtung der unterrichtlichen Lernprogression"* (ebd., S. 225).

Gesteigert werden muss gegenüber den Alltagsstrategien in zunehmender Weise der Grad der Reflexivität, die Systematik, der Grad expliziter Theorieanleitung sowie die Diskussion um wissenschaftliche Verantwortung.

Als geeignete erziehungswissenschaftliche Grundformen nennt er:

1. Beobachten
2. Befragen
3. Beschreiben
4. Sammeln, Dokumentieren und Analysieren von Daten
5. Experimentieren
6. Verstehen (fremde autobiografische Texte)
7. Ordnen, Vergleichen und Verallgemeinern
8. Erörtern, Entscheiden und Planen
9. Sprache bewusst gebrauchen
10. Das Vorgehen an Verlaufsmodellen orientieren (vgl. ebd., S. 227ff.).

Am Ende seiner Arbeit weist Elmar Wortmann auf exemplarische Unterrichtsreihen hin, in denen er seinen Anspruch realisiert hat. Aufbau und Anlage der Reihen weisen große Parallelen zur problemzentrierten Konzeption (vgl. Heinz Dorlöchter/Edwin Stiller 1989) sowie der Dialogischen Fachdidaktik (Edwin Stiller 1997) auf.

Die Arbeit von Elmar Wortmann macht deutlich, dass es notwendig und möglich ist, den Schülerinnen und Schülern im Pädagogikunterricht eine **Erschließung der Erziehungswirklichkeit im Sinne einer aktiven Aneignung und um Verstehen bemühten Reflexion einschließlich einer möglichen aktiven Veränderung** zu ermöglichen. Nur so kommt der Pädagogikunterricht seiner wissenschaftspropädeutischen Verpflichtung im Sinne eines zeitgemäßen Verständnisses von Wissenschaft und Methode nach.

## 2. Die Problematik isolierten Methodentrainings

Nicht nur der veränderte Stellenwert der Methoden im Lehrplan Erziehungswissenschaft signalisiert eine neue Wertschätzung des Methodischen. Eine Vielzahl von neuen Veröffentlichungen (Methoden-Handbücher, Methoden-Manuale, Methoden-Lexika) sowie vor allem die Publikationen und Seminare von Heinz Klippert (vgl. 1994ff.) signalisieren geradezu eine Methoden-Welle.

Systematische Methodenschulungen ganzer Schulen, inklusive ganzer Lehrerkollegien sollen Schlüsselqualifikationen, wie Team-, Methoden- und Kommunikationsfähigkeit hervorbringen. Heinz Klippert sieht dies in engem Zusammenhang zu der Entwicklung von Schulprogrammen, in denen „EVA" – eigenverantwortliches Lernen" einen zentralen Stellenwert einnehmen soll (vgl. 1999).

Dies hat sicher in der gesamten Bundesrepublik zu einer größeren Wertschätzung des Methodischen beigetragen und viele Schulentwicklungsprozesse unterstützt. Das Konzept von Heinz Klippert hat nur einen entscheidenden Nachteil. Dadurch dass fachübergreifend ganze Kollegien und Schülerschaften in Sonderprogrammen geschult werden, muss die Methodenschulung von ihren inhaltlichen Kontexten gelöst werden. So werden Rollenspiel, Facharbeit, Briefgestaltung und Brainstorming usw. völlig losgelöst von fachlichen Kontexten trainiert. So werden Methoden zu Techniken degradiert, die ihre Bedeutung als heuristische Problemlösungswege einbüßen und Inhalte werden beliebig.

Nun entwickelt Heinz Klippert seine Konzeption ständig weiter und arbeitet Kritik, wie die an der Isoliertheit des Methodentrainings, in sein Konzept ein. Eine Schule, die sein Komplettprogramm durchläuft, welches dann aber mehrere Jahre in Anspruch nimmt, wird auch dahin gelangen, dass Fachteams die Methodenpflege in ihren fachlichen Kontext übernehmen (vgl. 2000).

Die Kritik an isolierten Methodentrainings hat eine lange Tradition. So zeigt Elmar Wortmann auf, dass sich schon Hugo Gaudig gegen solche Isolierung gewehrt hat:

*„Die Methoden, die sich Schüler aneignen und die sie anwenden, stehen immer in Wechselbeziehung zu Inhalten, die in ihrer Sachlogik ernst zu nehmen sind. Sie sind weiterhin – das ist der grundlegende Gedanke meines Konzepts – nie ohne die ethische Perspektive der Verantwortung zu lehren und lernen. Nicht sinnvoll er-*

scheint es mir deshalb, in gesonderten Unterrichtseinheiten die Methoden einzuführen und zu üben. Methodische Kompetenzen sollen im Vollzug von Lernaufgaben, die von den Schülern als sinnvoll wahrgenommen werden, ausgebildet werden" (A. a. O., S. 247f.).

Auch die Lernforschung wendet sich einstimmig gegen isolierte Methodentrainings. So postuliert R. E. Meyer drei grundlegende lernpsychologische Maximen:

- *„Versuche viele spezielle Kenntnisse und Fertigkeiten zu vermitteln und nicht eine allgemeine Konzeption des Lernen Lernens zu trainieren.*
- *Konzentriere Dich dabei stärker auf die Lernprozesse als auf die Lernergebnisse.*
- *Vermittle Strategien und Metastrategien des Lernens nicht in Form separater Kurse über Lernen Lernen, sondern bei der Erarbeitung wichtiger Inhaltsbereiche" (*1989, zit. in: Franz E. Weinert 1997).

Franz E. Weinert selbst führte auf dem Bildungstag der GEW im Mai 2000 in Weimar aus, *„Ziel des Lernens muss der autonome Lerner sein – und dem wird der Unterricht heute nicht gerecht. Es bringe aber nichts, ganz allgemein das Lernen zu lehren und zum eigenen Unterrichtsfach zu machen. Stattdessen müsste in jeder Unterrichtseinheit der Lernprozess selbst für zwei, drei Stunden thematisiert werden..."* (Karl-Heinz Heinemann 2000, S. 24).

Im Zusammenhang mit der Einführung der Facharbeit wird es nun viele solcher isolierten Methodentrainings geben, die z. T. ausschließlich formal-arbeitstechnisch orientiert sind oder sich darauf kaprizieren, die indirekte Rede zu trainieren, damit Schülerinnen und Schüler richtiges Zitieren und bibliographisches Verweisen lernen.

Um so wichtiger ist es für die fachliche Arbeit im Fach Erziehungswissenschaft, dass Konzepte der integrierten Methodenschulung entwickelt werden.

## 3. Methoden-Matrix – Die Entwicklung eines Methoden-Spiralcurriculums

Der neue Lehrplan verzichtet bewusst auf die Zuordnung von Methoden und Inhalten, daher soll hier auch nicht der Versuch gemacht werden, eine neue Methoden-Obligatorik zu entwickeln.

Wenn wir im Fach Erziehungswissenschaft aber eine integrierte und mit der inhaltlichen Erschließung gleichberechtigte methodische Erschließung der Erziehungswirklichkeit ermöglichen wollen, müssen wir mehr Bewusstheit, Präzision und Systematik in das methodische Handeln bringen.

So ist es beispielsweise unerlässlich, genau angeben zu können, auf welche methodischen Voraussetzungen die Schülerinnen und Schüler bei der Anfertigung einer Facharbeit in der Jahrgangsstufe 12 zurückgreifen können.

Schließlich wird es auch für die Abiturprüfung unverzichtbar sein, das im jeweiligen Kurs vermittelte Methoden-Curriculum aufzeigen zu können.

Letztlich ist es für unsere alltägliche Kursplanung und die Absprache in den Fachschaften notwendig, genau zu eruieren, an welchen Stellen im inhaltlichen Curriculum es besonders günstig erscheint, bestimmte Elemente des Methoden-Curriculums zu vermitteln.

Der Gedanke der **Spiralität** gilt sowohl auf der Ebene eines umfassenden Methoden-Curriculums, wie auch auf der Ebene der Spiralität einer Einzelmethode. Während die Beobachtungsaufgabe im Differenzierungskurs der Jahrgangsstufe 9 noch ganz nahe an der alltäglichen Form der Beobachtung ist, kommen in der Jahrgangsstufe 11 schon erste Systematisierungsversuche und erste Ansätze von Methodenreflexion hinzu. Die Methode Beobachtung in der Jahrgangsstufe 13 eingesetzt, böte die Chance, auch erkenntnistheoretische Aspekte zu thematisieren.

Alle Ebenen methodischen Handelns bedürfen der Metareflexion. Den Rahmen in den Bezugswissenschaften setzt die Wissenschaftstheorie und die Methodologie. In schulischen Lehr-Lernprozessen sind darüber hinaus konkrete Methodenreflexion und Metakognition notwendig. Dies trägt Ergebnissen der Metakognitionsforschung Rechnung, die aufzeigt, dass nachhaltiges Lernen stark von Prozess- und Kontrollwissen über Lernstrategien abhängt (vgl. Arnim und Ruth Kaiser 1999).

Die im Anhang abgedruckte Matrix gibt einen Überblick über die realisierte Methodenkonzeption im Schulbuch Phoenix für die gymnasiale Oberstufe (vgl. Heinz Dorlöchter/Gudrun Maciejewski/Edwin Stiller 2000). Wie mehrfach betont, soll hier keine Obligatorik entwickelt werden, sondern eine mögliche Form einer spiralförmigen und inhaltsgebundenen Realisierung.

Abschließend möchte ich exemplarisch für das Halbjahr 11/1 die Ausführungen für eine systematische Methodenschulung konkretisieren.

## 3.1 Konkretisierung für das Halbjahr 11/1

Eine der Hauptaufgaben, die die Lehrplankommission EW dem Halbjahr 11/1 zuschreibt, ist die gründliche Auseinandersetzung mit dem Erziehungsbegriff sowie die Entwicklung eines kritischen Verständnisses für Modellbildung und Theorieentwicklung in der Erziehungswissenschaft.

Neben der inhaltlichen Seite, die in der Obligatorik der drei Themenbereiche angesprochen werden, wird hiermit eine **methodologisch-wissenschaftstheoretische Auseinandersetzung** eingefordert (Matrix: 1. Methodenfeld), in der es um Fachsprache und Alltagssprache, um Alltagshandeln und wissenschaftliches Handeln, um Theorie- und Modellbildung geht.

Dass diese Reflexionen auf dem Niveau der Jahrgangsstufe 11 möglich sind, zeigt die CD-Rom „Facharbeit und besondere Lernleistung. Wissenschaftliches Arbeiten“ des Klett-Verlags (Langer u.a. 1999). Hier wird fächerübergreifend auf konkrete und motivierende Weise in wissenschaftliches Arbeiten eingeführt. Dies kann ergänzend zur fachspezifisch-inhaltlichen Arbeit mit dem Schulbuch Phoenix eingesetzt werden. So heben die Autoren z. B. die Anforderungen an Fachbegriffe hervor (Eindeutigkeit, Präzision und Aussagefähigkeit, vgl. ebenda). Wenn man diese Kategorien an den Erziehungsbegriff heranträgt, wird sofort die spezifische Problematik des Objektbereichs der Erziehungswissenschaft deutlich (s.o.). Anders als in den Naturwissenschaften ist es in den Humanwissenschaften erheblich schwerer, Fachbegriffe präzise und eindeutig zu definieren. Ob eine Handlung als eine erzieherische Handlung anzusehen ist, ist in starkem Maße deutungsabhängig, sowohl von den handelnden Personen wie auch vom Beobachterstatus aus gesehen.

Das Methodenfeld 2 „**Grundformen der Methoden der Erziehungswissenschaft**“ kann im Halbjahr 11/1 z.B. exemplarisch mit einer praktischen Einführung in die systematische Beobachtung realisiert werden. In der Neuauflage von Phoenix haben wir (vgl. Heinz Dorlöchter/Gudrun Maciejewski/Edwin Stiller 2000, S. 118ff.) in das Kapitel „Der Kindergarten – die erste pädagogische Institution im Leben der meisten Kinder“ eine Neugestaltung des Teils „Pädagogische Anwendung“ aufgenommen, in dem wir, ausgehend von der Alltagsbeobachtung, Möglichkeiten und Grenzen der systematischen Beobachtung von Kindern thematisieren. Hier kann auf eine aktiv-selbsttätige Weise eine der grundlegenden Forschungsmethoden aller Humanwissenschaften in ihren Grundzügen erfahren und kritisch reflektiert werden.

In der Wabe „Erziehung in den 50er Jahren“ bietet sich eine Einführung in historisch-systematische Quellenanalyse an, da Erziehungsratgeber aus den 50er Jahren nur aus dem historisch-politischen Kontext heraus verstanden und ideologiekritisch aufgearbeitet werden können.

Das Methodenfeld 2 eröffnet zudem im Bereich der Techniken wissenschaftlichen Arbeitens viele Möglichkeiten. Was hier realisiert werden sollte, hängt von den Absprachen jeder konkreten Schule ab. Im Schulbuch Phoenix führen wir viele Lerntechniken erst im Kontext von 11/2 an, da sie hier auch lerntheoretisch fundiert werden können und nicht als bloße Techniken verkürzt wahrgenommen werden. Da viele Schulen aber zu Beginn von 11/1 Methodenseminare durchführen, muss dieser Tatsache dann von den Fachschaften Erziehungswissenschaft Rechnung getragen werden.

Im 11/1 Bereich von Phoenix bieten wir unterschiedliche Möglichkeiten der Visualisierung im Zusammenhang mit der Auseinandersetzung mit dem Erziehungsbegriff an; außerdem wird die Methode Filmanalyse eingeführt.

Gerade zu Beginn des Unterrichts im Fach Erziehungswissenschaft kann vor Ort sehr gut recherchiert werden, welche pädagogischen Institutionen in der Region mit welchen pädagogischen Konzepten arbeiten. Hier können z. B. auch die Erfahrungen aus dem Berufspraktikum systematisch aufgearbeitet werden. In anderen Inhaltsfeldern (z. B. Familie) können Expertenbefragung, Exkursionen aber auch pädagogische Rollenspiele Einblick in konkretes pädagogisches Handeln liefern.

Im günstigsten Fall sind schon in 11/1 Formen realen pädagogischen Handelns denkbar, ob als Tutor im Lerntraining oder der Tischgruppenarbeit oder in spielpädagogischen Aktionen im Pausen- und Freizeitbereich der Schule. Dies hängt sehr stark von den konkreten Bedingungen vor Ort ab.

Im Bereich der Kommunikations- und Kooperations-Kompetenzen kann hier die Nutzung des Kommunikationsmodells von Schulz von Thun für die Analyse erzieherischer Kommunikation nicht nur theoretisch erfolgen, sondern auch als Training angemessener eindeutiger erzieherischer Kommunikation vollzogen werden.

Methoden biografischen Lernens kommen im Kontext mit der Thematisierung eigener Erziehungserfahrungen zum Zuge. Chancen und Grenzen biografischen Lernens in Pädagogikkursen sollten hier auf einer Metaebene thematisiert werden, um hier auch Schutzregeln für den Einzelnen vereinbaren zu können. Schließlich kann das Führen eines Journals angeregt und thematisiert werden (vgl. die Ausführungen zum biografischen Lernen in Edwin Stiller 1997 u. 1999).

Die methodische Erschließung der Erziehungswirklichkeit im Sinne einer aktiven Aneignung kann so im Halbjahr 11/1 grundgelegt werden und es kann so schon zu Beginn der Auseinandersetzung mit Erziehungswissenschaft deutlich werden, dass das komplexe und komplizierte Feld der Erziehung nur mit komplexen, komplizierten und selbst-reflexiv begleiteten methodischen Zugriffen aktiv erschlossen werden kann.

## Literatur

Altrichter, Herbert u. a.: Unterrichtsmethoden. In: Hierdeis, Helmwart, Hug, Theo (Hrsg.): Taschenbuch der Pädagogik Band 4. Baltmannsweiler: Schneider Verlag Hohengehren 1996, S. 1473 ff.

Dorlöchter, Heinz; Stiller, Edwin: Problemzentriertes Lernen im Pädagogikunterricht. In: Pädagogikunterricht, Heft 4/1989, S. 12 ff.

Dorlöchter, Heinz; Maciejewski, Gudrun; Stiller, Edwin: Phoenix. Der etwas andere Weg zur Pädagogik. Ein Arbeitsbuch in 2 Bänden, Neuauflage, Paderborn: Schöningh 2000.

Friebertshäuser, Barbara; Prengel, Annedore (Hrsg.): Handbuch Qualitative Forschungsmethoden in der Erziehungswissenschaft. München: Juventa 1997.

Haft, Henning; Kordes, Hagen (Hrsg.): Methoden der Erziehungs- und Bildungsforschung, Enzyklopädie Erziehungswissenschaft. Band 2. Stuttgart: Klett-Cotta 1984.

Heinemann, Karl-Heinz: Der Berg, Story-Telling und ein Lob des Lehrens. Schlaglichter vom Bildungstag. In: Erziehung & Wissenschaft 6/2000, S. 24.

Heinze, Thomas; Krambrock, Ursula: Erziehungswissenschaft: Methodologie. In: Hierdeis, Helmwart; Hug, Theo (Hrsg.): Taschenbuch der Pädagogik Band 4. Baltmannsweiler: Schneider Verlag Hohengehren 1996, S. 507ff.

Kaiser, Arnim und Ruth: Metakognition, Denken und Problemlösen optimieren. Neuwied: Luchterhand 1999.

Kleining, Gerhard: Qualitativ-heuristische Sozialforschung. Hamburg: Fechner 1995.

Klippert, Heinz: Methodentraining. Weinheim: Beltz 1994.

Klippert, Heinz: Kommunikationstraining. Weinheim: Beltz 1995.

Klippert, Heinz: Teamentwicklung im Klassenraum. Weinheim: Beltz 1998.

Klippert, Heinz: Pädagogische Schulentwicklung. Weinheim: Beltz 2000.

König, Eckhard: Erziehungswissenschaft/Pädagogik: Begriffe. In: Hierdeis, Helmut; Hug, Theo: Taschenbuch der Pädagogik. Band 2. Baltmannsweiler: Schneider Verlag Hohengehren 1996, S. 323ff.

Krüger, Heinz-Hermann: Erziehungswissenschaft in den Antinomien der Moderne. In: Krüger, Heinz-Hermann; Helsper, Werner: Einführung in Grundbegriffe und Grundfragen der Erziehungswissenschaft. Opladen: Leske & Budrich 1995, S. 319ff.

Krüger, Heinz-Hermann: Einführung in Theorien und Methoden der Erziehungswissenschaft, Opladen: Leske&Budrich 1997.

Kuckartz, Udo: Methoden der Sozialforschung in einer Kultur reflexiver Modernisierung. http://staff-www.uni-marburg.de/~kuckartz/neues.htm, vom 26.03.2000.

Kultusminister des Landes Nordrhein-Westfalen: Richtlinien Erziehungswissenschaft. Frechen: Ritterbach 1981.

Langer, Wolfgang u. a.: Facharbeit und besondere Lernleistung. (Buch und CD-Rom). Stuttgart: Klett 1999.

Loch, Werner: Lebenslauf als anthropologischer Grundbegriff. In: Krüger, Heinz-Hermann; Marotzki, Winfried (Hrsg.): Handbuch erziehungswissenschaftliche Biographieforschung. Opladen: Leske & Budrich 1999.

Lohre, Wilfried (Hrsg.) und Klippert, Heinz: Auf dem Weg zu einer neuen Lernkultur, Gütersloh: Bertelsmann 1999.

Marotzki, Winfried: Forschungsmethoden und – methodologie der Erziehungswissenschaftlichen Biographieforschung. In: Krüger, Heinz-Hermann; Marotzki, Winfried (Hrsg.): Handbuch erziehungswissenschaftliche Biographieforschung. Opladen: Leske&Budrich 1999, S. 109ff.

Menck, Peter: Kommentar zum Lehrplan Erziehungswissenschaft, 8.12.97. URL: http://www.learn-line.nrw.de/Themen/GymnOberst/Brett/7-1.htm..

Meyer, Hilbert: UnterrichtsMethoden. 2 Bände. Berlin: Skriptor 1987.

Ministerium für Schule und Weiterbildung, Wissenschaft und Forschung des Landes Nordrhein-Westfalen(Hrsg.): Erziehungswissenschaft. Sekundarstufe II Gymnasium/Gesamtschule. Richtlinien und Lehrpläne, Frechen: Ritterbach 1999.

Mruck, Katja unter Mitarbeit von Günter Mey: Qualitative Sozialforschung in Deutschland, in: Forum Qualitative Sozialforschung, On-line Journal, http://www.qualitative-research.net/fqs, 5,5,2000.

Niedermair, Klaus: Einführung in die Wissenschaftstheorie und Methodologie, Sommersemester 2000, http://www.ub.uibk.ac.at/c10803/wthmeth/einfuehrung.doc.

Otto, Gunter; Schulz, Wolfgang (Hrsg.): Methoden und Medien der Erziehung und des Unterrichts. Stuttgart: Klett-Cotta 1985.

Perger, Josef: Erfahrung. In: Hierdeis, Helmwart; Hug, Theo (Hrsg.): Taschenbuch der Pädagogik Band 1. Baltmannsweiler: Schneider Hohengehren 1996, S. 268ff.

Peterßen, Wilhelm H.: Kleines Methoden-Lexikon. München: Oldenbourg 1999.

Reusser, Kurt u. a.: Verstehen. Psychologischer Prozeß und didaktische Aufgabe. Bern: Huber 1997.

Rotermund, Manfred: Kommentar zum Lehrplanentwurf, 27.12.97 URL: http://www.learn-line.nrw.de/Themen/GymnOberst/Brett/7-2.htm.

Rothermel, Lutz: Pädagogik als Wissenschaft. In: Bernhard, Armin; Rothermel, Lutz (Hrsg.): Handbuch Kritische Pädagogik. Weinheim: DSV 1997, S. 19ff.

Seibert, Norbert (Hrsg.): Unterrichtsmethoden kontrovers. Bad Heilbrunn: Klinkhardt 2000.

Stiller, Edwin: Dialogische Fachdidaktik Pädagogik. Paderborn: Schöningh 1997.

Stiller, Edwin (Hrsg.): Dialogische Fachdidaktik Pädagogik. Band 2. Paderborn: Schöningh 1999.

Weinert, Franz E.: Lernkultur im Wandel, in: Beck, E.; Guldimann, T.; Zutavern, M. (Hrsg.): Lernkultur im Wandel. St. Gallen: UVK 1997, S. 11ff.

Wortmann, Elmar: Verantwortung und Methode im wissenschaftspropädeutischen Pädagogikunterricht, Bochum: Prospekt 1999.

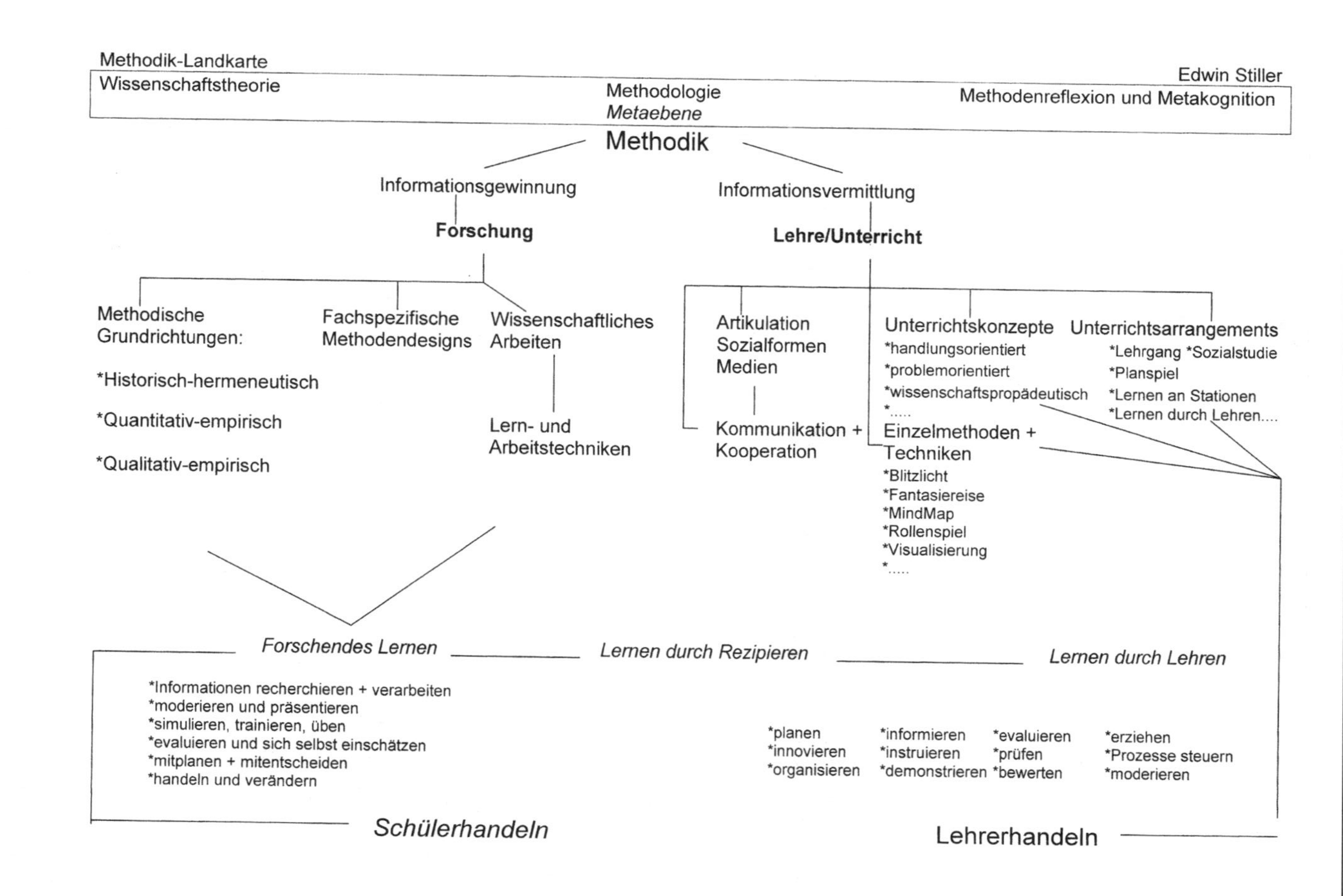

Methodik-Landkarte
Edwin Stiller
Wissenschaftstheorie
Methodologie
Metaebene
Methodenreflexion und Metakognition
Methodik
Informationsgewinnung
Informationsvermittlung
Forschung
Lehre/Unterricht
Methodische Grundrichtungen:
*Historisch-hermeneutisch
*Quantitativ-empirisch
*Qualitativ-empirisch
Fachspezifische Methodendesigns
Wissenschaftliches Arbeiten
Lern- und Arbeitstechniken
Artikulation
Sozialformen
Medien
Kommunikation + Kooperation
Unterrichtskonzepte
*handlungsorientiert
*problemorientiert
*wissenschaftspropädeutisch
*.....
Unterrichtsarrangements
*Lehrgang *Sozialstudie
*Planspiel
*Lernen an Stationen
*Lernen durch Lehren....
Einzelmethoden + Techniken
*Blitzlicht
*Fantasiereise
*MindMap
*Rollenspiel
*Visualisierung
*.....
Forschendes Lernen
Lernen durch Rezipieren
Lernen durch Lehren
*Informationen recherchieren + verarbeiten
*moderieren und präsentieren
*simulieren, trainieren, üben
*evaluieren und sich selbst einschätzen
*mitplanen + mitentscheiden
*handeln und verändern
*planen
*innovieren
*organisieren
*informieren
*instruieren
*demonstrieren
*evaluieren
*prüfen
*bewerten
*erziehen
*Prozesse steuern
*moderieren
Schülerhandeln
Lehrerhandeln

Methoden-Matrix zu einem Methoden-Spiralcurriculum

Edwin Stiller

| Halbjahr und Kurs-themen | **Methodenfeld 1** Grundformen der Methodologie und Wissenschaftstheorie | **Methodenfeld 2** Grundformen methodischer Zugriffe der EW | Techniken wissenschaftlichen Arbeitens | **Methodenfeld 3** Erkundendes, simulatives und reales pädagogisches Handeln | **Methodenfeld 4** Selbstreflexive Methoden: Kommunikation Kooperation | Biografisches Lernen |
|---|---|---|---|---|---|---|
| 11/1 Erziehungs-situationen und Erziehungs-prozesse | Erziehungsbegriff Fachsprache / Alltagssprache Modelle/Theorien/EW | Beobachtung, Hist.-hermen. Quellenanalyse und Ideologiekritik | Filmanalyse Systemat.Lesen Excerpt Protokoll | Regionale Erkundung Pädagogisches Rollenspiel Spielpädagogische Aktion | Analyse und Training erzieherischer Kommunikation Partnerübungen | Aufarbeiten eigener Erziehungs-Erfahrungen Journal |
| 11/2 Lernen und Entwicklung | Lernpsych.Fachbegriffe Behavioristisches Wiss.verständnis Kognitive Wende Konstruktivismus | Befragung Experiment Beobachtung Test | Referat Visualisierung | Lernen durch Lehren Tutorenarbeit Erstellung von Lerntechnik-Ratgebern | Lernen in Gruppen Evaluation | Aufarbeiten der Lernbiografie |
| 12/1 Entwicklung u.Sozialisation in der Kindheit | Methoden der Entwicklungspsy.und Sozialisationsforschung Neue Säuglings-forschung und Paradigmenwechsel | Längsschnitt Querschnitt Beobachtung Empirische Analyse des Kurswahlverhaltens | Literaturrecherche Facharbeit | Pädagogisches Rollenspiel Mädchen/Jungenarbeit Pro/Kontra-Debatte | Jigsaw Fishbowl | Die eigene Entwicklung |
| 12/2 Entwicklung, Soz.und Identität im Jugend- und Erwachsenenalter | Multifaktorielle Modelle Systemisch.Denken | Quantitative Jugend-Forschung Qualitative Fallanalyse / biografische Portraits | Internet-Recherche | Streitschlichter Planspiel | Feedback Fallberatung | Umgang mit Krisen und Konflikten |
| 13/1 Normen und Ziele in der Erziehung | Wissenschaft und Perspektive Grundrichtungen erz.wiss. Methodik: Hermeneutik, Empirie, Qualitative Methoden | Hist.-hermen. Quellenarbeit und Ideologiekritik | Recherche und Auswertung von aktueller Medienbericht-erstattung | Zukunftswerkstatt Expertenbefragung Exkursion Studienfahrt | Projektarbeit | Aufarbeiten der eigenen Schulbiografie |
| 13/2 Identität | Menschenbild, Verantwortung und Wissenschaft | Hist.-hermen. Quellenarbeit und Ideologiekritik | Prüfungsvorbereitung | Prüfungssimulation | | Das eigene Menschenbild Zukunftsplanung |

Mit dieser beispielhaften Füllung der Matrix soll kein Anspruch auf Vollständigkeit erhoben werden und keine neue Obligatorik aufgestellt werden!

# Teil II:
# Methodenvielfalt im Pädagogikunterricht – praktisch realisiert

WOLFGANG THIEM

# Von Erlebnissen und Erfahrungen der Schüler ausgehen, ihre Vorkenntnisse und Interessen am Thema berücksichtigen

*„Mein Mentor sagte immer, dass man die Schüler dort abholen solle, wo sie stehen. Aber bisher habe ich keinen kennengelernt, der mir sagen konnte, wo meine Schüler stehen."*
Berufschullehrerin Gabriele Lehmann –
zit. bei Hilbert Meyer 1987, S.132.

**Persönlich bedeutsames** Lernen wird organisiert, wenn von den Erlebnissen und Erfahrungen der Lernenden, aber auch ihren Vorurteilen und vorhandenen Haltungen ausgegangen werden kann, ihre Vorkenntnisse aufgegriffen und ihre eigenen Fragen an den Lerngegenstand zum Inhalt der Auseinandersetzung werden können (vgl. auch Beitrag von Claudia Antonia Remmert). In diesem Beitrag sollen ein geeignetes Unterrichtskonzept sowie ausgewählte mögliche Mikromethoden bzw. Techniken angeboten werden, um dem beschriebenen Anliegen gerecht zu werden.

## 1. Erfahrungsbezogener Unterricht – ein Konzept der Organisation persönlich bedeutsamen Lernens

Unterschiedliche Autoren haben sich in den 70 er Jahren mit dem Konzept erfahrungsbezogenen Unterrichts beschäftigt (vgl. Ariane Garlichs/Norbert Groddeck 1978, Rudolf Nykrin 1978), das am weitesten entwickelte und praktisch erprobte Konzept stammt aber von Ingo Scheller (1981). Das Unterrichtskonzept geht von der Kritik an einer Schule aus, die „entfremdetes Lernen" organisiert, bei dem „von subjektiven Einschlägen gereinigte Wissensstoffe" (Ingo Scheller, ebd., S. 35), Schulweisheiten, „Schulwissen" (Horst Rumpf 1981) angeeignet werden.

Ingo Scheller hält es dafür für notwendig, Erlebnisse und Erfahrungen der Schüler mit dem Gegenstand des Lernens bewusst aufzugreifen und zur Grundlage der Arbeit an Einstellungen und Haltungen zu machen. **Erfahrungen** sind nach seiner Auffassung in einem **komplexen handlungsorientierten Aneignungsprozess** verarbeitete Wahrnehmungen und Erlebnisse, die sich zu Deutungs- und Handlungsmustern verdichten und in Haltungen niederschlagen. „Eine **Haltung** ist somit das Gesamt an privaten, sozialen und politischen Vorstellungen und Interessen einerseits, an sprachlichen, handlungsbezogenen und körperlichen Ausdrucksmöglichkeiten andererseits“ (Ingo Scheller 1986, zitiert nach Werner Jank; Hilbert Meyer 1991, S. 315).

Der Autor hat dazu ein **Phasenschema** für Unterrichtseinheiten (nicht also für Einzelstunden!) entwickelt, das im Folgenden kurz charakterisiert und in einem Beispiel auf den Pädagogikunterricht angewandt werden soll.

**1. Aneignung bereits vorhandener (subjektiver) Erlebnisse, Erfahrungen und Phantasien der Schüler zum neuen Thema**

Es sollen Situationen geschaffen werden, in denen die Schüler die Möglichkeit haben, sich der Erlebnisse, Phantasien und subjektiven Bedeutungen zum Lerngegenstand bewusst zu werden, Scheller spricht von „Aneignen“. Dazu ist das ritualisierte Handlungsmuster des abfragend-entwickelnden Unterrichtsgesprächs völlig ungeeignet. Vielmehr sollten in Einzelarbeit zuerst einmal die Assoziationen in Form von Erlebnissen notiert werden. In Kleingruppenarbeit sollten ausgewählte Erlebnisse einzelner in unterschiedlichen Aneignungsweisen und Produkten weiter erarbeitet werden. Dabei sind solche auszuwählen, die alle für wichtig halten und die der Einzelne bereit ist, ausführlich darzustellen.

Als „Produkte“ könnten Plakate, Texte, Textcollagen, aber auch szenisches Spiel angestrebt werden.

**2. Verarbeitung der eigenen Erfahrungen durch Konfrontation mit neuen Perspektiven, Erklärungen und den Erfahrungen anderer**

Es sollen Situationen geschaffen werden, in denen die themenbezogenen subjektiven Bedeutungszuschreibungen mit Erfahrungen und Wissen anderer (Mitschüler, Lehrer, Wissenschaftler) konfrontiert werden. Die Konfrontation kann durch unterschiedliche Dokumente geschehen (Texte, Bilder, Filme, Referate u.a.). Die Verarbeitungsergebnisse können sich wieder in unterschiedlichen Handlungsprodukten niederschlagen: Reportage, Dokumentation, Text-Montage, Spielszenen, Podiumsdiskussionen, Fotografien u.a. Der Verarbeitungsprozess kann in unterschiedlichen Sozialformen erfolgen, die „Produkte“ sollen letztlich aber im Plenum der Lerngruppe (Kurs) veröffentlicht werden.

**3. Weitergehende Veröffentlichung der verarbeiteten Erfahrungen**

Um die Folgenlosigkeit alltäglichen Unterrichts abzubauen, sollten Möglichkeiten geschaffen werden, die verarbeiteten Erfahrungen auch in einem über die Lerngruppe hinausgehenden Rahmen öffentlich zur Diskussion zu stellen. „Öffentlichkeit“ könnten andere Klassen und Kurse, Lehrer, Eltern – aber je nach Lerngegenstand auch die Bewohner eines Jugendheims, die Schüler einer Förderschule sein. Möglichkeiten der weiteren Veröffentlichung sind je nach angestrebten Handlungsprodukten unterschiedlich: Ausstellung, Broschüre, Zeitung, Podiumsdiskussion mit szenischen Spielen, Dia-Vortrag, Videovorführung. Dabei sollte aber gesichert sein, dass die Schüler durch Berichte, Skizzen, Kommentare auch den Arbeits- und Erfahrungsprozess reflektieren und der Öffentlichkeit zugänglich machen. Gerade die Reflexion über den durchlaufenen Arbeits- und Erkenntnisprozess erhält in einem Prozess der „denkenden Erfahrung" bzw. des „learning by doing" (John Dewey), der auch in jeder Projektarbeit angezielt wird, eine spezifische Bedeutung für den Lerneffekt, der oft gerade im Zuwachs an methodischer Kompetenz liegt.

**Ein mögliches Beispiel aus dem Pädagogikunterricht:**

Eine recht anspruchsvolle Form, sich mit dem **Wesen von Erziehung** in der Jahrgangsstufe 11 auseinanderzusetzen, wäre an Hand des Unterrichtskonzepts durchaus denkbar; verlangt aber natürlich eine spezifische Einführung in das Unterrichtskonzept:

**Erstens: Aneignung bereits vorhandener (subjektiver) Erlebnisse, Erfahrungen und Phantasien der Schüler zum neuen Thema**

Den Schülern wird eine zugegebenermaßen nicht sehr aktuelle Erziehungssituation von **Gerhart Herrmann Mostar** (1970) vorgetragen oder besser als Text zur Verfügung gestellt. Sie werden aufgefordert, persönliche Erlebnisse, Erfahrungen, Phantasien aufzuschreiben, die ihnen zu einzelnen Textstellen einfallen.

Gerhart Hermann Mostar: Der Vater und sein Sohn, in: Friedrich W. Kron (Hrsg.): Das erzieherische Verhältnis. 1970.

*Wir waren bei meiner alten, zierlichen Tante Agnes zu Besuch und saßen in ihrer Laube. Die Erwachsenen erzählten Witze, die auch Kinder verstanden und vertrugen, und es wurde viel gelacht. Schließlich wandte sich mein Vater aufmunternd an seine Schwester: „Na Agnes, willst du nicht auch einen erzählen?"*

*„Ach Gott", meinte Tante Agnes zaghaft, „den vom Pomuchelskopf kennt ihr ja schon alle ..."*

*„Aber nein!" riefen die Erwachsenen. „Und wenn, dann habe ich ihn vergessen!" sagte mein Vater. Und nur ich, der Achtjährige, krähte sieghaft und wissend: „Doch, doch! Du hast ihn uns doch erst vor acht Tagen erzählt!"*

*Tante Agnes wurde rot unter ihrem weißen Haar, aber mein Vater wurde ganz blaß, und alle wurden still. Niemand lachte mehr, und dann stand Tante Agnes unter dem Vorwand auf, neuen Kaffee holen zu müssen. Als sie fort war, erhob sich auch mein Vater. „Komm mal mit, mein Junge!" sagte er streng. Er führte mich in die Gartenecke, wo uns niemand sehen konnte, und gab mir eine sehr zornige und sehr kräftige Ohrfeige.*

Mein Vater, ein städtchenbekanntes Sinnbild von Sanftmut und Friedfertigkeit, schlug mich sehr selten. Wenn er es einmal tat, pflegte ich loszuheulen, als sei ich geschunden worden, weil das stets zur sofortigen Einstellung der Feindseligkeiten führte. Diesmal tat ich das nicht. Ich starrte meinen Vater fassungslos an, unter stummen Tränen aus großen Augen . Er hielt meinem Blick stand: „Du weißt, warum du die Ohrfeige bekommen hast?"

Da geschah das Unerwartete. „Jawohl", sagte ich mit zitternder Stimme, aber aus festem und trotzigem Herzen. „Weil ich die Wahrheit gesagt habe, und ihr habt alle gelogen. Tante hat euch den Witz vom Pomuchelskopf schon zehnmal erzählt, und zu Hause habt ihr euch darüber lustig gemacht. Und jetzt ..." Ich konnte nicht weiter.

„Und jetzt", ergänzte mein Vater, „wirst du deiner Wahrheitsliebe wegen gehauen. Sonst wurdest du gehauen, wenn du gelogen hattest." Ich nickte.

Mein Vater lehnte sich an den Zaun und schwieg sehr lange. Heute weiß ich, daß er während dieser Zeit sich und mich begriff. Sich, der, wie alle Friedfertigen, einem lange aufgespeicherten gerechten Zorn im ungeeigneten Augenblick Luft gemacht und sich dadurch ins Unrecht gesetzt hatte. Mich, in dem durch diese Ohrfeige etwas so viel Tieferes getroffen worden war als die schmerzende Wange: Bisher war die Welt für mich ein hübsches, buntes, glattes Bild gewesen, eingefaßt in den goldenen Rahmen meiner Kindheit, gesehen durch das klare Glas der elterlichen Morallehre, für die jede Wahrheit ihren Lohn und jede Lüge ihre Strafe empfing; nun war das Bild mittendurch gerissen, der Rahmen gesprengt, das Glas zertrümmert, die Wand des Lebens gähnte leer, kalt und häßlich. Es war, wie ich heute weiß, ein gefährlicher vielleicht der gefährlichste Augenblick meiner Kindheit. Mein Vater hatte gelogen, mein Vater war mir fremd. Es kam alles darauf an, mich jetzt noch zu retten jetzt, in dieser Minute am Gartenzaun.

„Siehst du", begann der Vater behutsam, sehr behutsam, „Tante Agnes kennt nur diesen einen Witz. Es macht ihr große Freude, ihn zu erzählen, und viel Freuden hat sie nicht in ihrem armen Leben. Wenn sie ihn nicht erzählen darf, ist das schlimmer für sie, als es für dich ist, wenn du darüber lachst, obwohl du ihn schon kennst. Nicht wahr?"

„Ja", sagte ich zögernd. „Aber man darf doch nicht lügen." Vater legte die Hand um meinen Nacken. „Gewiß, du bist wahr zu ihr gewesen. Aber du bist nicht lieb zu ihr gewesen. Das hat mich geärgert. Es kommt viel darauf an, wahr zu sein zu den Leuten. Aber es kommt alles darauf an, lieb zu sein zu den Leuten. Am besten ist man beides zusammen ... aber das geht nicht immer. Wir wollen's jedenfalls beide versuchen, nicht wahr?"

*Ich nickte. Ich fühlte freilich noch großen Schmerz. Denn das Bild der Welt, wie es den Raum meiner Kindheit geschmückt hatte, konnte Vater nicht wieder zusammensetzen. Es war endgültig kaputt. Es war so hübsch, so glatt, so klar, aber es war auch flach gewesen. Nun stürzte auch die Wand zusammen, an der es gehangen hatte, und dahinter lag das Leben, es bekam Tiefe, große Tiefe und Weite und viele Schatten, es war tief, dunkel und unbehaglich. Aber Vater stand mittendrin. Vater gehörte dazu und gehörte wieder zu mir und war nicht mehr fremd, stand zwischen Liebe und Lüge und war mir näher denn je. Nie mehr würde er mir so nahe sein.*

*Ich lief zur Laube zurück und sprudelte Tante Agnes, die den neuen Kaffee eingoß, meine erste Lüge entgegen: „Tante Agnes, erzähl mir doch bitte den Witz vom Pomuchelskopf noch mal! Eben habe ich ihn Vater erzählen wollen, und da habe ich gemerkt, daß ich ihn doch vergessen habe!" Tante ließ vor Schreck und Freude fast die Kanne fallen, das war meiner ersten Lüge und meiner ersten Liebe Lohn und dann erzählte sie den Witz vom Pomuchelskopf.*

*Heute habe ich den Witz vom Pomuchelskopf wirklich vergessen. Aber die Ohrfeige und die Worte am Gartenzaun nicht und niemals.*

Es werden dann Kleingruppen gebildet, die jeweils einen Gesprächsleiter und einen Protokollanten bestimmen. Die Assoziationen werden vorgestellt und im Protokoll (es soll später der Rekonstruktion des Erfahrungsprozesses dienen!) stichpunktartig festgehalten. Es können jetzt Assoziationen zur weiteren Verarbeitung ausgesucht werden,

- die alle Gruppenmitglieder für wichtig halten,
- die der Einbringende gewillt ist, ausführlich zu artikulieren.

In unterschiedlicher Weise können die Erfahrungen, Erlebnisse, Phantasien eingebracht und später im Plenum veröffentlicht werden: die Erziehungssituation umschreiben, eine Reportage über ein abgewandeltes Erziehungsgeschehen zu verfassen, spielerische Szenen über Varianten des Erziehungsgeschehens ...

Die Ergebnisse der Aneignung von Erfahrungen werden nun in das Plenum des Kurses eingebracht.

**Zweitens: Verarbeitung der eigenen Erfahrungen durch Konfrontation mit neuen Perspektiven, Erklärungen und den Erfahrungen anderer**

Durch weitere Analyse der ursprünglichen Erziehungssituation und der durch Erfahrungen weiterentwickelten Situation sollte die weitere Verarbeitung vorhandener subjektiver Bedeutungen von Erziehung erfolgen. Dazu wäre es möglich, sich der jeweils erzieherisch bedeutsamen Momente bewusst zu werden, wozu insbesondere die Interaktion im Erziehungsprozess sowie Ziele, Inhalte und Mittel der Erziehung in die Betrachtung einbezogen werden. Zur Konfrontation können jeweils kurze Darstellungen wissenschaftlicher Art oder auch vorbereitete Schülerbeiträge dienen. Die entscheidenden Verarbeitungsprozesse sollten wiederum in Kleingruppen ablaufen, wobei es Vorteile hat, wenn die Gruppen der ersten Phase beibehalten werden, aber auch neue Gruppen könnten den Auseinandersetzungsprozess weiter befruchten.

Jede Kleingruppe hätte zu entscheiden, in welcher Weise sie ihre Vorstellungen über das Wesen von Erziehung veröffentlichen möchte.

Durch die Veröffentlichung im Plenum der Kursgruppe wird die Auseinandersetzung über die subjektiven Bedeutungen weiter vertieft und erweitert.

**Drittens: Weitergehende Veröffentlichung der verarbeiteten Erfahrungen**

Eine weitergehende Veröffentlichung der verarbeiteten Erfahrungen könnte hier eine Darstellung im Parallelkurs bedeuten, falls er an der Schule existiert. Auch eine evtl. an der Schule bestehende Arbeitsgemeinschaft in der Sekundarstufe I könnte Adressat sein. Denkbar wäre sicher auch die Einbeziehung der „Handlungsprodukte“ in eine Werbeveranstaltung für das Fach in der Vorbereitung der Kurswahl in der gymnasialen Oberstufe, wie sie an vielen Schulen in Klassenstufe 10 erfolgen. Handlungsprodukt der Auseinandersetzung um das Wesen der Erziehung könnte aber auch ein Teil einer Werbeschrift für die Kurswahl im Fach sein. Vom Gegenstand her wäre aber auch eine Einbeziehung in einen Elternabend unterschiedlicher Klassen möglich, um eine Auseinandersetzung über Erziehung anzuregen.

## 2. Mikromethoden und Techniken zur Analyse und Einbeziehung von Vorkenntnissen, Interessen, Erfahrungen der Schüler – auf der Suche, wo die Schüler stehen ...

In unterschiedlichen Beiträgen unseres Sammelbandes werden auch solche Mikromethoden angesprochen – so die Arbeit mit Fotografien (Edwin Stiller), das Bilderbuffet (Peter Laska), das Klangbild (Eckehardt Knöpfel), die Arbeit mit Texten, Bildern und Phantasiereisen im Rahmen biografischen Lernens (Claudia Antonia Remmert), das Sammeln und Veröffentlichen konkreter Erfahrungen in Praxiseinsätzen und Erkundungen (Gunter Gesper und Elfi Weiß). Hier soll das in knapper Weise durch Darstellen auf einige ausgewählte Mikromethoden und Techniken geschehen, wie sie meist insbesondere im Zusammenhang mit Moderationsmethoden dargestellt werden.

Dabei werden einzelne der Techniken oft als **Metaplanarbeit** bezeichnet, diese ist jedoch eine sehr aufwendige und komplexe Methode. Die in Trainings- und Beratungsinstituten (z. B. in Nozay bei Paris oder Quickborn in Hamburg) ausgearbeitete Gruppenarbeitsmethode mit hohen personellen und technischen Anforderungen wird fast nur bei Managerkongressen oder Workshops eingesetzt (vgl. Wilhelm H. Peterßen 1999, S. 197 ff). Aber viele der dabei genutzten **Visualisierungs- und Kooperationstechniken** können durchaus im Unterricht sinnvoll eingesetzt werden.

## 2.1 Kartenabfrage:

Auf Karteikarten bzw. Zetteln (möglichst zumindest DIN A 5) formulieren die Schüler stichpunktartig mit Filzstift ihre Antworten auf eine klar formulierte und schriftlich vorliegende Frage.

Gegenstand im Pädagogikunterricht könnte beispielsweise sein:

- Begründung der Fachwahl beim Einstieg in den Kurs (im Arbeitsbuch „Phoenix" wurde zu diesem Zweck ein Statementspiel entwickelt, das mit vorgegebenen Antworten arbeitet – vgl. Heinz Dörlöchter u. a., Band I, 2000, S. 21f.);
- Sammeln von Vorschlägen für die Realisierung eines Projekts (vgl. Projektanregungen in den Rahmenplänen);
- Aspekte des Erziehungsbegriffes;
- Faktoren des Lernens u. a.

Während der Kartennotiz sollte kein Gedankenaustausch erfolgen.

Die Karten sollten nun vorgestellt und an einer Pinnwand angesteckt werden, wobei bereits eine erste Ordnung erfolgt. Es sollte jetzt auf Vollständigkeit geprüft werden. Mancher dachte vielleicht, dass sein Argument auch viele andere hätten, anderen fällt beim Vorstellen noch etwas ein.

Es erfolgt ein bewusstes Ordnen der Karten in zusammenhängende Aspekte bzw. Problemkreise, wobei die Ordnungskriterien gemeinsam erarbeitet werden sollten.

Prioritäten der weiteren Bearbeitung können nunmehr durch **Punktabfrage** festgelegt werden, bei der die Lernenden Klebepunkte verteilen können. Zu vereinbaren ist, ob vom Einzelnen mehrere Punkte an einen Aspekt vergeben werden können. Auf diese Weise könnte also ein Themenplan entstehen, zu dem nunmehr Bearbeitungsmodus, vorgesehene Ergebnisse und Bearbeiter vorgesehen werden können.

Im Pädagogik-Kurs der Jahrgangstufe 13 wurde verabredet, sich mit der psychischen Entwicklung in der Kindheit und Kinderpsychotherapie zu beschäftigen. Durch die Lektüre des Buches „Ahmet. Geschichte einer Kindertherapie" von Anneliese Ude-Pestel in den Sommerferien waren alle Kursteilnehmer auf das schwierige Thema eingestimmt. Mit der Aufgabenstellung „Wenn ich an das Buch „Ahmet" denke, fallen mir folgende Fragen, Probleme und Bemerkungen ein ..." wurde gleich zu Beginn des Schuljahrs eine Kartenabfrage realisiert. Da die Kursgruppe die Methode gut beherrschte, fanden sich alle relevanten Aspekte anschließend ausdifferenziert an den Pinnwänden wieder. Der Arbeitsplan konnte erarbeitet werden, die Schüler verwendeten diese Visualisierungsmethode auch in der Bearbeitung des Themas (vgl. Christel Biebrach; Hans-Peter Sievers 1995, S. 27).

## 2.2 ABC-Methode

Eine erste Abwandlung der Kartenabfrage könnte im Rahmen einer Hausaufgabe die ABC-Methode sein, bei der die Schüler versuchen von A bis Z Assoziationen zu finden, was mit Erziehung zu tun hat.

| Erziehung hat zu tun mit ... |
|---|
| A |
| B |
| ... |
| Z |

Die Auswertung, Sichtung und Bündelung könnte zu einer ersten „Vorstellung“ von Erziehung führen.

Im „Phoenix“ wird als Einstieg in Psychische Krankheiten von Kindern und Jugendlichen geraten, das ABC für assoziierte Begriffe zu psychischen Krankheiten (von „abgedreht“ bis „zu“) und zu psychischer Gesundheit („anerkannt“ bis „zufrieden“) zu nutzen (vgl. Band II, 2000, S. 124). In der Auswertung werden Auffälligkeiten und Gemeinsamkeiten herausgearbeitet und so Aspekte der weiteren Bearbeitung festgelegt.

Dabei wird auch eine Gruppenvariante empfohlen, bei der zwei Großgruppen je einen dieser Aspekte bearbeiten und je ein „Großplakat“ auf Tapetenbahnen herstellen, indem sie ein kollektives Brainstorming durchführen.

## 2.3 Graffiti oder Onkel-Otto-Zettel

Auf einen Einstieg ins Thema in Kleingruppenarbeit abgewandelt, ist diese Methode geeignet, sofort mit einer Kommunikation im kleinen Kreis zu beginnen und so eine erste kommunikative Abstimmung zum Gegenstand herbeizuführen. Widersprüche in der Meinungsbildung einzelner Gruppen sollten dabei aber durchaus auch im Plakat deutlich werden.

In der Zahl der Kleingruppen existieren Plakate mit Satzanfängen und freien Reihen, die in den Gruppen zu bearbeiten sind.

Aus einer Anregung aus dem „Phoenix“ könnten die Satzanfänge sein:

- *Unsere Erfahrung über Erziehung aus der frühen Kindheit ...*
- *Unsere Erfahrung über Erziehung aus der Zeit im Kindergarten ...*

- *Unsere Erfahrung über Erziehung aus der Grundschulzeit ...*
- *Unsere Erfahrung über Erziehung aus Familie in dieser Zeit ...*
- *Unsere Erfahrung über Erziehung aktuell ...*

Jede Gruppe beginnt mit einem Plakat und schreibt ihr Ergebnis in die unterste der vorbereiteten Reihen, klappt dann diesen Absatz nach hinten, so dass die nächste Gruppe weiterarbeiten kann, ohne die bisherigen Einträge zu sehen. Die Plakate werden im vereinbarten Rhythmus weitergegeben, wobei ein möglichst gleiches Arbeitstempo anzuzielen ist.

Nunmehr liegt für jedes der Satzanfänge eine Sammlung von Erfahrungen, von Vorwissen aus allen beteiligten Gruppen vor, kann verglichen und weiter bearbeitet werden.

## 2.4 Zettelwand

Der Kartenabfrage ähnlich können Arbeitsergebnisse der Kleingruppen gesichert, geordnet und systematisiert sowie veröffentlicht werden (vgl. Jörg Knoll 1993, S. 172ff.).

Beispielsweise haben sich in einer Unterrichtssequenz zur Entwicklung die Schüler in kleinen Gruppen mit mitgebrachten Fotos aus ihrer Kindheit beschäftigt und sollten wichtige Stationen ihrer Entwicklung herausarbeiten.

Die Teilnehmer der einzelnen Gruppen halten nach kollegialer Abstimmung in Stichworten ihre wichtigen Stationen im bisherigen Leben fest, DIN A 4 Zettel sollten dazu zumindest zur Verfügung stellen. Es geht dabei nicht darum, möglichst viele Stationen zu kennzeichnen, sondern die, die für alle Mitglieder der Lerngruppe wichtig sind.

In der Arbeit im Plenum werden die Zettel vorgestellt, auf Pinwand oder Tafel befestigt und nach Themen in Spalten untereinander angeordnet. Ein Streit um mögliche Zuordnung sollte aufgeschoben werden; ein Integrieren von Zetteln, über die es Widerspruch gab, ist später möglich.

Die anderen Gruppen folgen, sollen aber keinen Zettel weglassen, weil der Inhalt etwa schon genannt ist. Es kommt auch darauf an, die Anzahl der Nennungen bestimmter Stationen durch die Gruppen zu ermitteln.

Die weitere Arbeit mit den Ergebnissen kann im Gespräch, aber auch in der Bearbeitung einzelner Stationen in Interessengruppen erfolgen.

## 2.5 Brainstorming („Gedankensturm“), Brainwriting

Eine Ideensammlung in Einstiegsphasen, aber auch in Problemlösungsprozessen bzw. in der Projektplanung, um möglichst viele Anregungen aufzunehmen und einfließen zu lassen, sind unterschiedliche Formen des Brainstorming. Auch im Pädagogikunterricht fast grenzenlos einsetzbar, um vorhandene Interessen, Fragen an den Gegenstand, aber auch Ausgangswissen auf schnelle Weise zu ermitteln.

Auf eine Frage bzw. Aufgabenstellung sollen alle Teilnehmer spontan ihre Assoziationen bzw. Einfälle äußern – dabei kann vorher auch die mögliche Zahl der Antworten für jeden einzelnen festgelegt werden. Günstige Teilnehmerzahl ist um 10, größere Gruppen sollten geteilt werden.

„Vereinbarte Spielregeln“ regeln den effektiven Ablauf: Floskeln, wie „meine ich auch ...“, „das hat der schon gesagt“ sind nicht zugelassen – ebenso keinerlei Wertung; auch abwertende nonverbale Kommentare – wie Lachen, Seufzen – sind unerwünscht und sollten vom Moderator zurückgewiesen werden.

Die „Ideen“, „Geistesblitze“ sind zu sammeln, nichts soll verloren gehen – der Lehrer sammelt sie an der Tafel oder ein Lernender wird zum Protokollant.

Erst abschließend erfolgt ein Abwägen – einige müssen sicher gleich verworfen werden, andere sind als akzeptabel bzw. sehr akzeptabel einzuordnen.

Das **Brainwriting** oder **Technik „635“** (vgl. Volker Bugdahl 1994, S. 54f.) ist eine **schriftliche Variante**, die in der Arbeit in Kleingruppen geeignet ist: 6 Teilnehmer können in 3 Problemlösungsfelder je eine Idee schreiben und haben dafür jeweils 5 Minuten zur Verfügung.

| Problem: Warum sollte sich Pädagogikunterricht mit der Erziehung im Nationalsozialismus auseinandersetzen? **Ideen/ Lösungsvorschläge/ Argumente** | | | |
|---|---|---|---|
| Lösung 1 | Lösung 2 | Lösung 3 | Signum |
| 1. | | | |
| ... | | | |
| 6. | | | |

Die Teilnehmer bekommen je ein Formblatt, füllen die Kopfzeile aus und tragen in die oberste Zeile in maximal fünf Minuten drei Argumente ein. Die Zettel werden im Kreis weiter gegeben und jeder hat nunmehr ein Blatt mit ausgefüllter erster Zeile. Er soll nun drei weitere Ideen hinzufügen, entweder seine ursprünglichen wiederholend, neue entwerfend oder die vorhandenen weiterentwickelnd, fortführend.

Sind alle sechs Reihen ausgefüllt, erfolgt in der Lerngruppe eine Wertung in nützlich – interessant, aber erneut zu prüfen oder abzulehnende Ideen.

Das Verfahren eignet sich auch in „spannungsgeladenen“ Lerngruppen – jeder ist gefordert, Blockaden durch andere fallen weg, Redeschwäche kann so „ausgeglichen“ werden.

Inzwischen ist eine Vielzahl unterschiedlicher Varianten von Brainstorming und Brainwriting beschrieben worden, die auch besondere Bedingungen in der Lerngruppe berücksichtigen und so beispielsweise für die Artikulation von Gruppenkonflikten anonyme Formen vorschlagen, bei der die Teilnehmer ihre Ideen auf Karten notieren und der Lehrende sie vorträgt.

## 2.6 Techniken der Aufzeichnung und Strukturierung von Ideen, Kenntnissen

Techniken der Aufnahme und Verarbeitung von Informationen dienen im besonderen Maße der **Visualisierung** von eingebrachten Ideen. Allgemein genutzt sind das **Clustern** und das **Mindmapping,** wovon hier nur ersteres angedeutet werden soll. Das allgemein bekannte Mindmapping dient in stärkerem Maße der bewussten Systematisierung und Vernetzung von Kenntnissen.

Beide der Verfahren nutzen neben den begrifflichen Symbolen auch anschauliche, bildhafte Darstellungen, um beide Gehirnhemisphären anzusprechen, was neuere Untersuchungen über mentale Modelle stützen.

Das **Clustern** ist die anspruchslosere Technik, weil sie weniger systematische Darstellung erfordert (vgl. Wilhelm H. Peterßen 1999, S. 56f.).

Andrea Frank schlägt eine wiederkehrende Phasenfolge vor (1997, S. 14):

- „Schreibe ein Wort, einen Begriff, einen Aussagesatz in die Mitte eines weißen Blattes und male einen Kreis darum herum. Dies ist der Kern des Clusters.
- Lasse nun die Gedanken kommen, wie sie kommen, und verknüpfe sie, wie sie kommen, konzentriere Dich nicht und versuche nicht, eine Struktur zu entwikkeln. Jeder Einfall wird wiederum selbst mit einem Kreis umgeben und durch einen Strich mit dem Kern oder dem vorherigen Gedanken verbunden. Wenn eine Assoziationskette nicht weitergeht, fange eine neue an.
- Assoziiere so lange, bis dir nichts mehr einfällt; erzwinge keine Weiterführung und übe keine Selbstzensur, indem du die Logik deiner Assoziation überprüfst.
- Wenn dir nichts mehr einfällt, beginne einen Fließtext zu schreiben. In diesem Text können die Begriffe oder Satzfragmente aus dem Cluster vorkommen, müssen es aber nicht. Es ist keine bestimmte Textsorte vorgegeben. Im Übergang von der Visualisierung zur Textinterpretation kann ganz Verschiedenes entstehen – und es ist immer wieder überraschend, was dabei herauskommt."

## 2.7 Techniken der themenzentrierten Selbstdarstellung

Die hier zu beschreibenden Mikromethoden oder Techniken können dazu dienen, die mehr oder weniger differenzierte Einstellung zum Lerngegenstand zu erfassen, wobei auch sehr einseitige oder dogmatische Haltungen auf den Tisch kommen sollen. Geeignet sind sowohl mündliche oder schriftliche Formen, aber auch das Rollenspiel und die bildnerische Gestaltung sind einsetzbar. Einige mögliche Anregungen:

### 2.7.1 Sprechmühle

Die Vorgehensweise soll auch „stille“ Schüler zur Kommunikation anregen. Obwohl das Ganze natürlich inszeniert ist, wird es in der Regel auch von Lernenden der gymnasialen Oberstufe, insbesondere in der Jahrgangsstufe 11 angenommen (vgl. Johannes Greving/Liane Paradies 1996, S. 163f.).

Inhaltlich sei für den Pädagogikunterricht die Erörterung von „Gut“ und „Böse“ in Partnerschaftsbeziehungen angenommen.

Im Klassenraum wird ein „Marktplatz“ geschaffen, auf dem sich die Kursteilnehmer bewegen können, dann zwischen zufällig zusammen gekommenen Partnern ihre Meinungen austauschen.

Folgender **Ablauf** kennzeichnet das Vorgehen:

- Der Lehrer nennt die erste Frage: **Wie würdest Du deinen Partner bestrafen, wenn er dich bestohlen hätte?**
- Die Schüler „schlendern“ bei entspannender Musik über den „Marktplatz“ und grübeln über die Frage. Mit Aussetzen der Musik sollen sie sich dem nächst stehenden Schüler zuwenden und aushandeln, wer zuerst antwortet.

(Die Autoren schlagen möglichst heitere Entscheidungsfragen vor, wie die Schuhgröße der beiden, wann jeder am Sonnabend ins Bett gekommen ist u. a.)

- Der Ausgewählte darf jetzt zwei Minuten seine Vorstellung darstellen, der Partner soll beeindruckende Aussagen gedanklich oder auf Zettel festhalten. Nachfragen sind nur für das Verständnis möglich.
- Jetzt werden auf Signal die Rollen getauscht.
- Die Musik setzt wieder ein und neue Partner werden gesucht.

Es wiederholt sich das Vorgehen für eine **zweite und dritte Frage:**

- **Dein Partner hat dich belogen – was würdest du mit ihm tun?**
- **Du bist glücklich – wie drückt sich das aus, wie verhältst du dich?**

Zur **Auswertung** ist ein Gesprächskreis, ein Blitzlicht – aber auch eine Kartenabfrage möglich.

### 2.7.2 Blitzlicht

Das Blitzlicht ist ebenfalls ein Instrumentarium der Moderationsmethode, um Kommunikation und Lernklima in Lerngruppen zu verbessern. Es kann einerseits dazu genutzt werden, vorhandene Gefühle, Wünsche, Befindlichkeiten und Erwartungen zum Thema, aber auch auswertend zum Lernverlauf wahrzunehmen und zu veröffentlichen – aber es kann andererseits auch dem Sammeln von Ideen dienen.

Nach den Vorstellungen der Themenzentrierten Interaktion von Ruth Cohn ist eine **ständige Balance** zwischen der Sache (dem Es), den eigenen Einstellungen zu Sache (dem Ich) und den Einstellungen der Lerngruppe zum Anderen und zur Sache (dem Wir) zu schaffen, wozu „Störungen“ in diesem Verhältnis „vorgehen“, weil sie die sachliche Auseinandersetzung mit dem Gegenstand verhindern.

Ein **Blitzlicht (BL)** kann hier helfen. Auch bei dieser Kommunikationstechnik sind vorher vereinbarte Regeln, Bedingung für erfolgreiche Intervention nützlich (vgl. Wilhelm H. Peterßen 1999, S. 47ff.):

- „Am BL sollen höchstens 25 Personen teilnehmen.
- Das BL kann jederzeit, beliebig oft und von jedem Teilnehmer angeregt stattfinden.
- Alle kommen der Reihe nach zu Wort und nehmen Stellung zu einer vorher vereinbarten Frage, z. B.: „Wie interessiert bin ich im Moment am Gesprächsthema?"
- Jeder spricht nur ganz kurz (1 bis 2 Sätze) und äußert seine persönlichen Vorstellungen, Erwartungen in Ich-Form, z. B. „Mir geht es hier zu schnell" oder „Das Thema interessiert mich nicht mehr".
- Niemand beruft sich nur auf den Vorredner. Wiederholungen werden persönlich formuliert.
- Alle anderen Teilnehmer sind genaue Zuhörer. Sie geben keine Kommentare ab. Verständnisfragen dürfen gestellt werden.
- Es findet keine Diskussion statt, bevor nicht jeder seine Stellungnahme abgegeben hat."

Zweifellos liegt einerseits im Zwang, dass alle, aber kurz reden müssen, eine Stärke der Technik; andererseits können das in bestimmten Situationen Einzelne auch als unangenehm empfinden. Dann wären auch gesonderte Vereinbarungen möglich, dass nur spricht, wer sich äußern möchte.

### 2.7.3 Freiflug

Unter Freiflug wird eine stärker experimentelle Methode zur Selbstdarstellung verstanden, die insbesondere dazu dienen kann, in spielerischer Form Kreativität auszuprobieren (vgl. Greving/Paradies 1996, S. 132ff.).

Sie kann dazu dienen, handlungsorientiert in einen Kurs einzusteigen; aber durchaus ist auch eine bestimmte **Themenbindung** möglich.

Folgender **Ablauf kennzeichnet das Vorgehen** für etwa eine Doppelstunde:

- Die Lernenden erhalten möglichst ein DIN A 3-Blatt. Jeder nimmt einen Stift. Der Lehrer wartet bis alle konzentriert sind. Dann bittet er die Augen zu schließen. Nach kurzer Pause fordert er sie auf, schnell und ohne weiter zu überlegen, das auf das Papier zu kritzeln, was ihnen gerade einfällt.
- Nachdem alle ihre „Krakel" vorgezeigt haben, sind 15 Minuten Zeit, daraus ein Bild zu gestalten.
- Nach Abschluss sollen die Lernenden ihr Bild betiteln und 5 zum Bild passende Begriffe daneben schreiben.

- Es erfolgt eine Vorstellung der entstandenen Zeichnungen, wobei die Arbeit an dieser Stelle auch unterbrochen werden kann.
- In Gruppen (3 bis 5 Schüler) soll nun aus sämtlichen Begriffen, die auf den Zeichnungen standen, gemeinsam eine Geschichte formuliert werden.
- Die Geschichte kann im Plenum vorgetragen oder auch anschließend inszeniert und vorgespielt werden.

### 2.7.4 Fragebögen zur Selbstdarstellung

Udo Kliebisch schlägt in seinen Publikationen im besonderem Maße auch für das Anliegen des Pädagogikunterrichts geeignete Fragebögen zur Selbstdarstellung zu den Themen „Kooperation und Werthaltungen“ (1995) und zu „Kommunikation und Selbstsicherheit“ (1995); „Selbstentfaltung und Lebensplanung“ (1997) und zusammen mit Dirk Weyer: „Selbstwahrnehmung und Körpererfahrung“ (1996) vor. Ein Beispiel auf Seite 72 soll das Vorgehen verdeutlichen (1997, S. 124).

### 2.7.5 Bildliche Darstellungen, Herstellen von Collagen

Eigene Einstellungen, Erfahrungen, aber auch individuelle Bedeutungen zu einem Thema können auch **durch bildliche Darstellungen** und **Collagen** eingebracht werden.

In einer **bildlichen Darstellung** werden die Schüler aufgefordert, sich zu einem Thema – beispielsweise **„Schule – heute“** – Bilder, Szenen oder Symbole einfallen zu lassen und auf Plakaten darzustellen.

In **Collagen** können die Schüler zum Thema ein gemeinsames aus „Papierflicken geklebtes Bild“ herstellen, indem sie bereit gestellte Bilder aus Prospekten, Katalogen u. a., aber auch andere Materialien nutzen.

Dabei können nach W. Kunde (1976, S. 273 ff.) zwei Anliegen verfolgt werden:

- **stärker triebgesteuert-spontan** zum Einstieg in ein Thema – beispielsweise in der Aufgabe: „Ich bin ein typischer Jugendlicher“;
- **stärker intensional-diskursiv,** wenn die angeeigneten Erkenntnisse in der Anwendungsphase symbolisiert werden und agitatorische Appelle erarbeitet werden. Beispiel könnte hier die abschließende, gewissermaßen theoretisch durchdrungene Darstellung der eigenen Betroffenheit bei Gewalt in der Gesellschaft sein.

Bei der Nutzung dieser Methode sollten Anforderungen an die Gestaltung der Plakate und Collagen gestellt werden, wie sie im Kunstunterricht vermittelt werden.

**3.2 Goal — M 2**

# Ziele-Pyramide

*Du hast auf dem Arbeitsblatt „Lebensziele" einige Ziele zu den Bereichen Beruf, Familie und zu deinen Wertvorstellungen notiert.*
*Bringe die Ziele zu jedem Bereich nun in eine Rangfolge.*
*Das wichtigste deiner Ziele steht ganz oben.*

**Die Rangfolge für deine Ziele im Bereich „Familie"**

1. ______________________

2. ______________________

3. ______________________

**Die Rangfolge für deine Ziele im Bereich „Beruf"**

1. ______________________

2. ______________________

3. ______________________

**Die Rangfolge für deine Ziele im Bereich „Wertvorstellungen"**

1. ______________________

2. ______________________

3. ______________________

**Zwei** im Pädagogikunterricht oft genutzte **Beispiele** sollen das Vorgehen illustrieren:

**Erstens: Auch im „Phoenix" findet sich die Aufforderung, ein Mobile zur eigenen Familie** zu erarbeiten – natürlich soweit der Lernende gewillt ist, sich mit diesen doch sehr intimen Beziehungen zu „outen".

Die Zeichnung von Claudia de Weck ist dazu eine oft genutzte Vorlage (vgl. Brigitte Legatis-Roth; Ruth Schnelli-Näf 1993, S. 57.).

(Zeichnung Claudia de Weck, aus: Brigitte Legatis-Roth/Ruth Schnelli-Näf, Familienleben so und anders; © Verlag pro juventute, Zürich 1993, S. 57)

**Zweitens: Ebenfalls im „Phoenix" (Band I, 2000, S. 126) erhalten die Lernenden den Auftrag, einen „Lebensbaum"** zu zeichnen, in dem sie Angaben über Eltern, Geschwister, Großeltern sowie über die Traditionen und Hierarchien in der Familie (Familienmotto, aber auch über gute und negative Erfahrungen mit Menschen anderer ethnischer Herkunft) darstellen sollen.

Zurückdenkend an das vorangestellte Zitat einer Lehrerin, gibt es wohl doch eine Reihe von Möglichkeiten zu erfahren, „wo" die Schüler augenblicklich in Bezug zum Aneignungsgegenstand und zum Aneignungsweg stehen, wie sie den Inhalt erleben.

## Literatur

Biebrach, Christel; Sievers, Hans-Peter: Elemente der Moderationsmethode im Unterricht. In: Pädagogik, Heft 6/1995, S. 27ff.

Bugdahl, Volker: Kreatives Problemlösen im Unterricht. Frankfurt/Main: Cornelsen Scriptor 1995.

Dorlöchter, Heinz; Maciejewski, Gudrun; Stiller, Edwin: Phoenix – der etwas andere Weg zur Pädagogik. Arbeitsbuch in zwei Bänden. Paderborn: Schöningh [2]2000.

Frank, Andrea: Clustering und Mindmapping. In: Lernbox. Friedrich-Jahresheft. Seelze 1997.

Greving, Johannes; Paradies, Liane: Unterrichtseinstiege. Ein Studien- und Praxisbuch. Berlin: Cornelsen Scriptor 1996.

Kliebisch, Udo: Kommunikation und Selbstsicherheit. Mühlheim/Ruhr: Verlag an der Ruhr 1995.

Kliebisch, Udo: Kooperation und Werthaltungen. Mühlheim/Ruhr: Verlag an der Ruhr 1995.

Kliebisch, Udo; Weyer, Dirk: Selbstwahrnehmung und Körpererfahrung. Mühlheim/Ruhr: Verlag an der Ruhr 1996.

Kliebisch, Udo: Selbstentfaltung und Lebensplanung. Mühlheim/Ruhr: Verlag an der Ruhr 1997.

Knoll, Jörg: Kurs- und Seminarmethoden. Ein Trainingsbuch zur Gestaltung von Kursen, Seminaren, Arbeits- und Gesprächskreisen. Weinheim, Basel: Beltz Weiterbildung [5]1993.

Jank, Werner; Meyer, Hilbert: Didaktische Modelle. Frankfurt/Main: Cornelsen Scriptor 1991.

Scheller, Ingo: Erfahrungsbezogener Unterricht: Praxis, Planung, Theorie. Frankfurt/Main: Scriptor 1987.

Peterßen, Wilhelm H.: Kleines Methoden-Lexikon. München: Oldenburg-Schulbuch-Verlag 1999.

PETER LASKA

*„Die grundlegende Arbeitsform, in der Ausschnitte konkreter Wirklichkeit zum Gegenstand der Reflexion werden können, ist die Fallstudie ...“*
Klaus Beyer 1997, S. 92

# Die Fallanalyse im Pädagogikunterricht

Im Pädagogikunterricht geht es um die „Beschäftigung und Auseinandersetzung mit Erziehungswirklichkeit“ (Ministerium 1999, S. 12).

Nur in den seltensten Fällen findet dabei eine unvermittelte Begegnung mit ihr statt, auch wenn jeder Unterricht immer auch ein Stück Erziehungswirklichkeit darstellt. Aber in der Regel steht dieses Stück nicht im Zentrum des Interesses und der Aufmerksamkeit, denn nur selten wird der eigene Unterricht thematisiert. Das mag etwa in 13/1 geschehen, wenn die Erziehungsinstitutionen unter normativen Aspekten zum Gegenstand der Betrachtung gemacht werden. Die Vielzahl der Aspekte der Erziehungswirklichkeit, die lt. Richtlinien angesprochen werden müssen, müssen in vermittelter Form in den Unterricht geholt werden. Das kann durch die verschiedensten Medien und Materialien geleistet werden. In diesem Zusammenhang spielen Fälle eine besondere Rolle.

Aber:

Falldarstellungen sind nicht identisch mit Erziehungswirklichkeit, sie spiegeln sie nur wider. Dies geschieht notgedrungen immer nur ausschnitthaft, verzerrt, lückenhaft und tendenziös, weil sprachlich und gedanklich vermittelt.

Fallanalysen stellen damit eine der wichtigsten Methoden dar, die im Pädagogikunterricht vermittelt werden müssen.

Für den Lehrer heißt das, dass er die Schüler mit dieser Methode vertraut machen und für die Ausbildung ihrer Kompetenz sorgen muss. Wenn im neuen Lehrplan die methodische Auseinandersetzung mit der Erziehungswirklichkeit neben die inhaltliche tritt und als eigener Schwerpunkt ausgewiesen wird, so bedeutet das aber auch, dass die Schüler hier nicht nur immer größere Kompetenz erwerben, sondern auch ein Bewusstsein für ihre Kompetenz und ihren Zuwachs und als Voraussetzung dafür ein Bewusstsein für die damit verbundenen Anforderungen bekommen müssen.

Bei genauerem Hinsehen ergibt sich dabei, dass die Fälle nicht immer mit dem selben Erkenntnisinteresse betrachtet werden, dass sich die Fragen an das Material und der Umgang damit im Verlauf der Arbeit in der gymnasialen Oberstufe ändern. Fallanalysen in der Jahrgangsstufe 11 bedeuten oft etwas grundsätzlich anderes als

Fallanalysen in der 13, weil das didaktische Interesse am Material „Fall“ sich ändert.

Beginnen wir mit der Frage nach dem Material. Was ist ein Fall?

## 1. Der Fall als Prototyp

Auf der allgemeinen Ebene können wir sagen: Ein Fall besteht aus der Schilderung des Verhaltens eines Individuums. Das kann auf eine einzige Situation bezogen sein, es können aber auch eine größere Zahl von Situationen dargestellt sein, die sich letztlich zur Schilderung eines ganzen Lebens summieren können. Diese Darstellung kann sowohl ohne spezifisches (fach- oder theoriegeleitetes) Interesse sein, es kann aber auch schon aus einem bestimmten fachlichen Blickwinkel heraus erfolgen. Unerheblich ist dabei zunächst, ob es sich um authentisches Material handelt. Fiktionale Darstellungen können ebenso geeignet oder auch ungeeignet sein wie nicht-fiktionale. Es geht nicht darum, wie wirklich das Dargestellte ist, sondern ob aus dem Material oder aus weiteren zur Verfügung stehenden Quellen erschlossen werden kann, wie sich das Dargestellte zur Wirklichkeit verhält, in welchem Maße es also geeignet ist, aus ihm Aussagen über die Wirklichkeit – und das bedeutet im Pädagogikunterricht: Erziehungswirklichkeit – abzuleiten. Gerade bei fiktionalem Material, aber nicht nur da – sondern da vielleicht nur am Augenfälligsten – stellt sich die Frage des Verhältnisses zur Wirklichkeit, weil hier die gestalterischen intentionalen Mittel des Verfassers besonders zahlreich sind und in der Regel auch deutlich hervortreten: von der realistischen bis zur satirisch-verfremdeten Darstellung ist alles möglich.

Auch eine scheinbar realistische, ‘objektive’ Darstellung bildet natürlich die Wirklichkeit nie direkt ab.

Zu einem Fall wird eine entsprechende Darstellung aber erst dadurch, dass man sich ihr mit einer fachbezogenen Haltung nähert (vgl. Klaus Beyer 1997, S. 92–134). Das kann einerseits vom Verfasser her geschehen, der sein fachliches Interesse und seine Kompetenz bereits in die Auswahl des Materials und in die Art und Weise der Präsentation einfließen lässt. Wenn dabei bestimmte inhaltliche und formale Ansprüche erfüllt sind, können wir sogar von der ***Textsorte* „Falldarstellung“** reden. Ärzte, Psychologen, Juristen, Sozialarbeiter, aber auch Techniker (‘Störfall’) haben damit zu tun.

Hat das besondere fachliche Interesse aber bei der Erstellung oder Zusammenstellung des Materials nicht vorgelegen oder ist aus irgendeinem Grund nicht deutlich gemacht worden, so muss andererseits vom Rezipienten her ein erkenntnisleitendes Interesse dazu kommen, damit aus der Schilderung irgendeines Ereignisses ein Fall werden kann. Dieser konstituiert sich dann als solcher erst im Kopf des Lesers. Das setzt das Vorhandensein von Fachkenntnissen und die Fähigkeit voraus, diese auf das Material zu übertragen. So wie nur der juristisch Geschulte bei einem Vorfall erkennen kann, ob dabei eine rechtliche Relevanz vorliegt, so kann auch nur vor dem Hintergrund fachlicher (hier: erziehungswissenschaftlicher) Kenntnisse bestimmt werden, was einen Vorgang zu einem pädagogischen Fall machen kann.

So gesehen kann es geradezu ein Anlass für den Lehrer sein, Schüler mit einem bestimmten Material zu konfrontieren, damit er dadurch überprüfen kann, ob und inwieweit diese in der Lage sind, eine bestimmte fachliche Perspektive zu entfalten.

Hier können wir eine **erste didaktische Funktion der Beschäftigung mit Fällen** festhalten. Mit Blick auf die eingangs erwähnte Progression muss man dazu sagen, dass es sich hierbei auch um die einfachste Stufe des Umgangs mit Fällen handelt.

In der Praxis bedeutet das, dass der Fachlehrer, zum Beispiel bei der Arbeit im Halbjahr 11/2, mit den Schülern Theorien oder Theoriebausteine z. B. zur Erklärung von Lernprozessen erarbeitet. Dies geschieht von der Vorgehensweise her in der Regel induktiv. Die Ergebnisse werden dann als Theoriesätze in allgemeingültiger Form festgehalten **und zur Sicherung wieder auf die Praxis übertragen.** Das sind die Anfänge der Fallanalyse. Im strengen Sinn des Wortes ist der Begriff hier eigentlich noch nicht angemessen. Die Schüler bekommen z. B. die Beschreibung eines Kindes vorgelegt, das in einer konkreten Situation auf Grund bestimmter Gegebenheiten sein Verhalten ändert oder in bestimmter Weise gestaltet, also etwas lernt oder zeigt, dass es etwas gelernt hat. Die Schüler sollen nun im Besonderen des Vor-Falls das Allgemeine der Theorie **wiederfinden.**

Genau genommen besteht ihre Leistung auf dieser Stufe dabei im Folgenden:

- Sicherung des Materials (bei längeren bzw. umfangreicheren Fällen) in Form von Übersichten, Exzerpten, Zusammenfassungen o. ä.
- Auffinden von sog. Ankerplätzen, d. h. Benennung einzelner zentraler konkreter Vorkommnisse im Fall mit entsprechenden zentralen Begriffen aus der Theorie.
- Sukzessive und möglichst vollständige „Übersetzung" des (konkreten) Falls in die Sprache der (allgemeinen) Theorie.

**Beispiel:**

Torsten ist ein neugieriges Kind. Er hat gerade krabbeln gelernt und geht nun in der Wohnung auf Entdeckungsreise. Besonders Steckdosen, die oft genau in seiner Augenhöhe sind, haben es ihm angetan. Die Mutter beobachtet ihn aufmerksam. Immer, wenn er sich freudestrahlend einer Steckdose nähert, stoppt sie ihn mit einem lauten Ruf, den sie durch Klatschen in die Hände oder Klopfen auf einen Gegenstand unterstützt. Dann hält Torsten inne und ändert die Richtung. Nach einiger Zeit ist deutlich zu erkennen, dass die Wahrnehmung der Steckdose allein genügt, um ihn zum Stoppen und zur Richtungsänderung zu bewegen.

**Typischer Arbeitsauftrag:**
Analysiere den vorliegenden Fall mit Hilfe deiner Kenntnisse zur Theorie des klassischen Konditionierens!

Die Schüler bestimmen also den neutralen, bedingten und unbedingten Reiz und entsprechend die neutrale, bedingte und unbedingte Reaktion. Vielleicht können sie auch schon in den Geräuschen, die die Mutter macht, so etwas wie eine Stimulusgeneralisierung feststellen.

Hier ist aber Achtung geboten: Schüler erliegen leicht der Illusion, hiermit bereits eine Fall-**Analyse** geleistet zu haben, weil sie sich jetzt einer theoriebezogenen wissenschaftlichen Ausdrucksweise bedienen können. Um dem Anspruch einer Analyse zu genügen, müssen aber die weiteren Schritte unbedingt noch folgen:

- Vergegenwärtigung (und evtl. explizite Darstellung) der mit den Begriffen der Theorie bezeichneten Sachverhalte und Zusammenhänge auf allgemeiner Ebene und
- Übertragung dieser Zusammenhänge auf die konkrete Ebene des Falls.

Auf diese Weise kann zum Beispiel zwischen den (Oberflächen-) Phänomenen A (hier: Rufen und Klopfen der Mutter) und B (Richtungsänderung des Kindes) eine (Tiefen)- Beziehung postuliert werden (z. B. ein durch die Theorie beschriebenes Ursache- und Wirkungsverhältnis), was ohne den Theorierekurs nicht möglich gewesen wäre. Hier liegt die Leistung des Verfahrens.

Nach dieser Funktionalisierung eines Materials und der eindimensionalen Anwendung einer Theorie besteht die nächste Stufe der Beschäftigung mit Fällen darin, dass die Schüler nun mehrere konkurrierende Theorien kennen gelernt haben und zunächst begründet entscheiden müssen, welche in dem konkreten Material die meisten und überzeugendsten Ankerplätze bietet, bevor die eigentliche Analyse durchgeführt wird.

**Beispiel: Der Fall Margot**
Margots Mutter hatte sich nie ein Kind gewünscht. Als ihr der Arzt aber sagte, ein Kind würde ihr helfen, ihre Verstimmung zu überwinden (sie hatte Schuldgefühle, weil sie sich ihrer Meinung nach nicht genug um ihre kranke Mutter gekümmert und so ihren Tod vielleicht mitverschuldet hatte), willigte sie schließlich ein. Sie wurde nach 13jähriger Ehe schwanger und freute sich zuletzt sogar auf die Geburt. Sie hoffte, dass es eine Tochter werden würde. Unmittelbar vor dem Geburtstermin stellten sich erstmals massive Befürchtungen ein, das Kind könne zu Schaden kommen und sterben. Nach der Entbindung verstärkten sich diese zwanghaften Befürchtungen noch und ließen sie kaum noch zur Ruhe kommen. Fortgesetzt

plagte sie der Gedanke, sie könne an Margot etwas falsch machen. Ferner musste sie immerfort denken: „Das Kind ist mir wie ein Wunder geschenkt worden. Ich muss an dem Kind etwas gutmachen.“ Sie ließ nie jemand anderen an das Kind heran. Sie musste es immer fort unter Kontrolle haben. Nachts hatte sie Angstträume, in denen sie die sterbende Mutter sah. Manchmal verwandelte sich die Mutter in Margot. Sobald Margot schrie, schlecht Nahrung aufnahm oder verstopft war, eilte sie mit dem Fieberthermometer herbei und holte den Arzt. Hatte das Kind einen leichten Schnupfen, hielt die Mutter bei ihr Nachtwache. Eine große Sorge bereitete auch das Füttern. Margot trödelte beim Essen und war ausgesprochen mäkelig. Vieles schmeckte ihr nicht, und oft aß sie nur kleine Portionen. Damit versetzte sie die Mutter in ängstliche Unruhe. Diese verging fast vor Sorge, Margot könne derart abgezehrt und anfällig werden, dass sie widerstandslos der ersten Krankheit erliegen würde. Sie bat, flehte und versprach alles Mögliche, nur um Margot zum Essen zu bewegen. Sie lief ihr schließlich fast den ganzen Tag über mit „Leckerhäppchen“ nach. Margot reagierte darauf, indem sie ihre Mutter tyrannisierte. Sie bestrafte die Mutter für kleine Versagungen damit, dass sie für den Verzehr eines Brötchens eine Stunde benötigte. Bei größeren Frustrationen trat sie in den Hungerstreik. Mit der Zeit vermehrten sich Margots Erziehungsschwierigkeiten. Sie konnte nicht alleine spielen. Die Mutter durfte ihr nicht einen Augenblick von der Seite weichen, den ganzen Tag spannte sie die Mutter für ihre Zwecke ein. Brachte es die Mutter doch gelegentlich übers Herz, mit ihr zu schimpfen, wenn sie sich ganz unausstehlich benommen hatte, setzte Margot eine „Leidensmiene“ auf und klagte, sie sei krank. Sofort war die Mutter eingeschüchtert und überlegte, wie sie Margot einen Gefallen tun könnte. Margot entwickelte sich zum Alleinherrscher in der Familie, tat ungehemmt, was sie wollte, nahm sich, was sie brauchte (zunächst Geld für Süßigkeiten, später auch für Schallplatten und Kleidung) und trieb Vater und Mutter zur Verzweiflung. Der Vater wagte mit Rücksicht auf seine Frau nicht einzuschreiten. Als Margot 14 Jahre alt war, wurde sie in einem Kaufhaus bei einem Diebstahl ertappt und gestand bei der Vernehmung freimütig, dass sie sich schon immer geholt hätte, was sie haben wollte. Daraufhin wird gegen sie Anzeige erstattet.

**Typischer Arbeitsauftrag:**

Analysiere den vorliegenden Fall mit Hilfe eines dir bekannten theoretischen Ansatzes! Begründe deine Auswahl!

**Methodische Schritte:**

- Auswahl (und Begründung) eines angemessenen theoretischen Bezugspunkts.
- Dann weiter wie vorher.

Auf diesen ersten beiden Stufen der Fallanalyse besteht also das didaktische Interesse des Lehrers im Kern darin zu überprüfen, inwieweit die Schüler in der Lage sind, einen im Unterricht erarbeiteten theoretischen Ansatz auf die „Wirklichkeit" zu übertragen bzw. die Eignung dazu einzuschätzen. Im Sinne der didaktischen Reduktion wird dabei bevorzugt mit solchen Materialien gearbeitet, auf die sich eine Theorie „stimmig" beziehen und anwenden lässt. Es müssen also genügend Ankerplätze vorhanden sein (und vom Schüler gefunden werden). Die Passung des Materials hat es dann auch zur Folge, dass keine wesentlichen Aspekte in ihm enthalten sind, für die sich keine theoretische Entsprechung finden lässt. Mit anderen Worten: Die Fälle sind oft (nur) didaktisches „Spielmaterial". Sie sind so abgeschliffen wie ein Findling und bewusst „passend" gemacht (wenn nicht gar zur Gänze zielgerichtet vom Lehrer selbst so konstruiert, weshalb sie oft auch ohne Quellenangabe verwendet werden), dass die Lösungen der Schüler relativ eindeutig als richtig bzw. falsch oder vollständig bzw. unvollständig gekennzeichnet werden können. Dabei geht es zu wie bei der Schuhprobe im „Aschenputtel". Es mag auf einer einfachen Ebene der Beschäftigung mit Fällen legitim sein, dem „Fuß" (Fall) den entsprechenden „Schuh" (Theorie) überzustülpen. Aber Achtung: Schon im Märchen heißt es: „Rucke di gut, Blut ist im Schuh". Die Versuchung, das Material zu sehr zurecht zu stutzen und im Sinne der Theorie zu idealisieren und es als ihre Konkretion erscheinen zu lassen, ist doch sehr groß. Das erzeugt bei den Schülern tendenziell falsche Vorstellungen von der Leistungsfähigkeit einer Theorie, was die Erklärung des Materials und damit der Erziehungswirklichkeit angeht. Diese naive Gleichsetzung wird oft dadurch unterstützt, dass das Verhältnis des Materials zur Wirklichkeit auf diesen ersten beiden Stufen in der Regel nicht reflektiert wird.

## 2. Der Fall als Einzelfall

Bei fortlaufender Beschäftigung mit Theorien und theoretischen Ansätzen tritt ein anderes didaktisches Interesse des Unterrichts immer stärker in den Vordergrund und bestimmt die Richtung, in die die methodische Kompetenz der Schüler im Umgang mit Fällen gesteigert werden soll: Die Eindeutigkeit des Verhältnisses von Theorie und Praxis, die bisher der Arbeit zu Grunde gelegen hat, die optimale Passung, wird abgelöst durch die realitätsangemessenere Vieldeutigkeit oder Uneindeutigkeit des Materials. Es wird umfangreicher und komplexer.

**Beispiel:**

Auf die Wiedergabe eines Beispiels wird hier deshalb auch verzichtet. Es kommen oft sogar Ganzschriften zum unterrichtlichen Einsatz, deren bekannteste vielleicht „Wir Kinder vom Bahnhof Zoo" (v. Christiane F.) und Anneliese Udes „Betty" sind.

**Typischer Arbeitsauftrag:**
Analysiere den Fall (oder einen vorgegebenen Teil) mit Hilfe deiner theoretischen Kenntnisse!

Das macht folgende Arbeitsschritte erforderlich:

- Das Material muss in seinen Details gesichert, gegliedert und fachlich aufbereitet werden.
- Die Schüler müssen eigenständig pädagogisch relevante Fragestellungen entwickeln und sie zu Fragekomplexen zusammen stellen[1].
- Sie müssen solche Komplexe nach dem Erkenntnisinteresse gewichten, das bei identischem Material je nach dem unterrichtlichen Kontext sehr unterschiedlich sein kann. In der Regel erfolgt eine Fokussierung auf bestimmte Aspekte (kann auch vorgegeben sein).
- Diese werden nun mit den bereits beschriebenen Schritten analysiert.

Die Schüler sollen zeigen, dass sie aus einem Fundus von Theorien bzw. theoretischen Ansätzen den wählen können, der die größtmögliche Klärung bringt. Das steht im Vordergrund. Die Fiktion der Möglichkeit einer vollständigen Erklärung besteht nun nicht mehr. Die Schüler sollen vielmehr nun auch solche Stellen im Material erkennen, für die im gewählten Erklärungsansatz keine begrifflichen oder gedanklichen Entsprechungen bestehen. Auch müssen sie solche Stellen identifizieren, zu denen weitere Informationen gegeben werden müssten, damit ein Ansatz umfassender herangezogen oder auch ein weiterer, ganz anderer auf seine Anwendungsmöglichkeit und seinen Erklärungswert hin eingeschätzt werden kann.

Für die **methodischen Schritte** im Rahmen einer Fallanalyse in diesem Kontext heißt das über das bisher zu Leistende hinaus:

- Identifikation der Fallaspekte, für die sich in der Bezugstheorie kein Begriff oder Sachaspekt hat finden lassen. (Ich nenne das den „**Materialüberhang des Falles**.“)

Das führt zur Bestimmung der Grenzen der Analyse von der **Bezugstheorie** her.

- Identifikation von Begriffen und Sachaspekten der Bezugstheorie, für die sich im Fall kein Ankerplatz hat finden lassen (und damit von weiteren Informationen, die benötigt werden, um zu einer umfassenderen Nutzung einer Theorie oder zur Abschätzung der Möglichkeit der Anwendung einer anderen Theorie zu kommen). (Ich nenne das den „**Materialüberhang der Theorie**“).

[1] Klaus Beyer entwickelte eine Übersicht von Fragestellungen für die Suche nach pädagogischen Handlungsmöglichkeiten bzw. zur Analyse und Kritik pädagogischen Handelns (vgl. Anhang – 1997, S. 114f.).

Das führt zur Bestimmung der Grenzen der Analyse von der **Falldarstellung** her.

Damit rückt also auch die Frage nach möglichen Grenzen einer Fallanalyse in den Blick.

Diese können sich einerseits aus der Beschränktheit einer Theorie ergeben. Es kann sein, dass die vielfältigen Aspekte der Erziehungswirklichkeit durch sie nicht hinreichend und nicht eindeutig abgebildet werden können.

Es ist aber auch möglich, dass diese Grenzen nicht durch das – im Verhältnis zur Theorie – zu große Maß an Komplexität der Erziehungswirklichkeit bestimmt werden, sondern durch die lückenhafte oder einseitig akzentuierte Art des Materials.

Letztlich stellt sich damit auf dieser Ebene dann auch die Frage, in welchem Verhältnis der Fall zur Wirklichkeit steht und welche Aussagen über sie mit Hilfe der Fall-Analyse letztlich gemacht werden können.

Hier wird das geänderte didaktische Interesse deutlich:

Ziel am Ende der Arbeit mit Fällen (z.B. im Kontext Abitur) ist nicht mehr, dass die Schüler Theorien auf einen Fall übertragen, sondern: wahre Sätze über Erziehung erzeugen können. So hat Peter Menck einmal die Aufgabe der Erziehungswissenschaft formuliert (vgl. 1998, S. 168).

## Literatur

Beyer, Klaus: Handlungspropädeutischer Pädagogikunterricht. Eine Fachdidaktik auf allgemeindidaktischer Grundlage. Teil II. Band 3 der Reihe Didactica Nova. Baltmannsweiler: Schneider Verlag Hohengehren 1997.

Menck, Peter: Was ist Erziehung? Donauwörth: Auer Verlag [1]1998.

Ministerium für Schule und Weiterbildung, Wissenschaft und Forschung des Landes Nordrhein-Westfalen (Hrsg.): Erziehungswissenschaft – Gymnasium/Gesamtschule. Richtlinien und Lehrpläne. Frechen: Ritterbach 1999.

## Anhang:

**Fragenrepertoire einer pädagogischen Fallstudie** (nach Klaus Beyer, 1997, S. 114f.):

- Soll pädagogisch gehandelt werden (Wurde pädagogisch gehandelt)?
(Eröffnung der pädagogischen Perspektive)
- Welche Disposition sollte der Edukand erwerben?
(Zielangabe)
- Weshalb sollte der Edukand die betreffende Disposition erwerben?
(Zielbegründung)
- Ist (War) die zu erwerbende Disposition überhaupt erreichbar?
(technologische Zielkritik)
- Kann (Konnte) die zu erwerbende Disposition als im Interesse des Edukanden liegend werden?
(axiologische Zielkritik)
- Welche Bedingungen sind (waren) im Edukanden und im Erzieher gegeben?
(Analyse der internen Bedingungen)
- Welche äußere Erziehungssituation ist (war) gegeben?
(Analyse der externen Bedingungen)
- Sind (Waren) die aufgezeigten (internen/externen) Bedingungen als erfolgversprechend im Hinblick auf das angestrebte Ziel anzusehen?
(technologische Bedingungskritik)
- Sind (Waren) die aufgezeigten Bedingungen als mit der SinnNorm „Mündigkeit“ verträglich zu bezeichnen?
(axiologische Bedingungskritik)
- Wie (durch welches Mittel) sollte die Disposition vermittelt werden?
(Mittelreflexion)
- Ist (War) das in Aussicht genommene Mittel erfolgversprechend?
(technologische Mittelkritik)
- Ist (War) das in Aussicht genommene Mittel (im Hinblick auf die SinnNorm) wünschenswert?
(axiologische Mittelkritik)
- Ist (War) auf dem geplanten Weg der Erwerb einer anderen (als der beabsichtigten) Disposition denkbar?
(technologische Reflexion auf mögliche Nebenwirkungen)
- Ist (War) die ggfs. mögliche Nebenwirkung wünschenswert?
(axiologische Reflexion auf mögliche Nebenwirkungen)
- Welche Wirkungen hat das erzieherische Handeln beim Edukanden erzielt? Entsprechen die Wirkungen der Zielsetzung? Wenn nein, warum nicht?
(technologische Wirkungsreflexion)

- Ist (Sind) die tatsächlich eingetretenen Wirkungen wünschenswert?
  (axiologische Wirkungsreflexion)
- Ist (War) die nicht erreichte Disposition durch Einsatz anderer Mittel evtl. erreichbar?
  (technologische Reflexion alternativer Mittel)
- Ist (War) das alternativ vorgesehene Mittel im Hinblick auf die Sinn-Norm wünschenswert?
  (axiologische Reflexion alternativer Mittel)
- Welche Möglichkeiten einer ggfs. zweckmäßigen/wünschenswerten Veränderung der internen/ externenBedingungen gibt (gab) es?
  (Reflexion auf Bedingungsänderung)
- Ist (War) die Veränderung der angebenen Bedingungen erfolgversprechend (möglich)?
  (technologische Reflexion alternativer Bedingungen)
- Ist (War) die Veränderung der gegebenen Bedingungen im Hinblick auf die Sinn-Norm wünschenswert?
  (axiologische Reflexion der Schaffung alternativer Bedingungen)
- Ist (War) ein Ersetzen der angestrebten Disposition durch eine andere möglichst funktionsäquivalente Disposition möglich?
  (technologische Reflexion alternativer Ziele)
- Ist (War) ein Ersetzen der angestrebten durch eine andere Disposition im Hinblick auf die Sinn-Norm wünschenswert?
  (axiologische Reflexion alternativer Ziele).

JÜRGEN LANGEFELD

# Varianten der Fallmethode

## 1. Fünf Arten der Fallmethode

Die Fallmethode wird im Erziehungswissenschaftlichen Unterricht häufig angewandt. Dies liegt an drei Gründen:

1. Fallstudien geben erzieherische Sachverhalte in großer Komplexität wieder und ermöglichen es, die Verbindung von Theorie und Praxis aufzuzeigen.

2. Fallstudien haben dadurch große Motivationskraft und durch die Möglichkeit zur exemplarischen Zusammenfassung von Lernprozessen großen Übungseffekt.

3. Sie stehen in Analogie zur casework der Sozialarbeit.

Hier sollen unterrichtsmethodische Varianten der Arbeit mit Fällen vorgestellt werden. Zunächst ist es einmal angebracht, auf eine einseitige Auslegung der Fallstudien in der Erziehungswissenschaft hinzuweisen. Wir sind gewohnt, psychologische oder sozialpsychologische Einzelfallstudien vorzufinden. Fallstudien sind aber auch und gemäß P. Ahl (1974) zunächst in wirtschaftswissenschaftlichen Studiengängen als Unterrichtsverfahren ausprobiert worden.

Der Vorteil der Fallstudien wurde darin gesehen, dass sie statt systematischer Prinzipienvermittlung die Arbeit an konkreten und tatsächlich vorgekommenen Ereignissen erlaubten. Probleme konnten komplex und damit wirklichkeitsgetreuer, also unter Berücksichtigung der wirtschaftlichen Gesamtlage, der Arbeitsmarktbedingungen, Absatzmöglichkeiten, betrieblicher Organisationsstruktur ... untersucht werden.

Die Frage der zeitlichen Priorität der Verwendung der Unterrichtsverfahren ist für uns sicherlich belanglos, hilfreich aber ist, dass im wirtschaftswissenschaftlichen Unterricht ein Differenzierungsmodell der Fallmethode entwickelt worden ist, das sich auch auf den Erziehungswissenschaftlichen Unterricht übertragen lässt.

**Schema der Spielarten der Fallmethode**

| | Methode | Aufgabe | | |
|---|---|---|---|---|
| | | Information | Problemfindung | Problemlösung |
| 1 | case method<br>―――――<br>Entscheidungs-fall | Vollständige Information gegeben | Problem ausdrücklich genannt | Problemlösung zur Aufgabe gestellt |
| 2 | incident method<br>―――――<br>Informationsfall | unvollst./keine Information gegeben. Daten werden vom Diskussionsleiter erfragt | Problem ausdrücklich genannt | Problemlösung zur Aufgabe gestellt |
| 3 | project method<br>―――――<br>Untersuchungs-fall | keine Information gegeben. Daten werden durch Betriebsuntersuchung gewonnen | Problem ausdrücklich genannt | Problemlösung zur Aufgabe gestellt |
| 4 | case study method<br>―――――<br>Problemfindungsfall | vollständige Information gegeben | Problem nicht genannt. Problem muss gefunden werden | Problemlösung zur Aufgabe gestellt |
| 5 | case problem method<br>―――――<br>Beurteilungsfall | vollständige Information gegeben | Problem ausdrücklich genannt | Problemlösung von vornherein gegeben oder nach Selbst-Lösung nachträglich gegeben. |

(P. Ahl 1974, S. 122)

Das Schema sei in einigen Worten erläutert, um es dann an einem Beispiel unterrichtsmethodisch anzuwenden.

**1. Entscheidungsfall:** Die Fragen der mündlichen Leistungsmessung bewegen die Schüler jedes Jahr. Welche Messmethoden gibt es? Welche Verfahren werden von der Schulverwaltung, von Praktikern, von der Wissenschaft angewandt? Diese Informationen wurden vorgegeben. Die Schüler sollen die Aufgabe lösen, wie die erlernten Verfahren und Modelle auf den Erziehungswissenschaftlichen Unterricht allgemein oder in einer bestimmten Schulklasse übertragen werden können.

**2. Informationsfall:** In diesem Fall wird kreative Beweglichkeit verlangt, um die für die Lösung notwendigen Informationen zu erfragen.

In den letzten Jahren beschäftigte die Öffentlichkeit die Frage, ob Tagesmütter an die Stelle der natürlichen Mütter und der Obhut in der Einzelfamilie treten könnten. Die Diskussion wurde von verschiedenen gesellschaftlichen Gruppen und mehreren wissenschaftlichen Disziplinen geleistet. Der Perspektivenreichtum des Problems ist für Schüler zunächst einmal verwirrend. Geistig beweglichere Schüler schneiden besser ab, da Ideenreichtum verlangt wird.

**3. Untersuchungsfall:** Die Übertragung dieser Variante auf den Erziehungswissenschaftlichen Unterricht kann darin bestehen, Informationen durch den Besuch pädagogischer Institutionen oder die Beobachtung von Erziehungssituationen zu gewinnen, zum Beispiel im Kindergarten, auf dem Spielplatz, in Freizeitheimen.

**4. Problemfindungsfall:** Erziehungsprobleme sind häufig durch ihre Komplexität und Vielschichtigkeit charakterisiert. Sie erfordern Eingrenzung, Erkennen der zentralen Perspektive und für die Lösung eine Prioritätensetzung. Manchmal scheint dies zunächst einfach. Bei näherem Zugriff entfaltet sich die Problematik zunehmend differenzierter. Geht es bei den Schwierigkeiten eines Schülers in der Schule um dessen Persönlichkeitsstruktur oder seinen Entwicklungsstand, um momentane Einflüsse des Lehrer-Schüler-Verhältnisses oder ist das Schulproblem sekundär gegenüber der familiären Belastung?

**5. Beurteilungsfall:** Dieser Fall ist ähnlich dem vorhergehenden, jedoch geht es nicht mehr darum, eine Problemlösung zu finden, sondern eine solche zu beurteilen oder sie mit der eigenen (Kombination 1/5) zu vergleichen.

Bevor wir an einem Beispiel einige Varianten der Fallmethode durchspielen, seien die Arbeitsgänge in einer Zusammenfassung von Kaiser (1973, S. 43) aufgelistet:

Konfrontation → Information → Exploration → Resolution → Disputation → Kollation.

Der Erläuterung bedarf möglicherweise der Begriff „Kollation“. Damit ist der „Vergleich der gefundenen Lösung mit der tatsächlichen Entscheidung“ gemeint (Kaiser 1973, S. 67).

## 2. Ein Anwendungsbeispiel aus dem Erziehungswissenschaftlichen Unterricht

Der folgende Fall soll von den Schülern in dem Umfang gelöst werden, wie der Unterricht entsprechende Kenntnisse bereitgestellt hat, sei es zur Entwicklungspsychologie, zur Schulreifeproblematik, zu Testverfahren oder zur Einschulungsschwierigkeit, zu Einflüssen der Familienkonstellation auf das Leistungsverhalten, zur Bedeutung der Lehrer-Schüler-Beziehung oder zur Leistungsmotivation. Die Erwartungen, die an die Schülerleistung gestellt werden können, hängen von der Vorbereitung durch den Unterricht ab.

*Sigrun ist in der Schule auffällig geworden, weil sie Schwierigkeiten hat, dem Unterricht zu folgen. Sie ist zwar eifrig bemüht, aber ihre Aufmerksamkeit lässt nach ein bis zwei Stunden stark nach. Sie ist im Grunde genommen brav, aber während der Pausen verhält sie sich manchmal aggressiv. Sie hat Angst, etwas zu vergessen oder etwas nicht richtig zu verstehen. Deshalb fragt sie die Lehrerin häufig mit dem Zweck, sich rückzuversichern. Sie ist nunmehr im 2. Schuljahr; im 1. Schuljahr waren ihre Leistungen durchweg befriedigend, in einigen Fächern sogar „gut“ und „sehr gut“, zum Beispiel im Lesen und im mündlichen Ausdruck. Im 2. Schuljahr bleiben die Leistungen zwar grundsätzlich konstant, es kommt aber zu Ausfällen im Rechenunterricht. Das Kind macht manchmal einen gehetzten Eindruck. Bei der Notenfolge 3 – 2 – 3 – 4 – 4 – 4 gibt die Lehrerin „ausreichend“ als Endnote. Im zweiten Halbjahr jedoch verbessert sich Sigrun wieder stark und gehört im Rechnen zu den besseren Schülerinnen der Klasse.*

*Nunmehr lautet im Schreiben die Reihenfolge der Noten im zweiten Halbjahr 3 – 2 – 4 – 6.*

*Sigrun hat keine Freude mehr an der Schule. Es vergeht kein Morgen, an dem sie nicht beim Aufstehen darüber klagt, in die Schule gehen zu müssen. Ihre Hausaufgaben macht sie nicht gerne, hat sich aber inzwischen mühsam daran gewöhnt. Sie neigt dazu, die Aufgaben sehr schnell zu lösen, dabei unterlaufen ihr aber zahlreiche Fehler. Es fällt ihr schwer, etwas sorgfältig und geduldig zu erledigen.*

Bis hierhin ist nur ein Teil der vorliegenden Informationen gegeben worden, mit dem Zweck nunmehr den Schülern die Möglichkeit zu geben, die Daten selber zu erfragen. Diese Leistung ist auf der Lernzielstufe Transfer anzusiedeln (**Informationsfall**). Es lässt sich leicht feststellen, welche Lehrprozesse bei den Schülern erfolgreich waren und welche sie so beeindruckt haben, dass sie diese in selbständig gefundene Fragen umsetzen können. Es kann sein, dass Schüler auch zusätzliche Fragen stellen, zu denen keine Informationen vorhanden sind.

Der **Problemfindungsfall** liegt vor, wenn die vorhandenen Informationen den Schülern gegeben werden und sie den Auftrag bekommen, das Problem zu formulieren. Die Schüler kamen nach längeren Überlegungen überein, das entscheidende Problem des Falls in der Frage zu sehen, ob Sigrun zurückgeschult werden solle oder nicht.

Allerdings wird erkennbar, dass in dem von P. Ahl abgedruckten Schema eine Variante fehlt: nämlich diejenige, sowohl das Problem zu finden als auch von der Problembestimmung her die Informationen selbständig zu erfragen. Diese Methode sei ergänzend zum dargestellten Schema als **offene Fallmethode** bezeichnet.

| 6. Offene Fallmethode | Informationen werden gemäß Problemdefinition beschafft: erfragt, nachgelesen, durch Untersuchung gewonnen. | Problem muss gefunden werden | Problemlösungsaufgabe ergibt sich aus Problemdefinition. |
|---|---|---|---|

**Folgende Informationen** liegen vor:

Information 1

Sigrun wurde verfrüht eingeschult. Sie ist ungefähr 3/4 Jahr jünger als ihre Mitschüler. Bei dem Einschulungstest lag sie im unteren Drittel. Der schulpsychologische Beratungsdienst hielt sie noch für einen Kann-Fall, unter der Voraussetzung, dass die Eltern gut mitarbeiten.

Information 2

Bei dem Intelligenztest wurde ein IQ von 127 festgestellt, allerdings im Hinblick auf die Altersgruppe des Mädchens. Im Hinblick auf das Alter der Klassengruppe lag der Intelligenzquotient bei 109. In einem Schulleistungstest lagen die Prozentränge in „Verständiges Lesen“ und „Wortschatz“ bei 17 und 22. Hier bestanden also beträchtliche Ausfälle. Auf die Frage, warum Sigrun in diesen Bereichen so viele Fehler unterlaufen seien, antwortete sie, sie habe sich beeilen müssen. Der Psychologe hatte sie jedoch immer wieder darauf hingewiesen, sie möge doch noch einmal ihre Antwort überlegen. Sigrun war jedes Mal vor der festgesetzten Zeit fertig.

Information 3

Sigrun hat vom 3. Lebensjahr an den Kindergarten besucht, ohne viel Freude. Die Mutter ist Lehrerin und war auch während der ersten Jahre berufstätig. Das Kind wurde von einer Ausländerin betreut und verwöhnt. Der Vater ist Journalist mit Hochschulabschluss, wenig zu Hause, geistig und körperlich stark durch seinen Beruf beansprucht.

Information 4

Sigrun hat eine kleinere Schwester, 3 1/2 Jahre alt. Beide Kinder verfügen über eigene Zimmer und reichhaltiges Spielzeug. Das Verhältnis der Kinder zueinander ist gespannt. Die kleinere Tochter versucht, sich regelmäßig durch Charme durchzusetzen. Sigrun reagiert manchmal eifersüchtig und aggressiv.

Information 5

Die Schule liegt in einer Mittelschichtwohngegend. Die Eltern sind sehr um ihre Kinder bemüht. Insgesamt herrscht eine soziale Aufstiegsatmosphäre.

Information 6

Die Schule stellt beträchtliche Anforderungen an die Kinder. Ziel der Arbeit ist eine günstige Vorbereitung auf das Gymnasium. Dort will sich die Schule einen guten Ruf erwerben. Im 1. Schuljahr wurden bereits zwanzig „Klassenarbeiten" in Diktaten und Rechenarbeiten angefertigt.

Information 7

Die Lehrerin ist Anfang 40, selber Mutter zweier Söhne im Alter von 9 und 12 Jahren. Sie macht sich viel Mühe mit den Kindern, vermag aber nicht zu loben. Sie ist streng und manchmal schimpft sie. Sigrun äußert wenig über ihre Beziehungen zu der Lehrerin, sagt aber von Zeit zu Zeit, sie sei zu laut.

Information 8

Sigrun ist zwar erst sieben Jahre, hat aber bereits die körperliche Größe und das Gewicht einer Achtjährigen. Im ersten Schuljahr war sie häufiger krank.

- Soll Sigrun nun, wenn das die Problemdefinition ist, zurückgestellt werden oder nicht? Es lassen sich Argumente dafür und dagegen benennen, aber eine Entscheidung muss gefällt werden (**Entscheidungsfall**).
- Sigrun ist in die untere Klasse zurückgenommen worden. War diese Entscheidung richtig? (**Beurteilungsfall**)

Da es ja eines der Charakteristika der Fallmethode ist, dass reale Fälle genommen werden, existiert auch zu dem hier geschilderten Fall eine reale Lebensgeschichte. Das Mädchen ist tatsächlich zurückversetzt worden. Die Leistungen in der Schule haben sich stabilisiert. Wichtiger aber ist, dass das Mädchen nunmehr eine freudige Schülerin geworden ist. Das liegt allerdings auch daran, dass sie eine Lehrerin bekommen hat, die dem Kind viel Anerkennung zukommen lässt. Es scheint, als wenn die Rückstufung eine richtige Entscheidung war.

Quelle:

Langefeld, Jürgen: Fach Pädagogik. Methoden des Unterrichts. Düsseldorf: Pädagogischer Verlag Schwann 1978, S. 49 bis 54.

## Literatur

Ahl, P. : Möglichkeiten und Grenzen der Fallmethode im Betriebswirtschaftsunterricht an der Kaufmännischen Berufsschule.In: Pilz, R.: Entscheidungsorientierte Unterrichtsgestaltung in der Wirtschaftslehre, Paderborn 1974.

Kaiser, F. J.: Entscheidungstraining. Heilbrunn 1973.

GUNTER GESPER

*„Die eigene Erfahrung hat den Vorteil völliger Gewissheit."*
Arthur Schopenhauer

# Praktischer Pädagogikunterricht in Kindertagesstätte, Schule und auf dem Spielplatz

Erlebte Pädagogik als Vertiefung der theoretischen Kenntnisse

## 1. Einführung

Die Entfaltung der Persönlichkeit in sozialer Verantwortung, der Fähigkeit, in und gegenüber einer Gesellschaft zu agieren sowie interpersonale Kommunikation zu fördern, sind erklärte und im Rahmenplan des Faches Erziehungswissenschaft für das Land Brandenburg fixierte Ziele des erziehungswissenschaftlichen Unterrichts.

Dort heißt es unter anderem: *„Handlungspropädeutik als Prinzip des Unterrichts im Fach Erziehungswissenschaft erfordert, dass die Lernenden pädagogische Handlungsfelder, Handlungsbedingungen, Möglichkeiten und Grenzen erzieherischen Handelns kennen lernen, erleben und ein Bewusstsein für dessen Konsequenzen entwickeln."*

Ebenso wird problem- und handlungsorientiertes Auseinandersetzen mit Erziehungswirklichkeit sowie biographisches und regionales Lernen zur Auseinandersetzung mit Erziehungswirklichkeit gefordert (Ministerium für Bildung 2001, S. 5).

Die in diesem Bereich zu Beginn der Sekundarstufe II wenig vorhandene Kompetenz bis zum Abitur aufzubauen, sehe ich als ein wesentliches Ziel des erziehungswissenschaftlichen Unterrichts an. Dabei sind die zu erwerbenden theoretischen Kenntnisse nicht nur mit den Erfahrungen der Kursteilnehmer in Verbindung zu bringen, sondern es ist auch der praktische Einsatz zu ermöglichen. Die dargestellte Unterrichtsform trägt außerdem zum Erwerb und zur Festigung wichtiger Methoden des Wissenserwerbs sowie der Wissensüberprüfung bei. Mein persönlicher Ansatzpunkt waren zunächst die Kindereinrichtungen, welche meine beiden Söhne besuchten. Aus diesen Kontakten entwickelte sich im Laufe der Jahre eine stabile fachliche Zusammenarbeit, welche den Angestellten der Kindereinrichtungen wie den SchülerInnen immer wieder neue Impulse verleiht. Zum gegenwärtigen Zeitpunkt genügt es aufgrund der guten gegenseitigen Erfahrungen, dass die Schüler sich selbständig mit den Mitarbeiterinnen der Kindereinrichtungen über Termine und Inhalte der Praktika verständigen. Der Pädagogiklehrer hat so kaum noch organisatorische, sondern nur noch beratende bzw. kontrollierende Funktion.

Die Überlegungen zum praktischen Unterricht begannen mit der Beobachtung, dass Jugendliche ohne direkten Kontakt zu jüngeren Kindern (Geschwistern, Nachbarschaft usw.) große Probleme bei der Begegnung mit Kindern dieser Altersgruppe haben. Die Kommunikation findet nicht oder nur stark gehemmt statt, wobei die Schwierigkeiten mehr auf der Seite der Jugendlichen liegen. Der Aufbau von Sicherheit im gegenseitigen Umgang wurde so neben dem notwendigen Erwerb von Fachwissen zu einem wesentlichen Ziel meines Unterrichts.

Die Realisierung dieses Ziels kann in **drei Schritten** erfolgen:

Als **erster** Schritt dorthin wird eine Reihe von Beispielen aus dem Kindesalter für verschiedenste Unterrichtsinhalte bei der **Erarbeitung** theoretischer Kenntnisse eingesetzt.

Einen **zweiten** Schritt bilden diesbezügliche Fallbeispiele oder andere Texte zur **formalen Anwendung** der Theorien.

Der wichtigste **dritte** Schritt für den **komplexen und dauerhaften Wissens- und Fähigkeitserwerb** ist die **Anwendung** durch die Kursteilnehmer in der Praxis. Von besonderer Bedeutung ist die Selbständigkeit der Durchführung sowie die Arbeit in Gruppen. So erhalten vor allem leistungsschwächere und im Unterricht wenig aktive SchülerInnen die Möglichkeit zur Einbringung von Ideen oder von in klassischen Unterrichtsformen nicht erkennbaren Fähigkeiten.

Die **Struktur** eines von mir erprobten **Praxiseinsatzes** ist unabhängig vom jeweiligen Inhalt. Der Einsatz wird entsprechend der Aufgabenstellung vorbereitet und im Protokoll als Vorbetrachtung dokumentiert. **Dazu gehört**:

0. Aufgabenstellung
1. begründete Auswahl der Einrichtung
2. begründete Auswahl der Altersgruppe, des Geschlechts sowie des Alters der einzubeziehenden Kinder
3. die Organisation des Ablaufs (Anmeldung, Zeitraum, Berücksichtigung des Tagesablaufs, Essenszeiten, Erholung usw.)
4. Darlegung der anzuwendenden theoretischen Inhalte, der Durchführung und der zu erwartenden Ergebnisse.

Die Durchführung wird im Anschluss an den Einsatz bzw. während des Einsatzes dokumentiert und ausgewertet. Das erfolgt üblicherweise als schriftliche Darlegung in einer Protokollmappe (vgl. Abschnitt 6), gegebenenfalls ergänzt durch eingesetzte Materialien, Fotos oder auch Videoaufnahmen. Letztere beeinflussen jedoch nicht die inhaltliche Bewertung.

Die Auswertung durch die SchülerInnen erfordert wie die Vorbereitung eine intensive Auseinandersetzung mit den anzuwendenden Inhalten und ermöglicht so eine tiefgründige und dauerhafte Verinnerlichung.

Da Misserfolge nie auszuschließen und Ergebnisse nicht sicher vorhersehbar sind, wird in der Auswertung auch eine Fehleranalyse notwendig. Gerade damit lässt sich selbst bei einem fehlgeschlagenen Versuch die fachliche Souveränität nachweisen. Die Fehleranalyse wird so zu einem wesentlichen Gesichtspunkt der Bewertung.

Die positive Resonanz bei KursteilnehmerInnen, Betreuerinnen in den Kindereinrichtungen und bei den Kindern selbst bewog mich in den bisher acht Jahren EW-Unterricht (d. h. seit Einführung des Faches im Land Brandenburg) diese Form des Unterrichts zunehmend regelmäßig und in allen Kursen zu praktizieren. Die KursteilnehmerInnen schätzen vor allem die zunehmende Sicherheit im Umgang mit jüngeren Kindern und im Kindergarten wird immer wieder gefragt, wann die „Großen“ wiederkommen. Wenn die beschriebene Arbeitsweise sicher beherrscht wird, bleibt der Vorbereitungsaufwand für den Lehrer bei maximaler Wirkung doch relativ gering.

## 2. Allgemeine Struktur eines Praxiseinsatzes

**Vorbereitung:**

Aufgabenstellung

⇓

theoretischer Inhalt

⇓

Auswahl von Kindereinrichtung, Alter, Geschlecht und anderen Rahmenbedingungen

⇓

Absprache, Organisation, Freistellung

⇓

Vorbereitung und/oder Beschaffung eventuell notwendigen Materials

⇓

Überlegungen zum erwarteten Ergebnis

**Durchführung:**

Kontaktaufnahme mit Kindern und Erzieherinnen

⇓

Vorstellung und Erläuterung des Anliegens

⇓

Durchführung und Dokumentation

⇓

Wiederherstellung der Ausgangssituation

⇓

eventuell weiterführende Aufträge (z. B. Beobachtung)

⇓

eventuelle Nachbefragung über Wirkungen oder Ergebnisse

**Auswertung:**

Sammeln und Ordnen der Ergebnisse

⇓

Abgleich mit Erwartungen/Theorie

⇓

Formulierung des Ergebnisses, Begründung/Thesen zu abweichenden Ergebnissen

⇓

Fehleranalyse

⇓

Vorstellung der Arbeit/Diskussion

⇓

Bewertung

Die hier vorliegende Struktur hat sich in der Praxis auf der Basis meiner Erfahrungen mit Protokollen im Physikunterricht entwickelt und weitgehend stabilisiert. Sicher können die didaktischen Zusammenhänge anderer Fächer abweichende Schwerpunkte oder völlig neue Aspekte liefern, was dem Anliegen der Unterrichtsform nur nutzen kann.

## 3. Beispiele und Ideen für Praxiseinsätze

Im Folgenden möchte ich Beispiele für den Praxiseinsatz jahrgangsweise darstellen und Ansätze für weitere Möglichkeiten entwickeln. Die Überlegungen beziehen sich auf einen Schuljahresablauf mit Beginn der Qualifikationsphase in 11/II.

**Jahrgangsstufe 11:**

**11/I** In diesem Kursabschnitt geht es um die Einführung der SchülerInnen in das Fach Erziehungswissenschaft sowie in Erkenntnisse zur Notwendigkeit und Möglichkeit von Erziehung. Dazu bietet sich eine Reihe von Beispielen und Erfahrungen an, doch bleibt die theoretische Basis, welche praktisch anwendbar wäre, noch zu gering. Ein Praxiseinsatz käme über eine reine Beobachtung und Kontaktaufnahme nicht hinaus. Allerdings ließe sich die Grundstruktur eines Praxiseinsatzes erstmals anwenden.

**11/II** Im ersten Abschnitt der Qualifikationsphase tritt der Prozesscharakter pädagogischer Verhältnisse stärker in den Mittelpunkt, es werden Bedingungen konkreter menschlicher Entwicklungsetappen sowie deren Konsequenzen betrachtet.

**Mögliche Projekte** wären:

- Analyse und Erprobung von Faktoren der Gruppenbildung in verschiedenen Entwicklungsphasen (z. B. Gruppendruck in verschiedenen Altersstufen)
- Erprobung von Spielen als Entwicklungshilfe

**Jahrgangsstufe 12:**

**12/I** Hier werden die Entwicklungsauffassungen aus 11/II unter Berücksichtigung ausgewählter Erklärungsmodelle vertieft, die Erziehung als Lernhilfe und die pädagogische Intervention bei gestörter Entwicklung betrachtet. Die Vielfalt der Erklärungsansätze verleitet zum „Theoretisieren“ und erfordert um so mehr einen konkreten praktischen Bezug.

Mögliche Projekte:

- Analyse und Interpretation von Entwicklungszuständen und Prozessen aus der Sicht einer Theorie;
- Pädagogisch wirksame Förderung bzw. Entscheidungsfindung auf der Basis der kognitiven Entwicklungstheorie Piagets;
- Vergleich und päd. Beurteilung verschiedener Lernformen.

**12/II** Die in diesem Kursabschnitt zu thematisierende Erziehung im Sozialisationsprozess bietet ein breites Spektrum von Betrachungsweisen. Übergreifende Schwerpunkte sind u. a. Familie, erzieherisch wirksame Institutionen und das kindliche Spiel. Ein bereits erprobtes Thema ist das Spiel im Sozialisationsprozess. Dazu können Spiele entwickelt und erprobt werden, welche bestimmte Sozialisationsprozesse fördern und unterstützen. Andererseits lässt die Spielthematik auch spezielle Bezüge zum Lernen und zur Entwicklung aus 12/I zu.

**Jahrgangsstufe 13:**

Die Kurshalbjahre der Klasse 13 thematisieren **Normen und Ziele der Erziehung** in unterschiedlichster Sichtweise sowie **reformpädagogische und alternative pädagogische Konzepte.** Während das erstgenannte Thema mehr für vergleichende Analysen oder Recherchearbeit geeignet erscheint, lässt sich aus der großen Vielfalt reformpädagogischer und alternativer pädagogischer Konzepte eine Reihe von Praxiseinsätzen ableiten. Sehr gut eignet sich aus meiner Erfahrung die Eigenentwicklung und Erprobung von Montessorimaterialien bzw. Arbeitstechniken.

Ebenso lassen sich je nach regionalen Voraussetzungen andere reformpädagogische und alternative pädagogische Ideen und Ansätze verwirklichen.

In Klasse 13 werden die in den vorangegangenen Kursabschnitten erworbenen methodischen Erfahrungen besonders wirksam, so dass kaum noch formale Mängel auftreten und eine sehr gute inhaltliche Qualität zu verzeichnen ist.

Stark hervorzuheben sind die tiefen Eindrücke, welche das Erleben der Realisierbarkeit pädagogischer Konzepte hinterlässt.

## 4. Zur Bewertung von Einsatzprotokollen

Der Stellenwert der zu erteilenden Note für den Praxiseinsatz ist von den Festlegungen der Fachschaft der jeweiligen Schule abhängig und soll darum an dieser Stelle nicht näher diskutiert werden. Vielmehr geht es darum, mögliche und erprobte Bewertungsüberlegungen darzustellen.

Mit der Zensur gilt es, eine Reihe unterschiedlicher Leistungen zu erfassen. Dazu gliedere ich die Teilleistungen entsprechend ihrer Wertigkeit wie im Folgenden dargestellt.

Wesentliche Grundlage für die erfolgreiche Durchführung eines Praxiseinsatzes ist wie bereits erwähnt die theoretische und praktische Vorbetrachtung. Diese Teilnoten werden daher getrennt erteilt. Um die Durchführung zu erfassen, bewerte ich die Beschreibung des Versuchsablaufs getrennt nach quantitativen und qualitativen Aspekten.

Die Auswertung als **Synthese von Theorie und Praxis**, eigentlich der Höhepunkt der Leistung, ist der komplexeste Aufgabenteil und zählt daher doppelt in der Gesamtbewertung. Weiterhin erfasst eine Teilnote die Vielschichtigkeit und Kompetenz bei der Betrachtung möglicher oder realer Fehler. Schließlich wird in einer Note die Darstellungsform, Gestaltung und der Umfang der Arbeit erfasst. Dabei dürfen zusätzliche Materialien wie Fotos, Videoaufnahmen, Grafiken, Zeichnungen u. s. w. natürlich einbezogen, doch nicht zum entscheidenden Kriterium werden.

Zudem besteht die Möglichkeit, die Materialien separat zu bewerten, z.B. wenn alle Arbeitsgruppen etwas Gleichwertiges herzustellen haben.

Schließlich entsteht die Gesamtnote aus dem Durchschnitt der Zählpunkte und wird mit einem Bewertungstext versehen, welcher sich aus den Kriterien der einzelnen Teilnoten ergibt. Anhaltspunkte zur konkreten Festlegung der Teilnoten liefern Kriterienlisten aus EPA, Curricula oder schulinternen Festlegungen.

Je detaillierter die Aufschlüsselung der Bewertungsbereiche erfolgt, desto leichter fällt die Festlegung und Begründung der Gesamtnote.

## 5. Schlusswort

Alle genannten Beispiele beruhen auf persönlichen Erfahrungen sowie einer entsprechenden Sichtweise und sind daher lediglich Ansatzpunkte für weiterführende Überlegungen.

Für den individuellen Einsatz der geschilderten Methode möchte ich nochmals auf die große emotionale und somit motivierende Wirkung der Praxiseinsätze verweisen. Hier können wichtige persönliche Einstellungen entstehen und nicht zuletzt berufsorientierende Kenntnisse gewonnen werden.

Zuletzt das wichtigste Argument für Praxiseinsätze: **Es macht allen Spaß.**

## 6. Beispiel eines Protokolls

Im Folgenden wird ein Protokoll einer Schülergruppe zu ihrem Praxiseinsatz wiedergegeben. Die Formatierung und Rechtschreibung wurden gegenüber dem Original geändert.

## Literatur

Ministerium für Bildung, Jugend und Sport des Landes Brandenburg: Rahmenplan für Erziehungswissenschaft. Sekundarstufe II (Gymnasiale Oberstufe/berufsorientierter Schwerpunkt Sozialwesen). Potsdam 2001 (in Druck).

# Piaget´s Stufenlehre

*erstellt von:*

## Protokoll zu Piagets Stufenlehre

**Aufgabenstellung:**

Nachweis von Piagets Auffassung über die kindliche Wahrnehmungsentwicklung an einer Gruppe von Kindern, unter Berücksichtigung verschiedener Gesichtspunkte und anhand der Stufenlehre von Piaget. Anwendung eigener Ideen an selbst entwickelten Versuchsmodellen. Anfertigung eines Protokolls.

**Vorbetrachtung:**

⇒ theoretische Grundlagen:

Grundvoraussetzung sind die Aussagen Jean Piagets über die kognitive Entwicklung und seine daraus entstandene Stufenlehre. Piaget brachte die theoretischen Einzelüberlegungen kognitiver Entwicklung (Wahrnehmungsentwicklung) zu fachwissenschaftlich haltbaren, auf Erfahrung beruhenden Aussagen. Spezielle Begriffe Piagets sind:

- Kognitives Schema ist ein System von Modellen, mit dessen Hilfe Wahrnehmungen abgeglichen bzw. zugeordnet werden.
- Assimilation ist die Anpassung der Wahrnehmung an die eigene kognitive Struktur, (damit das eigentlich unbekannte Wahrgenommene in die vorhandene, eigene Struktur hineinpasst).
- Akkomodation ist die Anpassung der eigenen kognitiven Struktur an die Wahrnehmung (Die eigene Struktur wird sozusagen um das Wahrgenommene erweitert, um dieses später einordnen zu können).

Nach Piaget ist die Wahrnehmungs- und Denkentwicklung ein **selbst angetriebener und regulierter** andauernder Gleichgewichtsprozess (ein Äquibrilationsprozess). Dieser Prozess entsteht aus der ständigen Auseinandersetzung mit der Umwelt und involviert das ständige Streben nach einem temporären Gleichgewichtszustand, welcher – im Verlauf dieses Prozesses – immer höher anberaumt wird. Es handelt sich also um ein dynamisches Gleichgewicht, bei dem das Auftreten von Ungleichgewicht ein konstruktiver Faktor für weitere Entwicklungsschritte ist. Der Äquibrilationsprozess gestaltet einen Ausgleich von Assimilation, Akkomodation und kognitiver Struktur.

Zur Stufenlehre Piagets ist zu erwähnen, dass sie aus 4 einzelnen Stufen besteht. Die zweite Stufe, die präoperationale Stufe, unterteilt sich noch in zwei Phasen: Die präoperationale Phase, welche sich über das Alter von 3–5 Jahren erstreckt, und die intuitive Phase, welche sich über das Alter von 5–8 Jahren erstreckt.

**In der präoperationalen Phase** ist das Kind selbstbezogen, das heißt es kann keinen anderen Standpunkt einnehmen (sich nicht in andere Personen reinversetzen). Objekte können anhand einzelner, deutlicher Merkmale klassifiziert werden (zum Beispiel: Eine Katze macht miau, sie ist eine „Miau“ [das ist ein reales Beispiel]). Die Symbolfunktion von Begriffen setzt also in dieser Phase ein. Außerdem kann das Kind (sicherlich durch dieses eingeschränkte Objektschema) Objekte, die sich sehr ähneln, aber doch unterscheiden, nicht voneinander trennen (Beispiel: Der Hund könnte plötzlich eine „Miau" sein [weil: vier Beine, ein Schwanz, zwei Öhrchen ...]). Es ist aber im Stande Dinge nach einem Kriterium zuzuordnen (Formen, Farben ... [insofern dieses bekannt ist]). Auch ist das Kind dazu fähig, Dinge in Reihenfolge zu bringen, kann darüber aber keine direkten Schlüsse ziehen. Es ist generell nicht zu Rückschlüssen fähig.

**In der intuitiven Phase** erlangt das Kind eine Reversibilität, es kann jetzt Schlüsse ziehen und auch das Bilden von Klassen und Kategorien für Objekte ist ihm jetzt geläufig, wobei es sich dieser Klassen und Kategorien aber nicht bewusst ist. Auch die Fähigkeit, logische Beziehungen mit zunehmender Komplexität zu verstehen und mit Zahlenbegriffen zu arbeiten, ist dem Kind jetzt gegeben. Außerdem wird ihm das Prinzip der Erhaltung von Menge, Gewicht und Volumen geläufig (Beispiel: Vor der Aneignung dieses Prinzips kann man, wenn man zum Beispiel nur noch ein Stück Kuchen hat, das Kind aber zwei Stück möchte, dieses eine Stück einfach in der Mitte durchschneiden und das Kind ist zufrieden.

Diese Aussagen Piagets über die kognitive Entwicklung im Zusammenhang mit seiner Stufenlehre (speziell orientiert an der zweiten Stufe) wollen wir (Jens Nipkau, Jens Hoffmann, Stefan Tomaske) in sieben verschiedenen Experimenten, mit dem Anknüpfen an verschiedene, phasenspezifische Wahrnehmungseigenschaften nachweisen.

⇒ **Ablauf/voraussichtliches Ergebnis:**

Unsere Testgruppe sind verschiedene Kinder des Kindergartens „Villa Regenbogen" im Alter von 4 bis 6 Jahren. Das bedeutet, dass manche dieser Kinder noch in der präoperationalen Phase sind und andere schon in der intuitiven. Diese Altersspanne wurde absichtlich so gewählt, so lässt sich unter anderem erkennen, wie weit die Wahrnehmung verschiedener Kinder entwickelt ist. Zuerst werden wir mit den Kindern spielen, um ihre Namen kennenzulernen, um ihr Vertrauen zu gewinnen und generell zur anfänglichen Auflockerung. Dazu haben wir das Kindergartenspiel „Der Plumpsack geht um" gewählt. Im Anschluß an das Spiel werden wir die Kinder malen lassen und zwar konkret den Kindergarten. Dieses offene Thema ist gewählt, um den Kindern eine gewisse konstruktive Freiheit zu lassen, außerdem (da ja jeder den Kindergarten malt) vergleichbare Ergebnisse zu erhalten. Mit Hilfe der Bilder wollen wir erste Rückschlüsse auf den aktuellen Entwicklungsstand der Kinder ziehen, eine Bildanalyse durchführen.

Nach dem Malen wollen wir das **erste Experiment** beginnen. Wir werden die Kinder fragen, wie alt sie sind. Wenn sie uns darauf die Finger zeigen, um uns zu sagen, wie alt sie sind, werden wir nachhaken und fragen, welche Zahl sie denn da zeigen. Außerdem wird sich daran die Frage anknüpfen, wie alt sie denn dann in einem Jahr wären. Dieses Experiment knüpft an die Aussage zur intuitiven Phase an, dass die Fähigkeit da sein müsste, mit Zahlenbegriffen arbeiten zu können. Die Kinder werden hier sicher je nach Alter phasenspezifisch reagieren, d. h. die Jüngeren werden es nicht schaffen, während die Älteren es schaffen müssten.

Darauf folgt **ein zweites Experiment**, welches an die Fähigkeit anknüpft, Dinge nach einem Kriterium zuordnen zu können. Dazu legen wir den Kindern jeweils zwei rote Dreiecke, zwei blaue Dreiecke, zwei rote Kreise und zwei blaue Kreise vor (durcheinander gemixt – versteht sich) und bitten sie, die Kinder, diese in Reihenfolgen zu bringen. Die optimale Lösung wäre wohl die oben genannte, d. h. erst eine Form, dann eine Farbsortierung. Auch hier sind verschiedene Ergebnisse zu erwarten.

Danach startet unser **dritter Versuch,** welcher an die Selbstbezogenheit des Kindes anknüpft. Wir stellen den Kindern Fragen, deren Beantwortung verlangt, sich in andere Personen hineinzuversetzen. Die Mädchen werden wir fragen: „Was würdet ihr machen, wenn ihr eine Mama wäret?“. Und die Jungen: „Was würdet ihr machen, wenn ihr ein Papa wäret?“. Damit es bei Beantwortung dieser Frage nicht zu einfachem Aufzählen der bekannten Tätigkeiten, die der Papa oder die Mama macht, kommt, werden wir darauf die „Mamas“ (Mädchen) noch fragen, was sie machen würden wenn ihr Kind traurig wäre, und die „Papas“ (Jungen), was sie machen würden, wenn ihr Kind nicht hört. Anhand der spezifischen Antworten können wir dann entscheiden, ob die Kinder in der präoperationalen Phase diese Selbstbezogenheit wirklich besaßen und ob sie bei den älteren Kindern nicht mehr besteht.

Daraufhin wollen wir mit einem **Knete-Experiment** erneut an die Fähigkeit, mit Zahlenbegriffen arbeiten zu können, anknüpfen und außerdem an das Prinzip der Erhaltung. Erst haben wir zwei mal vier Knetkugeln und konfrontieren die Kinder damit, dass die vier Kugeln gleichviel wie die vier anderen Kugeln sind. Nun nehmen wir eine der Vier-Kugeln-Gruppe und formen daraus eine große Knetkugel und legen diese wieder gegenüber der vier anderen kleinen Kugeln. Daraufhin fragen wir, was denn mehr sei. Später haben wir zwei sich gegenüberliegende, große Knetkugeln. Wir fragen, ob diese gleich schwer sind, danach teilen wir eine der Kugeln in der Mitte und fragen erneut. Auch hier erwarten wir altersgemäße Reaktionen, entsprechend den jeweiligen Phasen.

Unser **nächstes Experiment** verlangt von den Kindern, einen Apfel, eine Birne, eine Apfelsine, eine Banane, eine Kartoffel, eine Mohrrübe, eine Gurke und eine Zwiebel in die Kategorien Obst und Gemüse einzuordnen. Wir legen dazu jeweils einem Kind diese Gewächse vor. Dieses Experiment soll die Fähigkeit ansprechen, einerseits Dinge nach Kriterium zuordnen zu können und andererseits Klassen und Kategorien von Objekten bilden zu können. Danach soll unser letzter Versuch folgen. Er spricht darauf an, dass die Kinder in der präoperationalen Phase Dinge in Reihenfolge bringen, aber keine unmittelbaren Schlüsse daraus ziehen können. Wir wollen dazu einen Größenvergleich anstellen lassen. Unsere Körpergrößen verhalten sich folgendermaßen: Jens H. $<$ Jens N. $<$ Stefan T.

Zuerst werden Jens und Jens nebeneinander stehen, wobei dann ja Jens N. der Größere der beiden ist. Das jeweils befragte Kind ordnet diese Größen. Dann wird sich Jens H. entfernen und Stefan stellt sich neben Jens N., wobei ja Stefan der Größere ist. Das Kind bringt nun auch diese Größen in Reihenfolge. Darauf folgt die schwere Frage, wer denn nun der Größere von den beiden – Jens H. und Stefan – ist. Ein Kind im Alter der präoperationalen Phase dürfte nun vor einem Problem stehen, ein Kind im Alter der intuitiven Phase hingegen dürfte diese Aufgabe, da es ja (reversible) Schlüsse ziehen kann, richtig lösen.

**Beschreibung / Dokumentation:**

Am 07.01.2000 besuchten wir den Kindergarten des Roten Kreuzes „Villa Regenbogen" in Falkenberg, um mit Kindern im Alter von 4 bis 6 Jahren Versuche zu den Wahrnehmungsentwicklungsauffassungen Jean Piagets durchzuführen. Als wir dort ankamen, erwarteten uns schon gespannt 7 Kinder. Wir spielten mit ihnen erst einmal ein Spiel, „Der Plumpsack geht um". Im Verlaufe des Spiels baute sich – wie erhofft – die Spannung langsam ab. Anfangs sehr nervös, bezogen uns die Kinder zunehmend in das Spiel mit ein. Im Verlaufe des Spiels überlegten wir uns, welche Kinder später besonders für bestimmte Spiele (Experimente) geeignet sind. Nach Beendigung des Spiels folgte nun **das erste Experiment**, in welchem wir die Kinder malen ließen. Wir wollten herausfinden, in welcher Phase (und Stufe) sich die Kinder befinden. Wir gaben ihnen dazu konkret die Aufgabe, ihren Kindergarten zu malen. Wir wählten dieses Thema absichtlich, um ein vergleichbares Ergebnis zu erreichen und um den Kindern Freiräume in ihrer Kreativität zu lassen. Sie konnten zwischen verschiedenen Stiften und Farben wählen. Danach sammelten wir die kleinen, gerade fertiggestellten, Kunstwerke ein. Danach folgte **das zweite Experiment**. Wir fragten die Kinder, wie alt sie sind, um ihre Fähigkeit, mit Zahlenbegriffen umzugehen, auszutesten. Um genauere Rückschlüsse ziehen zu können, fragten wir sie nicht nur nach ihrem Alter, sondern auch – wenn sie dieses mit ihrer Hand zeigten – wie viel dies in Zahlen ausgedrückt sei. Wir fragten sie außerdem noch, wie alt sie in einem Jahr sein würden. Wir dokumentierten dies und fuhren in unserem Drang, nach Wissen zu streben, fort. Unser **nächstes Experiment** beschäftigte sich nun mit der Fähigkeit der Kinder, Gegenstände nach bestimmten Kriterien in Kategorien einzuordnen. Hierbei ließen wir sie unterschiedlich farbige Dreiecke bzw. Kreise in eine von ihnen gewählte Reihenfolge zu bringen. Nun folgte das **vierte Experiment**, welches sich auf die Aussage Piagets über die Selbstbezogenheit (Das Kind ist nicht fähig, sich in die Lage anderer Personen bzw. Persönlichkeiten hineinzuversetzen) bezog und in welchem wir die Kinder versuchen ließen, sich in die Lage eines erwachsenen Menschen zu versetzen. Darauf folgte **Experiment fünf**. Hier versuchten wir mit Hilfe von Knetmasse erneut an die Fähigkeit des Umgehens mit Zahlenbegriffen und das Prinzip der Erhaltung (Gewicht, Volumen) anzuknüpfen. Zum **sechsten** und vorerst vorletzten **Experiment**: Hierbei bestand unsere Motivation darin, die Fähigkeit der Kinder, Kategorien von Objekten zu bilden, beurteilen zu können. Dazu legten wir ihnen eine Kartoffel, eine Zwiebel, eine Gurke, eine Mohrrübe, eine Birne, einen Apfel, eine Apfelsine und eine Banane vor die Nase und baten sie, diese in die Kategorien Obst und Gemüse einzuordnen. Zuletzt griffen wir auf die These Piagets zurück, dass Kinder Dinge in Reihenfolge bringen, aber keine unmittelbaren Schlüsse ziehen können. Dazu ließen wir Größenvergleiche zwischen Personen anstellen. (Hierzu wurde ein Video aufgenommen.)

**Auswertung / Interpretation:**

**Bildinterpretation:**

Zur Interpretation wählen wir 3 Bilder von Kindern aus, die sich jeweils in einer anderen Entwicklungsphase befinden.

Jessicas Bild (Abb. S. 112) wirkt sehr krakelig. Sie ist noch nicht in der Lage, genaue und gerade Striche mit dem Stift zu führen. In ihrem Bild erkennt man leider nur einen Zaun, er wird somit zum zentralen Objekt. Der Zaun, welcher auch als erstes von ihr gezeichnet wurde, scheint sehr wichtig für sie zu sein. Er spielt eine große Rolle, wenn Mutti oder Vati sie aus dem Kindergarten abholen. Jessica ist in der präoperationalen Phase noch sehr selbstbezogen und kann sich nicht in den Standpunkt eines anderen Menschen versetzen. Das Bild ist bewusst oder unbewusst mit einer sehr tiefen Horizontlinie versehen. Wenn man Bilder so gestaltet, hat man als Betrachter den Eindruck, dass man noch sehr klein ist. Da Jessica sich noch nicht in die Lage eines großen erwachsenen Menschen hineinversetzen kann, hat sie das Bild so gemalt, wie sie ihre Umwelt täglich erlebt, nämlich von unten. Es wirkt so, als ob Jessica vor dem hohen Zaun steht und ihren Kindergarten betrachtet.

Franziska ist ein Jahr älter und schon in der Lage, gezielte und genaue Striche zu malen. Sie befindet sich genau im Übergang von der präoperationalen Phase zur intuitiven Phase. Sie erwirbt somit die Fähigkeit, Klassen von Objekten zu bilden. Das sieht man sehr deutlich in der klaren Distanzierung von den Gegenständen auf ihrem Bild (Abb. S. 112 und 113). Sie sind alle fein säuberlich nebeneinander aufgereiht, nur die Größenverhältnisse hauen nicht ganz hin (Tür ist zu klein für den Menschen; Mensch im Vergleich zum Baum sehr klein ausgefallen). Daraus kann man schließen, dass sie sich dieser Klassen oder Kategorien noch nicht bewusst ist. Das Kind hat sich im Laufe seiner bisherigen Entwicklung Konzepte aufgebaut, die aber häufig falsch sind (Die Sonne befindet sich z. B. bei dieser Altersklasse immer in der oberen Ecke). Solche konstruierten Sachverhalte müssen erst durch die Realität überprüft und richtig gestellt werden. In diesem Alter setzt sich ein Kind noch nicht dementsprechend mit seiner Umwelt auseinander und interpretiert somit Sachverhalte falsch und unvollständig.

Denise befindet sich mit ihren 6 Jahren schon direkt in der intuitiven Phase. Sie schafft es ohne weiteres logische Beziehungen – wie z. B. Größenunterschiede – mit zunehmender Komplexität zu verstehen (Abb. S. 113 und 114). Die Verhältnisse innerhalb der Gegenstände sind korrekt dargestellt worden, wie z. B. die Fenster im Haus oder der Stamm im Verhältnis zur Baumkrone. Die Sonne wurde nicht einfach so oben in die Ecke geknallt, sondern scheint jetzt als rundes Objekt auf den Kindergarten „Villa Regenbogen". Probleme hat sie noch bei der dreidimensionalen Darstellung von Gegenständen. Das Dach wurde einfach nur in Form eines Rechteckes auf das Gebäude gesetzt.

Man sieht an Hand der drei ausgewählten Beispiele ganz deutlich, dass die Bilder mit der Zunahme des Alters immer mehr an Komplexität, Kreativität und Feinmotorik gewinnen. Natürlich sind solche Bilder auch stark von der Tageslaune abhängig und man darf auch nicht die ungünstigen Bedingungen vergessen, die wir vorgefunden haben. Aus Mangel an Tischen und Sitzgelegenheiten waren die Kinder gezwungen, ihr malerisches Können auf dem Boden unter Beweis zu stellen.

Im **ersten Experiment**, in welchem wir, wie bereits erwähnt, die Kinder nach ihrem Alter befragten und sie – sofern sie dies mit ihren Fingern anzeigten – noch einmal fragten, wie viel denn das sei. Um festzustellen, ob sie auch wirklich mit den Zahlen umgehen können, fragten wir sie außerdem noch, wie alt sie denn in einem Jahr sein würden. Hierbei stellten sich teilweise große Differenzen in den Fähigkeiten der Kinder heraus, welche zum Teil auch auf unserer Auswahl der Kinder beruhten. Wir haben Kinder im Grenzbereich der präoperationalen Stufe zwischen der präoperationalen und der intuitiven Phase gewählt, d. h. von 4 bis 6 Jahren, um auch Vergleiche zwischen Kindern einer Stufe (unterschiedlich weit entwickelt) und um Merkmale unterschiedlicher Stufen (Phasen) an den Kindern erkennen zu können. Die Kinder im Alter von 4 Jahren befanden sich noch in der präoperationalen Phase und konnten noch nicht mit Zahlen umgehen und beantworteten gestellte Fragen falsch.

Bea z. B. wusste ihr eigenes Alter nicht, d. h. sie konnte es nicht einmal mit ihren Fingern anzeigen. Beim ersten Mal zeigte sie nur drei Finger, obwohl sie, wie uns die anderen Kinder später erzählten, schon fünf war. Somit war es nicht verwunderlich, dass sie die Frage, wie alt sie in einem Jahr sein würde, mit dem Zeigen von sieben Fingern statt sechs beantwortete. Tobias dagegen, ebenfalls fünf Jahre alt, konnte sein Alter verbal ausdrücken und beantwortete auch die Frage nach seinem Alter +1 richtig. Obwohl sich nun die beiden Kinder im gleichen Alter befanden, stellten sich klare Unterschiede in den Fähigkeiten heraus, die auf unterschiedliche Entwicklung der Wahrnehmung zurückzuführen sind. Wir befragten ebenfalls einen Jungen der unterhalb dieses Grenzbereichs lag, Felix (4). Er konnte zwar sein Alter zeigen, jedoch nichts weiter damit anfangen und hatte auch keine Lust, sich weiter damit zu beschäftigen. Auf die Frage nach seinem Alter in einem Jahr wandte er sich ab und ging spielen. Außerdem befragten wir noch ein Mädchen, das – wie sich auch im Verlauf der anderen Experimente herausstellte – überdurchschnittlich weit entwickelt war, Denise (6). Unsere Fragen beantwortete sie folglich auch vollständig richtig.

In unserem **nächsten Versuch** ließen wir die Kinder nun Objekte ordnen. Es handelte sich dabei um 2 rote bzw. 2 blaue Dreiecke und um 2 rote bzw. 2 blaue Kreise.

Uns interessierte nun in erster Linie, nach welchen Kriterien die Kinder nun diese 8 Objekte einordnen würden. Kinder in der präoperationalen Phase können zwar Objekte in eine Reihenfolge bringen, jedoch sie nur nach einem Kriterium ordnen, welches das nun bei jedem Kind war, wollten wir herausfinden. Kinder, die sich bereits in der intuitiven Phase befinden, würden die Objekte nach mehreren Merkmalen ordnen – wie z. B. erst alles Blaue oder erst alle Dreiecke usw.

Zuerst ließen wir nun Felix die Objekte ordnen. Er verstand die Aufgabe zunächst nicht, konnte sich aber nach langem Einreden dazu überzeugen lassen, es auszuprobieren. Er ordnete die Objekte dann.

Als nächstes führten wir das Experiment mit Bea durch. Sie ordnete die Kreise und Dreiecke separat voneinander, d. h. zuerst die Kreise, wobei sie zuerst die blauen und dann die roten Kreise zusammenlegte. Ob das nun bewusst geschah, dass sie die Kreise nach 2 Merkmalen ordnete ist jedoch zu bezweifeln, da sie nämlich die Dreiecke gemixt ordnete und zwar: blau, rot, blau, rot.

Tobias & Franziska ordneten die Objekte klar erkennbar nur nach einem Kriterium – nämlich, ob es Kreise oder Dreiecke sind.

Das einzige Kind, das die Objekte offensichtlich nach zwei Merkmalen vollständig und richtig einordnete war Jessica. Sie ordnete die Objekte zunächst nur nach Farbe, nämlich alles Blaue auf eine Seite und alles Rote auf eine Seite. Danach ordnete sie diese noch nach Kreisen bzw. Dreiecken.

Im **dritten „Spiel“** wollten wir dann versuchen herauszufinden, wie sich die Kinder in andere Personen hineinversetzen können. Wir fragten sie dazu, was sie denn machen würden/müssten, wenn sie „eine Mama“ bzw. „ein Papa“ wären. Außerdem wollten wir von den Jungen noch wissen, was sie machen würden, wenn ihr Kind nicht hören würde und bei den Mädchen, wenn ihr Kind traurig wäre.

Felix hatte da schon seine ganz eigenen Vorstellungen. Er würde zur Schule gehen und natürlich arbeiten. Diese Antworten lassen darauf schließen, dass er sich nicht bewusst in eine andere Lage versetzen kann, da das In-die-Schule-gehen eigentlich gar nichts mit dem Papa-sein zu tun hat. Das Arbeiten-gehen resultiert aus Erfahrungen, die er hat, z. B. dass sein Papa jeden früh arbeiten geht und dann abends wiederkommt. Auf die Frage, was er machen würde, wenn sein Kind böse wäre, antwortete er: „Verhauen!“ Offensichtlich hat er hier nur seine eigenen Erfahrungen eingearbeitet.

Bea hatte überhaupt keine Vorstellungen (obwohl sie ein Jahr älter ist als Felix). Als Stefan ihr einige Beispiele nannte, wiederholte sie diese nur, ohne eigene Ideen einzubringen.

Denise dagegen hatte ganz klare Vorstellungen, wie es sein würde, Mama zu sein. Sie sagte, dass sie ihr Kind schlafen legen würde, natürlich füttern würde, mit ihm spazieren gehen würde und mit ihm spielen würde. Wenn ihr Baby traurig wäre, würde sie ihm einen Nuckel oder die Flasche geben. Sie befindet sich mit ihren 6 Jahren bereits in der intuitiven Phase der präoperationalen Stufe und hat nur noch wenige Schwierigkeiten, sich in andere Personen hineinzuversetzen.

Tobias hatte da schon deutlich mehr Schwierigkeiten. Er würde als „Papa" Jauche auspumpen, Tische bauen und einkaufen gehen. Wenn er ein böses Kind hätte, würde er es zur Maßregelung „versohlen". Er befindet sich in dem besagten Grenzbereich und ist noch nicht fähig, sich in andere hineinzuversetzen, er bezog seine Aussagen wahrscheinlich wie Felix auf Erfahrungen, die er bereits gemacht hat und die einen tiefen Eindruck hinterlassen haben. Am besten bestätigte Jessica diese These, indem sie klar und deutlich sagte, dass sie genau das machen würde, was auch ihre „Mama" so alles macht.

Nun zum **Experiment Nr. 5.** Hierbei ging es uns um die Erhaltung Menge bzw. der Masse. Wir legten den Kindern insgesamt acht gleich große Kugeln aus Knete, jeweils vier von anderer Farbe. Die acht Kugeln waren für die Kinder klar erkennbar gleich groß. Vor ihren Augen machten wir nun aus vier Kugeln eine Ganze und fragten sie, wo jetzt mehr Knete ist oder welche jetzt schwerer sei.

Anne-Marie und Denise hatten Probleme damit zu zeigen, wo „mehr" ist, sie zeigten beide auf die vier Kugeln. Beide zählten vor und nach dem Zusammenmanschen der vier Kugeln genau ab und zeigten dann schließlich auf die vier Kugeln. Bei ihnen war die Erhaltung der Masse augenscheinlich noch nicht besonders ausgebildet, sie orientierten sich ausschließlich auf die Anzahl der Kugeln, und das sowohl Anne-Marie mit 5 Jahren als auch Denise mit 6 Jahren, die sich schon in der intuitiven Phase befand und somit die Erhaltung der Menge schon hätte beherrschen können.

Tobias wusste auf die Frage, welche Kugel(n) schwerer sei(en) die richtige Antwort, dass beide gleich schwer sind. Als jedoch Jens die große Kugel in der Mitte teilte und die anderen vier Kugeln zu einer machte, verwirrte ihn das ein wenig und er sagte, dass die ganze Kugel schwerer sei. Das Prinzip der Erhaltung der Masse ist bei ihm noch nicht vollständig ausgeprägt, es sind jedoch schon Ansätze da.

Felix, der sich noch in der präoperationalen Phase befindet, war der Meinung, dass die vier Kugeln schwerer seien als die Ganze.

Um herauszufinden, ob die Kinder schon Klassen von Objekten bilden können, stellten wir ihnen im **sechsten Versuch** die Aufgabe, die sich auf dem Tisch befindlichen Früchte nach Obst und Gemüse zu ordnen. Wir wählten im Voraus für die Klasse des Gemüses: eine Kartoffel, eine Gurke, eine Mohrrübe und eine Zwiebel. Die Gegenmenge bildete das Obst mit einer Birne, einem Apfel, einer Orange und einer Banane.

Tobias müsste mit seinen fünf Jahren bereits im Stande sein, Dinge einem bestimmten Kriterium zuzuordnen. Er ordnete fast alle Objekte in die richtigen Kategorien ein. Die einzige Frucht, mit der er ein paar Probleme hatte, war die Gurke. Nach langem Überlegen entschied er sich jedoch für die Tatsache, dass die Gurke mit zu der Gruppe des Obstes zählt. Das liegt daran, dass er sich ein falsches Konzept aufgebaut hat. Er könnte gedacht haben, dass Obst alles das ist, was er jeden Tag in seiner Brotbüchse hat, und zu dieser Gruppe passt die Gurke auf jeden Fall. Diese Denkweise ist jedoch falsch und muss im Laufe der Zeit verbessert und richtig gestellt werden.

Unser nächstes „Opfer" war Denise. Sie hatte die vorherigen Aufgaben mit Bravour geleistet, doch auch sie hatte bei diesem Experiment ein paar Probleme. Mir kam es bei ihr so vor, als ob sie die verschiedenen Früchte nach Farben ordnen wollte. Die mit einer bräunlichen Farbe versehenen Früchte, wie die Birne, Zwiebel, Kartoffel und die Gurke, steckte sie in eine Gruppe und die eher bunt gefärbten in die andere.

Franziska, unsere letzte Kandidatin, hatte ähnliche Probleme wie ihre Vorgänger. Auch sie hat sich bestimmt noch nie damit auseinander setzen müssen, Obst und Gemüse voneinander zu trennen. Sie legte die Mohrrübe nach einigem Zögern auf die Seite des Obstes. Sie war das letzte Kind, mit der wir den Versuch durchgeführt haben, und somit hat es kein Kind geschafft, eine Trennung ohne Fehler durchzuführen. Interessant war es auch zu beobachten, dass die drei Kinder immer zuallererst die gleichen Paare gebildet haben. Die Birne gehörte anfangs immer zum Apfel und die Zwiebel immer zur Kartoffel.

Bei unserem **letzten Versuch** ging es, wie erwähnt, um die Körpergrößen. Wir befragten dazu einzeln 3 Kinder im Alter von 4, 5 und 6 Jahren. Da wir ja an das „In-Reihenfolge-bringen, aber keine unmittelbaren Schlüsse ziehen können" anknüpften, was ja in der präoperationalen Phase liegt, dürfte das Ergebnis folgendermaßen aussehen: Das vierjährige Kind dürfte die Aufgabe nicht lösen können, das Fünfjährige vielleicht und das Sechsjährige eigentlich schon.

Das erste Kind war Felix (4), er war wie erwartet nicht fähig, die Aufgabe zu lösen. Er schaffte es zwar, die Nebeneinanderstehenden nach Größe zu ordnen, konnte daraus aber keinen Schluss auf die letzte Frage ziehen.

Das zweite Kind Anne-Marie (5) konnte auch nur die Größen richtig zuordnen, es war zwar so clever, sich bei der Schlußfolgerungsfrage nach Jens H. umzudrehen, der war aber ein ganz schönes Stück von Stefan entfernt, lief umher, setzte sich auf den Boden und stand wieder auf ... Sie beantwortete die Frage im Endeffekt falsch mit der Antwort: „Jens H. ist größer als Stefan!".

Nun folgte nur noch die sechsjährige Denise, welche die Aufgabe ohne Probleme richtig löste. Das Ergebnis dieses Versuchs verhielt sich also wie erwartet: phasengerecht.

Im Großen und Ganzen kann man mit dem Gesamtergebnis der 7 Versuche zufrieden sein. Es erwiesen sich fast alle Erwartungen an die Experimente als richtig. Die Aussagen und Stufenlehre (zweite Stufe) Piagets sehen sich somit größtenteils als bestätigt.

**Fehleranalyse:**

Im Folgenden listen wir mögliche Umstände auf, durch welche Abweichungen und Verfälschungen entstanden sein können.

Die Kinder könnten durch die besondere Situation (der Besuch durch ältere Schüler ...) in ihrer Wahrnehmung bzw. bei ihren Aussagen und ihrem Verhalten eingeschränkt oder generell beeinflusst worden sein. Durch den derzeitigen Entwicklungsstand der Kinder könnte es sein, dass bestimmte Aufgabenstellungen, Fragen und so weiter nicht richtig oder nur teilweise verstanden wurden. Auch ein gewisses Abstumpfen der Aufgaben und ein bestimmtes Maß an Desinteresse mancher Kinder gegenüber bestimmten Versuchen ist in Betracht zu ziehen. Außerdem, da es sich ja um Einzelbefragungen handelte (... unter anderem um Gruppendruck auszuschließen), gestaltete es sich sehr kompliziert, die anderen, gerade nicht betroffenen Kinder zu beschäftigen und so genug Zeit für die Experimente zu haben. Auch die eigene Persönlichkeit der Kinder kann zu Abweichungen geführt haben, manche sind sehr schüchtern, andere wiederum impulsiv oder anderes. Das kann ihre jeweilige Antwort und Reaktion beeinflusst haben.

**Kritik an Piagets Entwicklungslehre:**

Wir haben im Unterricht gelernt, dass Kinder laut Piaget stufenweise unterschiedliche und altersabhängige Entwicklungsstadien durchlaufen. Doch als wir im Kindergarten waren, um die Theorien in der Praxis zu erproben, erlitt das Stufenschema ein paar Brüche und Risse. Manche Kinder konnten die Konstanz von Gegenständen (wie z. B. Knete) viel früher erkennen als andere, und die Heranwachsenden, die noch nicht so weit sind, lernen es oft in Gesprächen mit anderen Kindern, die das „Erhaltungsprinzip“ schon verstanden haben. Die Theorie geht von der Existenz langer, stabiler Zeiträume aus, denen ein abrupter Umbruch folgt. Aber dies ist ja in der Praxis nicht der Fall. Das Lösen von Problemen und das Schulen von Kreativität und Gedächtnis folgt einem flexiblen Zeitplan, der nicht nur durch das Alter des Kindes, sondern auch durch die Qualität seiner Umwelt beeinflusst wird. Laut Piaget ist ein Kind in der präoperationalen Phase noch nicht in der Lage, Dinge eines Kriteriums, das sich auf Veränderungen bezieht, zuzuordnen. Als wir jedoch unser Experiment mit der Größe durchführten, konnten die Vierjährigen das Problem lösen, wenn man ihnen ein paar logische Denkweisen beibringt, die ihnen diese Aufgabe erleichtern. Wir fanden eher zufällig heraus, dass es einen gewaltigen Unterschied zwischen dem, was die Kinder können, gibt, und dem was man ihnen beibringen kann. Das Größenproblem weist auch auf eine weitere Schwachstelle in der Stufenlehre hin. Es ging allein um die zunehmende Fähigkeit der Kinder, logisch zu denken und Schlüsse herzuleiten. Die „unwissenschaftlichen“ Bereiche wie etwa „Kreativität“, die besonders beim Malen von Bildern gefordert wird, wurde hier außer Acht gelassen. Sie entwickelt und entfaltet sich nach eigenen Gesetzmäßigkeiten. Auch die Fähigkeit der Kinder, reale Situationen im Spiel nachzugestalten, hing weit weniger vom Alter ab, als wir zuerst annahmen. Der kleine Felix (4 Jahre) war anfangs sehr nervös und unsicher über diese jetzt vorhandene noch nie so dagewesene Situation. Doch durch einige Anregungen und Anleitungen unsererseits blühte er in kurzer Zeit im wahrsten Sinne des Wortes auf. Er stand in seiner Motorik und der Auseinandersetzung mit uns, den anderen, älteren Kindern in nichts nach.

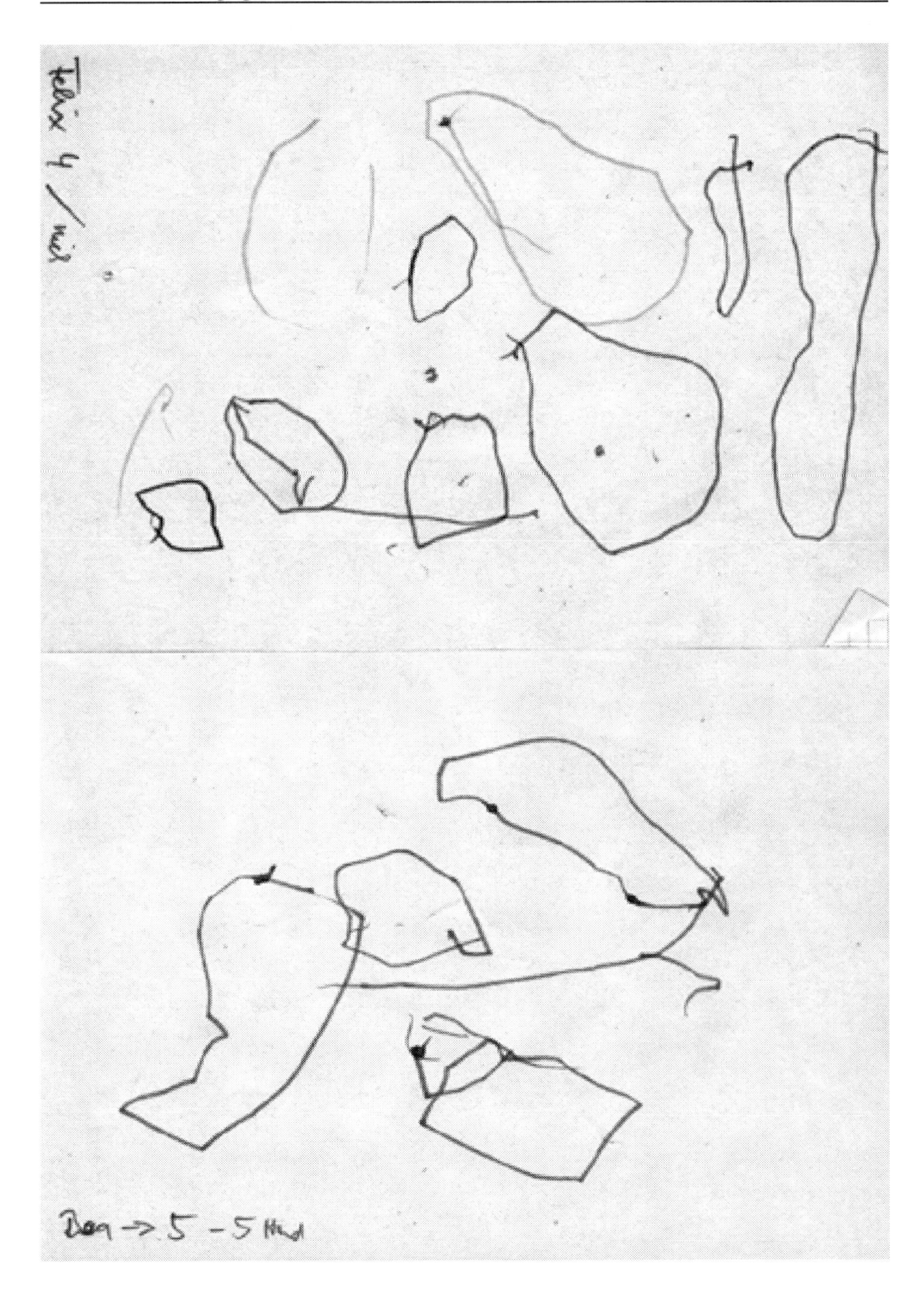

Tobias. O.
Tobias 5

Annemarie

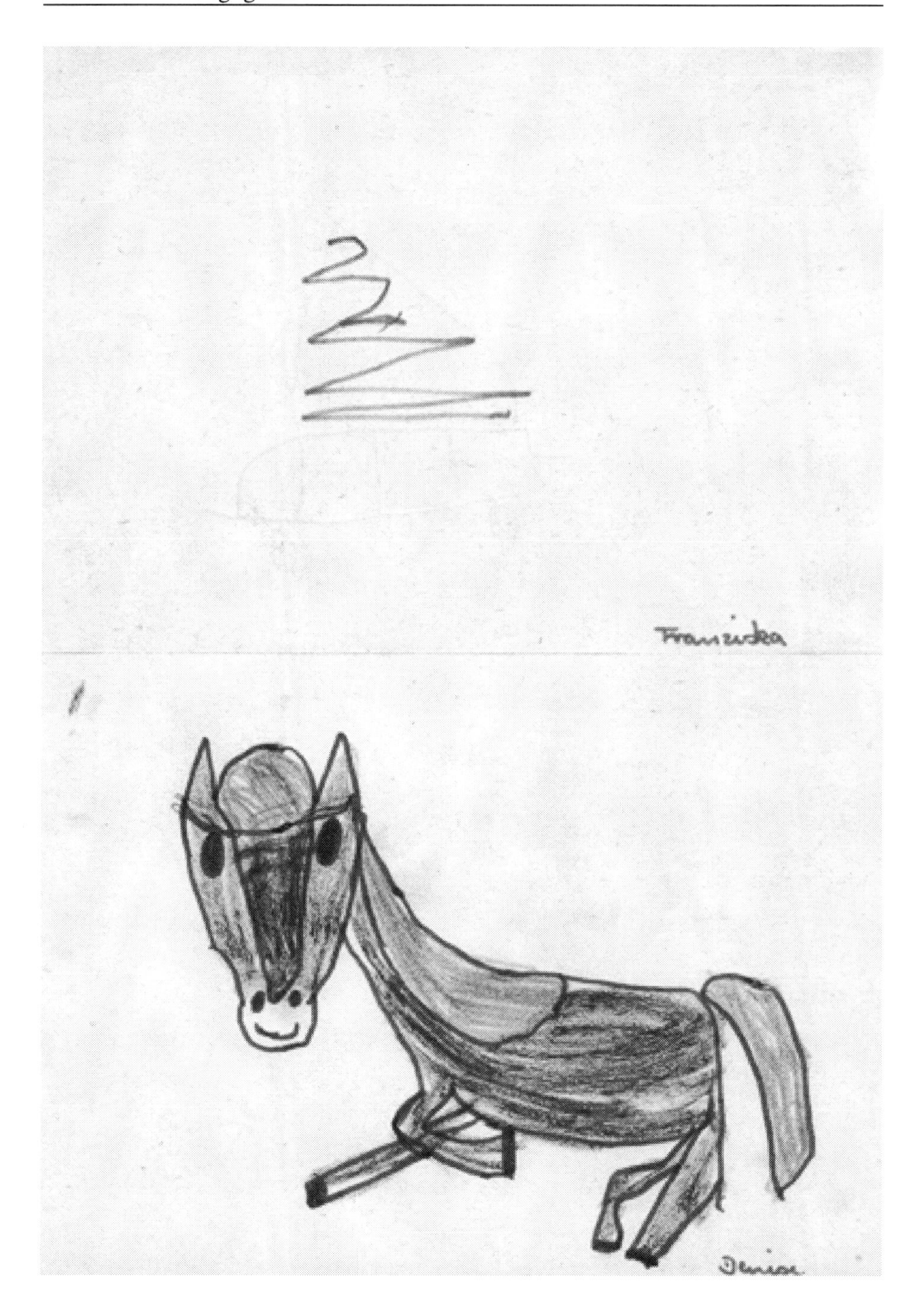

DENISE

ELFI WEISS

*„Hilf mir, es selbst zu tun!“*
Ein Kind zu Maria Montessori –
Leitmotiv ihrer Pädagogik

# Erkundungen und Termine vor Ort

## 1. Erkundungen als Mittel der Wissenschafts- und Handlungspropädeutik

Der Unterricht in der Sekundarstufe II setzt besondere Akzente, ist sowohl von Wissenschafts- als auch von Handlungspropädeutik geprägt. In diesem Rahmen können Erkundungen vor Ort ein wertvolles Mittel sein.

Ich möchte an Beispielen zeigen, wie sich Schüler der Jahrgangstufe 13 durch Erkundungen in der Schulpraxis Konzepten von Alternativschulen nähern. Im Anhang sind allgemeine Empfehlungen für die Vorbereitung von Erkundungen und Exkursionen aufgenommen.

Da sich meine folgenden Ausführungen ausschließlich auf den Unterricht der Klassenstufe 13 beziehen, darf also ein gewisses Maß an Fertigkeiten im wissenschaftlichen Arbeiten vorausgesetzt werden, die es nur zu vervollkommnen gilt. Meine Erfahrungen zeigen, dass die Schüler – einmal mit der Methode vertraut gemacht – zu einem ständigen Qualitätszuwachs gelangen.

Die SchülerInnen haben in den vergangenen Jahren gelernt, dass wissenschaftliches Arbeiten mit Literaturbeschaffung beginnt und dabei die Erfahrung gemacht, dass die ihnen zur Verfügung stehenden Lehrbücher eine gute Basis bilden, aber nicht genügen können und sie auf Originaltexte zurückgreifen müssen. Hierbei sollte der Lehrer anfangs hilfreich zur Seite stehen, da das Angebot zu bestimmten Themen für SchülerInnen einfach unüberschaubar ist und zum anderen schwer beschaffbar. Neben der Bibliothek stellt das Internet eine weitere wertvolle Quelle dar, so die SchülerInnen gelernt haben, kritisch mit bestimmten Veröffentlichungen umzugehen. Unter Zuhilfenahme fachwissenschaftlicher Methoden und Theorien sollten die SchülerInnen dann die Gelegenheit bekommen, handlungsorientiert erziehungswissenschaftlichen Unterricht im konkreten Erleben zu vertiefen und die Möglichkeiten rezeptiven Lernens durch eigene Praxiserfahrungen zu ergänzen. Von Erfolg gekrönt wird die Arbeit immer dann sein können, wenn es gelingt, sich mit den SchülerInnen auf ganzheitliche Erkenntniswege zu begeben, also ernsthaftes Literatur- und Theoriestudium mit unmittelbarem Erleben von Erziehungswirklichkeit zu verbinden und ihnen dann Raum zur Darstellung der von ihnen unmittelbar erlebten Erziehungssituation einzuräumen.

In der Klassenstufe 13 können die im Rahmenplan Erziehungswissenschaft (1992) ausgewiesenen Leitthemen **Normen und Ziele der Erziehung** in der curricularen Einheit „Menschenbilder als Grundlagen und Ziele der Erziehung" bzw. „Vorstellungen großer Erzieher", **Pädagogik in der Diskussion** in den curricularen Einheiten „Bildungskonzepte und Zukunftsvisionen" bzw. „Auseinandersetzungen um pädagogische Leitideen in Geschichte und Gegenwart" sowie Pädagogische Initiativen in der Vorstellung von Alternativschulen in dieser Art und Weise erarbeitet werden. Analoges gilt für die Umsetzung der Vorgaben im neuen Lehrplan.

Um didaktisch-methodisch vielfältig und anspruchsvoll zu arbeiten, sind genaue Schuljahresplanungen im Vorfeld unumgänglich.

Ich überlasse es dabei meinen SchülerInnen, ob sie zu zweit, zu dritt oder in Ausnahmefällen zu viert oder allein arbeiten möchten. Konkret heißt es also, die zum Verständnis nötigen Theoriekenntnisse werden selbständig erarbeitet, diese aufbereiteten Erkenntnisse und darüber hinaus gewonnenen Einsichten in einer Facharbeit zusammengestellt und in einer entsprechenden Form den übrigen Kursmitgliedern präsentiert. Neben exaktem Grundlagenstudium ist vor allem Kreativität gefragt.

Folgende **Voraussetzungen** halte ich für unverzichtbar:

- Die SchülerInnen müssen gelernt haben, selbständig zu arbeiten. Dazu gehören u. a. ebenso Fragen der Zeiteinteilung wie die der Aufgabenverteilung oder methodische Vorüberlegungen.
- Die SchülerInnen müssen über Fähigkeiten und Fertigkeiten im wissenschaftlichen Arbeiten verfügen. Da diese Grundlagen im Deutschunterricht geschaffen werden, ist eine Zusammenarbeit mit diesem Fach mehr als empfehlenswert.
- Die Aufgabenstellung muss konkret formuliert werden. Gleichzeitig muss den SchülerInnen die Bedeutsamkeit ihrer Präsentation klar sein, denn selbstverständlich handelt es sich um Klausurstoff.
- Eine flexible, dem Schüler zugewandte Lehrer – Haltung ist unabdingbar. So sollte der Lehrer als kompetenter Ansprechpartner im Hintergrund stets präsent sein.
- Den SchülerInnen muss eine angemessene Zeit zur Verfügung gestellt werden.

## 2. Zur Vorgehensweise

In einer einführenden Stunde gebe ich meinen SchülerInnen einen groben Überblick über mögliche Themen, merke einige Besonderheiten an, versuche erste Interessen zu wecken. Da die vollständige Umsetzung der Vorgaben des Rahmenplans von vornherein an zeitliche Grenzen stößt, Prioritäten gesetzt werden müssen, fällt es mir an dieser Stelle leicht, den SchülerInnen einen großen Spielraum bei der Themenauswahl einzuräumen. Sie wissen, dass sie im Ergebnis ihrer Arbeit einerseits eine Facharbeit einzureichen haben und andererseits nun als Experten ihren MitschülerInnen ihre Kenntnisse zu vermitteln haben. In Abhängigkeit vom jeweiligen Thema sollten sie überlegen, welche Erkundungen sich anbieten, wen sie in welcher Art befragen könnten. Zur Präsentation im Kurs bekommen sie drei Unterrichtsstunden an Zeit eingeräumt, die neben dem Referat auch eine methodische Einheit enthalten sollte, die unmittelbar zur entsprechenden Thematik passt, es den übrigen Kursmitgliedern erleichtert, die gewonnenen Erkenntnisse selbst zu verinnerlichen und die nach Möglichkeit einen praktischen Bezug beinhalten sollte. Weil mehrere Schülergruppen in Folge auftreten werden, ist Einfallsreichtum gefragt, um einer möglichen Monotonie entgegenzuwirken. Erlaubt ist, was Zugang zu Erkenntnisgewinnung verspricht. Biographische Bezüge spielen dabei eine große Rolle. Wie wollte man die Arbeit einer Maria Montessori, eines Peter Petersen, Célestin Freinet, Rudolf Steiner, Alexander Sutherland Neill, Janusz Korczak, Hartmut von Hentig – um nur einige zu benennen – verstehen, wenn man nicht nachvollziehen kann, welche persönlichen Schicksale für sie selbst so bedeutsam waren, dass sie ihre Lebensphilosophie beeinflussten, welche Lebenserfahrungen, Studien etc. sie zu ihren Ansichten vom Werden und Wachsen des Kindes gebracht haben, welche Bedingungen und äußeren Einflüsse sie als unverzichtbar für eine optimale psychische und physische Entwicklung eines Kindes ansahen.

Im Folgenden möchte ich an ausgewählten **Beispielen** darüber berichten, wie meine SchülerInnen sich ihrem jeweiligen Thema genähert haben und wie sie dieses umsetzen konnten. Als Lehrerin blieb ich dabei stets im Hintergrund, half bei organisatorischen Problemen, agierte im Unterricht selbst nur im Bedarfsfall.

Die Reihenfolge entspricht keiner bestimmten Wertigkeit, ist vollkommen beliebig gewählt.

*„Das Kind in Ehrfurcht empfangen,*
*in Liebe erziehen und in Freiheit entlassen“*

Rudolf Steiner

## 3. Rudolf Steiner und die Waldorfpädagogik

Die erste Waldorfschule wurde im September 1919 in Stuttgart eröffnet. Heute bestehen ca. 170 Waldorfschulen mit etwa 69 500 Schülerinnen in der Bundesrepublik Deutschland, 406 Waldorfschulen im übrigen Europa und 198 Waldorfschulen in Nord- und Südamerika, Asien, Australien und Afrika. Nach dem Zusammenbruch des sozialistischen Herrschaftssystems entwickelte sich in den meisten Ländern des ehemaligen Ostblocks ein reges Interesse an alternativen Formen der Pädagogik. So entstanden seit 1990 in den neuen Bundesländern 12 Waldorfschulen.

Von den deutschen Schulen befinden sich noch ca. 60 im Aufbau, an über 50 Orten bemühen sich Initiativen um die Gründung einer Waldorfschule. Die Ausbildung zum Waldorflehrer ist in Vollzeitseminaren, Freien Hochschulen bzw. in Berufsbegleitenden Kursen noch immer die einzige alternative Lehrerausbildung, die es in Deutschland gibt.

Wie bekannt ist, stützt Rudolf Steiner seine Pädagogik auf die Anthroposophie, wonach der Mensch neben einem Körper auch einen Geist und eine Seele besitzt. Die Entwicklung des Menschen im Siebenjahresrhythmus verlangt spezifische Aufgaben des Erziehers. Die Begegnung mit dem Kind wird besonders für den Pädagogen zur Frage der Selbsterziehung, denn er soll dem Kind je nach Entwicklungsstand als Vorbild, Autorität oder Gegenüber dienen.

Die Waldorfschule zeichnet sich vor allem durch den epochalen Unterricht und die künstlerisch – musische Erziehung aus, wobei auch praktische Fächer nicht zu kurz kommen. Besonderes Interesse bei meinen SchülerInnen weckt immer wieder das Fach Eurythmie, aber auch das Klassenlehrerprinzip, der Wegfall von Zensuren, die Vernetzung der Fächer, der Fremdsprachenunterricht von Anfang an und die Tatsache, dass keiner sitzen bleiben kann.

Wie kann man sich nun ein wenig Waldorf – Atmosphäre ins Klassenzimmer einer staatlichen Schule holen? Meine SchülerInnen schrieben zunächst an den Bund der Freien Waldorfschulen und bekamen einerseits eine Menge Materialien zugeschickt, u. a. ein aktuelles Video und andererseits eine Reihe von Adressen verschiedener Waldorfschulen. Die mit diesem Thema beauftragte Gruppe erarbeitete sich einen Fragebogen und schickte diesen versehen mit einem Brief an eine dieser Adressen und in kürzester Zeit kamen zahlreiche Antworten von SchülerInnen verschiedenster Altersgruppen auf folgende Fragen:

1. Warum besucht Ihr die Waldorfschule?
2. Würdet Ihr Eure Kinder auch auf die Waldorfschule schicken?
3. Wie sieht Euer Stundenplan (evtl. Tagesablauf ) an Eurer Schule aus?
4. Nennt uns Vor- und Nachteile der Waldorfschule!

Es ist wohl leicht vorstellbar, mit welchem Interesse diese Briefe gelesen worden.

In einem anderen Kurs ging die mit dieser Aufgabe betraute Gruppe einen anderen Weg und lud sich eine ehemalige Waldorfschülerin ein. Meine SchülerInnen – alle über Waldorfpädagogik bestens informiert – nutzten die aufgeschlossene Atmosphäre, um alle ihre Fragen und auch kritischen Anmerkungen vorzubringen. Unser Gast hatte an der Waldorfschule das Abitur gemacht, den Gesellenbrief als Tischler in der Tasche und war nun Studentin der Architektur. Aus ihrer Biographie heraus war ihr schulischer Werdegang folgerichtig und sie für uns genau der richtige Gesprächspartner. Da sie selbst aber nie eine staatliche Schule besucht hatte, kam es beiderseits der Gesprächsrunde zu Aha-Effekten.

Im Zusammenhang mit Waldorfpädagogik ist mir noch eine andere Begebenheit in Erinnerung geblieben. Es war Wochen nach der Behandlung dieser Thematik, als mir eine Schülerin ein Video in die Hand drückte und viele Grüße von ihrem Vater dazu bestellte. Dieser wollte sich im Fernsehen seine Lieblingssendung mit den Kastelruther Spatzen aufzeichnen, als im Anschluss daran eine Sendung ausgestrahlt wurde, in der Waldorfpädagogik stark in Kritik geriet. Er meinte zu seiner Tochter, das müsse ihre Lehrerin doch interessieren. Wie Recht er damit hatte.

*„Du möchtest, daß dich die Kinder lieben; du mußt sie aber in die beängstigend beschränkten Formen unseres Lebens mit all seiner Heuchelei und seiner Gewalttätigkeit hineindrängen – in gewissenhafter, dir aufgetragener Arbeit, zu der du verpflichtet bist."*

Janusz Korczak

## 4. Janusz Korczak – „Wie man ein Kind lieben soll" oder Die Pädagogik der Achtung

Seit Jahren sind Leben und Werk dieses Mannes aus meinem Unterricht Klassenstufe 13 nicht mehr wegzudenken. Dieser Mann, der äußerlich so gar nichts von einem Helden hat, hinterlässt so tiefe Spuren. Auch er ist in seinem Bild von der Entwicklung des Kindes geprägt durch eigene Erfahrungen, durch seine Biographie. Sein Leben begann als Henryk Goldszmit in einer jüdischen bürgerlichen Familie in Warschau. Nach einer unglücklichen Kindheit im „goldenen Käfig" kann er als Erwachsener literarische Erfolge verbuchen, ist als promovierter Mediziner anerkannt. Schließlich entscheidet er sich gegen diese glänzende berufliche Doppelkarriere und stellt sich auf die Seite der Armen, auf die Seite der Kinder. Korczak eröffnet 1911 sein Waisenhaus „Dom Sierot", später kommt das Waisenhaus „Nasz Dom" hinzu. Er hält Vorlesungen in Sonderpädagogik, veröffentlicht pädagogische Werke. Im Sommer 1942 kommt es zur Deportation der Heimbewohner und damit gelangen 200 Kinder, Korczak und weitere Mitarbeiter in das Vernichtungslager Treblinka.

„Als die Kinder einwaggoniert waren, erfuhr der deutsche Platzkommandant, daß der hagere, alte Mann mit dem kurzen Bart, der die Kinder begleitete, Janusz Korczak hieß.

Es fand dann folgendes Gespräch statt:

„Sie haben den *Bankrott des kleinen Jack* geschrieben?"

„Ja."

„Ein gutes Buch. Ich habe es gelesen, als ich noch klein war. Steigen Sie aus."

„Und die Kinder ..."

„Die Kinder fahren. Aber Sie können hier bleiben."

„Sie irren Sich", erwiderte Korczak, „nicht jeder ist ein Schuft", und er schlug die Waggontür hinter sich zu." (nach Igor Newerly – vgl. Wolfgang Pelzer1994, S. 163f.)

Aber nicht nur Korzcaks eigene Biographie beeindruckt nachhaltig. Intensive Beschäftigung mit seiner Pädagogik der Achtung verlangt auch ernstes Nachdenken. Wenn man sich die von ihm geforderten Rechte der Kinder ansieht, kann man selbstverständlich dem Recht des Kindes auf Achtung sofort zustimmen; das Recht des Kindes, so zu sein, wie es ist, bejahen Jugendliche besonders gern; nachdenklicher werden sie bei dem Recht des Kindes auf den heutigen Tag und besonders viel verlangt uns allen das Recht des Kindes auf seinen Tod ab. Korzcaks Gedanken, „Aus Furcht, der Tod könnte uns das Kind entreißen, entziehen wir es dem Leben; um seinen Tod zu verhindern, lassen wir es nicht richtig leben", kann man nicht einfach mit Zustimmung oder Ablehnung begegnen.

Auch hier ist es möglich, über die Deutsche Korczak Gesellschaft e. V. Kontakte zu knüpfen. Da es in unserem Kreisgebiet jedoch ein Janusz – Korczak – Gymnasium gibt, meldete sich meine Schülergruppe an dieser Schule an. Sie hatte sich bereits mit dem Namensgeber und dessen Werk beschäftigt, war nun gespannt darauf, ob es an dieser Schule mehr als das Namensschild an der Eingangstür gibt und war vor allem an Material interessiert. Um so überraschter waren sie über die herzliche Aufnahme. Sie erhielten genügend Gelegenheit, sich davon zu überzeugen, dass in diesem Hause der Geist Korczaks gegenwärtig ist. So staunten sie nicht schlecht, wie sich die kindlichen Grundrechte in allen Fächern und Bereichen der Schule umsetzen lassen. Ratlos standen sie beispielsweise vor dem Ökoteich auf dem Schulhof. Was hatte der mit Korczak zu tun? Etwas beschämt erkannten sie, dass ihr angelesenes Wissen noch nicht allumfassend war, denn die Lösung lag ganz nahe – der Teich wurde in gemeinsamer Arbeit aller Altersklassen angelegt. Sie erfuhren von dem jährlichen Austauschprogramm mit polnischen Jugendlichen und der Mitarbeit an europaweiten Korczak – Projekten. Mit jeder Menge geliehenem Material und noch viel mehr Eindrücken standen wenig später „Korczak – Besessene" vor den übrigen Kursmitgliedern. Ihrem Enthusiasmus, aber auch ihrer tiefen Nachdenklichkeit konnte sich keiner entziehen.

Sehr empfehlenswert ist auch der inzwischen als Video im Handel angebotene Film über Korczak und seine Arbeit im „Dom Sierot", der ebenso still und unauffällig ist wie sein Hauptheld.

In einem anderen Kurs hatten einmal Schüler ihre MitschülerInnen nach erfolgtem Vortrag vor diesem Film aufgefordert, in Zeichnungen oder Karikaturen darzustellen, was für einen Menschen sie gleich entgegenblicken werden. Kein geringer Teil hatte einen großen, kämpferischen Mann mit lauter Stimme und energischem Auftreten erwartet. Sie sollten eines Besseren belehrt werden.

*„Alles kommt darauf an, in den Schulen in reichstem Maß solche Situationen zu schaffen, die das volle Spiel der Schüler in Tätigkeit setzen. In der echten Selbsttätigkeit innerhalb der Gemeinschaft entfaltet sich die Persönlichkeit des Kindes“*

Peter Petersen

## 5. Peter Petersen und die Reformpädagogik des Jenaplan

Peter Petersen wurde 1884 als ältester Sohn einer Bauernfamilie geboren. Seine Lehrertätigkeit begann er 1910 als Oberlehrer, übernahm 1919 die Leitung der Lichtwarkschule in Hamburg, welche vorher als Realschule Winterhude bekannt war. Diese erste Versuchsschule Petersens nahm im Laufe der Zeit klare Formen an, denn hier wurde nun fächerübergreifend und unter stärkerer heimatkundlicher und soziologischer Orientierung unterrichtet. Im Jahre 1920 an die Universität Jena berufen, übernahm er dann die an die Universität angeschlossene Versuchsschule.

Hier unterrichtete er selbst und betrieb mit seinen Mitarbeitern die sogenannte *Pädagogische Tatsachenforschung*, die darauf beruht, das Kind systematisch in seiner Erziehungswirklichkeit zu beobachten und daraufhin pädagogische Entscheidungen abzusichern bzw. zu korrigieren. Ab 1927 wurde er weltweit zu Vorträgen und zu Einrichtungen von Versuchsklassen nach dem Konzept des Jena-Plans eingeladen.

Petersen geht in seinem anthropologisch-pädagogischem Grundverständnis davon aus, dass jeder Mensch einzigartig ist. Er hat seinen eigenen Wert und seine eigene Würde. Beides ist unersetzbar. Dabei spielen Rasse, Nationalität, Geschlecht, Religion, Lebensanschauung und soziale Herkunft überhaupt keine Rolle.

Jeder hat das Recht eine eigene Identität zu entwickeln, welche durch Selbständigkeit, Kreativität, Kritikfähigkeit und durch das Bewusstsein von sozialer Gerechtigkeit gekennzeichnet ist.

Jedes Kind wird als „Ganzheit“ gesehen. Für die Entwicklung seiner Identität braucht das Kind die sinnlich wahrnehmbare Welt der Objekte und Subjekte.

Die traditionelle Schule vermittelt dem Kind jedoch vorrangig nur die Objektbeziehungen (Unterrichtsinhalte). Der Jenaplanschule ist die Vermittlung von Subjektbeziehungen gleichrangig wichtig.

Die kennzeichnenden Merkmale dieser **Lebensgemeinschaftsschule** sind:

1. Stammgruppen statt Jahresklassen,
2. Wochenarbeitsplan statt „Fetzenstundenplan“,
3. Gruppenunterrichtliches Verfahren im Dienste der „Freien Arbeit“,
4. Kurse zur Sicherung des Mindestwissens,
5. Feiern im Dienste der Gemeinschaftsbildung,

6. Arbeits- und Leistungsberichte anstatt Zensuren,
7. „Schulwohnstube“ als Raum für soziale und sittliche Erziehung,
8. „Schulgemeinde“ als Lebensstätte der Jugend.

Meine SchülerInnen schrieben die Gesellschaft für Jenaplan – Pädagogik in Deutschland e. V. an und bekamen so erste Kontakte. Sie waren bereits derart positiv auf Jenaplan – Pädagogik eingestimmt, dass sie jetzt aus nächster Nähe Jenaplan – Schule erleben wollten. Sie suchten sich diese Schule im Land Brandenburg und bereits nach telefonischen Kontakten erhielten sie Material und was für sie noch viel wichtiger war, die Einladung, für einen Tag an die Schule zu kommen. Allerdings ist die Schule sehr klein und darum bat man um Verständnis, dass nicht mehr als drei Gäste kommen könnten. Sie wurden dann auf verschiedene Stammgruppen aufgeteilt und konnten damit jeder für sich eigene Erfahrungen sammeln, die aber einmütig zu dem Schluss führten: „In diese Schule würden wir unsere Kinder auch schicken.“ Mit einem dicken Hefter, vielen Fotos, jeder Menge Eindrücke waren sie ihren Kursmitgliedern kompetente Gesprächspartner, die sich nichts Besseres als Jenaplan vorstellen konnten.

Im Jahr davor hatte eine Schülerin eine andere Schule angeschrieben und um Unterstützung bei ihrer Aufgabe gebeten. Im Ergebnis dessen kam vom Ansprechpartner dieser Einrichtung ein umfangreiches Papier, welches sich als das Original des Referates erweisen sollte, womit dieser Lehrer in der Öffentlichkeit über seine Schule und deren Anliegen informiert. Er war so angetan von der Tatsache, dass wir uns mit dieser Thematik beschäftigen, dass er diese Leihgabe mit weiteren Materialien meiner Schülerin überließ und lediglich darum bat, alles wieder zurückzusenden.

Wann immer Jenaplan – Lehrer / Schulen von uns angesprochen worden, sollten wir auf hilfsbereite Partner treffen.

*„Schule muß der Ort sein, wo das Kind*
in Freiheit leben kann.“
Maria Montessori

## 6. Die Pädagogik von Maria Montessori

Maria Montessori wurde 1870 in der Nähe von Ancona geboren. Zunächst sollten zwei Aspekte ihres Lebens erwähnt werden. Sie war tiefer religiöser Überzeugung und fußte auf dem katholischem Glauben, aber sie machte ihre Lehre von keiner bestimmten Religion abhängig.

Als Assistenzärztin der psychiatrischen Klinik der Universität in Rom kam sie in Berührung mit geistig behinderten Kindern und ihr Interesse wandte sich der Pädagogik zu. Sie vertiefte sich in diesem Zusammenhang u. a. in die von dem Franzosen Edouard Seguin entwickelte Erziehungs- und Bildungsmethode für geistig behinderte Kinder. Sie hatte die Gelegenheit, mit den „sensorischen Materialien" (nach Seguin) zu experimentieren und diese weiterzuentwickeln. Dabei erkannte sie den pädagogischen Anteil und dessen Bedeutung bei der Behandlung der behinderten Kinder im Gegensatz zu der meist ausschließlich medizinischen Sichtweise. Durch weitere Studien, Hospitationen und umfangreiche eigene Beobachtungen an Kindern entwickelte sie eine Lehrmethode, die sie an behinderten Kindern erfolgreich anwandte. Die Methode funktionierte so gut, dass bei Schulprüfungen ihre Schützlinge z. T. nicht von normalen Kindern zu unterscheiden waren. So lag es nahe, dass sie diese Methode auch bei normalen Kindern anwandte. Sie könnten mit weniger Aufwand leichter lernen. In der „Casa dei Bambini", im Elendsviertel San Lorenzo in Rom, begann sie 1907 normale, aber kulturell unterversorgte Kinder zu unterrichten. Hier entwickelte sie ihre „Montessori-Methode".

Das Phänomen der freien Konzentrationsfähigkeit kindlicher Aufmerksamkeit war für Montessori eine wichtige Erkenntnis. Um beständig eine derartige Konzentration zu schaffen, entwickelt sie Seguins Lehrmaterial zum „Montessori-Material" weiter.

Die systematische Beschreibung der kindlichen Entwicklung gehört zu den Eckpfeilern ihrer Lehre. Sie spricht von verschiedenen „sensiblen Phasen". Darunter versteht sie bestimmte Zeitabschnitte in der menschlichen Entwicklung, in denen der Mensch für bestimmte Reize aus der Umwelt in einem besonderem Maße empfänglich ist. Sie dienen dazu, den Erwerb bestimmter Fähigkeiten zu ermöglichen.

Dr. Maria Montessoris Auffassung von Erziehung drückt sich in der Forderung aus, dem Leben des Kindes zu dienen. Sie nimmt das Lernen aus dem engen Schulbereich heraus und gibt ihm kosmische Weite und ein zeitgemäßes Umfeld.

Sie geht von der Existenz eines inneren Bauplans aus, nach dem sich die menschliche Seele (= Psyche) aufbaut. Der Bauplan kann zerstört oder in Unordnung gebracht werden, wenn Erwachsene unsachgemäß auf diesen einwirken. Das Kind kann nur mit Hilfe einer vorbereiteten Umgebung lernen. Maria Montessori: „Für uns muß gerade die Umgebung dem Kind angepaßt werden, und nicht das Kind soll sich einer vorgefaßten Umgebung anpassen." So entwickelt sie ihre Theorie von der Polarisation der Aufmerksamkeit, in der geeignete ErzieherInnen die vorbereitete Umgebung formen und pflegen, die Kinder beobachten und ihnen helfen, sich selbständig mit den Materialien, den Aufgabenstellungen und der Umgebung auseinander zu setzen. Maria Montessori: „Der Lehrer in unserer Arbeit ist nicht der Bildner und Belehrer des Kindes, sondern der Gehilfe."

Sie hat mit ihren vielen Mitarbeitern eine Reihe von Materialien erdacht, die sich in jahrzehntelanger Erprobung und Auswahl als kindgerecht und damit als wirksame Lernhilfe erwiesen. So entstand mathematisches Material (z. B. der Trinomische Kubus, das Streifenbrett, das Goldfarbene Perlenspiel), Sinnesmaterial (z. B.

die Braune Treppe, Einsatzzylinder, Tastbretter u. v. m.), Sprachmaterial (z. B. die Sandpapierbuchstaben, das Bewegliche Alphabet). Allen Materialien ist dabei eigen, dass in der Regel eine einzige Eigenschaft besonders hervorgehoben wird, welche die Aufmerksamkeit auf sich zieht, die Möglichkeit der Fehlerkontrolle besteht und die Materialien eine starke Anziehungskraft besitzen.

Die Beschäftigung mit Montessori-Pädagogik besitzt für SchülerInnen der Sekundarstufe II besondere Faszination, besonders für die Zeit in Kindergarten und Grundschule. Dann betrachten sie es eher kritisch.

Da Montessori-Pädagogik gerade in den neuen Bundesländern im Gespräch ist, fällt es nicht schwer, Begegnungen zu arrangieren. Ein Kurs lud sich eine Montessori-Lehrerin ein, die mit Unmengen von Materialien anreiste. Diese hatten auch auf die SchülerInnen der 13. Klasse nichts von besagter Anziehungskraft verloren, arbeiteten sie konzentriert damit und freuten sich wie zuvor schon die um so viel jüngeren Schüler, wenn die eigene Fehlerkontrolle zur Zufriedenheit ausfiel.

Aber auch eine andere Idee hielt ich für sehr gelungen. Meine 13-Klässler stellten selbst eine Reihe von Montessori-Materialien her. Empfehlenswert ist dabei das Buch „Hilf mir, es selbst zu tun“ (vgl. Christel Fisgus; Gertrud Kraft 1996). Mit diesen Materialien versehen waren wir dann zwei Stunden zu Gast in einer 1. Klasse der benachbarten Grundschule. Die Kleinen waren schon gespannt auf die Großen und halfen den meisten, ihre anfängliche Scheu zu überwinden. Und noch eine Erfahrung mussten meine Großen machen, die Kleinen waren eifriger und schneller als erwartet. Wir hatten uns in der Lernwerkstatt dieser Schule getroffen und als uns die Lehrerin im Anschluss ihre Lernmaterialien zeigte, war der Einfluss Montessoris unübersehbar.

Die Schüler dieses Jahrganges waren in einer gerade neu gegründeten Montessori-Grundschule hospitieren, haben mir vorab schon mal eine Menge Fotos gezeigt, so dass ich auf ihre Stundengestaltung gespannt bin.

*„Sie fragen ihre Lehrer: Warum? und Wozu?*
*Und prüfen die Antworten ohne Respekt.“*

Hartmut von Hentig

*„Noten sind die einzige Möglichkeit für die Lehrerinnen und Lehrer,*
*die Schülerinnen und Schüler zu dem zu zwingen,*
*was sie und die Kultusbeamten sich ausgedacht haben.“*

Susanne Thurn, Laborschule Bielefeld

## 7. Hartmut von Hentig – Laborschule Bielefeld

Hartmut von Hentig wurde 1925 in Posen geboren. Nach dem Studium Klassischer Philologie, Philosophie und Pädagogik war er Lehrer für alte Sprache am Landerziehungsheim Birkelhof und am Ludwig-Uhland-Gymnasium in Tübingen, ehe er 1963 als Professor für Pädagogik nach Göttingen zurückkehrte. Als er 1968 an die neu gegründete Bielefelder Universität als Professor für Pädagogik berufen wurde, machte er zur Bedingung, dass er dort zwei Versuchsschulen aufbauen und leiten konnte – eine Gesamtschule bis zur 10. Klasse (die spätere „Laborschule") und ein Kolleg, das die gymnasiale Oberstufe mit dem universitären Grundstudium verband (das spätere „Oberstufen – Kolleg").

Er gründete eine Schule mit dem erklärten Ziel: „Nie wieder ein zweites 1933" – die Laborschule der Universität Bielefeld. Er machte aus Begriffen wie „Erziehung zur Verantwortung" und „Erziehung zur Politik" ein konkretes Schulprogramm. In seiner Schule können Kinder aller Schichten Latein lernen, in der Werkstatt und im Garten arbeiten, Theater spielen. Die künstliche Grenze zwischen Leben und Lernen wird überwunden in einer Schule, die sich als Erfahrungsraum versteht. Die künstliche Grenze zwischen pädagogischer Wissenschaft und Praxis wird in einer Richtung überwunden, wo Erkenntnis aus der Praxis erwächst. Die künstliche Grenze zwischen Wissenschaftspropädeutik (Einführung in die Wissenschaft in der Gymnasialen Oberstufe) und „echter" Wissenschaft (an der Universität) wird überwunden durch eine Schule, die beides verbindet: das Oberstufen-Kolleg. Bei alledem geht Hartmut von Hentig bei der Idee der polis, der Gemeinschaft der Verantwortlichen, als Grundlage und Ziel seines Handelns, von seinem Vorbild Sokrates aus. Wie er will er träge Gewohnheiten und falsche Selbstsicherheit erschüttern.

In der 1974 gegründeten Laborschule existiert eine besondere Verknüpfung von pädagogischer Reformarbeit und wissenschaftlich angeleiteter Forschungs- und Entwicklungsarbeit. Sie gilt als einmaliges Modell in Europa. Die Schülerschaft setzt sich aus sogenannten Sonderschülern bis zu hochbegabten Kindern aller sozialer Schichten zusammen. Da Lernen aus Erfahrung im Mittelpunkt steht, gehören eine Reihe von Lebens- und Erfahrungsräumen zur Schule (so ein Kleintierzoo mit 200 Tieren, Teestube und Küche, Rollschuhplatz, Bibliothek, Gartengelände, Holz- und Metallwerkstatt, Bauspielplatz, Musikraum, Sporthalle, Computerräume, Kunst – und Theaterfläche, Textilatelier).

**Ermutigung** heißt das **pädagogische Konzept** und bedeutet,

- die Kinder nicht nur zu unterrichten, sondern sie auch aufzurichten;
- von ihren Stärken auszugehen;
- ihnen Lernerfolge zu vermitteln, statt an ihren Defiziten anzusetzen;
- ihnen Leistung zuzutrauen und diese herauszufordern;
- ihnen Verantwortung für ihr eigenes Leben zu übergeben.

Das Oberstufen-Kolleg ist eine Bildungseinrichtung, die individuelle Lernmöglichkeiten bietet, was mit ungewohnten Lernanforderungen, einem hohen Maß an Engagement und Selbstständigkeit einhergeht, welches eine Mischung von Sekundarstufe II der Gymnasialen Oberstufe und Grundstudium an Hochschulen darstellt. Hartmut von Hentig, der Begründer des OSK, sieht diese Verbindung durch die Integration dieser sonst getrennten Elemente in drei Dimensionen:

- Verbindung von Sekundarstufe II und Grundstudium,
- Miteinander von Allgemeiner Bildung und Spezialisierung,
- mögliche Zusammenführung von KollegiatInnen verschiedenster Herkunft.

Diesem allgemeinen Ziel entspricht die Bereitstellung und Anordnung von Lernsituationen, die durch folgende Kriterien bestimmt sind:

- ein System von Unterrichtsarten,
- ein hohes Maß an Wahlmöglichkeiten,
- das Spektrum der Lernsituationen und Arbeitsformen,
- die zeitliche Organisation,
- die Entscheidungsstrukturen.

In der konkreten Umsetzung gibt es vieles, was SchülerInnen meiner Kurse immer wieder fasziniert. Dabei werden die bis zur Prüfung zensurenfreien Jahre und das selbstverständliche Du im Umgang zwischen Lehrer und Schüler doch eher kritisch gesehen.

Da ich selbst einmal während meiner Studienzeit an der Universität Potsdam das große Glück hatte, an einem Hospitationspraktikum am Oberstufenkolleg in Bielefeld teilzunehmen, kann ich die große Begeisterung meiner KursteilnehmerInnen teilen und darüber hinaus auch eventuell auftretende Fragen klären. Ansonsten halte ich mich bei jüngeren Kursen aber eher zurück, nachdem mir nach einem Bericht von meinen Eindrücken an dieser Schule gleich drei Schüler als Kollegiaten abgewandert sind. Zwar hatten wir dann in der Folgezeit kompetente Gesprächspartner in unserer Runde zu Gast, aber künftig gehe ich dieses Risiko nicht mehr ein. Da auch das OSK über einen Verantwortlichen für Öffentlichkeitsarbeit verfügt, ist es recht einfach, an ständig neue Informationen zu gelangen. Die Videos von Laborschule und OSK schaffen es jedoch nur teilweise, etwas von dieser einzigartigen Lernatmosphäre zu transportieren. Besser gelang das einer Schülergruppe von mir, die unseren Raum so hergerichtet hatten, als wären wir mindestens eine „Zweigstelle" der Laborschule, gab es für meine Dreizehner auf einmal Kuschelecken und ganz viele Liegemöglichkeiten und jeder konnte fortan nach seinen Bedürfnissen die für ihn angenehmste Haltung beim Lernen einnehmen .

Die Beispiele ließen sich beliebig fortsetzen, vieles würde sich wiederholen, in Abhängigkeit vom Thema kämen aber auch ständig neue Ideen hinzu. In Vorbereitung ist eine Art Zusammenarbeit mit einer Erziehungsberatungsstelle eines Familienhilfevereins. Bei der Behandlung des eigenen Bildungswesens bieten sich andere Schulformen im gleichen oder analoge im benachbarten Bundesland an. Wenn es um die Aufarbeitung des DDR-Bildungswesens geht, schlummern in den meisten Haushalten noch große Bestände an Pionier- und FDJ-Ausweisen, Jugendweihegelöbnissen und -fotos, Zeugnissen und vor allem jede Menge Erinnerungen, die bei aller Subjektivität die Bildungslandschaft DDR dokumentieren.

**Resümierend** möchte ich kurz darlegen, welche Erfahrungen ich mit dieser Art Unterricht gemacht habe und gestatte mir, mit den positiven zu beginnen.

Der Unterricht wurde so organisiert, dass neben der Erfahrung von Erziehungswirklichkeit das ganzheitliche Lernen ermöglicht wurde. Das erworbene Lehrbuchwissen konnte in der konkreten Erziehungssituation überprüft werden, war manches Mal auch Auslöser für weitere Literaturstudien. Effektiv ist diese Art der Unterrichtsgestaltung auch deshalb, weil erfolgsorientiert. Vor den Kursen standen fachkompetente MitschülerInnen, die für ihr Thema regelrecht brannten, voller Begeisterung referierten und die das Engagement für ihre Arbeit weder verbergen konnten noch wollten. Gegenseitige Aufmerksamkeit – einerseits wurde sie ganz selbstverständlich eingeklagt und andererseits wusste jeder Zuhörende, dass er in Kürze in ähnlicher Situation vor dem Kurs steht – war ein Garant für konzentriertes Arbeiten. Meine SchülerInnen spornten sich selbst zu höchsten Ansprüchen an, hatten aber auch Respekt vor der Leistung des Anderen und waren sich gleichzeitig die härtesten Kritiker. Da diese Facharbeiten im Schulbestand verbleiben, wächst gleichzeitig eine kleine „Bibliothek für Erziehungswissenschaft".

Konsequenterweise gehört die gesamte Thematik zum Klausurstoff, was jedoch noch nie problematisch war.

Natürlich hat diese Arbeitsweise auch Nachteile. Nie machen alle die gleichen Erfahrungen. Vieles läuft außerhalb der direkten Kontrolle des Lehrers. Bewusst ist mir das selektive Wahrnehmen der Schülerinnen bei Exkursionen, Hospitationen etc.; nur gelingt es eher im Ausnahmefall, einen ganzen Kurs mit ca. 25 TeilnehmerInnen in eine fremde Einrichtung zu bekommen. Gleichzeitig haben wir die Beobachtung gemacht, wer heute aufgeschlossen unserem Anliegen entgegentritt, kann im nächsten Jahr schon verwundert fragen, warum wir denn schon wieder kämen.

In bleibender Erinnerung ist mir auch ein anderer Abend geblieben, als ich mit über 20 Freiwilligen aus meinen beiden Kursen Erziehungswissenschaft der Jahrgangsstufe 13 an einer öffentlichen Veranstaltung eines „Montessori-Elternhilfevereins" teilnahm. Meine SchülerInnen hatten bereits eine Menge zum ausgeschriebenen Thema vorbereitet, waren von Montessori – Pädagogik äußerst angetan, hatten aber auch Fragen und Zweifel daran, ob dies nach dem Grundschulbesuch noch eine empfehlenswerte Lehrmethode sein könne. Der auf der Einladung als Referent des Abends ausgewiesene Gast versprach, unseren hohen Erwartungen gerecht werden zu können. Mit Befremden registrierten wir zunächst die äußerst eigenwillige Eröffnungszeremonie und die anschließend grobe Verunglimpfung staatlicher LehrerInnen. Im Verlaufe des Abends stellte sich heraus, dass Unwissende, denen man alles erzählen kann und denen man bestimmte Gefühle und Meinungen aufoktroyieren kann, die gefragten Gesprächspartner waren. Meine viel zu viel wissenden und hinterfragenden Schülerinnen bekamen schließlich mit dem zornig und lautstark formulierten Satz: „Was geht mich Montessori an, die ist lange tot!" die Richtung gewiesen.

Und dennoch konnte mich diese Erfahrung nicht entmutigen. In der mehrjährigen Praxis habe ich inzwischen ganz viele Erfolgserlebnisse verzeichnen können. Gerade den Leitsatz von Maria Montessori – „Hilf mir, es selbst zu tun!" – habe ich mir als Grundsatz für diese Arbeit gewählt und mein Bemühen dahin gerichtet, meine SchülerInnen zu befähigen, selbstständig nach Lösungswegen zu suchen und sie zu finden. Und ganz nebenbei habe ich festgestellt, dass auch für mich nie eine Stunde wie die andere verläuft, ich immer wieder neu gespannt bin und als Lehrer selbst stets neu gefordert.

## Literatur

Danzenroth, Erich: Ein Leben für Kinder. Janusz Korczak. Leben und Werk. Gütersloher Verlagshaus 1996.

Fisgus, Christel; Kraft, Gertrud: Hilf mir es selbst zu tun. Montessoripädagogik in der Regelschule. Donauwörth: Auer Verlag [3]1996.

Handbuch Freie Schulen / Schulen im Überblick. Rowohlt, Taschenbuch-Verlag, 1999.

Lindenberg, Christoph: Waldorfschulen: angstfrei lernen, selbstbewußt handeln, Praxis eines verkannten Schulsystems, Rowohlt Taschenbuch Verlag, 1975.

Oswald, Paul; Schulz-Benesch, Günter: Grundgedanken der Montessori-Pädagogik, Herder-Verlag.

Pelz, Monika: Nicht mich will ich retten. Die Lebensgeschichte des Janusz Korczak. Beltz & Gelberg 1997.

Pelzer, Wolfgang: Janusz Korczak. Reinbek: Rowohlt 1994.

Informationen über Jenaplan / Laborschule werden grundsätzlich vor Ort über schultinternes Material geholt,
z. B. Jenaplan-Forschungsstelle
Karl-Glöckner-Str. 21 B
35394 Gießen

# Anhang

## Erkundungen

Wir fassen hier Erkundungen als Bestandteil des erkundenden, forschenden Lernens und kennzeichnen sie als die Sammlung von Informationen außerhalb des Lernortes Schule, um durch Anschauung und im unmittelbaren Kontakt erzieherische bzw. pädagogische Praxis kennen zulernen (z. B. Kindertagesstätte, Jugendklubs, Seniorenheime).

Erkundungen sind von **Besichtigungen** abzugrenzen, bei denen in der Regel nur ein Gesamteindruck über eine Institution (Erziehungsheim, Museum bzw. Behindertenwerkstätte o. a.) erzielt werden kann, meist nur eine passive Rolle der Besichtigenden zugelassen ist und die oft durch die Fülle von Eindrücken überfordern.

**Erkundungen** sollten deshalb:

- ein methodisches Mittel sein, Fragen und Probleme für die weitere wissenschaftliche Bearbeitung und Vertiefung durch unmittelbare Begegnung aufzudecken und zu sammeln;
- ein methodisches Mittel sein, um aus der Unterrichtsarbeit auftauchende Fragen und Probleme zu veranschaulichen und zu klären;
- im Unterricht vorbereitet sein;
- nicht alle Aspekte verfolgen, sondern sich auf Teilbereiche beschränken, die vom Unterrichtsthema bestimmt werden;
- sich durch selbständige Informationsbeschaffung durch die Schüler auf der Basis von im Unterricht erarbeiteten Fragestellungen und Beobachtungsaufgaben und erarbeiteten Methoden auszeichnen;
- im weiteren Unterricht ausgewertet und theoretisch durchdrungen werden (vgl. Franz-Josef Kaiser, Hans Kaminski 1994, S. 292).

  ☞ **Checkliste für die Planung, Durchführung und Auswertung von Erkundungen** unter Anlehnung an einen Maximalkatalog, der auf konkrete Bedingungen zuzuschneiden ist und von Behrens für Betriebserkundungen erarbeitet wurde (Behrens 1980, S. 18 – zitiert bei Franz-Josef Kaiser, Hans Kaminski 1994, S. 296).

**Vorbereitung:** im Unterricht, für die Organisation und die Institution

- Ziele festlegen
- Sachinformationen sammeln und auswerten über Einrichtungen, deren Aufgaben u. a.;
- Beobachtungs- und Befragungsschwerpunkte festlegen und ggf. verteilen;
- methodische und inhaltliche Überlegungen zum Thema erarbeiten;
- weiterführende Informationen über zu erkundende Institution einholen;

- Erkundungsunterlagen entwickeln (Fragebogen, Beobachtungsleitfaden);
- Beobachtungs- und Fragetechniken üben;
- organisatorisch-technische Absprachen, Verhalten in der Institution klären;
- Rechts- und Versicherungsfragen klären;
- Schulleitung informieren, notwendige Genehmigungen einholen; Vertretung regeln;
- Arbeitsmittel bereitstellen;
- Kostenfrage (Fahrgelder, Verpflegungskosten) klären;
- unmittelbare Kontaktaufnahme mit der Institution,
- notwendige Vorerkundungen;
- Absprachen für die Erkundung (Ablauf der Erkundung, Zeitplan, Auswahl der Erkundungsbereiche, Betreuung, Erlaubnis für Photographieren, Tonprotokolle, Videoaufzeichnungen u. a.);
- Absprache notwendiger Informationen für Beteiligte (Kinder, Senioren) über Vorhaben und Absichten der Erkundung.

**Durchführung:**

- Feststellen der Erkundungsbedingungen (Vergleich zwischen Absprachen und aktueller Situation);
- Begrüßung und Einstimmung der Beteiligten;
- Einweisung der Gruppen;
- Erkundungsaufgaben durchführen; Rückkopplung mit betreuenden Lehrer ermöglichen;
- Abschlussgespräch mit Leiter der Institution, verantwortlichen Mitarbeitern zur Klärung von auftretenden Sachfragen und nicht durch die Beobachtung geklärten Fragen;
- abschließende Absprachen (weitere Erkundungen, Auswertungsgespräche mit Mitarbeitern der Institution im Unterricht nach theoretischer Durchdringung).

**Auswertung:**

- Sammlung der Erkundungsergebnisse;
- Systematische Auswertung und Dokumentation der Erkundungsergebnisse;
- theoretische Durchdringung der aufgefundenen Fragen und Probleme;
- Präsentation der Erkundungsergebnisse;
- Dank und Information an die Beteiligten in der Institution;
- Einordnung der Erkundungsergebnisse in den Unterricht und Fortführung des Unterrichtsthemas.

Diese Aktivitäten sollten nicht allein auf den Lehrenden bezogen werden, sondern bei allen notwendigen Maßnahmen sollte geprüft werden, wie die Schüler unmittelbar in ihre Realisierung einbezogen werden sollten. Dabei ist es durchaus denkbar, dass der Lehrer eine informelle Vorinformation an die Institution gibt, dass eine Schülergruppe entsprechende Absprachen treffen wird, um zu sichern, dass derartige Planungs- und Durchführungsmaßnahmen zielgerichtet der Ausbildung von Kompetenzen der beteiligten Schüler dienen können.

☞ **Methodische Varianten der Erkundung:**

Wie schon deutlich wurde, können mit der Erkundung unterschiedliche Funktionen im unterrichtlichen Erkenntnisprozess verbunden sein:

- **Erkundung zur Vororientierung (Zugangs-, Erarbeitungserkundung):** Sicherung eines ersten Einblicks in ein Praxisfeld, Aufwerfen von Fragen und Problemen. Beispielsweise Erkundung in Institutionen der Jugendarbeit nach der Wende (Stand und Probleme). Hier besteht die Vorbereitung vor allem darin, gemeinsam festzulegen, was zum Thema interessiert und erkundet werden soll. Schwerpunkt ist hier der motivierende Einstieg und das Einüben der entsprechenden Methoden.
- **Erkundung als Überprüfungserkundung (Praxisanalyse, Praxistest):** zielgerichtete Erhebung von Informationen auf der Basis theoretischer Vorarbeiten.

Neugebauer (1977 – zitiert bei Franz-Josef Kaiser, Hans Kaminski 1994, S. 301) kennzeichnet eine mögliche Kombination von Erkundung mit anderen Methoden in **drei Phasen:**

**Vororientierung:**

**Schilderung Lektüre AV-Medien Simulation Praxiserkundung**

↓

**Praxisanalyse:**

**AV-Medien Befragung Materialanalyse Simulation Erkundung Praktikum**

↓

**Praxistest:**

**Befragung Materialanalyse Simulation Erkundung Praktikum**

**Expertenbefragung als Bestandteil von Erkundungen, aber auch als spezifische Unterrichtsstunde:**

Expertenbefragungen können vor Ort unmittelbar in Erkundungen eingeschlossen sein, sind aber auch im Unterricht organisierbar, wenn z. B. Beratungslehrer,

Streetworker, Therapeuten bei entsprechenden Themen sachkundige Informationen und Antworten zu den Fragen der Schüler geben. Drei Funktionen werden der Expertenbefragung von H. U. Wolf (1980 – zitiert bei Franz-Josef Kaiser, Hans Kaminski 1994, S. 302) zugewiesen:

- Lieferung besonders sachkundiger Informationen;
- Verstärkung des Interesses des Lernenden am Unterrichtsstoff;
- Möglichkeit für den Lernenden, um Erklärungen zu bitten und so Frageverhalten zu trainieren.

☞ **Verlaufsschema:** in Anlehnung an H.-U. Wolf (1980 – zitiert ebenda), wobei auch hier gilt, möglichst weitgehend die Schüler einzubeziehen:

- Planung der Expertenbefragung im Rahmen des Unterrichtsthemas;
- Kontaktaufnahme mit den Experten;
- Bereitstellung von Hilfsmitteln;
- Erarbeitung der Fragestellungen;
- Absprachen über die Arbeitsformen während der Expertenbefragung, Übung der Interviewtechnik, Bereitstellen von Arbeitsblättern;
- Information des Experten über die Unterrichtseinheit, über Vorbereitung der Schüler und Informationen über Klasse;
- Absprachen über die Durchführung mit dem Experten, Verwendung von Medien u. a.;
- Realisierung der Befragung durch einzelnen Schüler bzw. Gruppen;
- Auswertung der Befragungsergebnisse, Zusammenfassung, Ergebnissicherung;
- Einbettung der Ergebnisse in den Unterrichtszusammenhang;
- Rückmeldung an den Experten.

✌ **Notwendige Kompetenzausbildung vor Erkundungen** (vgl. Franz-Josef Kaiser/ Hans Kaminski 1994, 305 f.):

Wie schon angedeutet, hängt der Erfolg von Erkundungen neben der didaktisch-organisatorischen Vorbereitung wesentlich davon ab, wie die Schüler notwendige Techniken beherrschen, evtl. gezielte Übungen unabdingbar werden:

- Schreibtechniken wie Befähigung zum produktiven Schreiben, Anfertigen von Notizen, stichwortartigen Protokollieren, Gliedern, Strukturieren, Zitieren durch Übungen im Anfertigen von Referaten, im Schreiben von Protokollen, Verfassen von Thesen und freien Texten, Entwerfen von Gliederungen u. a.
- Fragetechniken wie Befähigung, Fragetypen zu beherrschen, Befragungen durchzuführen, Fragen aus Text zu rekonstruieren, Fragen zu beantworten durch Übungen wie Fragelotto zum Thema, Fragespiel „wer bin ich?“, Frage-Antwort-Karten anlegen, Fragebogen entwerfen, Leitfragen formulieren, Fragekatalog für Unterrichtseinheit erstellen u. a.

- Planungstechniken wie Befähigung, Arbeits- und Zeitpläne aufzustellen; Projekte (mit)zuplanen, Strategieplanungen durch Übungen mit der Metaplanmethode, Wochenplanarbeit, Plan- und Entscheidungsspiele u. a.
- Strukturierungstechniken wie Fähigkeiten, komplexe Informationen zu strukturieren, Begriffe zu ordnen, Gliederung anzufertigen, in Systemen zu denken, Beziehungen herzustellen durch Übungen im Anfertigen von Schaubildern, Gestalten von Wandzeitungen, Entwerfen von Tafelbildern, grafischen Fassen von Texten, Tabellen analysieren u. a.
- Ordnungstechniken wie Fähigkeiten im Ausschneiden, Kleben, Markieren, Ordner führen, Kartei anlegen durch entsprechende Übungen im Unterricht.

Quelle:

Thiem, Wolfgang: Erziehungswissenschaft – ein neues Fach der gymnasialen Oberstufe. Studientexte. Band II. Universität Potsdam. 1996.

## Literatur

Kaiser, Franz-Josef; Kaminski, Hans: Methodik des Ökonomieunterrichts. Bad Heilbrunn: Klinkhardt-Verlag 1994.

CLAUDIA ANTONIA REMMERT

*„Erkenne dich selbst, bevor du Kinder zu erkennen trachtest. Leg dir Rechenschaft darüber ab, wo deine Fähigkeiten liegen, bevor du damit beginnst, Kindern den Bereich der Pflichten und Rechte abzustecken. Unter ihnen bist du selbst ein Kind, das du zunächst erkennen, erziehen und ausbilden mußt.“*

Janusz Korczak 1967, S. 156

# Biografisches Lernen im Pädagogikunterricht

## 1. Biografisches Lernen erzeugt Bewegtheit

Meine Betrachtungen und Anregungen zum obigen Thema möchte ich mit einer kürzlich geäußerten Schülermeinung nach einem Referat einer Mitschülerin beginnen. Das Thema „Magersucht“ schien umfassend und spannend abgeschlossen als die Referentin in einem zweiten Teil von ihrem eigenen Krankheits- und Leidensweg berichtete und ihn in bezug zu den vorher entwickelten Theorien stellte. Nach seiner Einschätzung befragt, äußerte sich der Schüler sinngemäß wie folgt: „Wie kann man besser lernen als wie heute geschehen? Der erste Teil war schon sehr interessant ‘rübergebracht’. Aber das Eindringliche dieses Themas wurde erst durch den persönlichen Bezug der Referentin möglich. Diesen Vortrag werde ich nie vergessen, weil er auch in mir viele Gedanken und Fragen aufkommen lässt.“

Hier hat der Schüler intuitiv erkannt, um wie vieles reicher und intensiver eine Lernerfahrung und ein Wissenszuwachs sein können, wenn der Lerninhalt nicht losgelöst von einem persönlichen Kontext ist. In diesem Fall hat der Schüler nicht selber biografisch gelernt, sondern war sozusagen Rezipient einer fremden lebensgeschichtlichen Erfahrung. Doch die Möglichkeit der Teilhabe hat bei ihm wiederum eigenes biografisches Lernen evoziert.

Seine Bemerkung lässt darüber hinaus erahnen, um wie viele Momente der inneren **Bewegtheit** wir Schüler bringen, wenn Lern- und Lehrinhalte losgelöst von persönlich bedeutsamem Lernen vermittelt werden.

Innere Bewegtheit? Kann das Sinn eines Faches der gymnasialen Oberstufe sein?

Bewegtheit im Sinne von ‘Es bewegt sich etwas’ bedeutet immer Veränderung, Entwicklung, Infragestellen, Konfrontation mit den eigengeschichtlichen Prozessen. Diese Bewegtheiten in sich selbst sind Schritte auf dem mühsamen Weg der Selbstfindung, der Herausbildung des ‘Ich’ bzw. der ‘Ich-Identität’. Diese Bewegtheiten und Bewegungen bleiben jedoch nicht intrapersonal, sie lösen das Bedürfnis nach Kommunikation aus.

Im kommunikativen Akt finden wiederum weitere wichtige Entwicklungsschritte statt: Dem Erkennen der Einmaligkeit jedes Einzelnen steht das Erkennen von Ähnlichkeiten und Differenzen gegenüber. Diese Erfahrungen tragen somit nicht nur zur Stärkung der Selbstwahrnehmung und Ich-Identität bei, sondern fördern soziales Lernen – wie beispielsweise die Einübung von Toleranz und Empathiefähigkeit.

Wenn ich im Folgenden von biografischem Lernen spreche, meine ich also keineswegs die bloße Rückbesinnung und den Bezug auf die lebensgeschichtlichen Erfahrungen (vgl. dazu: Jürgen Bürmann 1992), sondern auch die Herausbildung von Sozialkompetenz. Durch die Verknüpfung dieser zwei Zielkomponenten an die Themen und Inhalte des Erziehungswissenschaftlichen Unterrichts wird somit auch der dritte Qualifikationsbereich, die Fachkompetenz, in einem ganzheitlichen Ansatz sichtbar.

Unter den Aufgaben und Zielen des Faches Erziehungswissenschaften wird in den Rahmenrichtlinien auf die Notwendigkeit hingewiesen, den Schülern bei diesem schwierigen Prozess unterstützend und helfend zur Seite zu stehen:

„... *Sie müssen lernen, Entscheidungen in Verantwortung zu fällen und einen Lebensweg in und mit der Gemeinschaft zu finden. Dies erfordert Urteilskraft und Ichstärke, denn Offenheit kann auch zu Verunsicherung und Skeptizismus führen. Konsumangebote in Waren und Medien sowie Identifikations-Surrogate können den Selbstfindungsprozess unterlaufen. Nicht Subjektivität ist das Ziel, sondern Personalität.*

*Der Prozess der Selbstfindung ist ein lebenslanger Prozess. Eine der wichtigsten Phasen ist der Ablösungs- und Findungsprozess der Jugend. Die besondere Leistungsfähigkeit des Faches Erziehungswissenschaften ist, diesen Prozess altersangemessen thematisieren und konstruktiv begleiten zu können*“ (Ministerium für Bildung ... 1992, S. 17). In den Leitlinien des Faches wird gesondert auf die Wichtigkeit des ganzheitlichen Lernens eingegangen, auch wenn es in der Realität schwer umzusetzen sei (vgl. ebenda, S. 9).

Ziel unserer unterrichtlichen Arbeit sollte jedoch sein „... eine Planung von Unterricht, in dem die affektiven, kognitiven und instrumentellen Lernziele gleichberechtigt für die Lernschritte geplant und realisiert werden (ebenda, S. 10). Eine gute Möglichkeit, sich diesem Ziel zu nähern, sehe ich in der Arbeit mit Aspekten des biografischen Lernens unter Hinzuziehung gestaltpädagogischer Momente.

## 2. Spielregeln für Lernende und Lehrende

Die folgenden Erfahrungsberichte sind nur bedingt zur Nachahmung geeignet. Ich möchte vielmehr erreichen, dass meine Ausführungen Sie zu neuen Ideen animieren, die zu IHNEN und IHREN Kursen passen, um persönlich bedeutsames Lernen zu ermöglichen. So hängen meine Ideen und die Versuche, sie umzusetzen, ohne Zweifel erheblich mit meiner Biografie zusammen, die nicht die Ihrige ist.

Vier Regeln sind für mich bei der Durchführung des biografischen Lernens unumstößlich, die Sie sich auch zu eigen machen sollten (weitere detailliertere 'Zehn Grundsätze biografischen Lernens' sind bei Edwin Stiller nachzulesen (1997, S. 81):

1. Ich muss selber auch bereit sein, die Aufgaben zu lösen und, falls der Wunsch besteht, dem Kurs zugänglich machen.
2. Die Ergebnisse sind nicht Gegenstand einer Benotung.
3. Kein Schüler darf zur Freigabe seiner Ergebnisse gezwungen werden.
4. Biografisch bedeutsame Mitteilungen behandeln wir vertraulich.

Unbedingt empfehlenswert für einen Einstieg in das weite Feld des biografischen Lernens ist es, die geplanten Übungen zuvor mit Freunden und/oder sich selbst durchgeführt zu haben. Erst so erfassen Sie die Dimensionen, die ein scheinbar harmloser Vorschlag zum biografischen Lernen mit sich bringen kann. Es gibt Ihnen auch Sicherheit bei der Erprobung mit Schülern und hilft, Grenzüberschreitungen zu verhindern.

Das Problem der Zeitintensität wird gerne und oft als ein Argument gegen biografisches Lernen vorgebracht. Dabei wird jedoch vergessen, dass diese Form des Lernens um ein Vielfaches intensiver und einprägsamer ist als das aus dem persönlichen Kontext losgelöste Lernen.

## 3. Praktische Ansätze biografischen Lernens[1]

### 3.1 Die Arbeit mit Fotografien als Möglichkeit biografischen Lernens

Allgemeines zur Arbeit mit Fotografien hat Edwin Stiller in seinem Beitrag dargestellt, mir geht es hier speziell um Fotografien als persönliche Dokumente eigenen Gewordenseins und Seins.

Jeder Schüler verfügt im allgemeinen über Fotos aus seiner frühen und frühsten Kindheit, die in vielfältiger Form zu Themen in allen Jahrgangsstufen herangezogen werden können (z. B.: Entwicklung, Lernen, Kommunikation, Bildungskonzepte, pädagogische Institutionen ...).

**Vorschlag A**

Je ein Kindheitsfoto einer bestimmten Entwicklungsstufe pro Schüler wird eingesammelt und gemischt verteilt wieder ausgegeben. Abhängig von der Themenstellung wie z. B. „Meine ersten Schritte“ oder „Einschulung“ üben sich die Schüler in genauer Betrachtung des Bildes, ohne in Interpretationen zu verfallen. Anschlie-

[1] Vgl. auch die eindrucksvolle Darstellung zum Thema bei Stefan Rogal (1999).

ßend stellt jeder Schüler sein fremdes Bild vor, das in der Mitte sichtbar für jeden liegt.

In einer zweiten Phase können weitere Beobachtungen der anderen Schüler erfolgen. Beendet wird die dritte Runde durch Ergänzungen, Korrekturen, Erzählungen bzw. Erinnerungen der abgebildeten Person selbst.

Die Konfrontation mit den Fotografien verläuft hier zunächst auf der individuellen und sozialen Ebene. Erfahrungsgemäß ist dies jedoch der Beginn weiterer Erschließungsmöglichkeiten und -bereiche. Die Erarbeitung bzw. Vermittlung von theoretischen Hintergründen, wissenschaftlichen Untersuchungen erscheinen den Schülern durch die erfolgte eigengeschichtliche Erfahrung in neuem wissenswerten Kontext. Auch bewusst herbeigeführte Befragungen, z. B. der Eltern, sind häufig resultierende wichtige Konsequenzen dieses ganzheitlichen Lernprozesses.

**Vorschlag B**

Zum Thema Kommunikation gehe ich mit den Schülern gerne auf eine sogenannte Entdeckungsreise in die Geschichte unserer jeweiligen nonverbalen Kommunikation – der Körpersprache. Dabei ist es interessant, möglichst viele Ganzkörperfotos aus mehreren Entwicklungsphasen mitbringen zu lassen. Diese werden wie im Vorschlag I entweder einem beliebigen Schüler zugeteilt oder verbleiben bei der abgebildeten Person (Die erste Variante ist wesentlich ertragreicher, jedoch auch zeitintensiver.).

Unter folgenden Aspekten können die Bildreihen nun ausgewertet werden: Welche Gemeinsamkeiten/Unterschiede sind festzustellen? Haben sich Ausdrucksformen verfestigt oder sind sie (wann? warum?) verloren gegangen? Welcher körpersprachliche Aspekt ist mir angenehm/unangenehm? ...

Sind Teile dieser Fragen beantwortet, sind praktische Übungen dazu angebracht, die das üben helfen sollten, was der Schüler verändern oder intensivieren möchte. Auch eine Überprüfung durch die Gruppe ist bezüglich des Selbst- und Fremdbildes denkbar und effektiv.

## 3.2 Die Arbeit mit Texten als Möglichkeit biografischen Lernens

Textarbeit stellt einen ganz wesentlichen – und nicht immer interessanten Teilbereich im Erziehungswissenschaftlichen Unterricht dar. Doch auch bei dieser Form des Lernens ist es möglich, unter Einbeziehung der lebensgeschichtlichen Daten dieses Lernen bedeutsam zu machen. Ich möchte dazu **drei Varianten** näher erläutern.

**Variante A:**

Bei dieser Vorgehensweise biete ich den Schülern die Gelegenheit, einen neuen Text unter dem Blickwinkel zu lesen, welcher Satz oder Gedanke ihnen besonders wichtig und für sie selbst wertvoll erscheint. In einem zweiten Schritt überlegt der

Schüler, warum dieser Gedanke oder Satz von ihm vor allen anderen hervorgehoben worden ist. Beide Ergebnisse werden von den Schülern notiert und in dem Kurs zur Diskussion gestellt. Eine derartig formulierte Aufgabenstellung scheint enorme Kräfte und Begeisterung in den Schülern frei zu setzen. Sie sind hochmotiviert, **ihren** Satz/Gedanken zu finden, die Auswahl zu begründen und den Mitschülern auch ihren inneren Bezug dazu mitteilen zu können. In der stattfindenden Auswertung, in der jeder Schüler sein eigener Experte ist, vermischt sich kontinuierlich die emotionale mit der kognitiven Ebene: ein intensiveres Lernen ist kaum möglich. Derart gestaltete Lese- und Lernerfahrungen stärken die Schüler in ihrer jeweiligen Besonderheit und gegebenenfalls auch Ähnlichkeit.

Durch die individuelle Erschließung des Textes kommt es in der Diskussionsrunde aufgrund der vielfältigen Nennungen und Begründungen – sozusagen als Nebeneffekt – zu einer Gesamterschließung des Textes. Dieser von mir erwünschte Nebeneffekt stellt besonders bei anspruchsvollen Texten für viele Schüler eine Entlastung in die richtige Richtung dar: Sie erkennen, dass sie einen wichtigen Teil zum Gesamtergebnis in der Lerngruppe beigetragen haben. Weitere Erfahrungen in diese Richtung ermutigen sie, langfristig selbstbewusster diffizilen Texten zu begegnen.

**Variante B:**

Die Schüler werden aufgefordert, dem Autor des Textes drei ihnen bedeutsame Fragen zu stellen, die sich ihnen während der Erarbeitung des Textes stellen.

**Variante C:**

Die Schüler werden aufgefordert, drei Thesen bzw. Gedankengänge des Autors zu kritisieren.

Die folgenden Auszüge aus Schülerhand entstanden nach der ausführlich beschriebenen ersten Variante zu dem Text „Erziehungsstile“ (in: Heinz Dorlöchter u.a., 2000, S. 55ff.):

Eine Schülerin hatte sich für den Satz (S. 57, Zeile 113, ebd.): „*Das ist wohl das Entscheidendste: sich für die Pläne der Kinder und Jugendlichen interessieren, ihnen Anregungen geben, sie kontinuierlich bei der Umsetzung begleiten*“ entschieden.

Ihre Begründung lautet wie folgt: „*Dieser Satz ist für mich sehr wichtig, weil er viele erzieherische Aspekte beinhaltet. Es zeigt die Beziehung, wie sie sein sollte. Eltern sollten Interesse zeigen und ihre Kinder unterstützen, sie sollten ihnen ihren Weg zugestehen und nicht den eigenen, elterlichen Weg aufzeigen. Sie sollten das Kind immer begleiten. Durch Interesse zeigen die Eltern auch ihre Liebe und ihr Verständnis*“ (Andrea, GK 12).

Eine andere Schülerin sah ihren Schwerpunkt in diesen zwei Sätzen: „*Der demokratische Erziehungsstil ist den Zielen Selbständigkeit, Leistungsfähigkeit und Verantwortungsfähigkeit des Kindes verpflichtet. Im demokratischen Stil wird versucht, diese Ziele durch einen offenen und unverkrampften Gebrauch von persön-*

licher, immer erneut zu rechtfertigender Autorität zu erreichen – weder durch heimliches Verstecken von Autorität wie im permissiven Stil noch durch künstliches Aufblähen von Autorität wie im autoritären Stil“ (ebd., S. 57).

Die Gedanken der Schülerin dazu: „ *Warum habe ich diesen Satz gewählt? Ich stimme mit den Zielen überein. Offene Autorität ist für mich wichtig. Ich bin der Meinung, dass Autorität immer wieder erneut dargestellt und gerechtfertigt werden sollte. Der Satz zeigt außerdem die Grundideen des permissiven und autoritären Stils (Verstecken von Autorität und künstliches Aufblähen von Autorität). Durch die Begriffe „verstecken“ und „künstliches Aufblähen“ legt der Verfasser seine eigene Meinung (eine negative) zu den beiden Stilen dar, mit der ich mich gut identifizieren kann*“ (Katja, GK12).

Eine sicher interessante Weiterarbeit und -verarbeitung der Ergebnisse wäre in Form einer Hierarchisierung nach der Häufigkeit der Nennungen möglich, die das Gesamtbild und den derzeitigen Stand der Lerngruppe widerspiegeln würde.

## 3.3 Die Arbeit mit Phantasiereisen als Möglichkeit biografischen Lernens

Phantasiereisen sind ein überaus effektives Mittel, an lebensgeschichtliche Erfahrungen zu gelangen. Vor ihrem Einsatz im Unterricht muss verstärkt die möglicherweise entstehende Belastung der Schüler bedacht und berücksichtigt werden. So empfiehlt es sich, zunächst unverfängliche und gut überschaubare Themenbereiche zum Kern einer Phantasiereise zu machen (Das erste Beispiel am Ende dieses Abschnitts zählt dazu, die beiden anderen Bespiele könnten unter Umständen in den Grenzbereich fallen, da Themen wie Einsamkeit und Isolation in dieser Altersgruppe von besonderer Bedeutung sein können.)

Doch zunächst **einige Hinweise zum Vorgehen:**

- Bitten Sie Ihren Kurs um absolute Ruhe während der Phantasiereise.
- Geben Sie Schülern die Sicherheit, jederzeit unbegründet während der „Reise“ aufhören zu können – ohne allerdings die anderen Teilnehmer zu beobachten oder zu stören.
- Verdunkeln Sie gegebenenfalls den Raum, auch, um sich vor neugierigen Blikken von Außen zu schützen.
- Lassen Sie nun jeden Schüler einen ihm genehmen Platz im Raum aufsuchen, an dem er ungestört entspannen kann. Die Arme können auf dem Tisch als Ruhekissen fungieren. (Eine liegende Haltung wäre optimal, ist an unseren Schulen jedoch selten durchführbar.)
- Setzen Sie sich so, dass Sie alle Schüler gut im Blickfeld haben.

Nun kann die **erste Phase** der Phantasieübung erfolgen, in der eine tiefe Entspannung erreicht werden soll. Das Loslassen der gegenwärtigen Einflüsse ist Vorbedingung für das Thema der Phantasiereise. Ein übereiltes, gar gehetztes Durchlaufen der **ersten Phase** wäre der zweiten in hohem Maße abträglich.

Grundsätzlich leiten Sie mit ruhiger Stimme in die **Entspannungsphase** ein. Wie im einzelnen die Wortwahl, das Einhalten der Pausen etc. zu platzieren ist, zeigt u. a. Klaus W. Vopel minutiös in seinen überaus empfehlenswerten Büchern zu Interaktionsspielen auf.

Zur Veranschaulichung mag folgender Auszug dienen:

*„Ich möchte euch heute zu einem Experiment einladen, bei dem ihr die engen Grenzen des alltäglichen Bewußtseins überschreiten und weit hinaus über das sehen könnt, was euch im Alltag unmittelbar vor Augen ist.*

*Ich will euch auf eine Phantasiereise mitnehmen, bei der ihr einige überraschende Entdeckungen machen könnt.*

*Legt euch auf den Boden, macht es euch bequem und schließt die Augen ... Damit ihr wirklich frei atmen könnt, öffnet ggf. zu enge Gürtel ...*

*Machen Sie bei den folgenden Anweisungen an den durch Punkte gekennzeichneten Stellen jeweils eine Pause von 20 Sekunden.*

*Konzentriere dich auf deine Füße und bewege sie ein wenig. Stell fest, wie sich deine Füße anfühlen ... Erlaube deinen Füßen, sich zu entspannen ...*

*Nun konzentriere dich auf deine Beine ... Erlaube ihnen ebenfalls, sich zu entspannen und ruhig und schwer in den Fußboden einzusinken ...*

*Das Gefühl der Entspannung breitet sich aus über deinen Bauch und über deine Brust ... Auch das Zentrum deines Körpers fühlt sich weich, warm und entspannt an ...*

*Du atmest ruhig und tief, und mit jedem Atemzug fühlst du dich lockerer und weicher ...*" (1996, Band 2, S. 31).

Ist eine gewisse Grundentspannung erreicht, führen Sie in ruhiger Art – wie in Phase I – zu Ihrem Zielthema, womit auch gleichzeitig die **Phase II** beginnt. Dies möchte ich am Beispiel des Themas: Alternative pädagogische Konzepte am Beispiel A. S. Neills demonstrieren, der in England die bekannte Summerhill School entwickelte.

Die Schüler kannten an biografischen Fakten seine Kindheit und Jugend sowie die Studentenzeit mit den Neill eigenen Irrwegen. Ziel der Phantasiereise sollte es sein, aufgrund dieses Wissens sich soweit mit Neill zu identifizieren, dass eine gedankliche Konstruktion zu seinem Schulkonzept möglich sein würde.

Sinngemäß ging ich wie folgt vor:

„Wir haben in den vergangenen Unterrichtsstunden einen wichtigen Teil von Neills Biografie kennen gelernt. Stell dir nun vor, du bist der junge Neill. Du sitzt in England auf einer grünen Wiese unter einem Apfelbaum. Du denkst an dein bisheriges Leben als Neill zurück ... An deine Kindheit ... An deine Jugend ... An die ersten Lehrjahre ...

An deine Studien ... Jetzt bist du dir sicher: eine eigene Schule muss her. Du fängst an, diese Schule zu planen.

Wer soll sie besuchen? ... Wie soll sie aussehen? ... Wo soll sie stehen? ... Wie wird dort gelebt? ... Gearbeitet? ... Wie ist das Schüler-Lehrerverhältnis? ... Welche Erziehungsziele soll es geben? ..."

Die Kunst einer gut angeleiteten Phantasiereise besteht darin, einen Rahmen vorzugeben, der begrenzt und trotzdem nicht die eigene Phantasie einengt. Jegliche detaillierten Vorgaben sind hier fehl am Platz. Die Fragen müssen offen bleiben, um den Aspekt des biografischen Lernens zu ermöglichen. Ausgehend von eigenen schulischen Erfahrungen werden die Schüler ihre eigenen Schwerpunkte setzen.

In der Auseinandersetzung mit den Ergebnissen der Phantasiereise kann wiederum auf zwei Ebenen diskutiert werden: Auf einer Ebene konzentriert sich das Augenmerk auf die Überprüfung der vermuteten, aus Neills Biografie abgeleiteten gedanklichen Entwürfe und auf einer zweiten Ebene findet die Auseinandersetzung mit sich selbst und den Mitschülern statt, wenn der Frage nachgegangen wird, was der individuell entworfene Plan mit ihrer jeweils persönlichen Geschichte zu tun hat.

Doch zurück zu dem Ablauf der Phantasiereise. In der **dritten Phase** geht es um das langsame Zurückführen in die Gegenwart. Das kann mit etwa folgenden Worten geschehen:

„Du hast jetzt deine Schule entworfen. Lass sie noch einmal als Gesamtbild auf dich wirken ...

Nun nimm langsam Abschied von diesem Bild in dir und komm in die Realität des Klassenzimmers zurück. Wenn du dazu bereit bist, öffne deine Augen ..."

Nun möchte ich Ihnen **einige Auszüge von Texten der Schüler** vorstellen, die unmittelbar nach der Phantasiereise ihre Ergebnisse schriftlich niederlegten.

**Schülerin:** *„Meine Schule befindet sich am Rande eines Waldes, der unmittelbar an eine unendlich große Wiese grenzt. Es ist eine kleine Schule, die für 50 Schüler ausgerichtet ist. Bei uns wird nicht der gewöhnliche Schulstress herrschen. Nein, eher soll sich ein Verhältnis wie in einer großen Familie entwickeln.*

*Die Kinder sollten die Natur lieben lernen, mit ihr leben lernen und das Schulleben auch in der Natur erleben. Völlig zwangfrei soll hier gearbeitet werden, sowohl was die Schüler als auch die Lehrer betrifft. Die Lehrer sollten so wie ich sein und in dem bestehenden Schulsystem mehr Schlechtes als Gutes sehen. Unser Unterricht ist meist fächerübergreifend. Zensuren gibt es nicht, denn die Kinder sollen Spaß am Lernen haben und nicht wegen des Drucks arbeiten. Eine strenge Sitzordnung gibt es nicht in den Klassenräumen. Am besten wäre das Format des Kreises, so kann jeder jeden sehen und keiner fühlt sich ausgeschlossen. Dieses bezieht sich auch auf uns Lehrer. Alles in allem ist meine Schule sehr natürlich und kreativ gestaltet."*

**Schüler:** *„... Die Lehrer sollten das Alter von 35 Jahren nicht überschreiten, damit sie sich mit den Schülern identifizieren können ... Viele Kulturen sollten auf engstem Raum friedlich zusammenleben. Toleranz und Akzeptanz sind wichtige Lernziele.*

*... Die Lehrer müssten möglichst ungebunden sein bzw. viel Zeit haben und somit mehr und länger arbeiten als sonst, jedoch denke ich, wer Lehrer wird, der den Kindern etwas beibringen will, dem macht so etwas nichts aus."*

**Schülerin:** *„... Die Kinder sollen ihre Ideen und Phantasien mit in den Unterricht einbringen. Es gibt keine Autoritätspersonen, ganz natürlich werden die Kinder Respekt vor den Lehrern bekommen. Alle Schüler sollen ernst genommen werden. Ihre Neugierde ist der Anlass zum Lernen ..."*

Eine Niederschrift anfertigen zu lassen, ist eine von vielen Möglichkeiten, mit den Ergebnissen zu arbeiten. Diese können nach Fertigstellung vorgelesen und zur Diskussion gestellt werden. Eine für die Schüler spannende Variante bestünde darin, die Arbeiten einzusammeln und ohne Nennung des Namens vorzulesen, um sie dann durch die Schüler aufgrund spezifischer Details dem „Autor" zuzuordnen.

Eine andere Möglichkeit wäre der Austausch der Ergebnisse in Partner- oder Kleingruppengesprächen mit sich anschließender Übermittlung der Ergebnisse in der Großgruppe. Eine sofortige Auswertung im Kursverband ist ebenso denkbar. Die Entscheidung ist in Abhängigkeit vom Thema und der zur Verfügung stehenden Zeit zu treffen. Auch eine bildnerische Gestaltung oder das Verfassen eines Gedichtes sind ebenso bewährte mögliche Vorgehensweisen der Verarbeitung des Gedankenmaterials der Schüler.

Phantasiereisen sind vielfältig in ähnlicher Form einsetzbar und werden von den Schülern sehr geschätzt. Neben der Verbindung von emotionalem und kognitivem Lernen wird dabei die sich vollziehende körperliche Entspannung als überaus wohltuend empfunden. Die Anzahl der sich verweigernden Schüler liegt bei meinen Erfahrungen bei unter 1%.

An dieser Stelle möchte ich **zwei weitere Möglichkeiten** des Einsatzes von **Phantasiereisen** kurz skizzieren bzw. einige Ergebnisse vorstellen:

1. Zur Erklärung und Einführung in das tiefenpsychologische Strukturmodell nach Sigmund Freud konzentriere ich den inneren Blick der Schüler auf drei Stadien in ihrer Entwicklung, die die Ebenen des „Es", „Ich" und „Über-Ich" symbolisieren.

   Zeitliche Fixpunkte sind der Säugling, das fünfjährige Kind und der 18-jährige Schüler. Der Ausgangspunkt ist jedes Mal der gleiche, z.B. ein Sonntagmorgen.

   In ihrer Phantasie gehen die Schülern nun den von mir gestellten Fragen nach:

   Wo befindest du dich? Was siehst du? Welche Bedürfnisse hast du? Wie setzt du sie um? ...

Auch hier bieten sich mehrere Möglichkeiten der Auswertung an: Sammeln der Informationen an der Tafel, Austausch zu zweit oder mehreren oder ein strukturiertes Gesamtgespräch.

2. Zum Thema „Anthropologische Aspekte: Muss Erziehung sein?" setze ich gerne den Film „Genie – Wolfskind der Großstadt" ein. Um sie für dieses Thema zu sensibilisieren ist es möglich, vor Betrachtung des Films eine Phantasiereise durchzuführen. Die Schüler sollen sich nach einer Kurzinformation über die jahrelange Isolation vorstellen, wie sie sich an ihrer Stelle am Tage der Befreiung fühlen würden. Auch hierzu zwei Ergebnisse:

**Schüler:** *„Die Welt ist jeden Tag neu für mich. Ich lebe schon 11 Jahre und kenne nichts. Der Kontakt zu anderen Menschen verwirrt mich. Langsam nur fange ich an, meine Welt zu begreifen und mir wird klar, dass ich anders bin. Ich werde wütend . . ."*

**Schülerin:** *„Ich hätte schreckliche Angstgefühle, alles ist unheimlich. Die Menschen sprechen, ich selber weiß kaum, dass ich eine Sprache habe. Wahrscheinlich wäre mir die Zuneigung der anderen sehr unangenehm, ich würde vor ihnen zurückschrecken. Ich kann kaum laufen. Ich weiß nicht, wozu ich Hände, Arme und Beine benutzen soll. Ich würde alles wie ein Baby im Alter von einem halben bis einem Jahr machen- und das mit 11 Jahren!*

*Auch was es heißt zu lieben bzw. geliebt zu werden und somit Vertrauen zu haben, ist für mich zu erlernen. Ich denke, es würde mir sehr schwer fallen, mich in der Welt zurecht zu finden, denn die wichtigsten Stadien der Entwicklung fehlen mir. Ich werde durch die erfolgte Prägung kaum in der Lage sein, ein 'normales' Leben zu führen."*

### 3.4 Texte und Gedichte schreiben als Möglichkeit biografischen Lernens

Hier möchte ich zunächst auf die Ausführungen von Edwin Stiller (1997) verweisen, der in Kapitel 2.2.1 seiner Dialogischen Fachdidaktik dazu „Varianten biografischen Lernens" vorstellt. Diese von ihm vorgestellten Möglichkeiten ziehen sich ebenfalls in einfallsreicher und vielseitiger Form durch die zwei Bände der Phoenix-Lehrbücher.

Weitere Möglichkeiten sehe ich in einer Verbindung der Vorschläge Edwin Stillers mit Bildmaterial, das zum Schreiben anregt. So kann beispielsweise das '11-Worte-Gedicht' in Kombination mit den Händen von Rodins „La cathédrale" entstehen.

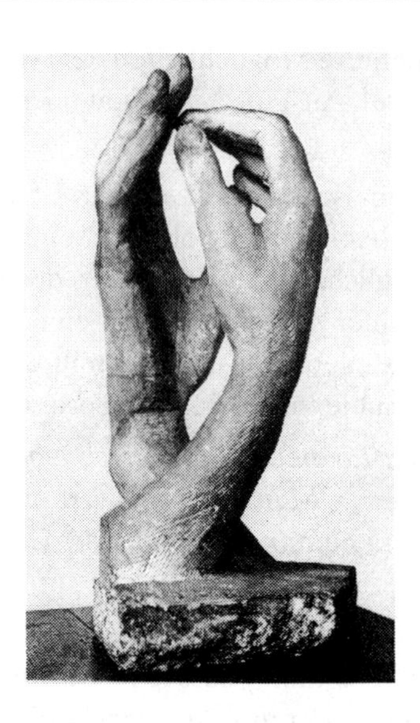

Auguste Rodin: „La cathédrale“ (1908)

Auch die Variante der ‘wiederkehrenden Elemente’ (ebd. S. 91) ist in bezug zu diesem Bild möglich: ‘Die Hand, die mich erzog, die Hand, der ich ...’

Wie tief die Assoziationen beim Betrachten eines Bildes auch bei sehr jungen Schülern sein können und welche Bandbreite an Themen in einem ‘freien’ Gedicht angesprochen werden können, möchte ich mit folgendem Ergebnis eines 13-jährigen Hauptschülers dokumentieren, der erst knapp zwei Jahre als Asylsuchender in Deutschland lebte:

*„Deine Hand ist warm und sicher,*
*sie tanzt und lacht und trocknet meine Tränen.*
*Manchmal machst du mir angst.*
*Doch du hast mich viel gelehrt*
*und wirst mir nie schaden.*
*In deiner Hand wachsen Märchen*
*und Träume und Kraft und Sicherheit fürs Leben.*
*Ich hoffe, meine Hand wird einmal deine halten.*
*Ich danke euch.“*

(S.Roghani)

Im Gegensatz zu sonstigen schriftlichen Erarbeitungen, die bei Schülern in der Regel starke Gefühle der Unlust hervorrufen, stößt biografisches Schreiben auf großen Widerhall bei ihnen.

## 4. Schlussbetrachtung

Zusammenfassend ist Folgendes zu sagen: Biografisches Lernen eignet sich sowohl als Einführung hin zu einem Thema als auch zur Vertiefung und Verknüpfung von Themenschwerpunkten. Mit Hilfe biografischen Lernens liegt es in der Hand des Schülers, seine Selbstkompetenz zu erweitern und zu festigen sowie ihm ein hohes Maß an sozialem Lernen zu ermöglichen. Biografisch bedeutsames Lernen kann sich an einigen Methoden festmachen lassen, von denen ich vier dargestellt habe. Doch wer Teilnehmender und Teilhabender dieser Form des Lernens geworden ist, möchte die Intensität dieser Lernerfahrung nicht missen. Das heißt, ein Lehrer mit dieser Grundeinstellung wird in jeder Unterrichtsstunde Möglichkeiten entdekken, dieses ganzheitliche Lernen zu praktizieren.

## Literatur

Bürmann, Jürgen: Gestaltpädagogik und Persönlichkeitsentwicklung. Theoretische Grundlagen und praktische Ansätze eines persönlich bedeutsamen Lernens. Bad Heilbrunn/Obb.: Klinkhardt 1992.

Dorlöchter, Heinz; Maciejewski, Gudrun; Stiller; Edwin: Phoenix. Der etwas andere Weg zur Pädagogik. 2 Bände. Paderborn: Schöningh Verlag 2000.

Korczak, Janusz: Wie man ein Kind lieben soll. Göttingen 1967.

Ministerium für Bildung, Jugend und Sport, Vorläufiger Rahmenplan: Erziehungswissenschaft. Sek. II. Potsdam 1992.

Rogal, Stefan: Schulspuren – Möglichkeiten Biographischen Lernens im Pädagogikunterricht. Band 5 der Reihe Didactica Nova. Baltmannsweiler: Schneider Verlag Hohengehren 1999.

Stiller, Edwin: Dialogische Fachdidaktik Pädagogik. Paderborn: Schöningh Verlag 1997.

Vopel, Klaus W.: Interaktionsspiele für Jugendliche. Band 1–6. Salzhausen: Iskopress, [5]1996.

KERSTIN METTKE

*„Kinder werden nicht erst zu Menschen – sie sind schon welche.*
*Ja! Sie sind Menschen, keine Puppen.*
*Man kann ihren Verstand ansprechen – sie antworten uns;*
*Sprechen wir zu ihren Herzen – fühlen sie uns.*
*Kinder sind Menschen; in ihren Seelen sind Ansätze all der*
*Gedanken und Gefühle, die wir besitzen. Also gilt es,*
*diese Ansätze zu entwickeln, ihr Wachstum behutsam zu lenken."*
Janusz Korczak

# „Zum Lesen habe ich eigentlich keine Zeit" – Erläuterung des Umgangs mit Ganzschriften am Beispiel

Der Erzieher respektiert aber nicht immer die Gefühle und Gedanken der Kinder – er behandelt sie nicht immer als Menschen. Die Folge sind dann Kinder, die in ihrer Entwicklung gestört sind. Diesen müssen wir uns zuwenden, ihnen helfen.

Während des Zertifikationskurses zum Studium des Faches Erziehungswissenschaft hatten wir viele Veranstaltungen mit Referenten aus Nordrhein-Westfalen. In einem der Seminare erhielten wir Tipps für den Einsatz von Ganzschriften und bekamen auch einige dieser Bücher kurz vorgestellt. Unter ihnen befanden sich auch Werke der Autorin Torey L. Hayden. Neben dem Titel „Kevin" wurde uns auch das Buch „Sheila" empfohlen. Bis zu diesem Zeitpunkt war mir als Ganzschrift in der Erziehungswissenschaft nur der „Emile" von J. J. Rousseau bekannt. Da an unserer Schule kein Leistungskurs Erziehungswissenschaft besteht, kam eine unterrichtliche Behandlung dieser Ganzschrift in einem Grundkurs nicht in Frage. Somit nahm ich sehr dankbar die Empfehlung des Kollegen auf und las sofort dieses Buch. Schon während der ersten Kapitel wurde mir klar, dass meine Schülerinnen auch diese Schrift lesen sollten. Ich konnte mir vorstellen, dass Jugendliche sich ebenso von Sheilas Schicksal fesseln lassen, zumal ihre Kindheit noch näher liegt. Unsere Schule unterstützte mein Vorhaben und so konnte ich zwei Kurssätze dieser Ganzschrift kaufen, um sie den KursteilnehmerInnen auszuleihen. Wie nicht anders erwartet kam prompt von den SchülerInnen die Äußerung: ***„Zum Lesen habe ich eigentlich keine Zeit."*** Nach einigen Tagen berichteten mir die KursteilnehmerInnen, dass sie mit dem Lesen des Buches schon weit fortgeschritten sind, und sie von dem Schicksal des Mädchen gefesselt wurden. Von einer Schülerin erhielt ich auch den Hinweis, dass es eine Fortsetzung gibt.

Seit nunmehr vier Jahren ist dieses Buch ein fester Bestandteil des Erziehungswissenschaftlichen Unterrichts an unserer Schule. Mittlerweile ist es sogar so weit, dass Schülerinnen bereits in der 11. Klasse fragen, wann wir dieses Fallbeispiel lesen.

Fazit: „Zum Lesen habe ich doch Zeit!“

## 1. Zum Buch und zur Autorin des Buches

Sheila, sechs Jahre alt, aus zerrütteten Verhältnissen stammend, fesselt einen Dreijährigen und versucht, ihn zu verbrennen. Da in der psychiatrischen Klinik kein Platz frei ist, wird sie vorübergehend in eine Spezialklasse einer Sonderschule eingewiesen. Torey L. Hayden, die diese „Abfallklasse“ von acht körperlich und geistig schwer behinderten Kindern leitet, schildert auf eindrucksvolle Weise ihr Ringen um diese kleine Ausgestoßene.

Schmutzig, verwahrlost und immer mit der selben, stark nach Urin riechenden Kleidung, kommt Sheila aus einem Wanderarbeiterlager täglich in die Schule. Torey entdeckt hinter Sheilas unberechenbarer Grausamkeit und Wut die Angst und Verletzlichkeit eines von ihrer Mutter verlassenen und von ihrem Vater misshandelten Kindes. Sie erkennt ihren aus der Not geborenen Willen zum Überleben und ihre überdurchschnittliche Intelligenz. Die behutsame und beharrliche Liebe der Lehrerin vermag allmählich Sheilas Unnahbarkeit in Vertrauen zu wandeln: Das Mädchen beginnt, die Zuneigung zu erwidern und erlaubt sich schließlich selbst, Gefühle zu zeigen. Nun ist Sheila auch stark genug, die notwendige Trennung von ihrer geliebten Lehrerin, dem ersten Menschen, der sich rückhaltlos ihrer Herausforderung gestellt hat, zu ertragen und den ersten Schritt nach draußen, in die „normale“ Gesellschaft, zu wagen.

Die Autorin Torey L. Hayden wurde 1951 geboren und arbeitete als Psychologin, Sonderschullehrerin und Universitätsdozentin in den Vereinigten Staaten. Dabei praktizierte sie mit schwer geschädigten Kindern. Seit 1978 lebt sie als freie Schriftstellerin in Wales.

Sie schrieb dieses Buch nicht, um Mitleid zu erwecken und auch nicht um ihre Arbeit als Lehrerin zu rühmen.

Dieser authentische Fall bewegt die Schüler und Schülerinnen, sogar Eltern werden von den Kursteilnehmern animiert, das Buch zu lesen.

Für sehr Interessierte gibt es noch eine Weiterführung des Buches unter dem Titel „Meine Zeit mit Sheila“. Sheila ist hier mittlerweile vierzehn, als der Zufall Torey und Sheila wieder zusammenführt. Doch die nervöse, wortkarge Vierzehnjährige erinnert sich kaum an die gemeinsame Zeit; alles scheint wie vor der Therapie zu sein. Torey lässt Sheila in ihrer Kindergruppe mitarbeiten, aber schon bald brechen die alten, verdrängten Bilder wieder durch: der drogensüchtige Vater, der Sheila seinem Dealer ausliefert; die brutale Vergewaltigung; die grauenvolle Nacht, in der die Mutter das Mädchen aus dem Auto warf. Torey muss wieder einen Kampf durchstehen. In letzter Minute gelingt es ihr, Sheilas Leben zu retten.

## 2. Einsatz der Ganzschrift

Bezüglich des derzeitig gültigen vorläufigen Rahmenplanes für das Fach Erziehungswissenschaften von 1992 in Brandenburg eröffnen sich mehrere Einsatzmöglichkeiten für diese Ganzschrift.

In der Jahrgangsstufe 12/1 bieten sich insbesondere die Leitthemen: **„Anthropologische Grundlagen der Erziehung“** und **„Entwicklung**“ an.

Gleich in der ersten Unterrichtsstunde erhielten die SchülerInnen die Ganzschrift und die entsprechenden Leseaufgaben. Erfahrungsgemäß benötigen die KursteilnehmerInnen 14 Tage zum Lesen des Buches. In der Zwischenzeit begann ich mit der Einführung in das Leitthema: „**Anthropologische Grundlagen der Erziehung**“. Zur Überbrückung der Zeit standen mir die Filme: „Genie“ und „Der Wolfsjunge“ zur Verfügung. Beide Filme regen die SchülerInnen zur intensiven Diskussionen an. Weiterhin begann ich die theoretische Bearbeitung des Leitthemas mit einem Vergleich von Tier und Mensch (vgl. Hobmaier 1989). Innerhalb des oben genannten Leitthemas bilden Diskussionen zu Fragen der Möglichkeiten und Grenzen der Erziehung den Schwerpunkt. Dieser jedoch sehr theoretisch orientierte Abschnitt des Unterrichtsgeschehens kann somit durch einen authentischen Bericht bereichert werden. Die SchülerInnen nähern sich der Erziehungswirklichkeit, in dem sie sich der Erziehungspraxis zuwenden. Dabei durchdringen sie die Ebenen des Umgangs mit der Erziehungswirklichkeit (vgl. Edwin Stiller 1997).

Das erste methodische Grundprinzip **Wahrnehmen, Erkennen und Darstellen** kann durch gezielte Aufgabenstellung zum Lesen des Buches verwirklicht werden.

Meine Kursteilnehmer erhielten folgende Schwerpunkte zur Bearbeitung:

1. Nenne besondere, auffällige Verhaltensweisen von Sheila!
2. An welchen Stellen wird sichtbar, dass Erziehung notwendig ist?
3. Welche Verhaltensweisen vermutet ihr als angeboren?

Die nächste Ebene des Umgangs mit Erziehungswirklichkeit ist das **Deuten, Analysieren und Erklären.** Im Unterricht wurden als erstes Gefühle, Empfindungen und persönliche Betroffenheit ausgetauscht. Aus der Erfahrung heraus kommen dabei Äußerungen der SchülerInnen zutage, die ein tiefes Mitgefühl mit Sheila beinhalten. Betroffenheit und Wut, aber auch Empathie werden deutlich. Auch die Person der Lehrerin beeindruckt die KursteilnehmerInnen. Sie bewundern das persönliche Engagement, das Einfühlungsvermögen und die fachliche Kompetenz der Lehrerin. Gleichzeitig wurde hier aber auch auf die Frage eingegangen, inwieweit diese persönliche Nähe zwischen Erzieher und zu Erziehendem positiv zu betrachten ist. Über die Ausfüllung eines Berufes aus Berufung wurde in diesem Zusammenhang ebenfalls diskutiert.

Im weiteren Unterrichtsgeschehen wendeten wir uns der Beantwortung der gestellten Leseaufgaben zu, indem im Kurs Wahrnehmungen ausgetauscht wurden. Die Aussagen der SchülerInnen sind im folgenden Abschnitt original übernommen.

**Schüleräußerungen zur Frage 1** (Nenne besondere, auffällige Verhaltensweisen von Sheila !):

**a) Auffälligkeiten in der sozialen Kompetenz und körperliche Auffälligkeiten**

- Sheila braucht Beachtung – erhält sie diese nicht, wird sie bockig und rastet aus;
- sie muss immer ihren Willen bekommen;
- Sheila hat Angst vor dem Alleinsein; besonders davor, alleingelassen oder verlassen zu werden;
- sie möchte immer alles richtig machen;
- Andere dürfen keine Fehler von ihr sehen, z. B. zerreißt sie Mathematikaufgaben;
- sie zeigt keine Gefühle wie Schmerz, Freude, Angst oder Schmerz;
- wenn sie die Welt nicht mehr versteht, zeigt sie sehr starke Gefühle;
- Sheila besitzt keine Manieren, z. B. sagt sie nie Bitte oder Danke;
- sie kauert sich zusammen;
- Sheila weint nie;
- sitzt stumm auf dem Stuhl;
- Sheila besitzt ein ungepflegtes Äußeres.

**b) Sprachgebrauch / geistige Entwicklung**

- Sheila benutzt „tun" und „sein" als eingefügte Worte;
- Fehlen der Vergangenheitsform im Sprachgebrauch;
- sie besitzt einen sehr hohen Intelligenzquotienten;
- sie kann sehr gut lesen, obwohl sie niemals im Lesen unterrichtet wurde.

**Schüleräußerungen zur Frage 2** (An welchen Stellen wird sichtbar, dass Erziehung notwendig ist?):

- um alltägliche Dinge des Lebens zu erlernen und für wichtig zu erachten, z. B. Hygiene;
- um in der Gesellschaft zurecht zu kommen, Beziehungen zu verstehen;
- um die Sprache zu erlernen;
- um verbal Probleme lösen zu können.

**Schüleräußerungen zur Frage 3** (Welche Verhaltensweisen sind angeboren?):

- sehr gutes Rechenvermögen;
- Drang nach Liebe und Zuneigung;
- Intelligenz;
- große Wahrnehmungsgabe, Sensibilität,
- Wille zum Überleben, Mutigkeit.

Nachdem die SchülerInnen ihre Wahrnehmungen ausgetauscht haben, gilt es nun innerhalb der Ebene des **Deutens und Analysierens** eine theoriegestützte Auswertung vorzunehmen.

Diese rankt sich nun um die Fragen der Möglichkeiten und Notwendigkeit der Erziehung. Besonders deutlich wird den SchülerInnen hierbei, dass die Erziehung des Menschen notwendig ist, um ihn in die Gesellschaft zu integrieren. Der theoretische Hintergrund wird in folgenden Lehrbüchern geliefert:
1. PÄDAGOGIK (H. Hobmaier 1989)
2. ERZIEHUNGSLEHRE (S. Altenthan u. a. 1996).

In den beiden genannten Lehrbüchern werden Erkenntnisse zur Erziehbarkeit und Erziehungsbedürftigkeit des Menschen unter folgenden Schwerpunkten geliefert:

1. Der Mensch – ein Wesen, das zu früh zur Welt kommt,
2. Der Mensch – ein Wesen ohne ausreichende Instinkte,
3. Der Mensch – ein weltoffenes Wesen,
4. Der Mensch – ein Wesen, das biologisch mangelhaft ausgestattet ist.

Gleichzeitig liefern die Lehrbücher auch zahlreiche theoretische Aussagen und experimentelle Ergebnisse zu Fragen des Hospitalismus.

Die SchülerInnen stellen sich hier die Frage, ob Sheila ebenfalls Deprivationssymptome zeigt. Da Sheila in ihrer Kindheit kaum liebevolle Zuwendung von der Mutter oder dem Vater erhalten hat, liegt diese Vermutung nahe. Gleichzeitig stellen die SchülerInnen fest, dass solche Erscheinungen, wie aggressive Verhaltensweisen, soziale Auffälligkeiten, Verwahrlosung und Leistungsverweigerung doch eher in den Bereich des sozial abweichenden Verhaltens einzuordnen sind und man im Fall von Sheila nicht von Hospitalismusschäden sprechen sollte.

Auf der Ebene des **Urteilens und Entscheidens** läuft eine sehr engagierte Pro- und Contra-Diskussion. Hier werden solche Fragen thematisiert, die insbesondere das Erlernen der Sprache betreffen. Erlernt man die Sprache schon im Mutterleib? Gibt es ein angeborenes Sprachgefühl für die Muttersprache? Bis zu welchem Alter kann Sprache noch erlernt werden, wenn von Geburt an das Kind nie Sprache gehört hat? In diese Diskussion flechten die Schüler auch ihre eigenen Erfahrungen beim Erlernen einer oder mehrerer Fremdsprachen ein. Besonders Interessierte können auf das Buch von Russ Rymer: „Das Wolfsmädchen“ verwiesen werden. Meinen SchülerInnen ist der Film mit dem Namen „Genie“ bekannt. Im Buch wird eine verschärfte Auseinandersetzung von Sprachwissenschaftlern zur Fähigkeit des Erlernens der Sprache deutlich. Diese Empfehlung kann an SchülerInnen weitergereicht werden, die Willens sind, sich durch mehrere Seiten wissenschaftlichen Disputes zu lesen.

Die abschließende Ebene des Umgangs mit der Erziehungswirklichkeit lautet **Planen, Simulieren und Handeln.** Hier führten wir eine Fallberatung durch, in der wir einige von Toreys therapeutische Maßnahmen besprachen und auf ihre Wirkung und Ergebnisse hin beleuchteten. Es ergaben sich im Unterrichtsgeschehen zahlreiche Ansatzpunkte, die sehr vom Interesse der KursteilnehmerInnen abhängen. In unserem Kurs lagen die Schwerpunkte auf den Fragen:

1. Wie gelingt es Torey, das Herz von Sheila zu öffnen und Vertrauen zu gewinnen?
2. Wodurch verändert sich das Verhalten von Sheila zu ihren Klassenkameraden?
3. Wie erreicht Torey, dass Sheila keine Leistungsverweigerung mehr zeigt und auch ihre Ergebnisse schriftlich fixiert.

Die Ganzschrift wurde von mir auch in der Klausur zum Thema: Erziehungsbedürftigkeit und Erziehungsnotwendigkeit des Menschen eingesetzt. Unter der Aufgabenstellung: „Stellen Sie dar, zu welchen Folgen eine unzulängliche oder fehlende Erziehung führen kann und unterlegen Sie ihre Aussagen mit Beispielen aus der Ganzschrift „Sheila“.“ Im Erwartungshorizont sollten die SchülerInnen als erstes den Anforderungsbereich (AFB) 1 ableisten, in dem sie theoretisch Folgen der Verwilderung, des Hospitalismus und des sozial abweichenden Verhaltens erklären. Im AFB 2 galt es dann, das sozial abweichende Verhalten mit Textstellen aus dem Buch zu belegen. Zu diesem Zweck brachten alle SchülerInnen ihre Ganzschrift mit.

Eine weitere Einsatzmöglichkeit dieser Ganzschrift ergibt sich im derzeitig gültigen Rahmenplan unter dem **Leitthema „Entwicklung“** des Kurshalbjahres 12/1. Unter diesem Gesichtspunkt kann hier die Frage der Anlage- Umweltproblematik diskutiert werden, welche ja bereits mit den angeführten Fragen zum Lesen des Werkes angeregt wurde. Um diesen Aspekt zu vertiefen, können die SchülerInnen durch die Frage: „Nennen Sie Ursachen für das Verhalten von Sheila!“ gelenkt werden. Hierbei ergaben sich Äußerungen auf der Ebene des **Deutens, Analysierens und Erklärens** wie folgt:

1. angeboren
2. anerzogen
   - durch den Vater, er hat sie geschlagen;
   - ihre Umgebung ist nicht die Beste, Wanderarbeiterlager;
   - Mutter hat sie verlassen;
   - weint zum Beispiel nicht, da die Leute sie dann verletzen können;
   - öffnet sich nicht den Menschen, da sie keine Freunde hat und zwischen den Schulen ständig wechselt;
   - Konfliktbewältigung wurde nie gelernt, Konflikte wurden verdrängt.

Die theoriegestützte Auswertung kann dann ebenfalls mit den oben bereits genannten Lehrbüchern erfolgen.

Hier werden die Möglichkeiten und Grenzen der Erziehung dargelegt und die Auffassungen der Erbtheoretiker und Behavioristen gegenübergestellt.

Auf der Ebene des **Urteilens, Entscheidens und Stellung nehmens** lässt sich eine sehr gute Pro- und Contra-Diskussion einbringen, um ein Verallgemeinerung der

Anlage-Umweltproblematik zu erreichen. Die SchülerInnen bringen hierbei ihre Kenntnisse auch aus dem Biologieunterricht mit ein. Sehr häufig stellen sie sich die Frage, wie wäre Sheilas Leben verlaufen und wie würde ihr Verhalten aussehen, wenn sie nicht von der Mutter verlassen worden wäre und auch in einer anderen Umgebung aufgewachsen wäre. Wäre Sheila von Torey nicht aufgenommen worden, wie hätte sie sich dann entwickelt? Solche und ähnliche Gedanken werden von den SchülerInnen diskutiert.

Auf der Ebene des **Planens, Simulierens und Handelns** überlegen die SchülerInnen, warum einige von Toreys Maßnahmen erfolgreich verlaufen sind und andere wiederum nicht zum Erfolg kamen.

Eine nächste Variante zum Einsatz der Ganzschrift eröffnet sich unter dem Leitthema: „Entwicklung" auch hinsichtlich des Abschnittes **„Gestörte Entwicklung"** in der 12/1. Die KursteilnehmerInnen benutzen „Sheila" als Fallbeispiel, um verschiedene Entwicklungstheorien anzuwenden.

Aus dem Unterricht ist den SchülerInnen die tiefenpsychologische Theorie der Verhaltensänderung nach Sigmund Freud bekannt. Auf der Ebene des **Deutens, Analysierens und Erklärens** ordnen die SchülerInnen selbständig die auffälligen Verhaltensweisen von Sheila als Defizite der Erziehung in bestimmten Phasen der Entwicklung ein. Die dafür in Frage kommenden Phasen sind die orale, anale und phallische Phase. Im weiteren Verlauf des Unterrichtsgeschehens werden mit Hilfe der Abwehrmechanismen die auffälligen Verhaltensweisen von Sheila erklärt. Gleichzeitig lassen sich ebenfalls Regression und Fixierung erklären. Die pädagogischen Maßnahmen von Torey können dann vor diesem theoretischen Hintergrund auf den Ebenen **Urteilen, Entscheiden und Stellung nehmen sowie Planen, Simulieren, Handeln** erklärt, beurteilt und gewertet werden.

Auch mit Hilfe der individualpsychologischen Theorie nach Alfred Adler können sich die SchülerInnen der Erziehungspraxis nähern. Sheilas Minderwertigkeitskomplex bildet die Ursache für eine seelische Fehlentwicklung, welche sich in solchen Verhaltensweisen wie mangelhaft entfaltetes Gemeinschaftsgefühl, realitätsunangepasstes Verhalten usw. äußert. Mit diesem theoretischen Wissen befinden wir uns wieder auf der Ebene des **Erklärens, Deutens und Analysierens.** Gleichzeitig gelangen die KursteilnehmerInnen zu der Erkenntnis, dass Sheila zur Bewältigung des Minderwertigkeitskomplexes ein Sicherungsverhalten aufbaut und Sicherungen durch Aggression und Rückzug in verschiedenen Varianten praktiziert. Im weiteren Unterrichtsverlauf wurde die individualpsychologische Psychotherapie besprochen und mit den von Torey gewählten psychologischen und pädagogischen Maßnahmen verglichen. Somit durchdringen wir wieder die letzten beiden Ebenen der Erziehungswirklichkeit.

Ebenfalls könnte das Verhalten von Sheila auch mit den Erkenntnissen von Carl Gustav Jung erklärt werden, wobei dann der Schwerpunkt auf die Entstehung von Frustration und Aggression zu setzen ist. Dieser Ansatzpunkt wurde jedoch von mir noch nicht bearbeitet.

„Sheila“ eignet sich ebenfalls als Fallbeispiel zum Kennenlernen und Vertiefen des psychosozialen Entwicklungsmodells nach Erikson. In meinem Unterrichtsgeschehen ist es nicht erfolgt. Das Fallbeispiel bietet für die Stufen Säuglingsalter, Kleinkind, frühe Kindheit und mittlere Kindheit viele Ansatzpunkte, um die Aufgaben dieser Stufen zu verdeutlichen und mögliche Krisenereignisse und ihre Folgen darzustellen.

## 3. Meinung einer Schülerin der 12. Jahrgangsstufe über „Sheila“

Es ist nun schon ein paar Wochen her, dass ich „Sheila“ zu Ende gelesen habe. Trotzdem weiß ich noch, wie bewegt ich war. Hin- und hergerissen zwischen Wut, Mitleid, Trauer, Ekel aber auch Freude habe ich Kapitel für Kapitel regelrecht verschlungen. Dass Torey L. Hayden alles so direkt niedergeschrieben und nichts beschönigt hat, ist der Punkt, warum man einfach bewegt sein **muss** – man kann nicht anders.

Ich beneide Torey um ihre unerschöpfliche Geduld mit Sheila (die ja auch nicht ihr einziger Schüler war). Ich glaube, man braucht viel Kraft, um Sheila und die anderen Kinder zu ertragen.

Leider habe ich den zweiten Teil noch nicht gelesen, denn mich würde zu sehr interessieren, was dann mit Sheila geschah. (Aber nicht, dass ich bemängeln würde, dass das Buch an dieser Stelle endet, denn alles in allem ist es ein runder Bericht.)

Ich fand es auch gut, dass ich während des ganzen Buches nie wirklich zum Fremdwörterbuch greifen musste. Weil es nicht in Psychologen-Fachsprache geschrieben ist, ist es für Jeden möglich, dieses Buch zu verstehen und letztendlich genauso bewegt zu sein, wie ich.

Ich würde Jedem empfehlen, es auch einmal zu lesen.

Anne Krisa, Schülerin der Jahrgangsstufe 12

## Literatur

Vorläufiger Rahmenplan des Landes Brandenburg, Erziehungswissenschaften, Ministerium für Bildung, Jugend und Sport des Landes Brandenburg, Potsdam, Juni 1992.

Stiller, Edwin: Dialogische Fachdidaktik Pädagogik. Paderborn: Verlag Ferdinand Schöningh, 1997.

Hobmaier; Herrmann (Hrsg.): Pädagogik. Köln, München: Stam-Verlag 1989.

S. Altenthan, G. Düerkop, Ch. Hagemann u. a.: Erziehungslehre. Köln: Stam-Verlag, 1996.

Torey L. Hayden: Sheila. München: dtv 1996.

Torey L. Hayden : Meine Zeit mit Sheila. München: Goldmann Verlag 1995.

Russ Rymer: Das Wolfsmädchen. Hamburg: Hoffmann und Campe 1996.

WOLFGANG THIEM

# Weitere Empfehlungen zur Arbeit mit Ganzschriften im Pädagogikunterricht

Der Beitrag von Kerstin Mettke stellt die Arbeit mit Ganzschriften an einem Beispiel dar. Weitere Hinweise zur Art der Gestaltung der Auseinandersetzung mit Ganzschriften im Sinne von komplexen **Fällen** sind im Beitrag von Peter Laska zur Fallanalyse zu finden. Hier sollen noch einige weitere allgemeinere Aussagen zur Arbeit mit Ganzschriften, konkrete Tipps und vor allem Titel möglicher Ganzschriften für den Pädagogikunterricht aus den Erfahrungen von Pädagogiklehrerinnen und -lehrern vermittelt werden, wobei uns „Phoenix" wesentliche Anregungen gab. Dabei ist das natürlich eine nach vorn offene „Liste" – glücklicherweise erscheint täglich neue Literatur, unter ihnen durchaus auch Titel, die das Anliegen besonders unterstützen, sich mit Erziehungswirklichkeit auseinander zu setzen. Hier leistet und sollte weiterhin der konkrete Erfahrungsaustausch der Pädagogiklehrer zu einer gegenseitigen Information beitragen, wobei zu berücksichtigen ist, dass der eine oder andere Titel in einer Lerngruppe voll angenommen wird, aber in einer anderen durchaus nur auf Befremden stoßen kann.

## 1. Qualitäten, die literarische Ganzschriften als Quelle für Erziehungswissenschaftliche Erkenntnis tauglich machen (nach Georg Gutheil und Peter Opora – Pädagogikunterricht, Heft 1/1990, S. 9ff.)

Georg Gutheil und Peter Opora sehen unabhängig von einem linguistischen Textmodell drei Kategorien narrativer Textsorten:

- „Fiktive Texte: Romane, Novellen, Erzählungen und Abschattierungen davon;
- Dokumentierende Texte: Dazu gehören einerseits Biographien und Autobiographien, zum anderen aber auch Praxisberichte erzählender Art;
- Dokumente: Hierunter sind Gesprächsaufzeichnungen, narrative Interviews, Tiefeninterviews etc. zu fassen.

In fünf Gesichtspunkten erläutern sie unter Bezug auf Dieter Baacke (1979) Qualitäten, die solche Texte zum wertvollen **Quellenmaterial** machen:

- „Erzählende Texte sind zumeist **konkret und anschaulich**. Sie spiegeln plastisch die Differenziertheit und die Nuancen bestimmter Phänomene und Problemlagen. Dadurch können sie dafür sensibilisieren und ggf. die Einsicht eigener Betroffenheit befördern.

- Erzählende Texte sind **Kinder ihrer Zeit**. Sie zeigen häufig deutlicher als systematisierende Texte aus Pädagogik, Psychologie und Soziologie ihre eigenen sowie die sozio-historische Gebundenheit des Erzählten auf.
- Erzählende Texte gewähren nicht selten **Einblicke ins Innenleben von Personen**, und zwar, ohne dass deren Handlungsmotive, Einstellungen oder Meinungen, Erwartungen und prägende Vorerfahrungen bereits klassifiziert oder generalisiert werden.
- Erzählende Texte geben Situationen oft so wieder, dass das **Zusammenspiel, die Wechselwirkungen sozialer, historischer und psychischer Faktoren sinnfällig** werden. Sie regen so analytische Phantasie an.
- Erzählende Texte enthalten häufig **Fallbeschreibungen oder Fallstudien.** Sie reduzieren darin Realität zwar, entfalten sie aber zugleich in ihrer Vielschichtigkeit, in nuce [kurz gesagt]. Außerdem wird nicht nur das Selbstverständliche, immer schon Verstandene und Bewältigte als Fall vorgestellt, sondern gerade auch das, was als Konflikt, als besonderes Ereignis, als Denk- und Merkwürdiges, als Unerwartetes gelten kann."

Besondere Aufmerksamkeit verdient dabei der Umgang mit fiktiven Texten – der Ich-Erzähler kann dabei keineswegs mit dem Autor gleichgesetzt werden. Trotzdem kann auch ein fiktiver Text im hohen Maße authentisch sein. In Anbindung an das erziehungswissenschaftliche Erkenntnisinteresse sind die Präsentationsformen (beispielsweise Ironie, Satire – Symbolik, Perspektivität) in die Analyse einzubeziehen.

## 2. Hermeneutik – Verstehen als Methode

Die Ausführungen von Kerstin Mettke, aber auch die von Peter Laska machen deutlich, dass es bei der Arbeit mit Ganzschriften entscheidend um das Verstehen geht. „*Verstehen* ist das Erkennen von etwas *als* etwas (Menschliches) und gleichzeitig das Erfassen seiner *Bedeutung*" (Danner 1979, S. 34).

Wolfgang Klafki (1971, S. 134ff.) hat exemplarisch für die Interpretation eines Humboldt-Textes **elf Regeln verstehender Textauslegung** formuliert, die übertragen auch bei der Arbeit mit Ganzschriften helfen können. Allerdings ist dabei zu berücksichtigen, dass es sich bei Ganzschriften in der Regel um **künstlerische Texte** handelt, die persönliche Sinndeutungen zum Ausdruck bringen:

- „Welches Vorverständnis des Textes oder des Autors hat der Interpret?

(Ist Humboldt erzreaktionärer Preuße oder der geistige Vater des von mir besuchten liberalen humanistischen Gymnasiums ...?)

- Diese vorgängige Fragestellung bzw. das Vorverständnis müssen am Text selbst immer wieder überprüft und ggf. geändert werden.
- Welche Befunde ergeben sich aus der Quellen- und Textkritik?

(Handelt es sich z. B. um eine überarbeitete Fassung im Spätwerk eines Autors oder gar um ein Fragment aus dem von einem Schüler überarbeiteten Nachlass?)

- Was bedeuten eigentlich genau die verwendeten Begriffe, die Wörter, die Form des Textes?

(Für Humboldt bedeutet z. B. „Klasse von Menschen" etwas ganz anderes als bei unserem durch Marx geprägten Begriffsgebrauch; semantischer Aspekt).

- Welches ist die Entstehungssituation des Textes: Handelt es sich um eine polemische Streitschrift (dann müsste ich etwas über den Gegner wissen) oder um eine nüchterne wissenschaftliche Abhandlung?
- Welche weiteren Quellen sind zum Verständnis nötig? Die Heranziehung ergänzender Quellen (z. B. sozialhistorische Befunde) ist oft nötig, um nicht bei einer rein textimmanenten Interpretation zu bleiben.
- In welchem Kontext stehen einzelne Aussagen? Bedeutet ein Wort wie „aber" z. B. eine Gegenargumentation?
- Wie ist die gedankliche Gliederung des Textes, welches sind Haupt-, welches (nur) Nebengedanken? Welches sind die Begründungen, was sind Beispiele, Exkurse etc.?
- Der Interpret muss Herleitungen, die gedanklichen Schlussfolgerungen etc. des Autors kritisch überprüfen: Ist das Ganze logisch stringent, wo sind Brüche oder Inkonsequenzen?
- Was gibt der hermeneutische Zirkel her (vgl. Abbildung), wo lassen sich Einzelelemente aus größeren Zusammenhängen und umgekehrt erklären?
- Wie stellt sich der Zusammenhang zwischen gesellschaftlicher Lage und Bewusstsein dar? Wie steht es mit der Ideologiekritik? Was sagt die Aufnahme oder Ablehnung eines Textes durch bestimmte Gruppen über seinen Charakter? Warum lehnt wer den Text ab oder stimmt ihm zu, aus welchem (verborgenen) Interesse?"

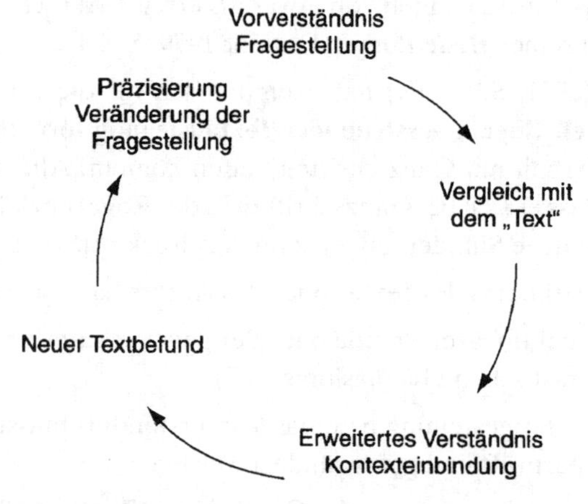


Hermeneutischer Zirkel (aus Phoenix Band 2, 2000, S. 546)

## 3. Einige praktische Vorschläge einsetzbarer Ganzschriften im Pädagogikunterricht:

Zur Auseinandersetzung mit **Kindlicher Entwicklung und gestörter Entwicklung** sowie **Formen der Therapie** werden neben „Kevin" und „Sheila" von Torey L. Hayden genutzt:

- Heimar Kipphardt: März. Hamburg 1978.

Alexander März als Hauptgestalt des Romans ist Dichter und offensichtlich schizophren. Der Psychiater Kofler versucht, in langwierigen Prozessen sich seiner Innenwelt zu nähern. „Der Roman „März" liest sich streckenweise wie eine literarische Intervention in den Methodenstreit der modernen Psychiatrie" (nach E. Endres bei Fred Heinrihof, Pädagogikunterricht, Heft 4/1988, S. 40ff).

- Benjamin Lebert: Crazy. Köln: Verlag Kiepenheuer & Witsch [14]2000.

Eine Autobiographie eines 16-Jährigen.

- Robert Lane: Robby. dtv Sachbuch [5]1992.

„Ein Zeugnis für die unglaubliche Kraft des Menschen, Leid durch Verständnis und Liebe zu überwinden." – Die Heilung eines fünfjährigen psychisch schwer kranken Jungen.

- Howard Buten: Burt. Frankfurt/Main 1994.

Burt ist ein achtjähriger Junge, der im prüden Amerika der 50er Jahre nach einem sexuellen Erlebnis mit Jessica in die Kinderpsychiatrie eingewiesen wird. Alles wird radikal und offen aus der Sicht des Achtjährigen beschrieben. Der Autor ist auch Psychotherapeut und insbesondere auf autistische Kinder spezialisiert.

- Anneliese Ude-Pestel: Ahmet. Geschichte einer Kindertherapie. Piper Taschenbuch 2740. München: Piper Verlag 1999.
- Birger Sellin: ich will kein inmich mehr sein. botschaften aus einem autistischen kerker. Köln: Kiepenheuer & Witsch 1993.
- Christiane F.: Wir Kinder vom Bahnhof Zoo.
- Anneliese Ude-Pestel: Betty. Protokoll einer Kinderpsychotherapie. München: Deutscher Taschenbuch Verlag [19]1999.
- Fritz Zorn: Mars. Taschenbuch. Frankfurt/Main: Fischer 1981.
- Russ Rymer: Wolfmädchen. Hamburg: Hoffmann und Campe 1996.

G. Gutheit und P. Opora (Pädagogikunterricht, Heft 1/1990, S. 15ff.) betrachten die Entwicklung des literarischen Motivs **Schule:**

- Zwei Titel als Wegbereiter der Schuldichtung: Gottfried Keller: Der grüne Heinrich. Karl Philipp Moritz: Anton Reiser. Ein psychologischer Roman. Leipzig. Insel 1960.
- Solidarisierung der Schulklasse als Schutz- und Trutzbündnis wird in Heinrich Spoerls „Feuerzangenbowle" dargestellt.

- Spielarten der unterschiedlichen Schulformen und Bildungsformen – historisch und stärker aktuell – finden wir bei Siegfried Lenz: So zärtlich war Suleyken (1955); Peter Rossegger: Waldheimat (1877), Christian Friedrich Hebbel: Meine Kindheit (1854), Friedrich Huch: Mao (1907); Heinrich Mann: Abdankung (1906)...
- Das Bild des Lehrers als Persönlichkeit, die Einfluss auf Erfolg und Misserfolg des Schülers nimmt, ist in vielen Beiträgen gezeichnet: Wilhelm Raabes: Hungerpastor (Lehrer Silberlöffel); Jean Paul: Leben des vergnügten Schulmeisterlein Maria Wuz in Auenthal; Arno Holz: Der erste Schultag (Rektor Abromeit) u. v. a.; auch Lehrer Lämpel aus Wilhelm Buschs „Max und Moritz" könnte sicher anregend diskutiert werden;
- Die Rolle des Schülers zwischen Anpassungsverlangen und Forderung nach individueller Freiheit wird in vielen Schriften sichtbar: Thomas Mann: Buddenbrooks (Hanno); Marie von Ebner-Eschenbach: Der Vorzugsschüler (Georg); Hermann Hesse: Unterm Rad (Hans Griebenrath – vgl den Beitrag von Stefan Rogal); Rainer Maria Rilke: Turnstunde (Karl Gruber)...
- Nach dem zweiten Weltkrieg hat sich die Darstellung von Lehrer und Schüler gewandelt, ihr Verhältnis wird anders gezeichnet: Günter Grass: Katz und Maus; Heinrich Böll: Daniel der Gerechte; Traugott Vogel: Die verlorene Einfalt; Hans Bender: Die Klosterschule – aber auch Bände des „Schülers Ottokar" von Ottokar Domma (beispielsweise „Ottokar der Gerechte") können nützlich sein;
- für Werteerziehung in der Institution Schule könnte stehen: Siegfried Lenz: Das Vorbild.

Hinzuzufügen wären aktuellere Auseinandersetzungen mit Schule:

- N. H. Kleinbaum: Der Club der toten Dichter. Bastei-Lübbe-Taschenbuch, Bergisch-Gladbach 1990 – zugleich liegt das Video eines Films in der Regie von Peter Weir vor.

Für die Bearbeitung **Kindlicher Entwicklung im Zeitalter der Technik und Medien** werden genutzt:

- Neil Postman: Das Verschwinden der Kindheit.(1983) und Keine Götter mehr. Das Ende der Erziehung. (1995)

Zur Diskussion unterschiedlicher **Erziehungskonzepte** und **Alternativer Schulkonzepte** bieten sich durchaus originale Ganzschriften an, wenn auch die Zugänglichkeit dann meist nicht leicht ist, beispielsweise:

- Ausschnitte aus J. J. Rousseau: Emile oder Über die Erziehung.
- A. S. Makarenko: Der Weg ins Leben. Ein pädagogisches Poem (1935) und Flaggen auf den Türmen (1938);
- Janusz Korczak: Wie man ein Kind lieben soll. Göttingen 1967.
- Janusz Korczak: Kinder achten und lieben. Herder Spektrum 1998.

- Peter Petersen: Der Kleine Jenaplan.
- Neil Postman: Die zweite Aufklärung. Vom 18. ins 21. Jahrhundert. Berlin 1999.

Zur **Auseinandersetzung mit historischen Erziehungskonzepten** – am Beispiel des Nationalsozialismus – eignen sich folgende Ganzschriften:

- Horst Burger: Warum warst du in der Hitler-Jugend? Vier Fragen an meinen Vater? Reinbeck: Rowohlt 1980.
- Inge Scholl: Die weiße Rose. Frankfurt/M. 1994.
- Kurt Piehl: Latscher, Pimpfe und Gestapo. Roman eines Edelweißpiraten. Ravenburg 1984.
- Morton Rhue: Die Welle. Ravensburger Taschenbuch 1985 (auch zur Auseinandersetzung mit Gruppenprozessen geeignet).
- Lea Rush; Günther Schwarberg: Der letzte Tag von Oradur. Göttingen 1994.

EDWIN STILLER

*„Die Aufgabe der Photographen ist es, dem Menschen den Menschen zu erklären und ihm zur Selbsterkenntnis zu verhelfen."*

Edward Steichen 1955

# Rezeptive und produktive Arbeit mit dem Medium Fotografie im Pädagogikunterricht

## 1. Eine Kontroverse zum Einstieg

In dem von mir mitgestalteten Schulbuchwerk Phoenix (vgl. Heinz Dorlöchter/ Gudrun Maciejewski/Edwin Stiller 1996ff.) verwenden wir vielfältiges Bildmaterial, welches wir immer funktional in die inhaltliche Erarbeitung von erziehungswissenschaftlichen Fragestellungen einbeziehen.

Im interkulturellen Kapitel des Band 1 befinden sich die hier abgebildeten Fotografien:

Fotos: Henning Christoph/ DAS FOTOARCHIV

(Heinz Dorlöchter/Gudrun Maciejewski/Edwin Stiller 1996, S. 137)

In einem Brief, den ein GK EW 11/1 aus Herne an die Redaktion des Schöningh Verlages richtete, formulierten einige Schülerinnen und Schüler heftige Kritik an der Bildauswahl:

„*... Stimmt nicht alles, z. B. (Bild türkische Erziehung S. 137) zu übertrieben, erweckt falschen Eindruck – Vorurteile werden gefördert“, „abstoßende Bilder – geben einen falschen Eindruck – veraltet“, „Bilder stärken Vorurteile (z. B. streng, Kinder werden unterdrückt) über Koranschule, die Kinder gucken eingeschüchtert – falsches Bild über Koranschulen entsteht.*“ (Brief vom 21.12.1999)

In meinem Antwortschreiben an den Kurs versuchte ich zunächst die Schülerinnen und Schüler davon zu überzeugen, dass das Autorenteam sich um eine, weitgehend auf türkische Originalquellen gestützte, faire und ausgewogene Darstellung des Themas bemüht hat. Es folgten Ausführungen zum medienspezifischen Charakter der Fotografie:

„*Fotografien als technisch hergestellte, räumliche und zeitliche Ausschnitte aus der Wirklichkeit sind immer vieldeutig – sie können einerseits nicht völlig neutral-objektiv dokumentieren, andererseits bilden sie physische Wirklichkeit ab und sind so nur in Fällen gezielter Retouche oder Montage völlige Verzerrungen. Man kann ihnen auch keine eindeutige Wirkung auf den Betrachter zuschreiben, der sie durch die Brille seiner Deutungsmuster wahrnimmt.*

*Es hängt also sehr stark davon ab, wie Sie im Unterricht mit den Fotografien arbeiten. Ihre kritischen Rückmeldung sind ja ein Anzeichen dafür, dass Sie sich um ein vielschichtiges Bild bemühen.*

*Ich bitte aber zu bedenken, dass (auch nach meiner eigenen Anschauung und Gesprächen mit türkischen Kollegen) viele (nicht alle!) Koranschulen eine sehr traditionalistische Auslegung des Koran praktizieren und dies oft in scharfem Gegensatz zur Arbeit von türkischen Religionslehrern an staatlichen Schulen steht.*

*In der Neuauflage des Buches haben wir uns bemüht, durch Ergänzungen und Aktualisierungen das Bild türkischer Erziehung so differenziert wie möglich zu gestalten und hoffen, dass uns dies auch gelungen ist, auch wenn wir die von Ihnen kritisierten Fotos weiter drucken, allerdings ergänzt um andere Fotos (z. B. türkische Mädchen in der Disco, türkische Studentinnen an der Universität usw.)*“ (Antwortbrief vom 15.01.2000).

Dieser Briefwechsel macht auf einige grundsätzliche Probleme der Arbeit mit Fotografien im Unterricht deutlich, denen ich im Folgenden nachgehen will.

## 2. Zum medienspezifischen Charakter der Fotografie

Jedes Medium hat seinen eigenen medienspezifischen Charakter, der die konstitutiven Bedingungen der Arbeit mit dem Medium ausmacht.

Die Fotografie ist ein
- technisch
- hergestellter
- zweidimensionaler
- räumlicher und
- zeitlicher Ausschnitt der Wirklichkeit.

Fotografieren bedeutet zunächst ein Bild der Wirklichkeit mit technischen Mitteln zu konstruieren. Zu diesen technischen Mitteln zählen z. B.: Filmtyp (S/W, Farbe, Empfindlichkeit)/Kamera/Objektiv (Brennweite)/Blendenwahl (Tiefenschärfe), Perspektive/Dunkelkammertechnik bzw. digitale Bildbearbeitung und damit verbundene manipulative Möglichkeiten (Montage, Retouche ...).

Diese Möglichkeiten bestimmen den technischen Herstellungsprozess, der sowohl zum Zeitpunkt der Aufnahme, wie auch zum Zeitpunkt der Entwicklung und Vergrößerung bzw. dem digitalen Äquivalent, technischen Konstruktionsbedingungen und vielfältigen technischen Variationsmöglichkeiten unterliegt.

Die manipulativen Möglichkeiten sind seit Erfindung der Fotografie immer wieder politisch genutzt und missbraucht worden (vgl. Bruno Fritzsche 1996) und die Möglichkeiten des Missbrauchs haben sich durch die digitalen Bildbearbeitungsverfahren deutlich erhöht.

Diese technischen Möglichkeiten erlauben es aber auch, ein vollständigeres und präziseres Bild der Wirklichkeit zu konstruieren als es die menschliche Wahrnehmung ermöglicht. Die Kamera sieht mehr als das Auge! Das haben sich die vielfältigen Formen des wissenschaftlichen Einsatzes der Fotografie zu nutze gemacht. Die Filme „Blow up“ und „Das Fenster zum Hof“ thematisieren dies auf künstlerische Art und Weise. Beide Filme symbolisieren aber auch die Rolle des Zufalls im fotografischen Prozess. Es gerät etwas ins Bild, dessen Relevanz und Bedeutung erst später erkannt wird. Das Medium bewegt sich also zwischen „Authentizität, Inszenierung und Zufall“ (Ulrike Mietzner/Ulrike Pilarczyk 2000).

Weitere Aspekte der Herstellung müssen bedacht werden: Der Fotograf ist Produzent, Konstrukteur von Wirklichkeit. Sein Selbstverständnis kann das eines Künstlers, Handwerkers oder Bildreporters sein; dementsprechend sein Stil: z. B. subjektiv, neu-sachlich oder sozial-dokumentarisch. Er kann im streng definierten Auftrag einer Bildagentur arbeiten oder selbstbestimmt sein Bild der Welt festhalten. In diesem Sinne leistet die Fotografie neben der technischen eine soziale Konstruktion der Wirklichkeit.

Von zentraler Bedeutung ist der Ausschnittcharakter des Mediums: Raumkontext und Zeitkontext werden ausgespart, damit verweist jedes Bild auch auf das, was nicht abgebildet ist. Der Ausschnittcharakter ermöglicht es, Wahrnehmungen zu fokussieren und dadurch Erscheinungen erst ins Bewusstsein zu rücken. Dies gilt sowohl für die Fokussierung des Alltäglichen, wie auch für die Hervorhebung des Besonderen.

Schließlich gilt es den Präsentationskontext zu beachten, die Bedeutungszuschreibung durch den Medienkontext (wie oben im Schulbuch), Wort-Bild-Kombinationen (Kontrast, Verdoppelung, Beweischarakter ...) oder Bild-Bild-Kombinationen schränken die Vieldeutigkeit ein. Der Konflikt um die Wehrmachtsausstellung hat gezeigt, dass 9 (von 1400) falsche Bildunterschriften genügen, um den dokumentarischen Wert des gesamten Bildmaterials infrage stellen können (vgl. Thomas Medicus 2000).

Um es zusammenzufassen: Die Fotografie ist nicht objektiv, gilt aber als objektiv. Der Ausschnittcharakter des Mediums bewirkt die Vieldeutigkeit der fotografischen Botschaft! Der technische Herstellungsprozess bewirkt den Nimbus des Dokumentarischen. Die „physische Faktizität" (Kracauer) muss genauso wie die subjektive Intention des Fotografen sowie die Bedeutungseinengung durch den Präsentationskontext betrachtet werden.

Schließlich ist der Betrachter ein aktiver Rezipient, der sich selbst ein eigenes Bild macht. Seine Medienkompetenz zu stärken ist notwendig.

## 3. Das Medium Fotografie in der qualitativen erziehungswissenschaftlichen Forschung

Die erziehungswissenschaftliche Biografieforschung hat den qualitativen Anspruch, dem Subjekt – wenn man Erziehung als Subjekt-Subjekt-Beziehung auffasst (vgl. Edwin Stiller 1999, S. 9ff.) ist hier sowohl das erziehende wie auch das erzogene Subjekt gemeint – auf die Spur zu kommen, den Sinn und die Wirkung des Erziehungshandelns zu rekonstruieren und somit die Erziehungswirklichkeit heuristisch zu erkunden.

In solchen qualitativen Bemühungen geht es auch darum Ganzheiten zu erhalten und Komplexitäten gerecht zu werden. Daher ist es nahe liegend, die Wirklichkeit nicht nur mit text- und sprachorientierten Zugriffen erfassen zu wollen, sondern die visuelle Ebene des Alltags einzubeziehen, um dem ganzheitlichen Aspekt des Habitus von Kindern und Jugendlichen gerecht werden zu können.

*„In dem Maße wie die alltägliche Lebenswelt für das Verständnis pädagogischer Prozesse an Bedeutung gewinnt, lohnt es sich, auch die Fotografie als eine Quelle der qualitativen erziehungswissenschaftlichen Forschung neben anderen Zugängen zu nutzen. An einem Beispiel aus der Kindheitsforschung lässt sich der Gewinn fotografischer Methoden erläutern: In einem Projekt zur Lebenswelt von 12jährigen Kindern, wurden Jungen und Mädchen (und ihre Eltern) auch nach der Nutzung ihrer Kinderzimmer befragt, ohne dass die narrativen Interviews große Unterschiede zwischen den Geschlechtern ergeben hätten. Ein Vergleich unterschiedlicher Fotos von Kinderzimmern lässt hingegen eine geschlechtsspezifische Kinderkultur augenfällig werden: Auf Kinderzimmerfotos von 12jährigen Jungen finden*

*sich beispielsweise Poster von Sportautos oder Bilder von Rambogestalten, während gleichaltrige Mädchen eher Tierposter aufhängen und ihre Plüschtiersammlung für die Kamera inszenieren.*" (Burkhard Fuhs, 1997, S. 266f.).

Die Fotografie ermöglicht es die visuellen Anteile der Kultur, die Spuren des kulturellen Lebens in erzieherisch bedeutsamen Kontexten festzuhalten. Wobei es gerade auch die Vieldeutigkeit des Mediums ist, die zur Generierung von Hypothesen genutzt werden kann (vgl. Ulrike Mietzner/Ulrike Pilarczyk 2000).

Die Fotografie kann in solchen Prozessen qualitativer Forschung unterschiedlich genutzt werden:

- **Als historische Bildquelle**

So nutzt Bruno Schonig Fotografien von Lehrerinnen und Lehrern, um einen Einblick in die Biografien von Pädagoginnen und Pädagogen zu erhalten (vgl. 1997, S. 311ff.). Nele Güntheroth und Christine Lost versuchen mit einer Analyse eines „Fotosatzes" die DDR-Schule der 80er Jahre in ihrer Widersprüchlichkeit erfassen zu können (vgl. 1997, S. 333ff.). Ulrike Mietzner und Ulrike Pilarczyk versuchen die spezifisch pädagogische Perspektive der „Pädagogen-Fotografen" zu analysieren und die im „pädagogischen Blick" symbolisierte Position zu Erziehung und Bildung auszuleuchten (vgl. 1997 u. 1998).

- **Als vom Forscher erstelltes Dokument**

In der Geschichte der visuellen Sozialforschung wurde die Fotografie vor allem in ethnologischen Studien eingesetzt (vgl. Burkhard Fuhs 1997, S. 275). Hieraus hat sich die visuelle Anthropologie und die visuelle Soziologie entwickelt (vgl. Konrad Wünsche 1998).

- **Als vom Untersuchten eingebrachtes oder für die Untersuchung von ihm/ihr erstelltes Dokument**

Vor allem die Shell-Jugendstudien verwenden seit mehreren Jahren die Fotografie für die Erstellung biografischer Portraits und nutzen hier in erster Linie die privaten Fotoarchive der vorgestellten Jugendlichen. In anderen Jugendstudien erhalten Jugendliche die Gelegenheit, sich vor der Kamera zu inszenieren, um so ihr Selbstverständnis zum Ausdruck zu bringen (vgl. BMW AG 1996).

- **Als unterstützendes Mittel in der Befragung**

**Fotografien können in narrativen Interviews als Erzählstimulus genutzt werden oder über eine vom Befragten vorgenommene Bildauswahl können subjektive Präferenzen deutlich gemacht werden.**

**Eine methodische Sonderform stellt die *Fotobefragung*** dar (vgl. Ulf Wuggenig 1991/92), bei der die Befragten selbst Fotografien in ihrem privaten Umfeld erstellen. Eine künstlerische Variante der Fotobefragung ist das „Glücks-Projekt". 1800 Einwohner der hessischen Stadt Götzenhain erhielten eine Kamera und sollten fotografieren, was ihnen im Leben wichtig ist und sie glücklich macht. Mit den so erzielten Fotografien wurde eine Rauminstallation erstellt sowie über das gesamte Projekt ein Dokumentarfilm gedreht.

Die Fotografie kann also immer dann genutzt werden, wenn visuell erfassbares, sichtbar Objektiviertes mit dem Medium Fotografie gespeichert werden kann.

Für die wissenschaftliche Analyse von Fotografien standen bisher vorwiegend kunsthistorisch-ikonographische Interpretationsmuster zur Verfügung. Ulrike Mietzner und Ulrike Pilarczyk haben nun ein Verfahren vorgestellt, welches stärker den medienspezifischen Charakter der Fotografie sowie die Nutzung für erziehungswissenschaftliche Kontexte berücksichtigt. Sie schlagen folgende **Untersuchungsschritte** vor:

1. Erfassung aller Bilddetails – z. B. Raumordnung, Beleuchtung, Körpersprache.
2. Beschreibung und Interpretation – Nutzung aller Informationen über die Fotografie, z. B. Funktion, Verwendung, Rezeption, Typengeschichte, Vergleich mit anderen, thematisch verwandten Fotografien. Erste Interpretation der intendierten Bildbedeutung und der evtl. nicht-intendierten Bildbedeutung.
3. Nutzung von Kontextwissen, Bildaufbau, Widersprüchen und Eigenarten der Fotografie, Rolle des Fotografen, der Abgebildeten, Form und Inhalt zur Interpretation der 'eigentlichen' Bedeutung und damit zur hermeneutischen Gesamtinterpretation (vgl. 2000, S. 12f.).

## 4. Rezeptive Arbeitsmöglichkeiten im Pädagogikunterricht

Damit Schülerinnen und Schüler mit dem Medium Fotografie angemessen umgehen können, wäre es zunächst wichtig, ihre analytische Kompetenz zu entwickeln.

Ein bewusster Umgang mit dem medienspezifischen Charakter der Fotografie könnte hier ein erster Schritt zur rezeptiven Medienkompetenz sein. Hilfestellung leisten hier Materialien im „Kleinen Phoenix" (Heinz Dorlöchter u. a. 1999, S. 115f. u. 119f.), in denen Aussagen zum medienspezifischen Charakter der Fotografie mit Vorschlägen zur Dokumentation der sozialen Wirklichkeit verbunden werden sowie Aussagen einer Fotografin zum sensiblen Umgang mit Fotografien verhelfen sollen:

„*Meine Aufgabe als Bildermacherin ist es, Realitäten in Bilder zu fassen. Ich sage bewusst Realitäten, weil ich die Menschen und ihre Lebensumstände als äußerst vielfältig und höchst unterschiedlich erfahre: eine Unzahl verschiedenster Lebenswelten, Mikrokosmen. Ich erhalte – als Fotografin – Zugang und Einblick in Lebenswelten, die Außenstehenden weit gehend oder gänzlich verschlossen bleiben. (...) Mein Interesse gilt zuallererst den Menschen – jedweden, weil sie mich faszinieren: ihre ganz individuelle Art, das Leben zu meistern, ihre Eigenarten, ihre Schicksale. Dahinter liegt der Wunsch, die Welt zu verstehen. Erst dann kommen die Bilder*" (Zillmer 1997, zit. in: Heinz Dorlöchter u. a. 1999, S. 119).

Hier wird eine schöne Parallele deutlich zwischen dem Anliegen qualitativer Biografieforschung und dem Selbstverständnis einer Fotografin.

Fotografien können Spiegel individueller Entwicklungsgeschichten sein. In Phoenix Band 2 haben wir u. a. als Einführungsmaterial in den Bereich „Entwicklung und Sozialisation“ die „Bilderbuch-Karriere“ eines Mädchens abgebildet. Mit Hilfe dieser Fotofolge sollen die Schülerinnen und Schüler Entwicklungsprozesse beschreiben und einen anschaulichen Begriff von Entwicklung gewinnen. Außerdem werden sie aufgefordert Fotoreihen zur eigenen Entwicklung mitzubringen, zu vergleichen und auszuwerten. Alles mündet in Fragen und Thesen, die im weiteren Unterrichtsprozess bearbeitet werden sollen.

Die Auseinandersetzung mit Fotografien aus der eigenen Entwicklung eröffnet viele gute Möglichkeiten biografischen Lernens. Das Bild, was sich ein Mensch von sich selbst macht, hängt auch von den von ihm gemachten Fotos ab. Vor allem für die ersten Lebensjahre, an die wir wenig wirklich eigene Erinnerungen haben, lebt die Selbstrekonstruktion sehr stark von Erzählungen und bildlichen Repräsentationen (vgl. auch Beitrag von Claudia Antonia Remmert).

Historische Fotografien können Spiegel der Geschichte der Kindheit (vgl. Eva Stille 1981), der Geschichte der Familie oder der Geschichte der Schule sein und in entsprechenden Unterrichtsreihen als Quellen genutzt werden.

Gerade in Eröffnungssituationen können Fotografien helfen, Thesen und Fragen zu formulieren. So nutzte Prof. Josef Fellsches ein historisches Klassenfoto aus den 20er Jahren als Einstiegs- und Strukturierungshilfe für ein Einführungsseminar in die Erziehungswissenschaft (vgl. 1993, S. 35ff.):

„Die Arbeit mit dem Foto selbst bestand aus folgenden **Phasen**:

1. Freie Assoziation
2. genauere Betrachtung
3. Gespräche in Gruppen
4. Plenum a) Mitteilen b) Ordnen nach Gesichtspunkten c) Interpretationen
5. Ausstellung mitgebrachter Klassenfotos (eigene, der Eltern, Großeltern) und Vergleichen
6. Fragen formulieren
7. Antwortversuche
8. Ein Thema wählen
9. Literatur beschaffen und eine Bibliographie anlegen.“

Im „Kleinen Phoenix“ haben wir diese Idee aufgegriffen und als Einstieg in das Kapitel „Schule im Wandel – Wandelt sich Schule?“ genutzt (vgl. Heinz Dorlöchter u. a. 1999, S. 199ff.).

Der Vergleich einer historischen Fotografie mit einem aktuellen Foto der Lerngruppe kann zur Formulierung von Thesen und Fragen genutzt werden.

Neben der bewussten und kritischen Nutzung von Fotografien als dokumentarische Bildquellen macht der medienspezifische Charakter der Fotografie es möglich, die Vieldeutigkeit des Mediums für kreative, assoziative Zugriffe auf das Medium zu nutzen.

Erster Schultag, Ostern 1958

Die Arbeitsaufgaben zu diesen Fotos lauteten:

1. „Beschreiben Sie die Fotos möglichst genau und überlegen Sie, wie der erste Schultag dieses Schülers ausgesehen haben könnte. Was wird in seiner Schultüte gewesen sein?
2. Was wird in seinem Kopf vorgegangen sein? Begründen Sie Ihre Vermutungen (...)“

(Heinz Dorlöchter/Gudrun Maciejewski/Edwin Stiller 1996, S. 163)

Die Rekonstruktion des möglichen zeitlichen, räumlichen und sozialen Kontextes ermöglicht die Generierung eigener Fragen und Hypothesen, die dann im weiteren Verlauf der Arbeit beantwortet bzw. überprüft werden können. Der imaginative

Spielraum wird im nächsten Beispiel noch weitergehend genutzt.

Arbeitsaufträge zum Photo unten waren:

1. „Beschreiben Sie zunächst das Foto möglichst genau.
2. Schreiben Sie eine Geschichte, in der der Kontext, das Vorher und Nachher der Situation deutlich wird.
3. Schreiben Sie aus der Perspektive einer der Personen einen charakteristischen Satz."

(Heinz Dorlöchter/Gudrun Maciejewski/Edwin Stiller 1997, S. 284.)

Hier sagt die Interpretation eines Fotos durch die Betrachter oft mehr über die Betrachter selbst als über das Foto aus. Der einbindende Sachkontext des Unterrichts ermöglicht es, die Imaginationsanteile konstruktiv zu nutzen.

Vielfältige Möglichkeiten des rezeptiven Umgangs mit Fotografien eröffnet die Arbeit mit Bildersammlungen, wie z. B. der Fotobox „Toleranz Bilder" (vgl. Andreas Schroer/Kirsten Nazarkiewicz 1998). Im Pädagogikunterricht können z. B. die 18 Fotografien zum Themenbereich Jugend einen subjekt- und problemorientierten Einstieg in das Thema „Alles easy, alles cool?! Identitätsentwicklung im Jugendalter" eröffnen. Jede Schülerin und jeder Schüler sucht sich aus diesen 18 Fotos diejenigen heraus, die ihr/ihm als besonders typisch oder untypisch für das Jugendsein heute erscheinen. Aus dieser sehr subjektiven Auswahl können dann Thesen und Fragen für die weitere Arbeit im Kurs entwickelt werden, die ihren Ausgangspunkt in den sehr subjektiven Bildwahlprozessen und deren Deutungen haben.

In ihrer didaktischen Anleitung zur Arbeit mit dieser Fotobox zeigen die Autoren viele methodische Möglichkeiten auf, wie mit diesen Fotografien gearbeitet werden kann. Übungen zur Wahrnehmung, zum Identifizieren und Reflektieren, zur Meditation und Aktion werden für Schule und Jugendarbeit aufgezeigt.

Insgesamt wird deutlich, dass Rezeption keineswegs ein passiver Vorgang ist, sondern eine Aktivierung und Ausdifferenzierung vorhandener Deutungsmuster.

## 5. Produktive Arbeitsmöglichkeiten im Pädagogikunterricht

Hierunter soll im Unterschied zum rezeptiven Umgang die eigene Produktion von Fotografien verstanden werden.

Eine gute Einführung in diesen Bereich leistet das Buch Fotopädagogik von Liliane Schafiyha (1997), welches neben fototheoretischen Erörterungen auch konkrete Vorschläge zum fotografischen Prozess macht (von der Aufnahme über die gesamte Fototechnik bis hin zur Präsentation).

Im Pädagogikunterricht kann die eigene Produktion von Fotografien genutzt werden, um die Lebenswirklichkeit von Kindern und Jugendlichen sowie Ansichten aus dem Innenleben pädagogischer Institutionen, z. B. im Berufspraktikum, zu dokumentieren (vgl. Heinz Dorlöchter u. a. 1999, S. 115f.). Schülerinnen und Schüler können so die Möglichkeiten der Fotosprache für die Artikulation eigener (pädagogischer) Botschaften nutzen und sozialdokumentarische Arbeit leisten.

In einem Differenzierungskurs 10 EW am Freiherr-vom-Stein-Gymnasium in Recklinghausen habe ich innerhalb des von den Schülerinnen und Schülern gewählten Schwerpunkts „Schule im Wandel – Wandelt sich Schule?“ (vgl. Heinz Dorlöchter u. a. 1999, S. 200ff.) ein Fotoprojekt durchgeführt. Die Schülerinnen und Schüler erhielten für die Dauer von 14 Tagen zwei Einmalkameras (19,90 DM) mit dem Auftrag pro Schüler/in fünf Fotografien zu machen, die ihr Bild ihrer Schule repräsentierten. Zur Vorbereitung erhielten sie ein Arbeitsblatt, auf welchem sie die geplanten fünf Fotos stichpunktartig beschreiben bzw. skizzieren sollten. Dies sollte den planvollen Charakter der Motivwahl und Bildgestaltung unterstützen. Die Fotos wiederum sollen nach ihrer Produktion als Schreibanlass dienen.

Die Arbeit mit „Einmal-Kameras“ ähnelt der „Lomographie“, die unter Jugendlichen in aller Welt schon Kultcharakter hat. Ohne auf traditionelle ästhetische Kategorien zu achten, werden mit der russischen Billigkamera „Lomo“ bewusst alltägliche Perspektiven eingenommen, die sehr stark vom Zufall gesteuert werden (vgl. Rahel Puffert 1997, S. 46f.).

Die Landesarbeitsgemeinschaft Kulturelle Jugendarbeit beteiligt sich an einem weltweiten antirassistischen Lomoprojekt, welches im Jahre 2001 als Ausstellung, CD-Rom und Internet-Version veröffentlicht wird (http://www.lkj-nrw.de/lomos.htm).

Wenn man stärker die ästhetische Qualität fotografischer Produkte erhalten möchte, hierzu aber an der Schule nicht die nötigen technischen Voraussetzungen hat oder sich selbst dazu nicht in der Lage sieht, bietet sich die Möglichkeit der Zusammenarbeit mit professionellen Fotografen oder Medienpädagogen an. So hat Dorata Zajak für ihr Projekt „Gewalt gegen Mädchen" in einem Differenzierungskurs Erziehung und Gesellschaft der Stufe 10 mit Mitarbeitern des städtischen Jugendamtes kooperiert, die die Aufgabe der Herstellung von Fotografien übernahmen. Die Schülerinnen des Kurses konzipierten die fotografische Inszenierung, nach einer intensiven Erarbeitung der inhaltlichen Thematik, die Mitarbeiter des Jugendamtes übernahmen die praktische Seite des fotografischen Prozesses (vgl. 2000).

Durch fächerverbindende Zusammenarbeit mit dem Kunstunterricht können hier natürlich auch Kooperationspartner an der eigenen Schule gefunden werden.

So beschreibt Katrin Höhmann ein Projekt zum Thema „Näher kommen – Ein Photoprojekt zum Thema Fremdheit" sehr gute Möglichkeiten inszenierender (Verfremdung!) und dokumentierender Fotografie, welches ideale Verknüpfungen mit der Thematik „Fremd – beziehungsweise – anders: Erziehung zwischen den Kulturen" im Differenzierungskurs der Stufe 9 (vgl. Heinz Dorlöchter 1999, S. 122ff.) oder „Kulturspezifische Aspekte der Erziehung" (vgl. Heinz Dorlöchter, Gudrun Maciejewski, Edwin Stiller 2000, S. 123ff.) in der Stufe 11 bietet.

Darüber hinaus eignet sich das Medium auch ganz besonders um biografische Lernprozesse zu unterstützen. Im „Kleinen Phoenix" regen wir im Kapitel „Fremd – beziehungsweise anders: Erziehung zwischen den Kulturen" an, neben der Auseinandersetzung mit biografischen Portraits von „Fremden" auch sich selbst u. a. mit dem Medium Fotografie zu portraitieren (ebd., S. 131ff.).

Im Kapitel „Mein Paradies" (ebd., S. 268ff.), in dem es um Werteklärung und Werteerziehung geht, regen wir ebenfalls an, Selbstportraits, Collagen oder andere Bild-Text-Kombinationen anzufertigen.

Hier kann die Fotografie Spiegel und Mittel der Selbstreflexion sein. „Ein fotografisches Portrait ist einem erstarrten Spiegelbild ähnlich. Die Auseinandersetzung mit diesem Spiegelbild kann als Grundlage dazu dienen, die eigene Person einer kritischen Prüfung zu unterziehen" (Liliane Schafiyha 1997, S. 37).

Ähnlich wie in der Geschichte der bildenden Kunst ziehen sich auch Portrait und Selbstportrait durch die Geschichte der künstlerischen Fotografie (vgl. Erika Billeter 1985).

Ideal für fächerübergreifende Projekte in Pädagogik und Kunst wäre eine Auseinandersetzung mit solchen Selbstportraits und die Anfertigung von fotografischen Selbstportraits aller Kursmitglieder. Sehr positive Erfahrungen habe ich mit einem Literaturkurs gemacht, wo neben der Auseinandersetzung mit biografischer Literatur die Selbstinszenierung mit den Medien Fotografie und Video stand.

Diese subjektorientierte fotografische Praxis (vgl. Wick/Krautz 1996, S. 20) kann Schülerinnen und Schüler zu einer fotografischen Auseinandersetzung mit der eigenen Lebenswelt verhelfen und somit auch eine Hilfe zur Gestaltung von Lebenskunst bedeuten.

## Literatur

Art. Das Kunstmagazin, Fotografie Spezial. Heft 11/2000.

Du, Fotografie. Der lange Weg zur Farbe. Heft 7/8 2000.

Berger, John; Mohr, Jea: Eine andere Art zu erzählen. Photo/Essay. Frankfurt: Fischer 2000.

Billeter, Erika (Hrsg.): Das Selbstportrait im Zeitalter der Photographie. Maler und Photographen im Dialog mit sich selbst, Bern: Edition Benteli 1985.

BMW AG und Stadtjugendamt München (Hrsg.): Bilder von Jugend – Katalog. München 1996.

Bundesministerium für Unterricht und kulturelle Angelegenheiten (Hrsg.); Q. I. S. – Offene Methoden, Fotoevaluation. http://www.qis.at, vom 20.10.2000.

Cloer, Ernst: Pädagogisches Wissen in biographischen Ansätzen. In: Krüger, Heinz-Hermann; Marotzki, Winfried (Hrsg.): Handbuch erziehungswissenschaftliche Biographieforschung. Opladen: Leske & Budrich 1999, S. 165 ff.

Denzin, Norman K.: Fotografien als sozialwissenschaftliche Quellen. In: Flick, Uwe u. a.(Hrsg.): Qualitative Forschung. Ein Handbuch, Reinbek: Rowohlt 2000, S. 402 ff.

Dorlöchter, Heinz, Maciejewski, Gudrun, Stiller, Edwin: Phoenix. Band 1. Paderborn: Schöningh 1996 (völlig überarbeitete Neuauflage 2000).

Dorlöchter, Heinz, Maciejewski, Gudrun, Stiller, Edwin.: Phoenix. Band 2. Paderborn: Schöningh: 1997 (völlig überarbeitete Neuauflage 2000).

Dorlöchter, Heinz; Kahlbau, Bernd; Krafeld, Gabriele; Maciejewski, Gudrun; Sander, Martina; Schrieverhoff, Christel; Stiller, Edwin; Wittig, Frank: Der kleine Phoenix. Der etwas andere Weg zur Pädagogik. Ein Arbeitsbuch für den Differenzierungsbereich 9/10 des Gymnasiums. Paderborn: Schöningh 1999.

Fellsches, Josef: Didaktische Phantasie. Einführungen in Erziehungswissenschaft. Essen: Die Blaue Eule 1993.

Fritzsche, Bruno: Das Bild als historische Quelle. In: Volk, Andreas (Hrsg.): Vom Bild zum Text. Die Photographiebetrachtung als Quelle sozialwissenschaftlicher Erkenntnis. Zürich: Seismo 1996, S. 11 ff.

Fuhs, Burkhard: Fotografie und qualitative Forschung. Zur Verwendung fotografischer Quellen in den Erziehungswissenschaften. In: Friebertshäuser, Barbara, Prengel, Annedore (Hrsg.): Handbuch Qualitative Forschungsmethoden in der Erziehungswissenschaft. Weinheim/München: Juventa 1997, S. 265 ff.

GEO extra: Sehen. Wahrnehmen. FOTOGRAFIE, Hamburg 1996.

Günteroth, Nele; Lost, Christine: Lebensart Schule. Die DDR-Schule in den achtziger Jahren im Spiegel eines Fotosatzes. In: Schmitt, Hanno u. a. (Hrsg.): Bilder als Quellen der Erziehungsgeschichte, Bad Heilbrunn: Klinkhardt 1997, S. 333 ff.

Höhmann, Katrin: Näher kommen – Ein Photoprojekt zum Thema Fremdheit. In: Kunst und Unterricht, 185/1994, S. 52 f.

Kinder- und Jugendfilmzentrum: Deutscher Jugendfotopreis 2000. Berlin: Heenemann 2000.

Kunst und Unterricht: Fotografie, 187/1994.

Kunst und Unterricht: Kinder- und Jugendfotografie, 206/1996.

Kunst und Unterricht: Selbstbegegnung im Bild, 245/2000.

Marotzki, Winfried: Forschungsmethoden und -methodologie der Erziehungswissenschaftlichen Biographieforschung. In: Krüger, Heinz-Hermann; Marotzki, Winfried (Hrsg.): Handbuch Erziehungswissenschaftliche Biographieforschung. Opladen: Leske&Budrich 1999, S. 109 ff.

Medicus, Thomas; Abschied von gestern. Was kann aus der „Wehrmachtsausstellung" werden? In: Frankfurter Rundschau vom 4.11.2000.

Mietzner, Ulrike; Fotografierte Lebensgeschichte. Überlegungen zur Privatfotografie als Quelle in der pädagogisch-historischen Forschung, in: Hansen-Schaberg, Inge (Hrsg.); „Etwas erzählen": die lebensgeschichtliche Dimension in der Pädagogik. Baltmannsweiler: Schneider Verlag Hohengehren 1997, S. 208ff.

Mietzner, Ulrike; Pilarczyk, Ulrike: Der Blick des Fotografen. Pädagogische Perspektiven in der Fotografie: In: Schmitt, Hanno u.a. (Hrsg.): Bilder als Quellen der Erziehungsgeschichte. Bad Heilbrunn: Klinkhardt 1997, S. 353ff.

Mietzner, Ulrike, Pilarczyk, Ulrike: Die Bildungsbewegung im Medium der Fotografie. In: Hellekamps, Stephanie (Hrsg.): Ästhetik und Bildung. Weinheim: DSV 1998, S. 129ff.

Petermann, Werner: Fotografie- und Filmanalyse. In: Flick, Uwe u.a. (Hrsg.): Handbuch qualitative Sozialforschung. Weinheim: PVU 1995, S. 228ff.

Pilarczyk, Ulrike; Mietzner, Ulrike: Bildwissenschaftliche Methoden in der Erziehungs- und Sozialwissenschaftlichen Forschung. In: Zeitschrift für Qualitative Bildungs-, Beratungs- und Sozialforschung 2000.

Puffert, Rahel; Lomographie. Abzüge alltäglicher Zufälle von und mit Jugendlichen. In: Kunst und Unterricht 211/1997, S. 46f.

Schafiyha, Liliane: Fotopädagogik und Fototherapie. Theorien, Modelle, Praxisbeispiele. Weinheim: Beltz 1997.

Schmitt, Julia u.a.: Fotografie und Realität. Opladen: Leske&Budrich 2000.

Schonig, Bruno: Mädchen und Jungen, Lehrerinnen und Lehrer auf Schulfotografien 1928 bis 1961 – Ein Versuch zur Evokation pädagogischen Erinnerungsvermögens als Einstieg in eine historische Bildkunde. In: Schmitt, Hanno u.a. (Hrsg.): Bilder als Quellen der Erziehungsgeschichte. Bad Heilbrunn: Klinkhardt 1997, S. 311ff.

Schratz, Michael: Gemeinsam Schule lebendig gestalten. Weinheim: Beltz 1996.

Schroer, Andreas, Nazarkiewicz, Kirsten: Toleranz Bilder. Fotobox für die politische Bildung. Fotobox und Didaktische Anleitung. Gütersloh: Bertelsmann 1998.

Sekretariat für kulturelle Zusammenarbeit (Hrsg.): Übersicht 3. Bild und Abbild, Realität und Virtualität in Fotografie und neuen Medien. Bönen: Kettler 1999.

Stille, Eva: Kinderfotos als sozio-historische Quelle. In: Fotogeschichte 1/1981, S. 29ff.

Stiller, Edwin: Photographie in der Schule. Über Bedingungen und Möglichkeiten geplanter Lernprozesse, unveröffentlichte Examensarbeit, Münster 1976.

Stiller, Edwin: Dialogische Fachdidaktik Pädagogik. Paderborn: Schöningh 1997

Stiller, Edwin: Erziehender Pädagogikunterricht – zur Neubestimmung eines 'didaktischen Sonderfalls'. In: Stiller, Edwin (Hrsg.): Dialogische Fachdidaktik Pädagogik. Band 2. Paderborn: Schöningh 1999, S. 9ff.

Wick,, R.K.; Krautz, J.: Die menschliche Perspektive. Gedanken zur Fotodidaktik. In: Kunst und Unterricht 206/1996, S. 17ff.

Wünsche, Konrad: Das Foto: Notar und Geständnis. In Hellekamps, Stephanie (Hrsg.): Ästhetik und Bildung. Weinheim: DSV 1998, S. 145ff.

Wuggenig, Ulf: Die Photobefragung als projektives Verfahren. In: Angewandte Sozialforschung 1/2 1990/91, S. 109ff.

Zajac, Dorota: Planung, Durchführung und Reflexion des Projektes „Gewalt gegen Mädchen" im WPII Kurs Erziehung und Gesellschaft in der Stufe 10. Unveröffentlichte Examensarbeit, Studienseminar Hagen, 2000.

PETER LASKA

*„Whatever we look at,*
*and however we look at it,*
*we see it*
*only*
*through*
*our own eyes.“*
(Bernice McCarthy, 1987, S. 27)

# Das „Bilderbuffet“

„Erziehungswirklichkeit“ ist *die* didaktische Leitkategorie des Pädagogik-Unterrichts. Sie als solche differenziert wahrzunehmen, zu analysieren und kompetent mit ihr umzugehen, müssen die Schüler lernen. Hierzu bietet sich dem Lehrer eine Vielzahl von Methoden und Vorgehensweisen an, die er sich im Laufe seiner Ausbildung erschließen und verfügbar machen muss. Dabei muss er nicht nur lernen, eine entsprechende Unterrichtsmethode an sich „sauber“ zu handhaben, sondern auch, sie in Bezug auf die Ziele, die er damit im Unterricht verfolgen will, zu funktionalisieren: Nicht für jedes Ziel eignet sich jede Methode.

**Problem:**

Es ist eine typische Unterrichtssituation, dass die Schüler mit einem neuen Lerngegenstand konfrontiert werden. In einem ersten Schritt möchte der Lehrer Voreinstellungen ansprechen, erste Strukturierungen und Aspektierungen vornehmen und den Schülern Gelegenheit geben, die Stelle zu finden, wo der Gegenstand für sie zum Thema werden kann, sie also motivieren. Eine geeignete Methode hierfür ist das sog. „Bilderbuffet“. (Alternative: „Kartenabfrage“, „Metaplan-Technik“ – vgl. Beitrag von Wolfgang Thiem)

**Lösung:**

Das „Bilderbuffet“.

Hier sollen die Schüler ihren Zugang zu einem Thema nicht oder nicht nur verbal-kognitiv, sondern auch emotional-assoziativ finden und in die gemeinsame Arbeit einbringen können. Es gibt hier keine „richtigen“ und „falschen“, sondern nur individuell unterschiedliche Zugriffe, die zunächst alle gleichberechtigt nebeneinander stehen.

**Benötigtes Material:**

Pro Schüler braucht man etwa 2 bis 3 Bilder.

Sie sollten **nicht** gegenstands- oder themenbezogen, sondern möglichst „neutral“ sein. Am besten ist eine Mischung aus Fotos von Personen, Landschaften, Gegenständen, Ereignissen o. a., die ausgeschnitten und auf DIN A4-Bögen geklebt werden. So können sie immer wieder eingesetzt werden. Klarsichthüllen verlängern die Lebensdauer.

**Vorbereitungen:**

Die Tische werden in der Mitte des Klassenraums zusammengeschoben, die Stühle an den Rand gestellt, so dass man um die Tische herumgehen kann. Die Bilder werden auf der Tischfläche verteilt.

**Durchführung:**

1. Der Lehrer gibt den Schülern die Anweisung, um die Tische herumzugehen und sich die Bilder zu betrachten und zwar unter einem vorgegebenen Aspekt (Beispiele: „Lernen", „Alter", „Liebe", „Rolle", „Angst", „Autorität").
2. Jeder Schüler erhält den Auftrag, sich ein Bild zu suchen und zu merken (es dabei aber liegen zu lassen), bei dem für ihn der Bezug zum genannten Aspekt besonders deutlich ist. Nicht nur kognitive, sondern auch emotionale und unreflektiert-assoziative Zugriffe sind erlaubt und erwünscht.
3. Wenn ein Schüler seine Wahl getroffen hat, tritt er zurück und macht den Platz am „Büffet" frei.
4. Wenn alle Schüler fertig sind, werden sie aufgefordert, in freier Reihenfolge, aber ohne Ausnahme, ihr Bild den anderen zu zeigen und ihre Wahl zu begründen. Rückfragen sind möglich.
5. Der Lehrer hat die Aufgabe, die angesprochenen Aspekte zu registrieren, ohne den Prozess zu unterbrechen oder zu stören. (Ein begleitender Tafelanschrieb o.ä. ist auf keinen Fall zu empfehlen!)
6. Nun muss mit der Lerngruppe versucht werden, die deutlich gewordenen persönlichen Einstellungen und Vorerfahrungen im Blick zu halten, erste erkennbare Strukturierungen, aber auch die offenen Fragen festzuhalten, Theoriedefizite und mögliche Praxisbezüge zu markieren und das alles so zu bündeln, dass sich das weitere gemeinsame unterrichtliche Arbeitsvorhaben sinnvoll daraus ergeben kann. Hier liegt der eigentliche Schwerpunkt und damit das Kernanliegen der Stunde. Es nur bei einem Austausch der Wahlentscheidungen zu belassen, ist nicht der Sinn der Sache. Eine fehlende Funktionalisierung und Abarbeitung führt zu einem nicht erwünschten Aktionismus.

**Beispiele:**

Um die Differenziertheit und Vielfältigkeit der möglichen Schülerbeiträge zu belegen, sollen nun einige Beispiele angeführt werden. Sie machen auch deutlich, vor welchen Aufgaben, aber auch vor welchen Chancen der Lehrer steht, wenn er von solchen Beiträgen ausgehen und sie in die weitere Arbeit einfließen lassen will.

Das vorgegebene „Reizwort" lautete: LERNEN

Bild 1

Bild 2

Bild 3

Bild 4

Zur Begründung ihrer Wahl erklärten Schüler u. a.:

- Zu Bild 1:

  „Ich habe bei diesem Bild zunächst gedacht, diese Frau hat noch nicht gelernt, dass sie alt geworden ist und dass sie sich entsprechend ihrem Alter kleiden und benehmen und sich nicht lächerlich machen sollte. Dann fiel mir ein, dass ich vielleicht lernen muss zu akzeptieren, dass Lebensfreude, der Wunsch sich schön zu machen, Dinge genießen zu können mit dem Alter ja nicht aufhören müssen. Jeder hat ein Recht darauf, seinen Lebensabschnitt nach seinen Wünschen und Bedürfnissen zu gestalten.“

- Zu Bild 2:

  „Lernen zu müssen ist nicht nur eine unangenehme Pflicht, Lernen zu können ist auch ein Geschenk.“

- Zu Bild 3:

  „Durch Lernen werden die Dinge nicht immer klarer. Manchmal hat man das Gefühl, man weiß nach dem Lernen nicht mehr, wo einem der Kopf steht, man weiß dann oft weniger als vorher. Ich habe zum Beispiel nach einer Grammatikstunde immer mehr Fehler gemacht als vorher. Die mussten dann erst wieder verlernt werden.“

- Zu Bild 4:

  „Lernen bezieht sich nicht nur auf den Verstand, sondern auch auf das Gefühl. Dieser Junge hat noch nicht gelernt, mit seinen Frustrationen und Aggressionen umzugehen. Da wird auch deutlich, dass Lernen etwas mit Entwicklung‘ zu tun hat.“

## Literatur

Bernice McCarthy: The 4mat system, @ 1980, 1987 by EXCEL Inc., 200 West Station Street, Barrington, IL 60010, USA, 1987, S. 27.

# Simulationen im Pädagogikunterricht

STEFAN ROGAL

*„Man muß so viel wie möglich durch Handlungen reden und nur sagen, was man nicht machen kann."*
J. J. Rousseau, Emile, 3. Buch

## Standbilder im Pädagogikunterricht

Im Pädagogikunterricht sowohl der Sekundarstufe II als auch der Sekundarstufe I trägt die Arbeit mit Standbildern zu einer stärkeren Handlungsorientierung mit all ihren lernpsychologischen Chancen bei.

Bereits die Herkunft des Begriffs „Standbild" (von lat. statua; Verb: statuere = hin-, auf-, feststellen) deutet darauf hin, dass das Bauen von Bildern stets in engem Zusammenhang mit „Feststellungen", mit geistigen Auseinandersetzungen gesehen werden muss (vgl. auch den „Denkmal"-Begriff).

Im vorwissenschaftlichen Verständnis der Schüler und Schülerinnen existieren viele pädagogische Begriffe und Sachverhalte bereits in Form von bildlichen Vorstellungen. Es liegt nahe, diese zunächst über die Standbildtechnik sichtbar und damit für den weiteren Unterricht nutzbar zu machen.

Die Arbeit mit Standbildern könnte über den Film in den Pädagogikunterricht eingeführt werden, indem die Lernenden entdecken, wie viel Aussagekraft in einem einzigen richtig ausgewählten „Standbild" enthalten sein kann.

Eine Vielzahl von Gegenständen des Faches Pädagogik scheint mir in besonderem Maße dazu geeignet, unterrichtsmethodisch von der Standbildtechnik Gebrauch zu machen. Die facettenreiche Erziehungswirklichkeit wird auf diese Art und Weise gut zugänglich und bearbeitbar. Die Schülerinnen und Schüler sollten den Umgang mit Standbildern im Pädagogikunterricht so früh wie möglich erlernen: thematische Aspekte der Sekundarstufe I wie „Das pädagogische Verhältnis", „Autorität und Gehorsam", „Erziehung in modernen Industrie- und Mediengesellschaften", „Erziehung von Jungen und Mädchen", „Familiale Erziehung im Wandel", „Wandlungen des Bildungs- und Ausbildungssystems" oder „Historisch bedingte Erziehungsideale" bieten dazu vielfältige faszinierende Anknüpfungspunkte.

**Mögliche Realisierung des Standbildbaus** (abweichend von Ingo Scheller):

1. Mehrere Kursmitglieder (und ggf. Lehrerin bzw. Lehrer) finden sich zu einer Standbildgruppe zusammen.

2. Die Teilnehmer und Teilnehmerinnen einigen sich entsprechend einer (selbstgewählten) Zielvorstellung gemeinschaftlich auf ein Bild. Bei stärker voneinander abweichenden Positionen können verschiedene Bilder entwickelt werden.
3. Das Standbild wird behutsam gebaut, wobei sämtliche Beteiligten ihre Ideen einbringen, ausprobieren, kurz wieder aus dem Bild heraustreten und es verändern können etc. Alle sollen gleichberechtigt spielen, Regieanweisungen vorschlagen und modellieren dürfen. Es ist nicht unerwünscht, miteinander zu sprechen, da Gespräche für den Bauprozess förderlich sind. Kooperationsbereitschaft ist in dieser Phase von großer Bedeutung. Abschließend wird ein Blickwinkel festgelegt, aus dem heraus das Standbild betrachtet und ggf. fotografiert werden soll.
4. Das Bild kann nun für Zuschauer und Zuschauerinnen sowie die Kamera erstarren.
5. Auswertungsphase. Fotos, die mit einem Episkop oder als OHP-Folie stark vergrößert projiziert werden können, bieten allen gleichermaßen die Möglichkeit zu einer gründlichen Beschreibung, Analyse, Interpretation, zu Kommentierungen, Vergleichen, (auch gefühlsmäßigen) Bewertungen und weiteren Bearbeitungen; darüber hinaus könnten sie als Material für ein (ggf. alternativ wählbares) Klausurthema dienen und wären als Bestandteile einer Wandzeitung auch weiterhin im Raum verfügbar.
6. Austausch zwischen der Standbildgruppe und den Zuschauerinnen und Zuschauern (die ggf. konkrete Beobachtungsaufträge hatten).
7. Abgleichung der Zielvorstellung mit dem realisierten Bild unter Berücksichtigung auch der affektiven und sozialen Erfahrungen.
8. Rückbezug des Bildes auf den thematisierten Unterrichtsinhalt.

Mit Standbildern vertraute Lerngruppen können die Technik auf der Grundlage ihrer Erfahrungen modifizieren und weiterentwickeln. Eine enge Anlehnung an die in der unterrichtsmethodischen Literatur beschriebenen Vorgaben ist nicht notwendig: so kann z.B. der starre Ablauf verändert werden. Vor allem aber entspricht die dominierende Funktion des Erbauers/der Erbauerin bzw. des Spielleiters/der Spielleiterin nicht kommunikativen und symmetrischen Lern- und Interaktionsformen. Hier sollten Alternativen erwogen werden.

Einige **Arten von Standbildern:**

- Ausgehend z.B. von Rollenspielen können Handlungsverläufe unterbrochen werden (in einem bestimmten Moment frieren Körperhaltung, Gestik, Mimik ein);
- Standbilder zu einer bestimmten vorgestellten Situation oder Zielvorstellung werden Schritt für Schritt aufgebaut;
- Ausschnitte aus der aktuellen Erziehungswirklichkeit im Pädagogikkurs können „verstandbildlicht“ werden: so lassen sich verschiedene Wahrnehmungsweisen und innere Vorgänge sicht- und problematisierbar machen;

- abstrakte Themen, Begriffe, Gedanken werden körperlich umgesetzt.

**Vorzüge – Die Arbeit mit Standbildern**

- kann motivieren,
- berücksichtigt die Individualität der Lernenden,
- ermöglicht soziales Lernen (Sozialkompetenz),
- führt zu Lernergebnissen, die sich durch intensive persönliche Bezüge zu und eigene Eindrücke von den Inhalten besser einprägen,
- ist lustbetont,
- spricht durch ihren sinnenhaft-ganzheitlichen Charakter verschiedene Lerntypen an,
- schafft ein Gleichgewicht zur analytischen Arbeit und kann somit eine neue Grundlage für diese bilden,
- toleriert die Lernenden in ihrer Subjektivität,
- produziert eine fruchtbare Spannung zwischen gemeinsam erarbeiteten Bildern und vorgefundenen Texten, Abbildungen oder anderen Materialien,
- bedeutet eigenverantwortliches, selbständiges, selbsttätiges Lernen,
- nimmt subjektive Alltagserfahrungen eigener Erziehungswirklichkeit auf,
- bezieht die Gefühle der Spielenden als wesentlichen Bestandteil mit ein,
- benötigt neben den kognitiven Fähigkeiten der Beteiligten ihre Sensibilität, ihr persönliches Ausdrucksvermögen, ihre Kommunikationsfähigkeit und Kreativität,
- bietet Momente der Identifikation,
- befördert Interpretationsleistungen und Kritikfähigkeit,
- verhilft schwächeren Schülern und Schülerinnen dazu, sich einzubringen, indem sie vom Übergewicht des Kognitiven und Sprachlichen und dem vorgegebenen Lerntempo zeitweise befreit werden,
- entlastet die Unterrichtenden von ihrer traditionellen Lehrer und Lehrerinnenrolle und gestattet es ihnen, „gleichberechtigt" in die gemeinsame Arbeit einbezogen zu werden,
- begegnet der Passivität von Schülern und Schülerinnen und weckt Engagement und Phantasie,
- trägt (über die Einfühlung in Fremdes) zur Bewusstmachung, Reflexion und Überprüfung eigener Gedanken, Gefühle und Haltungen (Selbstkompetenz) bei (vgl. die der biographischen Selbstreflexion dienenden Standbild-Übungen in H. Gudjons u. a.: „Auf meinen Spuren"),
- verdeutlicht (unbewusste) Bilder, Vorstellungen, Beziehungen, Haltungen etc.,
- ist in jeder Jahrgangsstufe durchführbar,

- bahnt Prozesse des einfühlenden Verstehens auf spielerische Art an,
- vertieft die Einsichten in zugrundeliegende Unterrichtsinhalte (Sachkompetenz).

**Dabei ist zu bedenken:**

Die Arbeit mit Standbildern

- fordert eine Lerngruppe, die sich auf diese anspruchsvolle Spielart des Unterrichts einlässt;
- ist durch Vorbereitungs-, Durchführungs- und vor allem Auswertungsphasen zeitaufwendig;
- verlangt Platz; wenn mehrere Gruppen verschiedene Standbilder planen und entwickeln oder wenn die Zuschauer und Zuschauerinnen das Bild aus unterschiedlichen Perspektiven betrachten sollen.

Die Gefahr beim Standbildeinsatz im Unterricht besteht in einer Hingabe an bloßen Aktionismus, der die notwendigen Auswertungsphasen verkürzt bzw. auf einen Rückbezug zum eigentlichen Unterrichtsinhalt verzichtet.

Wo diese Gefahr z. B. durch eine vorhergehende Kontraktbildung mit den Schülern und Schülerinnen ausgeschaltet wird, kann die Arbeit mit Standbildern den Pädagogikunterricht in allen Schulformen und Jahrgangsstufen bereichern.

Impulse zum Bauen von Standbildern sollten die Schülerinnen und Schüler – neben verbalen Anregungen der sie Unterrichtenden – ebenfalls aus ihren Schulbüchern beziehen. Das einzige mir bekannte in diese Richtung zielende Beispiel findet sich in der Reihe „Materialien für den Sekundarbereich II Erziehungswissenschaft" (Wolf-Dieter Zimmermann / Rolf Hempelmann / Horst Klaeren): im Band 5 für die Jahrgangsstufe 13.1 wird als Einführung in den Themenbereich „Erziehungssystem Familie" der Vorschlag gemacht, ein Bibliodrama zu „erstellen", das sowohl ein empathisches Verständnis historischen Lebens als auch Einsichten in die eigene Geschichtlichkeit anbahnen will. Drei beigefügte Bilder dienen als Ausgangsbasis; sie erweitern das Vorverständnis der Spielenden, wobei m. E. auf der anderen Seite ihre phantasiehemmende Wirkung berücksichtigt werden sollte. Es bleibt zu fragen, ob das durchaus wünschenswerte Angebot eines Bibliodramas den Benutzern und Benutzerinnen von Schulbüchern nicht erheblich eher als in der Jahrgangsstufe 13.1 gemacht werden müsste, zumal der selbstverständliche und bildungswirksame Umgang mit derartigen unterrichtlichen Spielformen eines längeren Anbahnungsprozesses bedarf.

## Literatur zum Einstieg:

Scheller, Ingo: Erfahrungsbezogener Unterricht. Königstein/Ts.: Scriptor 1981. (Darüber hinaus hat sich Scheller in einigen weiteren Veröffentlichungen mit Standbildern beschäftigt.)

Meyer, Hilbert: Unterrichtsmethoden. Band II. Praxisband. Frankfurt/M.: Cornelsen Verlag Scriptor. 1987. (Meyer bezieht sich auf Scheller und gibt eine komprimierte Darstellung für die Arbeit mit Standbildern.)

**Beispiel für ein Arrangement zum Einsatz von Standbildern im Pädagogikunterricht**

Das im folgenden skizzierte Beispiel entnehme ich einem Pädagogikkurs 10/I des Bertha-von-Suttner-Gymnasiums Oberhausen.

Im Bereich „Erziehung früher und heute" thematisierte eine Unterrichtsreihe Wandlungen des Bildungssystems am Beispiel der gymnasialen Schulwirklichkeit zur Zeit der Jahrhundertwende und heute.

Die Schülerinnen und Schüler sollten ein fundiertes Wissen vom Schulalltag des Gymnasiums um 1900 erlangen, das sich Schritt für Schritt über die Auseinandersetzung mit Gesetzen, Fotos, Dokumenten, Auszügen aus literarischen Texten sowie deren Verfilmungen bzw. gefilmten Inszenierungen aufbauen konnte.

Es wurden stets kurze Auszüge gewählt, die Vergleichsmöglichkeiten zum heutigen Schulalltag boten und damit dem übergeordneten Reihenziel einer Reflexion der subjektiven Erfahrung aktueller Schulwirklichkeit den Weg bereiten sollten.

Der Lerngruppe war die Arbeit mit Standbildern unbekannt. Daher erschien es ratsam, sich bei den ersten Bauversuchen an einer allen gleichermaßen vertrauten Vorlage zu orientieren, die auf Regieanweisungen befragt werden konnte.

Ich schlug Textauszüge aus der 1906 erschienenen Erzählung „Unterm Rad" von Hermann Hesse vor, in der die Schulerfahrungen des 14–16jährigen Hans Giebenrath dargestellt werden: Lehrerverhalten, Stoffüberlastung, lebens- und wirklichkeitsferne Lerninhalte, schülerfeindliche Lehrmethoden, Prüfungsdruck, Konkurrenzverhalten der Mitschüler, beengende Schuleinrichtung und Schulkleidung sowie staatliche Bedingungen, gesellschaftliche Erwartungen und Forderungen von Vater und Kirche belasten die Hauptfigur, die schließlich 'Unterm Rad' endet.

Den gleichaltrigen Schülern und Schülerinnen bot Hans Giebenrath, dessen psychische Verfassung Hesse (auch aufgrund der eigenen Biographie) detailliert beschreibt, zahlreiche Identifikationsmöglichkeiten, die Figur forderte sie jedoch ebenso zu lebhafter Kritik gerade an Punkten heraus, die für sie selbst im derzeitigen Entwicklungsstadium noch problembelastet und unaufgelöst waren.

In einer Vorbereitungsphase wurden in arbeitsteiliger Gruppenarbeit Motive für Standbilder ausgewählt. Dabei war es von Bedeutung, die pädagogische Perspektive beizubehalten, da es nicht um die Visualisierung eines literarischen Textes ging. Das bereits in der Unterrichtsreihe erworbene Wissen musste in die Gestaltung der Standbilder einfließen.

Die einzelnen Gruppen sammelten Ideen, entschieden sich für diejenige, die sie realisieren wollten und entwickelten dafür einen ausführlichen Plan, der den Textbezug sowie weitere relevante Textstellen, eine genaue Beschreibung des zu bauenden Standbildes sowie Angaben über erforderliche Personen und Requisiten umfasste.

In einer Austauschphase präsentierten die einzelnen Gruppen dem Kurs ihre Ergebnisse, was den weiteren Ablauf für alle transparent machte und die Beschaffung von Requisiten erleichterte.

Passende Räumlichkeiten fanden sich in einer gut erreichbaren Schule, in der ein Gebäudetrakt aus der Zeit der Jahrhundertwende mit Klassen-, Lehrer-, Rektorzimmer und Flur erhalten worden ist.

Der eigentliche Bau der Standbilder verlief relativ zügig, da die Gruppen gut vorbereitet waren und ihre Regieanweisungen gezielt geben konnten. Da diese Phase außerhalb der eigenen Schule ablief, war beschlossen worden, die Standbilder zu fotografieren und die Auswertungsphasen erst mit Hilfe der Fotos durchzuführen. Lichtverhältnisse, Blickwinkel, Brennweiten und andere fototechnische Faktoren mussten also zusätzlich berücksichtigt werden.

Jede Gruppe war für ihr Standbild verantwortlich und übernahm dafür die Regie. Nach Erfordernis des jeweiligen Motivs konnten beliebig viele der Kursteilnehmer und Kursteilnehmerinnen instruiert werden, eine bestimmte Haltung einzunehmen bzw. modelliert zu werden.

Aufgrund der Aufsplittung der Funktion des Regisseurs/der Regisseurin auf jeweils verschiedene Schülerinnen und Schüler sowie der Mitbestimmungsmöglichkeiten aller ließ sich ein lebhafter, förderlicher und kreativer Austausch zwischen den Beteiligten erkennen. Als die Fotos angefertigt worden waren, löste eine außerordentliche Zufriedenheit die Konzentration und Anstrengung während der Standbildarbeit ab.

Die Auswertung der Standbilder (die durch den Sofort- bzw. Über-Nacht-Service der Fotolabore in der folgenden Stunde möglich war) bezog sich auf den **dargestellten Inhalt** (Erkenntnisse zum Thema: Gymnasiale Schulwirklichkeit zur Zeit der Jahrhundertwende), auf die **affektive Dimension** („Wie habe ich das Bauen der Standbilder erlebt?“, „Welche Gefühle löst ihre Betrachtung in mir aus?“), auf die **soziale Seite der Arbeit** („Wie haben wir beim Standbildbau kooperiert?“ etc.), auf die **Bedeutung** des Unternehmens **für die subjektive Sicht** aktueller Schulwirklichkeit („[Inwieweit] Hat sich meine subjektive Wahrnehmung und Beurteilung heutiger Schulwirklichkeit durch die Standbilderfahrungen verändert?“) sowie auf eine **unterrichtsmethodische Reflexion** („Meine Eindrücke von der Standbildtechnik im Pädagogikunterricht“).

Die umfangreichen Ergebnisse, die z. T. einen stark subjektiven Charakter haben, können hier nicht im einzelnen dokumentiert werden.

Nach meiner Einschätzung, die die Äußerungen der Lernenden mit einbezieht, konnten die oben genannten Vorzüge der Arbeit mit Standbildern weitgehend diagnostiziert werden.

Durch die Standbildtechnik, die hier über einen ergreifenden literarischen Text (-auszug) in historischen Räumlichkeiten umgesetzt wurde, konnten die Schülerinnen und Schüler einen möglichen Ausschnitt vergangener Schulwirklichkeit hautnah erleben und somit sehr viel fundierter zu ihrer Sichtweise des heutigen Schulalltages in Beziehung setzen als wenn sie die Inhalte in anderer Form dargeboten bekommen hätten.

„Die griechische Arbeit war ziemlich lang und gar nicht leicht (...) Von zehn Uhr an wurde es schwül und heiß im Saal. Hans hatte keine gute Schreibfeder und verdarb zwei Bogen Papier, bis die griechische Arbeit ins reine geschrieben war."

„Er konnte vor Leid und Angst und Schwindel kaum mehr aus den Augen sehen. Zehn Minuten lang saß er vor drei Herren an einem großen, grünen Tisch, übersetzte ein paar lateinische Sätze und gab auf die gestellten Fragen Antwort."

## Quelle:

„Pädagogikunterricht", Heft 1/1996, S. 35ff.

## **Literatur:** weitere Anregungen zum Standbildbau finden sich in:

Mann, Thomas: Buddenbrooks. Die Schulepisode. Romanauszug. München: Klett 1997.

Rogal, Stefan: Schulspuren. Baltmannsweiler: Schneider Verlag Hohengehren 1999.

Wedekind, Frank: Frühlings Erwachen. Textausgabe. Paderborn: Schöningh 1999.

Wedekind, Frank: Frühlings Erwachen. Unterrichtsmodell für Lehrer/innen. Paderborn: Schöningh 2000.

# Simulationen im Pädagogikunterricht

HANS GEORG TANGEMANN

# Planspiele (Simulationsspiele) im Pädagogikunterricht

## 1. Motivation für die Beschäftigung mit Simulationsspielen

Nicht nur junge schulische Unterrichtsfächer wie etwa „Erziehungswissenschaft“ suchen nach einer Gesamtkonzeption; auch für seit langem etablierte Fächer gibt es kein „ewig gültiges“ Curriculum. Dennoch wird sich ein neues Fach gegenüber den zahlreichen Mitkonkurrenten nur behaupten können, wenn es nach angemessener Frist eine solche überzeugende Konzeption vorweisen kann. Unter „Konzeption“ wären dabei allerdings nicht nur Lehrziele und schon gar nicht ausschließlich Ziele auf hoher oder höchster Allgemeinheitsstufe zu verstehen, sondern ebenso die praktizierten Unterrichtsverfahren, wie etwa hermeneutische Verfahren einen Kernbestandteil der philologischen Fächer ausmachen oder experimentelle Verfahren untrennbar zu den naturwissenschaftlichen Fächern gehören. In dieser Hinsicht nun ist die Hauptbedeutung von **Simulationsspielen (SiS)** und ähnlichen Unterrichtsverfahren meiner Ansicht nach darin zu sehen, dass sie möglicherweise eines Tages ebenso selbstverständlich zu den sozialwissenschaftlichen Unterrichtsfächern gehören werden, wie dies für die anderen genannten Fächertypen und deren spezifische Unterrichtsverfahren heute gilt.

Darüber hinaus sind allerdings weitere Motivationen für die Beschäftigung mit SiS denkbar. So dürfte es **erstens** kaum einen Fachlehrer auf Dauer befriedigen, wenn er seinen Unterricht weitgehend als Kopie von in anderen Fächern etablierten Lehrverfahren gestaltet. Auch Schüler werden es sogleich positiv vermerken, wenn ein Fach nicht nur neue Inhalte anbietet, sondern auch andere Möglichkeiten, ein Problemfeld aufzuschließen.

**Zweitens** werden auch diejenigen Fachkollegen, die sich bereits eingehender über alternative Unterrichtsverfahren Gedanken gemacht haben, parallele oder ergänzende Überlegungen begrüßen, weil sie dadurch weitere Möglichkeiten kennen lernen, den Unterricht durch einen Wechsel des Verfahrens interessant zu gestalten.

**Drittens** erscheint es wünschenswert, dass sich Schüler nicht nur im schulischen Raum, sondern auch darüber hinaus für ein Problem interessieren. Gerade SiS können aber dem Unterricht jenen Aspekt von Realitätsnähe verleihen, der die im außerschulischen öffentlichen und privaten Bereich vorhandenen Motivationsreserven aktivieren hilft.

**Viertens** kennt wohl jeder, der sozialwissenschaftliche Fächer unterrichtet, jenes ungute Gefühl, das einen in denjenigen Augenblicken befällt, wo man die Kluft zwischen wohlformulierten theoretischen Einsichten und dem praktischen Verhalten der Schüler feststellen muss. SiS zeichnen sich nun durch eine besonders enge Verschränkung von kognitiven und sozialaffektiven Lernprozessen aus, die dem Unterrichtenden trotz der großen Selbständigkeit der Mitspieler eine Reihe von zusätzlichen Steuerungsmöglichkeiten bietet.

**Fünftens** zeigen Unterrichtsverfahren wie SiS dem Lehrer einen Ausweg aus dem Trilemma der Forderung nach Wissenschaftspropädeutik. Wissenschaftspropädeutischer Unterricht auf der Sekundarstufe II soll ja zugleich nicht im Bereich der Anschaulichkeit verbleiben, nicht selber Wissenschaft, aber auch nicht 'unwissenschaftlich' sein. SiS lösen das Trilemma folgendermaßen auf: sie sind zunächst anschaulich, denn sie werden erlebt; sie bieten sodann Ansatzpunkte zu theoretischer Reflexion, sind aber selber schon allein wegen ihres Prozesscharakters nie theoretischer Natur.

## 2. Bericht über die Durchführung des Simulationsspiels „Ein Aktivspielplatz in O-Stadt“

Der Problematik von SiS soll zunächst auf der Ebene eines Berichts über ein von mir entwickelten und durchgeführten Beispiel nachgegangen werden. Es trägt den Titel „Ein Aktivspielplatz in O-Stadt“ und wurde erstmals in einem mit fünfzehn Schülerinnen und Schülern besetzten Leistungskurs der Jahrgangsstufe 11/2 erprobt. Für das Spiel standen sechs Doppelstunden und eine Einzelstunde zur Verfügung.

Ein SiS – dies sei zum Verständnis vorausgeschickt – gliedert sich:

- in eine **Planungsphase**, in deren Verlauf vom Spielleiter und von den Mitspielern die nötigen Vorbereitungen getroffen und wenn erforderlich die Mitspieler in diese Spielform eingeführt werden;
- in eine **Spielphase**, in deren Verlauf Spieler oder Spielgruppen untereinander mündlich oder schriftlich (mit Hilfe von Spielzugformularen) Spielzüge austauschen;
- in eine **Auswertungsphase**, in der unter Anleitung des Spielleiters je nach Zielsetzung des Spiels verschiedene Aspekte aufgegriffen und bearbeitet werden.

### 2.1 Die Planungsphase

Die Literatur über SiS lässt sich in **drei verschiedene Typen von Beiträgen** einteilen:

- den ersten Typ stellen die Arbeiten **zur schulischen und außerschulischen politischen Bildung und Sozialarbeit** im weitesten Sinne dar (Antons 1975, Kochan 1975, Prim/Reckmann 1975, Ruhloff 1970, Shaftel/Shaftel 1974);

- einen zweiten Ansatz verfolgten Autoren, die an **traditionelle pädagogische Spielformen** anknüpfen (Daublebsky 1976, Kluge 1968, Tiemann 1969);
- den dritten Typ charakterisieren schließlich mehr **didaktisch orientierte Beiträge** (Gold u. a. 1975, Lehmann/Portele 1976, Kaiser 1973, Reimann 1972, Taylor/Walford 1974).

Nicht vergessen werden darf schließlich der Überblick über die Bedeutung von Simulationen in Wirtschaft, Verwaltung, Politik, Technik, Pädagogik und beim Militär, den Rehm bereits 1964 vorgelegt hat. Die übrigen Beiträge sind bezeichnenderweise meist jüngeren Datums. Auf eine detaillierte Literaturbesprechung verzichte ich allerdings an dieser Stelle. Einige theoretische Überlegungen finden sich im dritten Teil dieses Aufsatzes.

Im Gegensatz zu diesem ersten Vorbereitungsfeld beschränkte sich die Informationssuche zum Thema „Aktivspielplätze" nicht nur auf die vorhandene Literatur (Autorenkollektiv „Märkisches Viertel" 1973, Landesarbeitsgemeinschaft Abenteuer-, Bau- und Aktivspielplätze NRW e. V. 1973, Prinz 1973, Schottmeyer 1973). Zur Verfügung stehen vielmehr auch ein Film und zwei Diareihen (FT 2258; R 2258/59 im Verleih der Kreisbildstellen). Entscheidende Informationen erhielt ich außerdem im persönlichen Gespräch mit dem Vorsitzenden einer Bürgerinitiative, die sich für die Errichtung eines Aktivspielplatzes einsetzt.

Der Leser mag in Anbetracht der aufwendigen Vorbereitungen bereits jetzt SiS skeptisch gegenüberstehen. Der (werbende) Berichterstatter kann allerdings die „Kosten"-Seite erheblich relativieren, indem er zum Beispiel auf den Lernerfolg, die überdauernde Motivation bei den Schülern, den Zuwachs an pädagogischen Kompetenzen beim Lehrer selbst, die Möglichkeit der Kooperation mit Fachkollegen und den mehrfachen Einsatz eines einmal vorbereiteten SiS verweist. Zusätzlich möchte ich an dieser Stelle zur Überlegung anregen, ob sich gegen die vielfältigen zeit- und kraftraubenden Anforderungen des Lehrerberufs als Therapie nicht gerade ein von Zeit zu Zeit zu wagender neuer Anlauf, der Sprung ins Ungewisse, das Risiko, das pädagogische Abenteuer empfiehlt.

Wie dem auch sei, auf der Seite der Schüler wird man mit der Ankündigung eines SiS sicherlich auf reges Interesse stoßen. Man stelle sich folgende Situation vor: Die Kursteilnehmer beschäftigen sich bereits seit einiger Zeit mit dem Phänomen des Spiels aus pädagogischer Sicht, sie machen Bekanntschaft mit dem skandinavischen Modell des Aktivspielplatzes, sehen Filme und Dias, sichten Materialien, haben vielleicht sogar Gelegenheit, einen solchen Platz zu besichtigen und dann endet an dieser Stelle meist die Unterrichtsreihe. Lässt sie nicht in dieser Form zwei gleichermaßen unbefriedigende Einstellungen bei den Schülern zurück: entweder eine idealistische mit kühnen Träumen von den Chancen einer engagierten Pädagogik oder aber eine resignierende mit einem spöttischen Blick auf den Pädagogikunterricht als Spielwiese für Enthusiasten? Durch die SiS könnte eine 'realistische Wende' der Pädagogik auch im Unterricht Einzug halten. Im Hinblick auf die Entwicklung der Schüler scheint sie in jedem Fall notwendig zu sein. Inhelder und Piaget bemerken dazu, die für den Adoleszenten typische Form der Dezentrierung vollziehe sich im Wechsel vom „réformateur idéaliste“ zum „réalisateur“ (1970, 308). In der Tat verlangen SiS von den Mitspielern wie noch deutlich werden wird ein realisierendes Handeln, nicht bloß ein Probehandeln in Gedanken.

Welche Voraussetzungen bei den Schülern sind nun erforderlich, bevor man mit einem SiS beginnen kann? Zunächst einmal sollte natürlich eine spezielle Motivation ausfindig gemacht werden, eine Diskussion etwa oder eine durch Nachdenken und Nachlesen nicht entscheidbare Frage, zum Beispiel „Ein solcher Spielplatz wäre bei uns (un)möglich“. Von daher ergeben sich zweitens die speziellen Ziele, die mit dem SiS verbunden werden und die ebenso die Ziele des Lehrers wie der Schüler sein sollten, zum Beispiel „Wir wollen die Möglichkeit für die Realisierung eines Aktivspielplatzes prüfen“. Schließlich sind mit den Schülern eine Reihe von organisatorischen Problemen zu lösen. Da die Spieler bzw. Spielgruppen voneinander unbeeinflusst und ungestört teilnehmen sollen, wird sich vielerorts die Frage nach geeigneten Räumen stellen. Zwei mögliche Lösungen sind wohl zu erwägen: erstens wäre zu prüfen, ob für das ungestörte Arbeiten der Spielgruppen vielleicht unbenutzte Sprechzimmer, Arztzimmer, Kellerräume u. ä. zur Verfügung stehen. Diese Lösung habe ich selber bei meinen ersten Erfahrungen gewählt. Sie hatte den Vorteil, dass die Spielgruppen tatsächlich völlig auf sich gestellt waren. Allerdings ist diese Lösung zeitaufwendig und verlangt eine sehr große Disziplin. Favorisieren würde ich deshalb eine zweite, weniger provisorische Möglichkeit, bei der ein großer Raum durch mehrere Stellwände unterteilt wird, und zwar so, dass der Spielleiter die Arbeitsgruppen möglichst alle von seinem Platz aus beobachten kann. Aus diesen Beobachtungen können sich bereits zahlreiche Hinweise für die nachträgliche gruppendynamische Auswertung ergeben, die man bei keinem SiS unterlassen sollte. Weitere Vorteile dieses Arrangements liegen vor allem im raschen Informationsaustausch zwischen den Gruppen und in der Möglichkeit, die Veranstaltungsform rasch zu wechseln, zum Beispiel von der Gruppenarbeit zur Gesamtkonferenz (vgl. 2.2). Nicht zu vergessen sind weiterhin Hinweise auf bürotechnische Probleme: Kopierpapier, Hefter u. ä., auf die jedoch nicht näher eingegangen werden muss. Schüler, die noch nicht über Erfahrungen mit SiS verfügen, wird man an verschiedenen Beispielen mit der Eigenart des neuen Unterrichtsverfahrens vertraut machen. In dem von mir unterrichteten Kurs ergab sich überdies die Notwendigkeit, darüber aufzuklären, dass die Spielzüge niemals Gegenstand der Notengebung sein können. Allerdings ist damit das Problem noch nicht aus der Welt geschafft, dass die Notengebung in der gegenwärtig praktizierten Form in den Bereich des Absurden geriete, wenn man sie auf soziale oder emotionale Lernprozesse anwendete, die ja gerade ins Zentrum von SiS gerückt werden können (nicht müssen).

## 2.2 Die Spielphase

Jedes SiS beginnt, nachdem die Aufteilung in Spielgruppen geklärt ist (im vorliegenden Fall geschah sie durch Losentscheid), mit der Bekanntgabe der (möglicherweise sogar von Mitspielern erarbeiteten) **Ausgangslage**. Im Falle des Spiels „Ein Aktivspielplatz für O-Stadt“ sah sie folgendermaßen aus:

In der Stadthalle von O-Stadt finden sich zahlreiche interessierte Bürger ein. Angekündigt ist ein Vortrag über Aktivspielplätze in Skandinavien und Berlin. Dieser Vortrag war auf Initiative der Jugendgruppe *Greenhorns* (zwei Mitspieler) zustande gekommen, die sich seit längerem für die Errichtung eines Aktivspielplatzes und den Bau eines selbst verwalteten Jugendheims einsetzt. Tatsächlich kann die Jugendgruppe – so weiterhin die Vorgabe – einen unmittelbaren Erfolg dieses von ihr initiierten Vortrags verbuchen; ‘spontan’ bildet sich nämlich nach der Veranstaltung eine *Bürgerinitiative,* die sich die Forderung der *Greenhorns* nach Einrichtung eines Aktivspielplatzes (und nur dieses) zu eigen macht. Aus der Sicht dieser beiden ersten Spielgruppen trübt den Erfolg allerdings ein weiteres Ereignis; eine andere Gruppe von Bürgern, die in der Nähe des von der Jugendgruppe vorgeschlagenen Spielterrains Ein- und Zweifamilienhäuser bewohnt, sieht sich in ihrer Skepsis gegenüber diesem seit längerem diskutierten Projekt bestärkt und formiert sich (mit vier Mitspielern) als *zweite Initiative* von Bürgern zur Gruppe der *Gegner* des Aktivspielplatzes. Über die *zu* erwartende Auseinandersetzung zu entscheiden hat der *Rat* von O-Stadt, der aufgeteilt in eine Mehrheitsfraktion mit zwei und eine Minderheitsfraktion mit einem Mitspieler bei den Bürgern von O-Stadt seit der letzten Wahl mit dem Versprechen im Wort steht, die Freizeitmöglichkeiten in O-Stadt zu verbessern. Entscheidungen des *Rates* auf diesem Sektor werden aber auch durch den finanziellen Rahmen des entsprechenden Haushaltstitels Grenzen gesetzt: Neben der Einrichtung und Renovierung von Spielplätzen sind nämlich weitere Arbeiten vorgesehen wie die Renovierung des Schwimmbades, der schulischen Sportstätten und eventuell die Errichtung eines Freizeitparks.

Hilfestellung kann dem *Rat aber* auch den anderen Spielgruppen von der *Verwaltung* von O-Stadt zuteil werden, von der Expertisen zu bestimmten Projekten angefordert werden können. Die *Verwaltung* wurde vom Spielleiter selbst repräsentiert, weil er als einziger über die nötigen Detailinformationen verfügte.

Bei allen Ereignissen in O-Stadt kommt schließlich den *O-Städter Nachrichten* eine besondere Bedeutung zu; dieses Lokalblatt, dem eine liberalkonservative Grundtendenz nachgesagt wird, stellt die Öffentlichkeit aller Vorgänge her, verhindert allzu große Informationsunterschiede bei den Bürgern und hebt die zentralen Ereignisse und ihre unterschiedliche Bewertung durch die verschiedenen O-Städter Bürger (Gruppen) heraus.

Die beschriebene Ausgangslage bedarf eines Kommentars. Was zunächst die Einteilung in Spielgruppen angeht, so wurden folgende Kriterien berücksichtigt.

In erster Linie sollte die Einteilung verschiedene zentrale Perspektiven zulassen; **diejenigen der Pro- und Kontravertreter,** diejenige des eher **neutralen Beobachters** und schließlich die **Perspektive eines verantwortlichen Entscheidungsgremiums.**

Die lernfördernde Bedeutung des Perspektivenprinzips, das sich u. a. aus Theoremen der interaktionistischen Schule der Soziologie ableiten lässt, haben Moore und Anderson hervorgehoben (in: Lehmann/Portele 1976, 29–73). Sie erläutern, dass **soziale Handlungen** grundsätzlich aus **vier verschiedenen Perspektiven** betrachtet werden können: aus der Sicht des Handelnden (oder „Agenten"); dann aus der Perspektive dessen, der die Konsequenzen einer Handlung erfährt, über die er keine Kontrolle ausüben kann (des „Patienten"); weiterhin aus der Perspektive desjenigen, der in einer „reziproken" Perspektive die Sicht des anderen (und weiter: dessen Sicht dieser Sicht etc.) strategisch denkend vorwegnimmt; und schließlich aus der bewertenden „Schiedsrichterperspektive", von dessen Warte aus das Spiel insgesamt (d. h. das Geflecht von Interaktionen als Ganzes) in den Blick kommt (Moore/ Anderson 1976, 36f.). Das Perspektivenprinzip besagt nun, dass das Lernen in einer Lernumgebung („educational environment") schneller und intensiver geschieht, wenn diese eine Vielzahl von Perspektiven und Perspektivenkombinationen erlaubt, langsamer und weniger intensiv dagegen, wenn sie nur wenige Perspektiven bzw. gar keine oder nur wenige Kombinationen zulässt (ebenda, 45f.).

Wendet man diese Überlegungen auf das beschriebene SiS an, so ergibt sich Folgendes: In einer normalen Unterrichtssituation wären wohl Argumente für und gegen Aktivspielplätze gesammelt und diskutiert worden. Die Form der Diskussion zwingt die Schüler jedoch nicht notwendig zum Verlassen ihrer jeweils eingenommenen Perspektive. Im SiS hingegen muss sich jede Gruppe bzw. jeder Spieler auch Gedanken über die Gedanken der anderen machen (reziproke Perspektive). Vor allem der *Rat* und die *O-Städter Nachrichten* sollten auf die Schiedsrichterperspektive überwechseln oder die verschiedenen Perspektiven in einem abgewogenen Urteil kombinieren. Dies gelang beiden Gruppen während der Spielphase allerdings nur in Ansätzen. Eine der Hauptaufgaben der Auswertungsphase war es deshalb, das beschriebene perspektivische Erfassen sozialer Prozesse weiter zu fördern. In der folgenden Kursarbeit zeigte sich, dass die Mehrzahl der Kursteilnehmer Fortschritte in dieser Richtung gemacht hatten. (In dieser Kursarbeit mussten sie u. a. die Aufgabe lösen, einen beharrlichen, gut argumentierenden Spielplatzgegner von den pädagogischen Vorzügen eines Aktivspielplatzes zu überzeugen.)

Von entscheidender Bedeutung für die Wahl der Vorgaben an die Spielgruppen und für die Zusammenstellung der Spielgruppen selbst scheint mir das erläuterte **Perspektivenprinzip** zu sein. Darüber hinaus ist natürlich zu beachten, dass die Spielchancen (vor allem in Hinsicht auf mögliche Koalitionen) etwa gleich verteilt sind; weiterhin, dass sie genügend orientieren, nicht jedoch schon einen bestimmten Spielverlauf vorzeichnen. Einige Mitspieler gaben hinterher deutlich zu erkennen, dass in einem Kurs „Erziehungswissenschaft" ihrer Ansicht nach nur die Befürworter des Spielplatzes gewinnen konnten. Diese (falsche) Siegesgewissheit nutzen die *Gegner* des Aktivspielplatzes jedoch geschickt zu ihrem Vorteil.

Damit möchte ich den Kommentar zur gewählten Ausgangslage beschließen und mit der Schilderung des Spielverlaufs fortfahren. Die Argumente (Spielzüge) werden zwischen den Spielgruppen in der Regel schriftlich ausgetauscht.

Die ersten Aktivitäten der Spielgruppen spiegelten sich in der rasch erscheinenden ersten Ausgabe der *O-Städter Nachrichten* wieder: Die *Bürgerinitiative* wurde als freier Träger der Jugendhilfe und als gemeinnützige Körperschaft anerkannt; der *Rat* seinerseits nahm zu dem Vortrag Stellung, indem er auf der einen Seite zwar die pädagogische Zielsetzung von Aktivspielplätzen begrüßte, andererseits aber auf die seiner Ansicht nach gespannte Haushaltslage aufmerksam machte.

Sehr schnell reagierten auch die *Gegner* des Aktivspielplatzes, die sich mit einem Katalog von Argumenten gegen dessen Errichtung (Schmutz, Lärm, Gefahren, Kosten) an den *Rat* wendeten. Damit nahmen sie gleichzeitig den *Greenhorns* die Luft aus den Segeln, die sich an sie, die *Gegner,* mit dem Vorwurf gewandt hatten, sie besäßen offenbar keine ernstzunehmenden Argumente gegen die Errichtung des Aktivspielplatzes, würden sich aber dennoch gegen dieses Projekt wenden.

Durch das rasche und selbstsichere Vorgehen der *Gegner* sowie durch den Umstand, dass sich zwischen der *Bürgerinitiative* und den *Greenhorns* trotz Interessengleichheit offensichtliche Kontaktschwierigkeiten ergeben hatten, gerieten die *Greenhorns* zunächst an den Rand des Geschehens.

Die Probleme der *Greenhorns* wurden mit den beiden Teilnehmern dieser Spielgruppe in der Auswertungsphase zunächst allein besprochen. Sie gaben für ihren schlechten Start zwei Gründe an: einmal seien sie immer noch von der Vermutung ausgegangen, das Spielverhalten werde benotet, zum anderen hätten sie in der isolierten Situation recht ratlos dagestanden.

In der gemeinsamen Nachbesprechung wurden auch die Mitglieder der *Bürgerinitiative* mit diesen Aussagen bekannt gemacht. Sie konnten einsehen, dass die schlechte Kooperation zwischen ihren beiden Spielgruppen auch auf einem Mangel an sozialer Sensibilität beruhte: die vier Mitglieder der *Bürgerinitiative* kannten ihre beiden möglichen Koalitionspartner recht gut und hätten sich deren Probleme durchaus vorstellen können.

Stattdessen griff der Spielleiter ein, um den *Greenhorns* die Teilnahme am Spielgeschehen zu erleichtern. Zu Beginn des zweiten Tages wurde nämlich Informationsmaterial eingespielt, das dieser Gruppe 'von einer befreundeten Jugendgruppe *aus Bochum'* zugesendet worden war. Gestärkt durch diese unerwartete Hilfe wendeten sich die *Greenhorns* dann auch zum ersten Mal an die *Bürgerinitiative.*

*Um zusätzliche Informationen ging es auch dem Rat,* der von der *Verwaltung* einen Kostenvoranschlag für einen Aktivspielplatz anforderte und von der *Bürgerinitia-*

*tive* eine Stellungnahme zu den Einwänden der *Gegner* erbat. Um der *Bürgerinitiative* ihre Argumentation hinsichtlich der organisatorischen und finanziellen Probleme bei der Errichtung eines Aktivspielplatzes zu erleichtern, ging ihr von der Spielleitung entsprechendes Material zu.

Den *O-Städter Nachrichten* gelang es unterdessen, die bisherigen Vorgänge in *O-Stadt* in einer zweiten Ausgabe übersichtlicher zusammenzufassen. Zugleich übernahmen sie eine weitere Einspielung der Spielleitung: Danach forderten 300 Bürger von *O-Stadt* die Errichtung eines Freizeitparks; auf diese Weise sollte das Gleichgewicht zwischen Spielplatzbefürwortern und Spielplatzgegnern, die bisher noch keine zusätzliche Hilfe erhielten, wiederhergestellt werden.

Die *Gegner* des Aktivspielplatzes erkannten zwar den Wert der Einspielung für die Durchsetzung ihrer Interessen (die Errichtung eines Freizeitparks hätte den finanziellen Spielraum für die übrigen Freizeitprojekte einschließlich der Spielplätze eingeschränkt), lehnten jedoch diese Wendung des Spiels ebenso wie die anderen Gruppen ab. Insgesamt verursachte diese Einspielung mehr Missverständnisse, als sie klärende Hilfe bedeutete.

Bisher konnte man den Eindruck gewinnen, SiS seien nur eine Form der erweiterten Gruppenarbeit. Jedoch können in einem solchen Spiel sehr unterschiedliche Sozialformen auftreten. Außer den Gesprächen innerhalb einer Gruppe sind Teil- oder Gesamtkonferenzen, Botschaften durch Gesandte, Verhandlungen zwischen Parlamentären u. ä. möglich. Von einer weiteren Möglichkeit wurde im SiS „Ein Aktivspielplatz in *O-Stadt*" Gebrauch gemacht. Am dritten Spieltag kam nämlich dem Bedürfnis aller Spielteilnehmer, den entscheidenden Konflikt von Angesicht zu Angesicht zu lösen, eine neue Spielsituation entgegen:

Einen Hinweis der Spielleitung aufnehmend, lud der *Rat* von *O-Stadt* zum Hearing über das Spielplatzproblem, bei dem alle übrigen Spielgruppen gehört wurden. Während die *Gegner* ihre bekannten Argumente noch einmal vortrugen, äußerten sich die Vertreter der *Bürgerinitiative* überwiegend zu Verfahrens- und Kostenfragen.

Als von der *Verwaltung* der relativ günstige Kaufpreis eines Alternativgeländes im Industrieviertel (in etwa 1,5 km Entfernung vom ursprünglich vorgesehenen Standort; das dort freiwerdende Gelände hätte zu einem wesentlich höheren Preis an ein Bauunternehmen verkauft werden können) bekannt gegeben wurde, konnte auch die Gruppe der *Greenhorns* nicht umhin, dem von dem *Rat* und den *Gegnern* favorisierten Plan der Verlegung des Spielterrains auf das Alternativgelände zuzustimmen. Lediglich bei der *Bürgerinitiative* blieb ein Rest von Unzufriedenheit mit der sich abzeichnenden Lösung zurück.

Die mit der Macht über den Zufall ausgestattete Spielleitung begegnete dieser vordergründigen Harmonie jedoch mit einem unerwarteten Spielzug: Die von der Jugendgruppe und der *Bürgerinitiative* beinahe vergessenen Kinder und Jugendlichen melden sich mit einer Protestaktion auf dem Spielterrain im Zentrum von *O-*

Stadt zu Wort: Von vielen Eltern unterstützt, lehnen sie das Ansinnen ab, sie ins 1,5 km entfernte Industriegelände auszusiedeln.

So spitzt sich in der Schlussphase noch einmal alles zu: Die *Bürgerinitiative*, aus ihrer Versenkung in verfahrenstechnische Detailfragen erwacht, formuliert nun endlich Gegenargumente gegen die Einwände der *Gegner.* Zusammen mit einem Bericht über das Hearing werden diese Argumente von den *O-Städter Nachrichten* veröffentlicht. Auch die *Greenhorns* besinnen sich ihres anfänglichen Standpunkts und schließen sich dem Protest an.

Der *Rat* jedoch zeigt wenig Bereitschaft, seinen Standpunkt zu überdenken. Er verfolgt konsequent den Alternativplan und reklamiert seinerseits nun den Zufall für sich: Plötzlich stellt sich heraus, dass ein sehr betuchter Bürger von *O-Stadt* in seinen Reihen sitzt, bereit, das zentrale Gelände (nicht das Alternativgelände im Industrieviertel) für DM 510000 zu erwerben und gleichzeitig der Auflage nachzukommen, dort neben Wohnhäusern auch ausreichendes Spielgelände zur Verfügung zu stellen.

Durch diese unvorhergesehene Wende werden alle Spielteilnehmer noch einmal motiviert, am vierten Spieltag in einer 45minütigen Diskussion eine Lösung des Problems herbeizuführen. Der Protest der Spielleitung gegen den plötzlichen Reichtum eines Ratsvertreters von *O-Stadt* findet kein Gehör; die Spielgruppen scheinen sich emanzipiert zu haben. Aber auch ohne die Annullierung dieses Spielzuges geraten die Ratsvertreter in Bedrängnis, denn eine Bebauung des Terrains verhindert trotz der vorgeschriebenen Spielplätze auf jeden Fall die Anlage eines Aktivspielplatzes. Dies wird *Rat* und *Gegnern* von deren Kontrahenten deutlich vorgehalten.

Die Befürworter des Aktivspielplatzes haben aber offensichtlich immer noch Schwierigkeiten, das ihnen zur Verfügung stehende Informationsmaterial geschickt einzusetzen. Die *Greenhorns* treten nun allerdings mit Hinweisen auf die Bedürfnisse der Kinder und Jugendlichen wesentlich selbstsicherer auf. Die Diskussion geschieht recht eifrig; alle Parteien kommen mehrfach zu Wort.

Eine abschließende Entscheidung – und das ist zugleich das Schlusszeichen, das die Spielleitung gibt – hat einzig und allein der Rat zu fällen, der auch weiterhin eher solidem Kaufmannsgeist als pädagogischen Experimenten zugeneigt scheint.

Wer sich von SiS eine realistische Wende des Erziehungswissenschaftlichen Unterrichts erhofft, kann mit dem Spielverlauf insgesamt wohl zufrieden sein. Der pädagogische Optimismus hatte eine Feuerprobe zu bestehen, die ihm im normalen Unterrichtsgespräch wohl erspart geblieben wäre. Sie bestand in zwei Hauptkomponenten: Einmal standen pädagogische Argumente in Konkurrenz zu Argumenten ganz anderer Provenienz; zum anderen wurden Sachargumente nicht isoliert behandelt, vielmehr hatten sie sich in einem sozialen Feld durchzusetzen. Man erkennt an dieser Stelle, dass gerade diese Merkmale SiS für die politische Bildung interessant machen. Zweifellos besitzt auch die institutionalisierte Pädagogik eine entscheidende politische Dimension. SiS lassen diese Dimension in einem überschaubaren Handlungsrahmen erfahrbar werden.

Das Stichwort von der 'realistischen Wende' ließe sich zweitens auch so verstehen, dass jeder kühne Gedankenentwurf angebunden wird an konkrete Handlungen, für die sich einleuchtende Gütemaßstäbe angeben lassen. So kann nur die Spielgruppe Erfolg haben, die präzise, knappe und rasche Spielzüge zustandebringt. Das wiederum setzt die Beherrschung einer ganzen Reihe von Arbeitstechniken voraus (Mitteilungen auswerten und entwerfen, gezielt diskutieren, Entscheidungsvorgänge steuern usw.). Zu großer Erfolgszwang allerdings könnte auch zu autoritären oder anarchischen Verhaltensweisen in den Spielgruppen führen. SiS lassen sich deshalb sicher nicht nach dem laissez-faire Prinzip veranstalten, sondern erfordern wie bereits angedeutet eine wohldosierte Steuerung. Weil aber nicht alle Handlungen gesteuert werden können und sollen, kommt der Auswertungsphase ein besonderes Gewicht zu.

## 2.3 Die Auswertungsphase

Gegenstand der Auswertungsphase sind die sachlichen und gruppendynamischen Probleme, die sich im Verlaufe des SiS aus unterschiedlichen Perspektiven ergeben haben. Es empfiehlt sich wohl, die dynamischen und sozialen Probleme jeweils zuerst zu behandeln. Da sie aus verschiedenen Perspektiven verschieden erlebt werden, sollten auch die Auswertungsgespräche sich an den möglichen Perspektiven orientieren. Die **Abfolge** sähe dann etwa so aus:

- Gespräche mit einzelnen Teilnehmern;
- Gespräche mit Spielgruppen;
- Gespräche mit verschiedenen Spielgruppen;
- Gespräche mit allen Teilnehmern.

Für diese Aussprache sollte sich der Spielleiter mit Hilfe der Spieldokumentation vorbereiten. Diese wird zweckmäßigerweise so angelegt, dass während des Spiels nicht nur eine Einzeldokumentation mit sämtlichen Spielzügen entsteht, sondern auch eine Übersicht der bereits absehbaren Kernprobleme. Ich habe bereits darauf hingewiesen, dass im Anschluss an das SiS „Ein Aktivspielplatz für *O-Stadt*" zunächst eine Aussprache mit den *Greenhorns* und der *Bürgerinitiative* stattfand. Die dort in und zwischen den Gruppen aufgetretenen Probleme konnten danach durch den gesamten Kurs mit Hilfe bereits bekannter Begriffe der Gruppensoziologie weiter analysiert werden. So fand graduell der Übergang von der Besprechung gruppendynamischer zu der Besprechung sachlicher Probleme statt. Inhaltlich hängt dieser Weg immer vom Verlauf des SiS und von den angestrebten Zielen ab und wird deshalb nach jedem SiS anders aussehen. Im vorliegenden Fall kamen außer Gruppenprozessen (speziell: Kommunikationsstrukturen) die Problematik pädagogischer Zielsetzungen zur Sprache (Erziehungsziele, speziell Elternrecht und Recht des Kindes).

Für die Auswertungsphase kann der durch die Spielphase entstandene Motivationsschub genutzt werden. Positiv wirkt sich vor allem aus, dass die behandelten pädagogischen Fragen nicht mehr künstlich anschaulich gemacht werden müssen; jeder Schüler verfügt ja über konkrete Erfahrungen. Fällt das Problem der Anschaulichkeit fort, so gelingt auch der Übergang zu mehr abstrakten Betrachtungen leichter. Diese werden wiederum durch das in der Spielphase verwirklichte Perspektivenprinzip gestützt: Eine theoretisch-abstrakte Betrachtung eines sozialen Prozesses stellt ja nur eine Perspektive unter verschiedenen anderen möglichen dar.

Der Leser mag an dieser Stelle eine detaillierte Kritik einzelner Spielphasen oder der Gesamtkonzeption erwarten. Mir scheint jedoch der Erkenntniswert solcher Überlegungen vor allem in Anbetracht der Unerfahrenheit aller Mitspieler geringer zu sein als derjenige einiger weiterführender theoretischer Überlegungen zum SiS, die mithin Gegenstand des dritten Abschnitts sein sollen.

## 3. Hypothesen über die Auswirkungen von Simulationsspielen

Nachdem bisher die praktische Seite des SiS im Vordergrund gestanden hatte, wird nunmehr der Akzent auf deren theoretische Seite verlagert werden. Dabei sollen drei Theorieelemente angesprochen werden:

a) „Simulationsspiele“ sind sowohl gegenüber anderen Simulationen als auch gegenüber freien Spielsituationen sowie Ernstsituationen abzugrenzen. Dazu schlage ich folgende **Einteilung sozialer Situationen** vor:

- Ernstsituationen (tatsächliche pädagogische Situation);
- Simulationstraining (zum Beispiel Elternschulung);
- freie Spielsituation (zum Beispiel spontanes Rollenspiel von Kindern).

Diese Abgrenzung soll verdeutlichen, dass SiS offener (zum Beispiel in der Ziel und Methodenwahl) sind als Simulationstrainings, geschlossener jedoch als didaktisch nicht organisierte freie Spiele. Man könnte Simulationen als didaktisch optimierte Lernumgebungen im Zwischenbereich von „Spiel“ und „Ernst“ bezeichnen.

b) Was genauer unter „**didaktischer Optimierung**“ zu verstehen ist, das kann am Leitfaden des Theorieansatzes von Moore und Anderson erläutert werden. Diese Autoren nennen vier, für die Gestaltung von optimalen Lernumgebungen ausschlaggebende Prinzipien:

- das Perspektivenprinzip (das bereits erläutert wurde);
- das autotelische Prinzip, wonach die Lernumgebung vor ernsten Konsequenzen schützen und dennoch freie Entscheidungen gestatten soll;
- das Produktivitätsprinzip, das auf ein Höchstmaß von Entdeckermöglichkeiten abzielt;

- das Personalisierungsprinzip, das einerseits sicherstellen soll, dass die Lernumgebung auf die Aktionen des Lernenden eingeht, und das es andererseits dem Lernenden erleichtern soll, sich selbst in reziproker Perspektive zu sehen.

(Moore/Anderson 1976, 45ff.)

Es ist nun interessant festzustellen, dass die von Moore und Anderson angegebene Optimierungsstrategie für Lernumgebungen durch SiS tatsächlich eingelöst werden kann. Dies lässt sich jedenfalls der Darstellung von Taylor und Walford (1974) entnehmen, in der diese Autoren vor dem Hintergrund etwas breiterer Erfahrungen mit Simulationen in angelsächsischen Ländern deren Auswirkungen schildern. Die aller Erfahrung nach eintretenden Effekte von SiS sollen deshalb abschließend in einem Hypothesengeflecht zusammengestellt werden. Dabei wird man sich – gerade auch in Erinnerung an den Spielbericht – vor Augen halten müssen, dass Auswirkungen von SiS von zahlreichen Randbedingungen abhängen, und dass überdies eine strenge Kontrolle dieser Randbedingungen dem Charakter von SiS zuwiderlaufen würde. Der Leser wird für seine eigene Einschätzung von SiS daher sicher auch auf hermeneutische Verfahren zurückgreifen.

Hypothesen über die Auswirkungen von SiS auf die Relation „Unterrichtssystem – Bezugssystem" gemäß Taylor/Walford (1974)

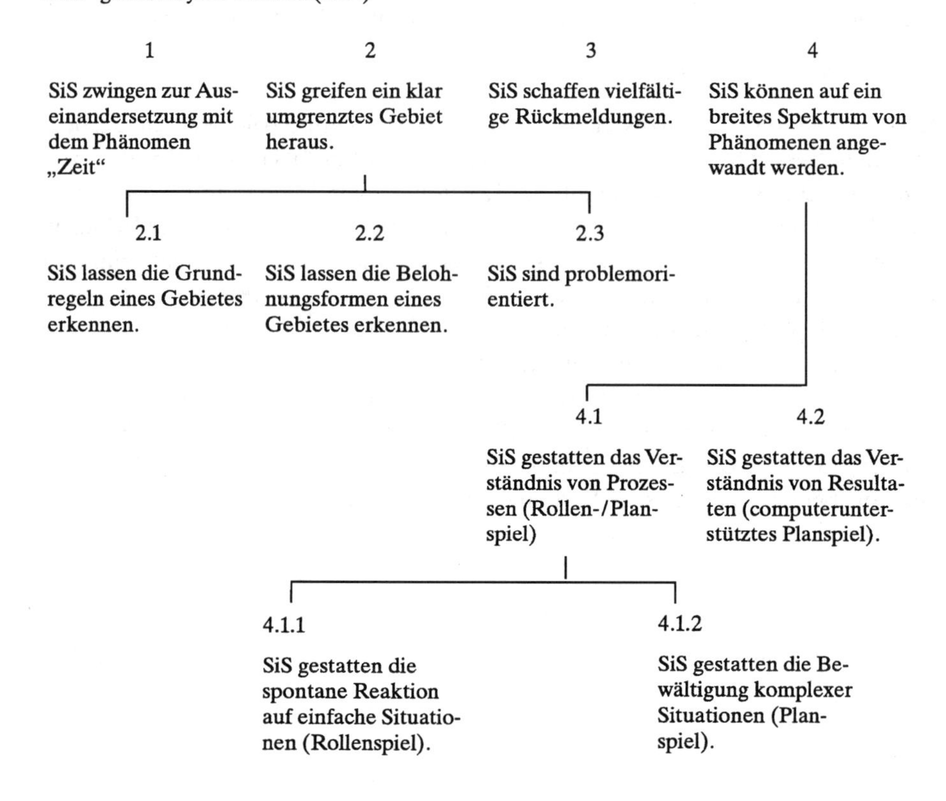

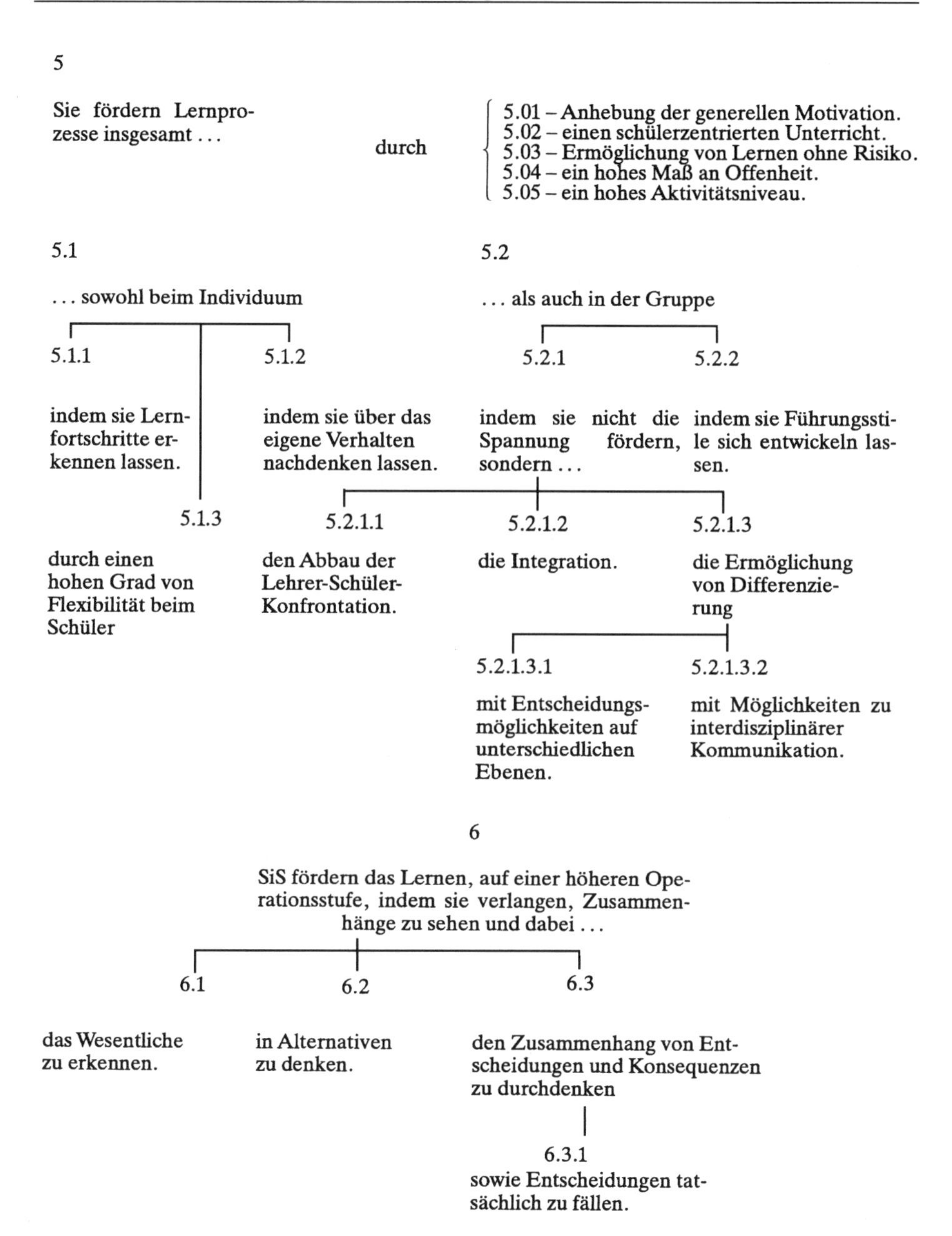


Quelle: Langefeld, Jürgen: Fach Pädagogik. Methoden des Pädagogikunterrichts. Düsseldorf: Pädagogischer Verlag Schwann 1978, S. 55 bis 68.

## Literatur

Antons, K.: Praxis der Gruppendynamik, 3. Aufl. Göttingen 1975.

Autorenkollektiv Abenteuerspielplatz Märkisches Viertel: Abenteuerspielplatz Wo verbieten verboten ist. Hamburg 1973.

Brachmann, K.: Öffentliche Spielplätze von Mängeln gekennzeichnet. In: Kinderschutz aktuell 4/75, S. 6–8.

Daublebsky, B.: Spielen in der Schule. Stuttgart [4]1976.

Gold, V., u. a.: Kinder spielen Konflikte. Neuwied und Darmstadt [2]1975.

Inhelder, B.; Piaget, J.: De la logique de l'enfant à la logique de l'adolescent. Paris [2]1970.

Kaiser, F. J.: Entscheidungstraining. Die Methoden der Entscheidungsfindung, Fallstudie – Simulation – Planspiel. Bad Heilbrunn/Obb. 1973.

Kluge, N.: Das Unterrichtsspiel. München 1968.

Kochan, B. (Hrsg.): Rollenspiel als Methode sprachlichen und sozialen Lernens. Kronberg 1975.

Landesarbeitsgemeinschaft Abenteuer-, Bau- und Aktivspielplätze NRW e. V. (Hrsg.): Kinder wollen spielen, Meschede 1973.

Lehmann, J.; Portele, G.: Simulationsspiele in der Erziehung. Weinheim und Basel 1976.

Moore, O. K.; Anderson, A. R.:Einige Prinzipien zur Gestaltung von Lebensumwelten selbstgesteuerten Lernens. In: Lehmann; Portele 1976, S. 29–73.

Prim, R./Reckmann, H.: Das Planspiel als gruppendynamische Methode außerschulischer politischer Bildung. Heidelberg 1975.

Prinz, U.: Die gegenwärtige Situation der Spielmöglichkeiten, in: Tutzinger Studien 3/1974, S. 35–43.

Rehm, M.: Das Planspiel als Bildungsmittel in Verwaltung und Wirtschaft, in Politik und Wehrwesen, in Erziehung und Unterricht, Heidelberg 1964.

Reimann, H. L.: Das Planspiel im pädagogischen Arbeitsbereich. Bonn 1972.

Ruhloff, J.: Ein Schulkonflikt wird durchgespielt, Heidelberg 1970.

Shaftel, F. R.; Shaftel, G.: Rollenspiel als soziales Entscheidungstraining. München [2]1974.

Schottmeyer, G.: Zur pädagogischen Konzeption der „betreuten Spielplätze“. In: Tutzinger Studien 3/1973, S. 3–34.

Taylor, J. L.; Walford, R.: Simulationsspiele. Ravensburg 1969.

Tiemann, K.: Planspiele für die Schule. Frankfurt/Main 1969.

# Simulationen im Pädagogikunterricht

JÜRGEN LANGEFELD

# Das Rollenspiel im Pädagogikunterricht

## 1. Das Rollenspiel im Erziehungswissenschaftlichen Unterricht

Im Erziehungswissenschaftlichen Unterricht ist die Funktion des Rollenspiels eine andere als im Deutschunterricht, im Kindergarten und in der freien Jugendarbeit. Das Rollenspiel scheint vor allem für **zwei Zwecke** im Erziehungswissenschaftlichen Unterricht einsetzbar:

### (1) Zur Exploration der Wirklichkeit

Damit ist gemeint, dass mit Hilfe des Rollenspiels die Wirklichkeit der Erziehung in komplexerer Weise symbolisch repräsentiert werden kann als über Texte oder verbale Berichte. Die Möglichkeit der Kommunikation ist umfangreicher, da neben dem Wort weitere Kommunikationskanäle benutzt werden: Intonation, Gestik, Mimik (vgl. Heinemann 1976).

Denn Erinnerungen an die Wirklichkeit sind nicht nur in aussprechbaren Kenntnissen und Wertvorstellungen gespeichert, sondern auch in Fertigkeiten, zum Beispiel automatisierten Bewegungsabläufen (vgl. Grundke 1975), die in der Spontaneität der Darstellung eines erzieherischen Geschehens geäußert werden. Weniger bewusste Schichten der Wirklichkeit werden dadurch ebenfalls analysierbar. Die Exploration ist einerseits objektbezogen, andererseits aber für das Selbstbild des einzelnen wichtig, insofern sie ihm hilft, seine Sicht der Wirklichkeit zu erfahren. Sicherlich sind damit auch pädagogische Probleme gegeben, aber die Funktion des Rollenspiels als methodisches Mittel besteht nach unserer Vorstellung nicht in psychoanalytischen oder psychodramatischen Aufgaben. Diese überschreiten Möglichkeiten und Aufgaben der Schule

### (2) Zur Übung vermittelter Kenntnisse und zum Erwerb von Fertigkeiten

Das Rollenspiel soll nunmehr als Übungsform vorgestellt werden. Da das Ziel der Urteils und Handlungskompetenz durch Textlektüre und deren Interpretation zu wenig unterrichtsmethodisch realisiert wird, sind komplexere und situationsbezogenere Übungsformen notwendig, die auch die Erweiterung des erzieherischen Verhaltensrepertoires ermöglichen. Als Übungen folgen Rollenspiele in der Unterrichtssequenz den informationsvermittelnden Abschnitten. Das Rollenspiel ist geeignet, deren Verbindung zur Erziehungswirklichkeit und dem in ihr praktizierten Verhalten zu intensivieren.

## 2. Durchführung eines Rollenspiels

Zunächst sei hier ein **Ablaufdiagramm** vorgestellt.

(1) **Definition der Situation**, auf die sich das Rollenspiel bezieht

Die Situation muss dem Schüler lebendig vor Augen stehen und der Problemgehalt griffig herausgearbeitet werden. Dies ist zum Beispiel der Fall, wenn eine **Entscheidung** gefällt werden soll. Im FunkKolleg Erziehungswissenschaft, Bd. I (Wolfgang Klafki u. a. 1970, 29–34), wird eine Reihe von Szenen vorgestellt.

Im Mittelpunkt steht der Schüler Heckmann. Er bleibt sitzen. Nehmen wir an, dass die für seine Nichtversetzung entscheidenden Noten aus den Fächern Deutsch und Englisch sowie der folgenden Sequenz von Noten herrühren: 4, 5, 5, 4 (Deutsch); 5, 5, 3, 5 (Englisch). Für den Vater stellt sich die Frage: Soll er gegen die Nichtversetzung Protest einlegen, oder soll der Junge eine Nachprüfung versuchen? Daraus ergibt sich eine Reihe von Gesprächen: Heckmann im Gespräch mit seinen Eltern, Gespräche des Direktors und der Lehrer mit dem Schüler und den Eltern, Diskussion in der Schulkonferenz, Gespräch des Schülers mit seinen Mitschülern ...

**(2) Bildung von Arbeitsgruppen**

Ziel des Erziehungswissenschaftlichen Unterrichts ist die Analyse der Erkenntnisse und Erfahrungen, die mit dem Rollenspiel gewonnen werden, das Rollenspiel selbst ist nur insofern wichtig, als seine Realitätsentsprechung für die Wirklichkeitsentschlüsselung entscheidend ist. Aus der Klassengruppe werden Spielgruppe(n), Beobachtungsgruppe(n) und „Zuschauergruppe“ gebildet.

Da nämlich die „Zuschauergruppe“ mit der ganzheitlichen Wahrnehmung der Problemlösung beschäftigt ist, ist es angebracht, für die Beobachtung einzelner Aspekte Sonderaufgaben zu verteilen, zum Beispiel zur Darstellung einzelner Rollen, zur Beobachtung des Kommunikationsverhaltens der Gruppe insgesamt (vgl. Antons 1973, 62f.), zur Interaktionshäufigkeit, zu spezifischen inhaltlichen Beiträgen Wenn alle Schüler der Klasse an der Durchführung des Spiels beteiligt sind, gibt es die Möglichkeit einer späteren Gesamtdiskussion über die gewonnenen Erkenntnisse und Erfahrungen.

**(3) Die Rollenspiele**

Hier mag der Plural verwundern. Er erklärt sich daraus, dass es vielfach nützlich ist, eine Situation von mehreren Gruppen unabhängig voneinander darstellen zu lassen. Die Verschiedenheit der Lösungen spiegelt die Wirklichkeit komplexer und gibt Anlass zur Diskussion.

**(4) Auswertung**

Der Schwerpunkt der Auswertung ist die Qualität der Lösung unter erziehungswissenschaftlichen Gesichtspunkten. Kunst und Phantasie der Darstellung sind dem Kriterium der Wirklichkeitsgerechtigkeit untergeordnet. Sie ist entscheidend für einen analytischen Zugriff und für die Möglichkeit der Verallgemeinerung der Ergebnisse. Die Auswertung hat drei zum Teil widersprüchliche Wahrnehmungen zum Vergleich:

Die Wahrnehmung durch die Zuschauergruppe, die Daten der Beobachter und die Erfahrungen der Darsteller.

Das Rollenspiel, auch wenn es der motivierende Abschluss einer Unterrichtsreihe ist, muss sich lernökonomischen Fragen unterwerfen. Sind die Erfahrungen, die mit dem Rollenspiel gewonnen wurden, auf andere erzieherische Situationen übertragbar? Können sie in die Sequenz des Lehrgangs insgesamt als ein Baustein einbezogen werden? War das Verhältnis zwischen organisatorischem und zeitlichem Aufwand einerseits und Lernergebnis andererseits ausgewogen?

## 3. Vorschlag zu einem Rollenspiel

Das Simulationsspiel, das Hans Georg Tangemann im vorangehenden Beitrag vorgestellt hat, war ein Planspiel. Die Teilnehmer traten nicht in unmittelbare Kommunikation, sondern interagierten über eine Spielleitung. Dementsprechend waren ihre Verhandlungszüge zeitlich auseinander gelegen und in höherem Maße kalkuliert. Das folgende Rollenspiel jedoch betrifft eine Kommunikationssituation, an der mehrere Gruppen beteiligt sind.

**Spielsituation: Elternabend in einem Kindergarten**

Der Kindergarten hat die Mittel, die ihm für Spiel und Lehrmaterialien zur Verfügung stehen, bis auf einen Restbetrag von DM 350 aufgebraucht. Um die Aufteilung dieses Restbetrages geht es in der Diskussion des Elternabends. Folgende Möglichkeiten bestehen:

a) Für das Freispiel gibt es in dem neu errichteten Kindergarten außer einem Sandkasten keine Einrichtung. Hier wäre daran zu denken, Spielgeräte (Bälle, Schippen, Seile) zu kaufen oder auch Sportgeräte, vor allem solche, die auch in den Räumen zu gebrauchen sind, zum Beispiel einige Turnmatten oder Medizinbälle ...

b) Die Musikerziehung könnte durch die Anschaffung einiger Musikinstrumente gefördert werden, zum Beispiel Triangeln, Xylophone, Trommeln, einige Schallplatten und Noten, vielleicht auch Flöten. Außerdem besteht die Möglichkeit, dass die Kinder, die gerne möchten, im Laufe der Woche einmal während des Morgens durch eine junge Musiklehrerin Unterricht erhalten. Dies würde allerdings einen Unkostenbeitrag von DM 2,50 für die entsprechenden Eltern bedeuten.

c) Verschiedene Bastelmaterialien könnten eingekauft werden, zudem Farben und Werkzeuge.

d) Zwei Kindergärtnerinnen stellen zur Diskussion, das Geld insgesamt für didaktisches Material zur Spracherziehung zu nutzen und eine entsprechende Mappe für den Kindergarten zu kaufen.

**Beteiligte Gruppen:**

- Die Leitergruppe des Kindergartens: Die Leiterin des Kindergartens ist eine Sozialpädagogin, die auch eine der drei Gruppen des Kindergartens leitet. Sie ist 27 Jahre alt, unverheiratet, politisch engagiert in einer freien Wählergemeinschaft, die das Ziel verfolgt, in der Gemeinde ein Bürgerhaus zu errichten.
- Die zweite Gruppe wird von einer älteren Kindergärtnerin geleitet. Sie ist sehr musikalisch und beschäftigt sich insbesondere mit der musischen Erziehung der Kinder. Sie ist verheiratet, hat aber keine Kinder.
- Die dritte Gruppe wird ebenfalls von einer Kindergärtnerin geleitet. Sie ist 29 Jahre alt, verheiratet mit einem höheren Ministerialbeamten und hat ein Kind im Kindergarten.
- Träger des Kindergartens ist die Kommune.

(Es wäre auch denkbar, einen freien Träger zu nennen: die Kirchen, den Paritätischen Wohlfahrtsverband, freie Elternvereinigungen ...)

- Vertreter der Elternschaft: Die Elternschaft hat für die drei Gruppen jeweils zwei Vertreter benannt. Diese gehören zu einem Elternrat, dessen Vorsitzender ein Jurist ist. Zusätzlich sind zahlreiche Eltern erschienen.
- Vertreter des Stadtrats: Im Stadtrat sind drei Parteien vertreten, von denen eine freie Bürgergemeinschaft ist. Ihr Vorsitzender ist im Berufsleben Lehrer an einer Primarschule.

**Zu den Rahmenbedingungen der Situation**

Der Kindergarten ist im Vorjahr eröffnet worden, deshalb noch nicht vollständig eingerichtet in allen Bereichen. Der Kindergarten umfasst siebzig Kinder, aufgeteilt in drei Vormittagsgruppen und eine ganztägige Hortgruppe von zehn Kindern. Neben den drei Gruppenleiterinnen gibt es noch zwei Helferinnen und eine Praktikantin. Der Kindergarten befindet sich in einem Neubaugebiet einer westdeutschen Satellitenstadt. Die Ansiedlung ist soziologisch stark gemischt, allerdings architektonisch deutlich differenziert. In den Sozialbauwohnungen in fünfstöckigen Gebäuden wohnen ca. 50% der Eltern, in der Regel Angestellte und Arbeiter, allerdings auch Sozialfälle, die die benachbarte Großstadt gerne abschieben wollte. 15% der Eltern dieser Gruppe sind Gastarbeiter (Türken und Spanier). Ihre Teilnahme an Elternabenden ist nicht repräsentativ. Eine zweite Gruppe der Eltern (35%) ist wohlsituiert. Diese sind höhere Angestellte, Selbständige, Ministerialbeamte aus den naheliegenden Ministerien. Die restlichen 15% der Eltern setzen sich aus sehr unterschiedlichen Personen zusammen: Studentenehepaaren, alleinstehenden Müttern und Vätern, arbeitslosen Eltern.

**Ablaufdiagramm:**

1. Aushändigung des Informationsblattes

2. Aufteilung in Gruppen – Kindergärtnerinnen, Vertreter des Trägers, Vertreter der Elternschaft, Vertreter des Stadtrats, Beobachter
3. Erarbeitung der Gruppeninteressen
4. Erarbeitung der Rollen, gegebenenfalls Zerlegung der Gruppen durch Differenzierung des Rollenverständnisses
5. Durchführung
6. Auswertung: Diskussion der Lösung aus der Sicht der Zuschauer (sofern nicht die ganze Klassengruppe bei dem Spiel beteiligt ist) – Beiträge der Beobachtergruppe/Erfahrungen der Beteiligten
7. Abschlussdiskussion im Plenum
8. Einbau des Spiels und der dadurch gewonnenen Erfahrungen in die Unterrichtssequenz.

## 4. Didaktische Überlegungen zur Durchführung des Spiels

**Unterrichtsvoraussetzungen**

Das Spiel wurde am Ende des zweiten Jahres eines erziehungswissenschaftlichen Grundkurses durchgeführt. Vorher waren die folgenden Themen behandelt worden: Sozialisationstheorien, rollenspezifisches Handeln, schichtenspezifische Bedingungen der Erziehung, Entwicklungspsychologie, Kindergarten und Vorschule, kompensatorische Erziehung.

**Lernziele**

1. Die Schüler sollen Erkenntnisse, die sie im Unterricht erworben haben, auf eine „künftige Lebenssituation“ anwenden und dabei die Schwierigkeiten der Übertragung erkennen.
2. Die Schüler sollen das Ineinandergreifen von politischen, wirtschaftlichen und gruppenspezifischen Interessen bei Entscheidungen in Institutionen erfassen.
3. Die Schüler sollen erkennen, dass in komplexen Lebenssituationen erzieherische Argumente gegenüber anderen Argumenten auch in der persönlichen Entscheidung abgewogen werden müssen.
4. Die Schüler sollen die Fähigkeit und Bereitschaft erwerben, sich in Gruppen für überzeugende Argumente einzusetzen und sie durchzusetzen versuchen.
5. Schüler sollen die Kommunikationsvorteile der Zugehörigkeit zu mächtigen Gruppen erkennen bzw. die Nachteile der Zugehörigkeit zu unterprivilegierten Gruppen.
6. Die Schüler sollen die Schwierigkeit erkennen, sich für Unterprivilegierte einzusetzen, besonders wenn dies den Interessen der eigenen Bezugsgruppe widerspricht.

7. Die Schüler sollen erkennen, dass Entscheidungsabläufe gruppendynamischen Faktoren unterliegen, die rationale Urteile und Entscheidungen verhindern können.

Quelle:

Langefeld, Jürgen: Fach Pädagogik. Methoden des Unterrichts. Düsseldorf: Pädagogischer Verlag Schwann 1978, S. 69 bis 73.

## Literatur

Antons, K.: Praxis der Gruppendynamik. Göttingen 1973.

Grundke, P.: Interaktionserziehung in der Schule. Modell eines therapeutischen Unterrichts. München 1975.

Heinemann, P.: Grundriß einer Pädagogik der nonverbalen Kommunikation. Kastellaun 1976.

Klafki, W. u. a.: Funk-Kolleg Erziehungswissenschaft. Band 1. Frankfurt/Main 1970.

ECKEHARDT KNÖPFEL

*„Alle Mühe ist umsonst, wenn man beim Lehren und Lernen gegen die biologischen Gesetzmäßigkeiten verstößt."*

Frederic Vester

# Die Klangbildmethode: Texte zum Klingen bringen

## 1. Die Problemstellung

Zwei Faktoren sind in der deutschen Schulwirklichkeit nur sehr schwer zu verändern: der frontale Unterricht und der Text als Unterrichtsmedium. Dabei sind weder die Sozialform noch das Medium zu monieren, Probleme hinsichtlich der Gestaltung von Lehr- und Lernprozessen ergeben sich dabei vorrangig aus der Häufigkeit des Einsatzes.

Der von D. Baacke immer wieder hervorgehobene unterrichtsmethodische Satz „Nicht zu viel desselben!" will eine Relativierung der unterrichtlichen Sozialformen und Medien bewirken.

Vielfach wird der Zugang zu den „Dingen" dieser Welt allein über Texte versucht. So ist es kein Wunder, dass „man im Umgang mit den Dingen gleich mit dem Wissen über sie anfängt." Man umgeht sozusagen die Dinge selbst und unterrichtet lieber gleich „über" sie. So werden die im Unterricht eingesetzten Texte meist als geistige Gebilde betrachtet, die entsprechend den einschlägig bekannten hermeneutischen Interpretationsmustern zu entschlüsseln sind. Sie geschieht – verkürzt ausgedrückt – mittels des Kopfes. Diese herkömmliche Interpretationsmethode, so bewährt sie sein mag, birgt auch viele Mängel, sie reduziert den Menschen auf seine hirnphysiologischen Funktionen und nimmt den Schüler aus den sonstigen Wahrnehmungswelten des Alltags heraus. Die Ganzheitlichkeit des Lernvorgangs bleibt auf der Strecke. Der Schüler lernt weder mit allen Sinnen noch nutzt er alle Eingangskanäle, die seinem subjektiven Lernprofil entsprechen.

Die Klangbildmethode[1] versucht, bei der Begegnung zwischen Schüler und Text ganzheitlich vorzugehen, d. h. den Gefühlsbereich bei der Erschließung und der Interpretation mit einzubeziehen. Darüber hinaus werden Elemente biographischen Lernens bei dieser Methode nutzbar gemacht.

[1] Bei dem vorliegenden Text handelt es sich um die Überarbeitung meines Aufsatzes Erstellung eines „Klangbildes": Eine ganzheitliche Interpretationsmethode, in: Pädagogikunterricht 10, 1990, H. 2/3, S. 15–19. Dieser wurde in veränderter Form auch in den Rahmenplan für das Fachseminar Pädagogik für das Lehramt für Sekundarstufe II des Bundeslandes NRW, Düsseldorf 1993, S. 37–39 übernommen.

Erfahrung findet nicht nur außerhalb der Schule statt. Dies ist kein Allgemeinplatz, sondern eine Lernbedingung, die immer wieder betont werden muss. Auch in der Schule erfahren wir Umwelt und uns selbst. Inwieweit Schule solche Selbsterfahrung, Gruppenerfahrung, ganzheitliche Umwelterfahrung zulässt, bedarf der Reflexion. Erfahrungen in der Schule bleiben vornehmlich Kopferfahrungen, Erfahrungen also, die immer nur einen Teil von der Welt wahrnehmen, beschreiben, analysieren, weil nur ein Teil des Wahrnehmenden beteiligt, genauer zugelassen, ist. Das Herz, die Psyche, der ganze affektive Bereich des Menschen, auch das, was unterhalb des Bewusstseins und seiner Strukturen anzusiedeln ist, bleiben zum Schaden aller oft außen vor bei der Weltbetrachtung und Welterklärung.

In der Schule wird vorrangig über das geredet, was kognitiv erfasst ist oder als erfassbar gilt. Die Welt besteht aber aus mehr. Solchen Mehrwert an Welterkenntnis will die Methode der Erstellung eines Klangbildes einbeziehen und dabei Aspekte des Fühlens und Erlebens zum Klingen bringen, die bislang oft ausgesperrt, ja manchmal sogar tabuisiert wurden. Dabei wird ganz bewusst bei dem altgewohnten Text angesetzt, aber der Zugriff zu diesem Medium soll ganzheitlicher sein. Die Gefühle sind zugelassen, auch die Verbalisierung derselben.

## 2. Die Durchführung

Ein Beispiel aus dem erziehungswissenschaftlichen Unterricht soll deutlich machen, wie solch ein ganzheitlicher Erkenntnisgang strukturiert werden kann.

1. Der Arbeitsgruppe wird der Text von W. Hansen: Nach oben schlucken? (Klaus Beyer u. a. 1987, S. 46f.) ausgeteilt.

**WILHELM HANSEN: Nach oben schlucken?**

Als mein Sohn 2 Jahre alt war, spielte er häufig mit einem zehnjährigen Jungen. Eines Tages war er im Garten emsig dabei, sein Holzpferd zu füttern. Er holt Gras, hielt es dem Pferd vors Maul, holte neues Gras usw. Der zehnjährige schaute ihm spöttisch zu und sagte schließlich überlegen: Das Pferd frisst ja gar nicht, das ist ja immer noch derselbe Haufen Gras! Doch, das frisst, das Pferdchen! sagte Peter bestimmt. Dann müsst's doch weniger werden. Kann ja auch nicht fressen, das olle Holzpferd! Nun wurde Peter erregt und antwortete schon weinerlich: Aber mein Pferdchen hat deesst. Das hat großen Hunger. Der Onkel Kutscher hat Gras deholt, das hat das Pferdchen alles defressen. Der zehnjährige nörgelt weiter. Da ergriff Peter voller Erregung sein Holzpferd und steckte es mit dem Kopf in den Grashaufen, so dass das Hinterteil hoch stand. Aber nu kann es fressen! Aber auch das überzeugte den Zehnjährigen nicht: Ha, Kerl, nun kann's ja überhaupt nicht fressen, muss ja ersticken. Oder kannst du etwa nach oben schlucken? Peter sah ihn ein paar mal ratlos an, dann stieß er das Holzpferd, immer erregter werdend, ein paar mal heftig mit dem Kopf in den Grashaufen und fing schließlich an zu weinen. Das steigerte sich so, dass die Mutter eingreifen musste und ihn nur mit Mühe wieder besänftigen konnte.

2. Der Moderator bittet die Gruppenmitglieder, beim stillen Lesen den Text dort zu unterstreichen, wo sich Gefühle zeigen, d.h., wo Freude und Ärger aufkommt, wo Zustimmung und Ablehnung spürbar wird!
3. Nach der stillen Lesephase trägt der Moderator denselben Text langsam vor. Er fordert die Gruppenmitglieder auf, dort – und nur dort – laut mitzulesen, wo Unterstreichungen im eigenen Text vorliegen. Auf diese Weise entsteht das Klangbild des Textes beim gemeinsamen Lesen.
4. Nun fordert der Moderator die Gruppenmitglieder auf, zu artikulieren, wie sie sich beim Lesen ihres Textes gefühlt haben, was sie emotional während der Klangbildkonstitution erlebt haben. D.h. die Gruppenmitglieder versprachlichen ihre Gefühle. Beispielsweise:
   - Ich habe mich einsam gefühlt, als ich die Zeile 5 alleine gelesen habe.
   - Warum haben die anderen diesen wichtigen Abschnitt nicht mitgelesen?
   - Habe ich etwas falsch gemacht beim Lesen/Auswerten/Unterstreichen?
   - Ich fand es toll, dass so viele die Zeile 7 mit mir gelesen haben.

Gefühle der Solidarität, Ängste, Freude, Stolz, Hilflosigkeit, Überheblichkeit etc. werden laut. Es kommt ein Gruppenprozess in Gang. Jeder reihum sollte sagen, was ihm gefühlsmäßig beim Erstellen des Klangbildes widerfahren ist. Die verschiedenen Gruppenmitglieder suchen sich durch ihre Aussage einen Platz in der Gruppe. Es kommt zu Einverständnis und Ablehnung, zu gleichgültigen, unter Umständen aber auch zu heftigen Reaktionen. Darüber hinaus können auch an dieser Stelle schon, was bisweilen unvermeidlich und dann auch wünschenswert ist, inhaltliche Aussagen über den Text getroffen werden. Diese sollten zunächst im Gespräch noch zurückgestellt werden.

5. Nach diesen persönlichen Befindlichkeitsäußerungen hat der Moderator die Aufgabe, spontane, subjektive Kommentare über den Text und seine Aussagen zuzulassen. Beispielsweise: Welche Verbindungen zu den im Text vorkommenden Personen haben sich wahrend des Lesens bzw. beim Klangbild-Erstellen ergeben? Mögliche Antworten wären:
   - Ich hatte Mitleid mit dem Jungen.
   - Seine Eltern hätten unbedingt einschreiten müssen.
   - Der große Bruder ist zu roh mit seinem Geschwister umgegangen.
   - Konnte den Schmerz des Kleinen gut nachempfinden ...

Nach und nach kommen nun auch rationale Überlegungen ins Spiel, die vom Moderator mit verarbeitet, d.h., in die emotionalen Äußerungen eingegliedert werden sollten.

6. Der Moderator lässt die Gruppenmitglieder begründen, warum sie diese und keine anderen Textteile unterstrichen haben. Auf diese Weise werden den empathischen, affektiven Elementen nach und nach die rationalen Anteile zugesteuert. Es kommt zu bewussten Fragestellungen, Erklärungsansätzen bzw. zu

einem „Theoriehunger“, der nach erziehungswissenschaftlichen Erklärungsansätzen ruft.

In unserem Fall ist u. a. die Entwicklungstheorie von Piaget besonders dienlich, auch theoretische Überlegungen zur Entwicklung des kindlichen Weltbildes können hier verwendet werden. Dieser Schritt ist deswegen besonders wichtig, damit bei SchülerInnen nicht der Eindruck entsteht, Weltdeutung vollzöge sich nur subjektiv. Was Wissenschaft zur Weltdeutung, zur Erschließung und Erklärung der Erziehungswirklichkeit beizutragen hat, gehört zum zentralen, unverzichtbaren Bestandteil des Pädagogikunterrichts. Ein kurzer Text des Psychologen R. Oerter (ebenda, S. 48f.) könnte die vorliegende Situation vertiefen und fachlich fundieren.

**ROLF OERTER: Physiognomisches Sehen, Personifizierung und Animismus**

Die Dinge und Erscheinungen der Außenwelt tragen für das Kind vielfach ein Gesicht, sie „schauen“ bedrohlich oder freundlich, stolz oder traurig drein. Diese Physiognomie der Dinge verschwindet für den Menschen nie ganz. Sie wird nur im Laufe der Entwicklung durch die sachliche Dingerkenntnis ergänzt. (...)

Eng verbunden mit dem physiognomischen Sehen ist die Personifizierung von Objekten und Vorgängen. Der adäquate Umgang mit den Objekten erfordert kognitive Leistungen, zu denen das Kind anfänglich noch nicht fähig ist. Es versucht – oft aus Mangel an Kenntnissen über physikalische Zusammenhänge – mit den Dingen wie mit Menschen umzugehen. Gegenstände, die sich einem Vorhaben des Kindes widersetzen, werden getadelt und bestraft. Das Kind spricht mit ihnen wie mit Personen. Noch weit über das Kleinkindalter hinaus, oft sogar beim Erwachsenen, werden Zorn und Ärger an Gegenständen ausgelassen, die Schmerz und Kummer bereitet haben. (...)

Was sich auf der Ebene des Wahrnehmens und Handelns in der Kindheit zeigt, bestimmt auch die Eigenart des „inneren Handelns“, nämlich des Denkens und Vorstellens. Sobald das erste Denken auftaucht, versucht das Kind mit diesem neuen Instrument die Außenwelt zu erklären und zu deuten. Wiederum versteht es die Welt und das Geschehen in der Welt analog zu seinem eigenen Dasein.

Noch bis weit in die Schulzeit hinein finden wir die bei der Wahrnehmung bereits beschriebene Dynamisierung und Verlebendigung der Objekte. Piaget übernimmt aus der Völkerkunde die Bezeichnung *Animismus* zur Kennzeichnung der kindlichen Denkhaltung. Da die eigenen Bewegungen mit Bewusstsein und Intentionalität verknüpft sind, meint das Kind, dass allen Bewegungen Bewusstsein und Absicht zugrunde liegen.

7. Abschließend sollte versucht werden, die Elemente des gemeinsamen Weges zu integrieren. So kommt man über die Gefühlswelten des einzelnen allmählich zu inhaltlichen Positionen, zu Fragestellungen, zur Artikulation von Zusammenhängen, zur Klärung, zur Verarbeitung theoretischer Positionen, zur Erklärung eines Ausschnittes aus der Erziehungswirklichkeit.

Über das „Mich ärgert dies oder das Verhalten von dem oder jenem in der Gruppe/oder im Text“ gelangt man zu einer inhaltlichen Auseinandersetzung, die Gefühle bewusst ein-, nicht ausschließt, die einen pädagogischen Zusammenhang ganzheitlich wahrnimmt, so wie er in der Realität vorkommt.

## 3. Analyse auftretender Schwierigkeiten

Der wichtigste Problemfaktor bei der Anwendung dieser Methode ist die (nicht unberechtigte) Angst vor Emotionen bei LehrerInnen und SchülerInnen! SchülerInnen sind es nicht gewohnt, im Rahmen von Unterricht mit ihren Gefühlen zu „operieren". Im Gegenteil, sie haben erfahren, dass es sinnvoll ist, diese zu verstecken. Ähnlich ist es bei LehrerInnen. Im Rahmen der Universitäts- und Seminarausbildung von LehrerInnen spielt(e) der Umgang mit eigenen und Schüleremotionen eine untergeordnete Rolle, die rationale Verstehensebene ist primär im Blick. Vor allem die Fragen, wie weit man bei der emotionalen Offenbarung gehen darf, wie deutlich man Gefühle verbalisieren darf, wo Schmerz- und Tabugrenzen liegen, die es ja zweifelsohne gibt, wurden kaum angesprochen. Diese Defizite gilt es aufzuarbeiten. Das Erschrecken über die eigenen und die Gefühle der Schüler muss umschlagen in einen kreativen Umgang mit diesen. Die Methode der Klangbilderstellung entspricht nicht der uns antrainierten Lehrerrolle; diese ist – gerade beim Lehrer der Sekundarstufe II – intellektuell bestimmt und rational geformt, jedenfalls wurde im Rahmen von Lehrerausbildung selten das Freigeben von Emotionen erprobt, um zu unterrichtlichen Erfolgen zu gelangen. Jede Öffnung der eigenen Fenster gibt ein Stück (Lehrer-) Persönlichkeit frei und verändert auch das Lehrer-Schüler-Verhältnis. Lehrer machen sich auf diese Weise auch ein Stück wehrlos, geben sich in die Hand der Schüler. Aber das ist ein Vorgang, den Schüler – umgekehrt – jeden Tag erleben. Es wäre nichts als die partielle Herstellung von Symmetrie, wenn LehrerInnen sich offener zeigten.

Ein weiteres Problem: dem Schüler wird viel zugemutet. Er muss sich in die Hand des Moderators (Lehrers) geben (auch nichts Ungewöhnliches für Schüler). Man könnte diese Methode, falsch verstanden, als „Linken" der Schüler bezeichnen. Die Methode ist deswegen undurchsichtig, weil sie vorher nicht sagt, was die Schüler nachher preiszugeben haben. Eine offenere Vorgehensweise aber würde die Methode konterkarieren. So kann die Klangbildmethode nur „klappen", wenn zwischen Lehrer und Schülern ein Vertrauensverhältnis herrscht, auch zwischen Schülern und Schülern. In Jahrgangsstufe 11.1 sollte diese Methode nur in seltenen, gruppenpsychologisch gut begründbaren Fällen angewandt werden. Diese Methode birgt Risiken und es bedarf fortwährender Übung, wenn die Moderation zu den gewünschten Ergebnissen führen soll. Vor allem während der Auswertungsphase des Klangbildes muss der Moderator größte Konzentration walten lassen. Neben den emotionalen Schwingungen dürfen die rationalen Teilergebnisse nicht vernachlässigt werden. D.h. die Realisation des Klangbildes (ev. Mitschreiben), wo sind laute, vielstimmige Stellen, wo leise, zaghafte Stimmen, ist eine Mammutaufgabe. Unter Umständen könnte man auch einem Teilnehmer einen Protokollauftrag geben (ohne dass die anderen Schüler das wissen!) Ein anderer Weg der Klangbildsicherung wäre der Einsatz eines Kassettenrecorders. Ob damit die Gruppenmitglieder einverstanden sind, wäre vor dessen Einsatz zu klären.

Was den Zeitbedarf bei der Klangbildmethode angeht, so ist dieser einerseits von der Länge und Komplexität des eingesetzten Textes abhängig, andererseits von der Struktur und den methodischen Voraussetzungen der Lerngruppe. Unter 45 Minuten kann keine Klangbilderstellung wirklich gelingen. Zumal das Ziel Ganzheitlichkeit, also ein deutliches Hinauskommen über affektiv-emotionale Äußerungen ist und nach dem Durchdringen zu kognitiven Strukturen auch die Gruppensituation ins Interpretationsgeschehen mit einschließen möchte.

## Literatur

Beyer, Klaus; Knöpfel, Eckehardt; Pfennings, Andreas (Hrsg.): Einführung in pädagogisches Denken und Handeln. Paderborn 1987.

ANJA DAMS

*„One mark of great educator is the ability to lead students out to new places where even the educator has never been."*

Thomas Groome

# Lehren und Lernen mit elektronischen Medien im Pädagogikunterricht[1]

## 1. Einleitung

Heutzutage wird immer davon ausgegangen, dass alle Schüler/innen in ihrer Freizeit im Internet surfen[2] und wahre Experten am Computer sind. Dahingegen wird die Schule als vorsintflutlich und an traditionellen Medien und Methoden verhaftet dargestellt. Es ist in der Tat so, dass ein steigender Prozentsatz der Schüler/innen mittlerweile über einen eigenen PC und oft auch über einen eigenen Internet-Anschluss verfügt. Allerdings haben noch lange nicht alle Schüler/innen Zugang zu den elektronischen Medien. Hier ist es die Aufgabe der Schule, den Schülern/innen eine hinreichende multimediale Bildung und Methodenkompetenz zu ermöglichen.

Das Ministerium für Schule und Weiterbildung, Wissenschaft und Forschung des Landes NRW stellt fest, „dass die Entwicklung neuer Lern- und Lehrformen unter Nutzung der neuen Medien im Zusammenhang mit einer pädagogisch verantworteten Medienbildung eine zentrale Aufgabe der gegenwärtigen und zukünftigen Schule darstellt" (Ministerium 2000, S. 7). Die neuen Medien und Informationstechnologien breiten sich schnell aus und werden schon bald zum Alltag der Kinder und Jugendlichen gehören. Die Fähigkeit mit neuen Medien (kritisch) umgehen zu können, entwickelt sich zunehmend zu einer Kulturtechnik, die die traditionellen Techniken wie Lesen, Schreiben und Rechnen ergänzt. Die Richtlinien für die Sekundarstufe II in NRW sehen es als Auftrag der Schule, die Schülerinnen und Schüler bei ihrer Studien- und Berufswahl zu unterstützen (vgl. Ministerium 1999, S. XIV). Als entscheidende Qualifikationen, die es zu fördern gilt, werden hier ausdrücklich „die Fähigkeit, die modernen Informations- und Kommunikationstechnologien nutzen zu können" (ebenda, S. XIV), „die Fähigkeit zur Selbst-

[1] Der vorliegende Beitrag ist eine gekürzte Fassung einer Abschlussarbeit im Referendariat, die von der Verfasserin autorisiert wurde. Viele Illustrationen fielen der Kürzung zum Opfer, es wurde aber versucht, die reichhaltigen Links und URL zu erhalten. Allein die angegebene Homepage ist eine wahre Fundgrube.

[2] Ein Online-Lexikon mit Computerbegriffen ist über die URL: http://www.gbb.de/f-lexikon.htm abrufbar.

steuerung des Lernens und der Informationsbeschaffung" und „Kommunikations- und Teamfähigkeit" (ebenda, S. XV) genannt.

Daneben betonen die Richtlinien ausdrücklich die Bedeutung der **Medienkompetenz,** um die Schülerinnen und Schüler auf ein Leben in einem zusammenwachsenden Europa und in einer international verflochtenen Welt vorzubereiten (vgl. ebenda, S. XIV).

„Eine der wesentlichen Aufgaben der gymnasialen Oberstufe besteht darin, das Methodenlernen von Schülerinnen und Schülern stärker zu fördern. Selbststeuerung bzw. 'Selbst-Management' werden immer wichtiger. Methodische Basisqualifikationen werden angesichts des schnellen Wandels der Wissensbestände und der damit verbundenen Notwendigkeit des eigenständigen lebenslangen Lernens unerlässlich im Kontext schulischen Lernens.

Eine angemessene Berufs- und Studienvorbereitung von Schülerinnen und Schülern erfordert gerade in Bezug auf die methodischen Kompetenzen die Fähigkeit, Informationsmöglichkeiten zu nutzen und kritisch mit Informationen und technischen Hilfsmitteln umzugehen. Darüber hinaus müssen die Schülerinnen und Schüler über Lernmethoden und Arbeitstechniken zur selbstständigen Bearbeitung und Darstellung von Themen und über die erforderliche Sozialkompetenz für Teamarbeit im Rahmen projektorientierten und fachübergreifenden bzw. fächerverbindenden Arbeitens in der Schule verfügen. Methodenkompetenz ist eine zentrale Qualifikation und nicht zuletzt eine wesentliche Voraussetzung für Studierfähigkeit. Sie zu fördern und auszudifferenzieren ist durchgängiger Auftrag des Unterrichts in der gymnasialen Oberstufe.

Wie die anderen Fächer der gymnasialen Oberstufe trägt auch das Fach Erziehungswissenschaft aufgrund seines didaktischen Selbstverständnisses wesentlich dazu bei, Schülerinnen und Schüler zum methodisch selbständigen Lernen und Arbeiten zu befähigen" (ebenda, S. 11).

„Die beiden Bereiche: **Die inhaltliche Erschließung der Erziehungswirklichkeit** und **die methodische Erschließung der Erziehungswirklichkeit** bilden die Grundstruktur des Unterrichtsfaches Erziehungswissenschaft in der gymnasialen Oberstufe" (ebenda, S. 9) ...

*„Neben dem Nachweis von Fachkenntnissen ist der Erwerb methodischer Kompetenzen unerlässlich, die sie befähigen, selbständig zu arbeiten sowie wissenschaftliche Methoden sachgerecht zu beurteilen und anzuwenden.*

*Es muss durch den erziehungswissenschaftlichen Unterricht auch erreicht werden, dass die Schülerinnen und Schüler über Selbst- und Sozialkompetenzen verfügen, d. h. in der Lage sind, Selbstreflexion und Selbstkritik zu üben, Offenheit für andere und Eigenentfaltung in der Kommunikation mit anderen zu zeigen und gesellschaftliches Engagement aufzubringen*" (ebenda).

**Wie aber sind diese Forderungen nun konkret im Pädagogikunterricht zu erfüllen?**

**Wo** und vor allem **wie** sollen **die elektronischen Medien** in diesem Fach eingesetzt werden, um die notwendigen Schlüsselqualifikationen zu fördern?

Bei der Unterrichtsvorbereitung wird im Internet oft die Möglichkeit gesehen 'super Unterrichtsmaterial' schnell zu beschaffen. Leicht findet man genau beschriebene Unterrichtsvorhaben, die man nur noch herunterladen und mit in den Unterricht nehmen muss. Das Internet nimmt einem hier die Arbeit ganz ab, sogar das Denken. Eine Zeit lang mag man annehmen, dass diese Form der Unterrichtsvorbereitung schon ausreicht, um den traditionellen Lehrbuch-Unterricht in den multimedialen Unterricht der Zukunft zu verwandeln. Das Internet kann einem aber die Arbeit nicht ganz abnehmen. Wer einfach nur herumsurft und hofft, er findet die passende, tolle Unterrichtsreihe, die ihm gerade fehlt, wird sich schnell im Meer der Informationen verlieren und sich am Ende des Tages nur fragen, wo die Zeit geblieben ist und mit der Unterrichtsvorbereitung nicht wesentlich fortgeschritten sein. Genau wie bei den traditionellen Medien muss der Einsatz des Internets gut geplant erfolgen. An erster Stelle steht nach wie vor die Frage, was genau man seinen Schülern und Schülerinnen vermitteln will? Dabei ergeben sich dann Fragestellungen, die man mit dem Netzrechner bearbeiten kann.

So sollen die elektronischen Medien zu einer Erweiterung des pädagogischen Werkzeugs durch den unmittelbaren Zugang zu Vielfalt an Ideen und Materialien beitragen. Es ist auch nicht einfach damit getan, die Schüler/innen zum gerade behandelten Thema surfen zu lassen. Wie bei allen anderen Medien, sollten die elektronischen Medien auch sinnvoll und geplant eingesetzt werden. Eine Integration der Computernutzung in das inhaltsorientierte Arbeiten im Unterricht ist hier das Ziel. So sollen die Schüler/innen eine Art „Netzkultur" kennen lernen, die alte und neue Arbeitsmethoden miteinander verbindet und zu einer ganz anderen Arbeitsweise führt.

## 2. Was sind elektronische Medien?

Das Internet ist ein Zusammenschluss von Computern rund um die Welt. Es ist also ein Computernetzwerk und kein Computerprogramm. Das bekannteste Programm ist wohl das World-Wide-Web (WWW), das die Nutzung des Internets radikal vereinfachte und somit zur raschen Verbreitung der Internet-Nutzung führte.

'Elektronische Medien' umfassen aber mehr als das WWW. Das Internet bietet noch weitere Dienste, die für das Unterrichtsgeschehen ebenso interessant sein können. Folgende Internet-Dienste können in den Unterricht integriert werden:

- World Wide Web (WWW): Zugriff auf wichtige Internet-Dienste, Integration verschiedener Informationstypen;
- E-mail: Austausch elektronischer Nachrichten;
- Mailinglisten: elektronisches Diskussionsforum per E-mail;
- Newsgroups: Diskussionsforen mit Zugang auf öffentlichen News-Servern;
- Chat: Diskussion in Echtzeit, in sogenannten Chatrooms.

Gegenüber den traditionellen Medien bietet des Internet mit seinen Diensten entscheidende Vorteile für die Unterrichtsgestaltung:

- Ein besonders großer Vorteil des Internets liegt in seiner **Aktualität**. Das Internet ist in der Lage, sehr schnell auf Ereignisse zu reagieren. So findet man zu aktuellen Themen oft schon wenige Stunden nach dem Ereignis mehrere Dokumente im Internet. Dies ermöglicht eine Unterrichtsgestaltung, die nah an der aktuellen Lebensumwelt der Schüler/innen orientiert ist, was oft motivierend auf die Schüler/innen wirkt. Dabei ist aber zu berücksichtigen, dass Dokumente zu brandaktuellen Themen auch recht oberflächlich und wenig fundiert sein können.
- **Interaktivität** macht es möglich, beim Unterricht eine gute Passung für die Schüler/innen zu schaffen. Das Medium Internet ermöglicht es, die Schüler/innen mit selbstentworfenen Aufgabenstellungen schnell zum Lernerfolg zu führen. So kann z. B. eine Webseite für die Schüler/innen interaktiv gestaltet werden und je nach Informationsbedarf der Schüler/innen Hyperlinks (Querverweise) bieten. Ein weiterer interaktiver Aspekt, ist die Mitbestimmung der Schüler/innen, wann, wo und wie sie das Internet einsetzen wollen. Man sollte sich hierbei nicht von seiner eigenen Euphorie für das Medium mitreißen lassen. Schüler/innen sind durchaus nicht von einem überhäuften Einsatz dieses Mediums begeistert. So meinten meine Schüler/innen, dass auch das Internet eine gute Diskussion nicht ersetzen kann.
- Gerade auf dem Gebiet der **Kommunikation** bieten die elektronischen Medien eine Vielfalt von Möglichkeiten. Experten und Kollegen können schnell und unkonventionell zu einem Thema befragt werden. So sind Informationen von Experten meistens zuverlässig und durch die Kommunikations-Technologien schnell zu hinterfragen. Schüler/innen können ihre Hausaufgaben, Protokolle und Recherche-Ergebnisse direkt an den Lehrer e-mailen, Diskussionen (E-mail, Chat) mit anderen Schülern und Schülerinnen zum Thema werden möglich. Letztendlich ist auch die Präsentation von Arbeitsergebnissen im Netz eine Form der Kommunikation.
- Obwohl das Internet, wie bereits erläutert wurde, durchaus die Gefahr der Oberflächlichkeit birgt, so besticht es aber auf der anderen Seite, durch seine **Authentizität**. So ist es möglich, problemlos und schnell über Originalmaterial zu verfügen, z. B. die offizielle Homepage der Schule **Summerhill.**
- Ein großer Vorteil des Internets ist seine **Anschaulichkeit**. Zu einem Thema findet man neben einem Text oft auch Bilder, Audio-Dokumente, kurze Filmsequenzen und Animationen. Manchmal sogar interaktive Animationen, die den User zur Mitarbeit auffordern. Durch diese Multimodalität werden also mehrere Lernkanäle (auditiv, optisch, Selbsttätigkeit) angesprochen. Außerdem fördern die farbigen Darstellungen und die Visualisierung von Text neben dem logischen,

linear-analytischen Denken (linke Hemisphäre) auch kreativ-intuitive Prozesse (rechte Gehirnhälfte). „Durch Aktivierung beider Gehirnhälften werden Lernstoffe schneller und dauerhafter abgespeichert" (Sybille Kroll 1999, S. 31).

## 3. Einsatz des Internets im Pädagogikunterricht

Betrachtet man die Seiten der Bildungsserver und Materialsammlungen im Internet, so fällt schnell auf, dass Pädagogik hier ein Stiefkind zu sein scheint. Das Fach wird zwar meistens mit aufgeführt, lässt sich aber nicht anklicken. Materialsammlungen zum Unterrichtsfach Pädagogik existieren praktisch nicht. Bei Linksammlungen wird Pädagogik nicht berücksichtigt oder mit wenigen halbherzigen Links abgespeist. Manchmal findet man im Internet recht gute Linksammlungen zu einzelnen pädagogischen bzw. psychologischen Themen. Doch diese zu finden ist oft Glückssache. Daher erschien es für die Unterrichtspraxis sinnvoll, endlich eine umfangreiche und sinnvoll strukturierte Link-Sammlung für das Unterrichtsfach Pädagogik zu erstellen, auf die Fachlehrer zurückgreifen können.

Die im Rahmen dieser Arbeit erstellte Homepage (Abbildung nächste Seite) orientiert sich an den Vorgaben der *Richtlinien und Lehrpläne für die Sekundarstufe II – Gymnasium/Gesamtschule in Nordrhein-Westfalen für Erziehungswissenschaft* (vgl. Ministerium 1999). Es wurde versucht, zu den vorgeschlagenen Themen Links zu finden. Die Auswahl ist natürlich, wie jede Linksammlung, subjektiv. Daher bleibt die Seite offen für alle Verbesserungsvorschläge. Es wurden fast ausschließlich Links zu deutschen Seiten aufgenommen, da dies für die Unterrichtspraxis sinnvoll erscheint. Allerdings sind auch wenige Links zu englischsprachigen Seiten zu finden, z. B. zur Schule Summerhill, da diese über besondere Authentizität verfügt.

Das Layout der Seite wurde gezielt schlicht gehalten, um kürzere Ladezeiten zu ermöglichen. Auf Frames und animierte Grafiken wurde daher verzichtet. Die Homepage ist so programmiert, dass sie von allen gängigen Browsern (auch älteren Versionen) problemlos dargestellt werden kann. Damit soll erreicht werden, dass mit diesen Seiten auch auf Schulrechnern, die nicht dem neusten Standard genügen, problemlos gearbeitet werden kann. Man findet diese Seiten unter der URL: http://people.freenet.de/Paedagogik-Links.

Im Anhang befindet sich als Beispiel die Linksammlung der Jahrgangsstufe 11/2 Lernen und Entwicklung. Zusätzlich ist noch eine Liste von Links angefügt, die Gunter Gesper mit seinen Schülern aufgespürt hat und die zu weiteren Suchen im Internet anregt.

Das Internet lässt sich auf vielfältige Weise für den Unterricht nutzen. „Zunächst einmal sollte man sich im Klaren darüber sein, ob das neue Medium selber der Unterrichtsgegenstand sein soll, oder ob man es als bloßes Werkzeug braucht" (Christian A. Gertsch 1997). Im Folgenden soll zunächst der Einsatz der elektronischen

Medien als Werkzeug dargestellt werden. Im Anschluss wird dann auf die elektronischen Medien als Unterrichtsgegenstand eingegangen.

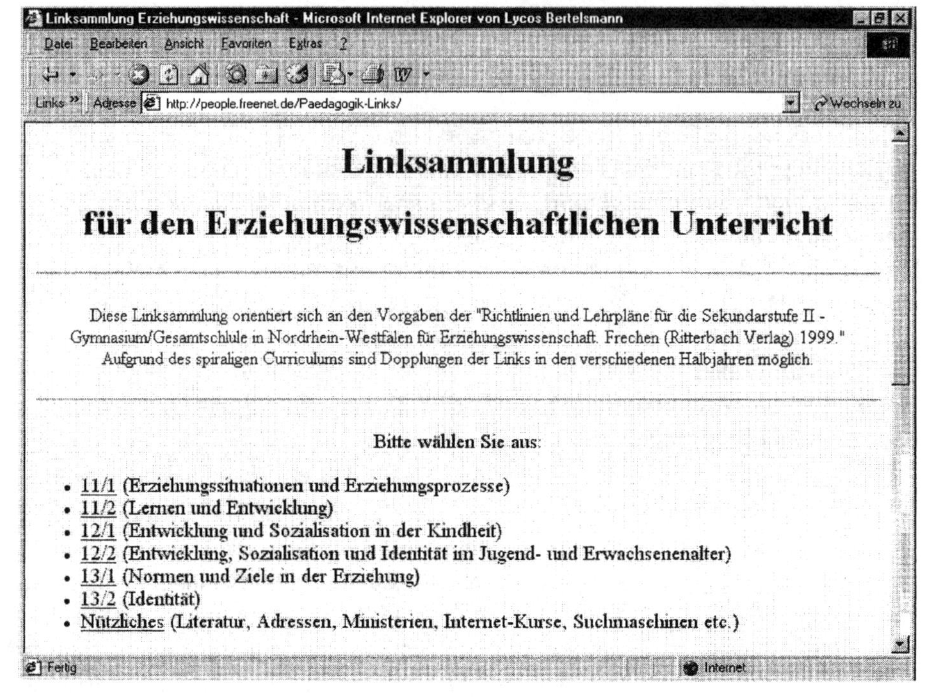


Homepage-Startseite

## 4. Elektronische Medien als Werkzeug

Benutzt man die elektronischen Medien im Unterricht als Erweiterung des pädagogischen Werkzeugs, so ist das Ziel, dass die elektronischen Medien sich hier in die Reihe der traditionellen Medien, wie Tafel und Overhead-Projektor einreihen. Die Computernutzung soll in das inhaltsorientierte Arbeiten integriert werden. So sollen alte und neue Arbeitsmethoden miteinander verbunden werden. Allerdings kommt den elektronischen „Medien als Vermittler in Lehr- und Lernprozessen weitaus umfangreichere didaktische Funktion zu als nur der „Transport" von Inhalten" (Ludwig J. Issing/Paul Klimsa 1997, S. 3). Zugleich wird den Schülern und Schülerinnen auch praktische Medienkompetenz vermittelt. Außerdem wird davon ausgegangen, „dass Medien (insbesondere Multimedia, aufgrund der spezifischen Merkmale) die besten Voraussetzungen dafür bieten, um durch eine adäquate Präsentation von Lernkonzepten und -inhalten die erwünschte Bildung mentaler Modelle zu fördern. Damit wird die Integration des neuen Wissens in die individuell vorhandenen mentalen Strukturen erleichtert" (ebenda, S. 3).

## 4.1 Elektronische Medien im traditionellen Unterricht

Will man von den neuen Medien für seinen Unterricht profitieren, so muss man nicht unbedingt immer Zugang zu einem Computerraum mit Arbeitsplätzen für alle Schüler/innen haben. Man kann die elektronischen Medien auch zur eigenen Unterrichtsvorbereitung nutzen und das so gewonnene Material in den traditionellen Unterricht integrieren. Notwendig ist dazu natürlich der Zugang zu einem PC mit Internetzugang, wie er heute schon in vielen Lehrerzimmern steht.

- **Unterrichtsvorbereitung für den traditionellen Unterricht**

Die Unterrichtsvorbereitung sieht dabei fast genauso aus wie gewöhnlich. Zunächst sollte man sich ohne PC über seine eigentliche Intention klar werden und den Unterricht didaktisch und methodisch planen. Dann kann man gezielt mit der Recherche nach geeignetem Material im Netz beginnen. Dabei sollte man sich nicht nur auf das WWW beschränken, sondern sich bei Fragen an Newsgroups, Foren oder direkt per E-mail an Fachleute wenden. Man wird schnell feststellen, dass Fragen meistens bereitwillig beantwortet werden und sich die betroffene Person über das Interesse an ihrer Arbeit freut. Zur Recherche kann man auf spezielle Linksammlungen, wie z. B. der oben beschriebenen „Linksammlung für den Erziehungswissenschaftlichen Unterricht“, zurückgreifen oder eine der vielen Suchmaschinen oder Meta-Suchmaschinen im Internet verwenden. Benutzt man eine solche Suchmaschine, sollte man immer eine möglichst genaue Beschreibung angeben. Mit dem Suchbegriff „Lernen“ alleine, erhält man sicher mehrere tausend Treffer. In diesen das eigentlich Gesuchte zu finden, ist zeitraubend und mühsam.

- **Aufbereitung des Materials für den traditionellen Unterricht**

Nachdem man Material gefunden hat, das brauchbar erscheint, stellt sich die Frage, wie man es so aufbereiten kann, dass man es in seinen Unterricht integrieren kann. Oft bietet es sich an, die gefundenen Seiten als Text aufzubereiten, der den Schülern und Schülerinnen als Papierversion gegeben wird. Aber auch Grafiken, Bilder und Statistiken sind in den traditionellen Unterricht integrierbar.

Aufgrund der Aktualität des Mediums, eignet sich das Internet gut als Quelle für aktuelle Texte und Statistiken. Man kann hier gezielt nach den gewünschten Informationen suchen und sie dann in aller Ruhe schülergerecht aufbereiten. Dies ist meistens unerlässlich, da Internet-Dokumente oft zu lang für den Unterricht sind.

Auch die Kommunikationsmedien können bei der Unterrichtsvorbereitung von Nutzen sein. Bei der Behandlung des Themas „Summerhill“ z. B. kursierte das Gerücht, die Schule sei geschlossen worden. Dieses Missverständnis ließ sich schnell durch eine E-mail an Ms Zoe Readhead, die Leiterin der Schule, klären, die sehr freundlich versicherte, dass die Schule noch besteht und dass sie weiter für deren Erhalt kämpfen wird. (Wie man aktuell der Homepage der Schule entnehmen kann, hat sie diesen Kampf mittlerweile gewonnen.)

Interessant sind in diesem Zusammenhang auch Newsgroups, in denen Fachfragen diskutiert werden. Oft erfährt man hier brandaktuelle Neuigkeiten und hat außerdem die Chance, rasch die Meinung von Fachkollegen zu einer Thematik zu erfragen.

## 4.2 Elektronische Medien im demonstrativen multimedialen Unterricht

Demonstrativer multimedialer Unterricht meint, dass man den Computer im Unterricht selbst einsetzt, aber in der Art und Weise, wie man z. B. einen Fernseher einsetzen würde. Das heißt, man hat zuvor Seiten ausgesucht, die man den Schülern und Schülerinnen lediglich vorführt.

- **Unterrichtsvorbereitung für demonstrativen multimedialen Unterricht**

Bei der Suche nach Materialien für den Unterricht stößt man manchmal auch auf Filme, Klangbeispiele oder (interaktive) Animationen. Solche kann man auch auf fachlich geeigneten CD-ROMs finden. Diese kann man nicht in der traditionellen Weise als Kopie oder Folie mit in den Unterricht nehmen. In diesem Fall ist es sinnvoll, den Schülern und Schülerinnen das betreffende Dokument direkt am PC zu zeigen. Dafür benötigt man einen multimediafähigen PC mit Sound-Ausgabe. Oftmals fordern solche Animationen oder Filme bestimmte Programme, ohne die sie nicht lauffähig sind (Shockwave, Java-Plug-Ins, Real-Audio-Player). Auf den Seiten ist dann fast immer ein Link angegeben, wo man die entsprechende Software kostenlos downloaden kann. Man sollte sich auf jeden Fall vor der Unterrichtsstunde davon überzeugen, dass alle nötigen Programme auf dem betreffenden Rechner vorhanden sind und die Animation läuft. Gegebenenfalls muss man die fehlende Software noch installieren oder vom verantwortlichen Administrator installieren lassen.

Da man für diese Demonstrationen nur einen PC benötigt, bietet sich diese Methode auch an, wenn zwar grundsätzlich genügend Internet-Arbeitsplätze vorhanden sind, diese PCs aber nicht multimedial ausgestattet sind, also z. B. keine Sound-Ausgabe ermöglichen.

Wer fürchtet, dass seine Schüler/innen dabei in eine rein passive Rolle verfallen, kann den PC auch von Schülern und Schülerinnen bedienen lassen und leitet sie nur an, was zu tun ist. Sind die Schüler/innen noch nicht so geübt im Umgang mit dem PC, kann dieses Vorgehen auch ihre allgemeinen multimedialen Kompetenzen fördern. Noch lange nicht jeder Schüler und jede Schülerin weiß heutzutage, wie man mit einer CD-ROM arbeitet. Wird es ihnen einmal gezeigt, empfinden sie es dann aber meistens als trivial.

Zum Beispiel für die operante Konditionierung findet man schöne Animationen. So können die Schüler/innen beobachten, wie eine Taube konditioniert wird. Außerdem haben die Schüler/innen die Möglichkeit *die Maus* selbst zu konditionieren. Mit Stücken Käse als positive Verstärkung soll *die Maus* dazu gebracht werden, den Hebel zu drücken. Bei der negativen Verstärkung kann man *die Maus* durch Ausschalten des Stroms zum Hebeldrücken bewegen (Abb. 2).

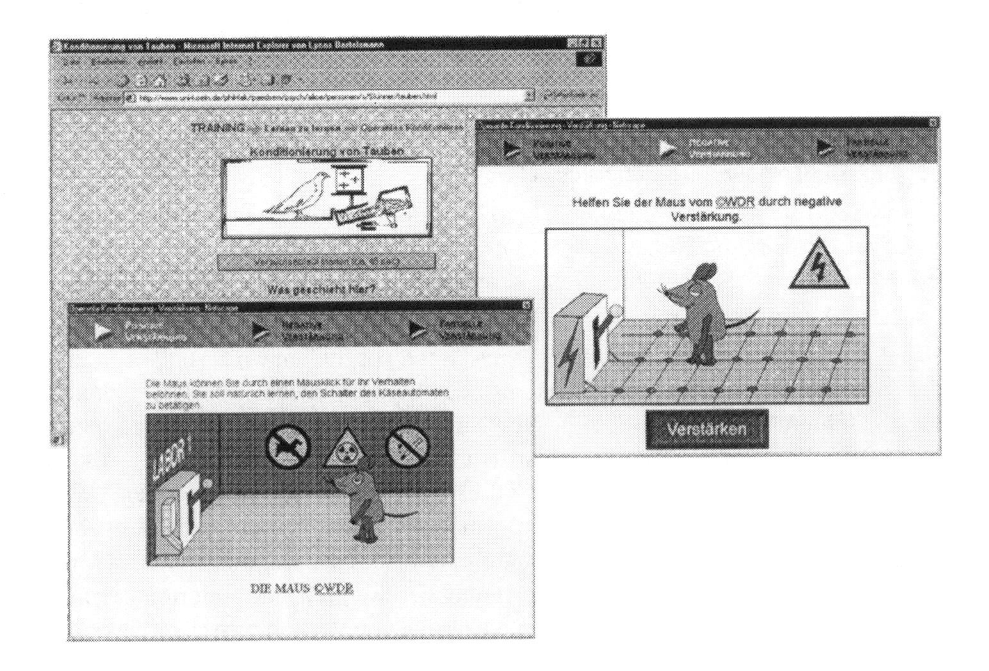


Animationen zur operanten Konditionierung

## 4.3 Elektronische Medien im interaktiven multimedialen Unterricht

Der Lehrplan Erziehungswissenschaft fordert, es „sollte im erziehungswissenschaftlichen Unterricht Schülerinnen und Schülern ganzheitliches Lernen ermöglicht werden, um dem jeweiligen Lerntyp zu entsprechen. Dies berührt die Handlungsdimensionen des Erziehungswissenschaftlichen Unterrichts. Lernen mit vielen Sinnen kann durch vielfältige und abwechslungsreiche Methoden gefördert werden. Der kognitive Lernzuwachs muss einhergehen mit emotionalen und sozialen Lernanteilen.

Die Unterrichtsgestaltung muss dem entsprechen und sollte die Interaktion, Kommunikation und Kreativität des Einzelnen und der Gruppe fördern“ (Ministerium 1999, S. 37).

Interaktiver multimedialer Unterricht erfüllt diese Forderungen durch seine Multimodalität. Die Schüler/innen arbeiten im Unterricht selbst am PC mit den elektronischen Medien. So stehen ihnen mehrere Sinneskanäle zum Lernen zur Verfügung. Texte und vor allem farbige Grafiken, Fotos und Animationen sprechen den optischen Kanal an und wirken auf der emotionalen Ebene, Hörbeispiele aktivieren den auditiven Kanal und interaktive Animationen lassen Schüler/innen zum aktiven Subjekt ihres Lernens werden. „Der Lernende ist nicht in eine passive Haltung gedrängt wie beim Lesen eines Buches (oder beim Zuhören im Unterricht oder in der Vorlesung). Er muss fortwährend aktiv sein; immer wieder gibt es Aufgaben zu lösen. Das erfordert ständige Aufmerksamkeit und ständiges Üben" (Johann Printz 1980, S. 183). Da dieser Unterricht in das übrige Unterrichtsgeschehen eingebunden sein soll und Schüler/innen oft zu zweit oder dritt arbeiten, wird hierbei auch das soziale Lernen berücksichtigt.

Der interaktive multimediale Unterricht kann in verschiedenen 'Freiheitsgraden' durchgeführt werden. Er kann mehr oder weniger der **Programmierten Unterweisung** ähneln oder als **freie Recherche** durchgeführt werden.

Unter **Programmierter Unterweisung** versteht man „ein besonderes Unterrichtsverfahren, bei dem der Lernprozess bis ins Detail vorgeplant wird, so dass er ohne die lenkende Hand des Fachmannes, also des Lehrers oder Ausbilders, ablaufen kann" (Johann Printz 1980, S. 173). Vorläufer des heutigen multimedialen Unterrichts sind die „computer-assisted-instruction" und die „computer-managed-construction" (vgl. ebenda, S. 173). Diese Lernprogramme vermittelten den Unterrichtsstoff in Abfolgen aus kleinsten Informationseinheiten und Übungsaufgaben. Beging man einen Fehler, wurde man auf einen Nebenstrang umgeleitet, der das Problem klärte. Hypertextdokumente ähneln verzweigten kombinierten Lernprogrammen. Links ermöglichen die direkte Klärung von Verständnisschwierigkeiten. Grafiken, Bilder, Animationen und Filme gestalten den Lernprozess abwechslungsreich und aktivieren mehrere Lernkanäle. Die Schüler/innen können ihr Lerntempo selbst bestimmen und brauchen Erklärungen nur anzuklicken, wenn sie wirklich benötigt werden. So wird das Prinzip der Passung berücksichtigt.

Man kann seinen Unterricht nun so gestalten, dass man den Schülern und Schülerinnen mit Hilfe von Hypertextdokumenten genaue Anweisungen gibt, was sie erarbeiten sollen, wo und wie. Dies ist dann eigentlich nichts anderes, als die „computer-assisted-instruction" der 70er Jahre, nur bunter. Man kann den Schülern und Schülerinnen aber auch mehr Freiheit gewähren und lediglich eine Thematik und einen Pool an Internetseiten vorgeben, die zur Erarbeitung dienen können. Am freiesten wird die Arbeit mit den elektronischen Medien, wenn man den Schülern und Schülerinnen nur die Thematik vorgibt und sie in einer **freien Recherche** daran arbeiten lässt, wozu aber die nötige Medienkompetenz auszubilden ist.

- **Unterrichtsvorbereitung für Formen der Programmierten Unterweisung**

Zunächst muss das Vorgehen für den interaktiven multimedialen Unterricht gründlich geplant werden. Es muss eine Unterrichtsform ausgewählt werden und der Lehrer muss entscheiden, ob er den Unterricht steuern will oder nicht. Lässt man die Schüler/innen frei am Rechner arbeiten, so kann man sicher sein, dass – auch bei gleicher Aufgabenstellung – spätestens nach fünf Minuten kein Bildschirm mehr dem anderen gleichen wird. Daher ist es oft sinnvoll, die Arbeit am Rechner zu steuern. Dies kann durch einen genauen Arbeitsplan wie bei der Programmierten Unterweisung erfolgen, der vorgibt, was auf welcher Seite erarbeitet werden soll und wie oder durch die Vorgabe eines Pool von Seiten (z. B. von meiner Linksammlung), die für die Erarbeitung geeignet sind.

Setzt man das Internet und seine Dienste direkt im Unterricht ein, so sollte man sich im Klaren darüber sein, dass dies durchaus ein zeitaufwendiges Unterfangen sein kann. Da die Arbeit am PC im weitesten Sinne eine Form der Programmierten Unterweisung ist, bestimmen die Schüler/innen ihr Arbeitstempo selbst. Das hat zur Folge, dass sich die ganze Arbeitsgruppe letztendlich am Arbeitstempo des langsamsten Schülers/der langsamsten Schülerin orientieren muss oder der/die langsamste Schüler/in nie den ganzen Stoff bearbeiten kann. Bei der Arbeit mit Lernprogrammen in Buchform konnte man problemlos einen Zeitpunkt vorgeben, an dem die Schüler/innen an einem bestimmten Punkt im Programm angekommen sein mussten. Langsame Schüler/innen hatten dabei die Möglichkeit, den Stoff, den sie im Unterricht nicht bearbeiten konnten, zu Hause in ihrem eigenen Lerntempo zu bearbeiten. Beim multimedialen Unterricht ist das nicht so einfach.

Die freie Zeiteinteilung ist nur möglich, wenn den Schülern und Schülerinnen außerhalb des Unterrichts in der Schule die Möglichkeit zur Weiterarbeit garantiert werden kann. In den meisten Fällen erscheint es daher praktikabel, den Schülern und Schülerinnen einen gewissen Zeitrahmen während der Unterrichtszeit zu geben, in dem sie den vorgegebenen Stoff bearbeiten sollen, z. B. eine Doppelstunde. Da die Arbeit am Rechner ohnehin nie isoliert stehen darf, sondern idealerweise ein Gespräch zur Klärung von Verständnisschwierigkeiten und Fragen angeschlossen werden soll, haben auch langsame Schüler/innen die Möglichkeit, einen Eindruck vom Stoff zu erhalten. Lücken können im anschließenden Gespräch geschlossen werden, indem die schnelleren Schüler/innen ihnen die fehlenden Inhalte erklären. So wird wieder das 'Schüler lehren Schüler'-Prinzip angewendet. Für die schnelleren Schüler/innen hat das den Vorteil, dass sie ihr neu gewonnenes Wissen direkt anwenden können und sich das Wissen durch die Notwendigkeit, es erklären zu müssen, weiter festigt.

Außerdem hat diese intensive Auseinandersetzung mit der Thematik nicht nur Nachteile. „Die Lernzeiten sind zwar erhöht, sie werden jedoch durch den späteren effizienten Transfer ausgeglichen" (Paul Klimsa 1997, S. 13). Da die Schüler/innen sich aktiv und intensiv mit der Thematik befasst haben, sind sie leichter und sicherer in der Lage ihr Wissen anzuwenden.

### ■ Aufbereitung des Materials für Formen der Programmierten Unterweisung

Hat man interessante Internetseiten für seinen Unterricht gefunden, gilt es, sie für die Arbeit der Schüler/innen aufzubereiten. Sollen die Schüler/innen selbst mit den Seiten arbeiten, ist es nicht erforderlich, dass alle Schüler/innen an einem internetfähigen Rechner arbeiten. Besser ist es, wenn man die Seite vorher herunterlädt und im LAN (lokal begrenzte Netzwerke) ablegt, so dass alle Schüler/innen

Zugriff darauf haben. Diese Methode hat den Vorteil, dass die Schüler/innen nicht lange Ladezeiten über das – zur Schulzeit – oft überlastete Netz in Kauf nehmen müssen. Außerdem eröffnet dies die Möglichkeit, die Seiten vor dem Einsatz gegebenenfalls zu bearbeiten, bzw. eine Aufgabenseite hinzuzufügen. Da die Arbeit mit Internetdokumenten immer sehr gezielt erfolgen sollte, ist es wichtig, dass den Schülern und Schülerinnen die Aufgabenstellung klar ist. Hat man nur ein Dokument heruntergeladen, so reicht oft die Aufgabenstellung an der Tafel. Hat man aber eine ganze Anzahl von Seiten zusammengestellt, an denen die Schüler/innen sich eine Thematik erarbeiten sollen, ist es meistens sinnvoll eine Koordinationsseite hinzuzuschreiben. Eine html-Seite zu schreiben, die vom Browser geöffnet werden kann, ist heute keine Kunst mehr und braucht Niemandem Angst einzujagen. Man kann so eine Seite ganz einfach mit einem Schreibprogramm, wie z. B. Microsoft Word erstellen. Man schreibt einfach den gewünschten Text und speichert das Dokument im Menü „Datei" unter dem Punkt „Als HTML speichern ..." ab. Links werden automatisch vom Programm erkannt und als solche kenntlich gemacht. Diese Seiten sind natürlich sehr schlicht, aber als bloßer Aufgabenzettel durchaus geeignet. Außerdem bieten solche Seiten den Vorteil, dass die Schüler/innen die Links der entsprechenden Seiten direkt anklicken können und nicht erst eine lange, umständliche URL in den Browser eintippen müssen.

Es folgen drei **Beispiele zur programmierten Unterweisung:**

1. Dies ist ein HTML-Arbeitsblatt zur operanten Konditionierung, dass die Schüler/innen online bearbeiteten. Das Dokument erhielten sie auf einer Diskette.

---

**Lerntheorien 2**

Nachdem wir uns mit der klassischen Konditionierung beschäftigt haben, kommen wir nun zu zwei weiteren behavioristischen Theorie, der Instrumentellen Konditionierung und der Operanten Konditionierung.

1. Auf dieser Seite findest Du eine kurze Einleitung ins Thema. Lies den Absatz Behavioristische Lerntheorie:
   http://www.fh-friedberg.de/fachbereiche/e2/mikropro-labor/lernen.htmBehavioristische
2. Lies die Einführung. Wo scheint der Unterschied zwischen der Klassischen und der Operanten Konditionierung zu liegen? (→ Notizen)
   http://www.inf.tu-dresden.de/~ pn2/psy/3einf.htm
3. Informiere Dich über „Lernen durch Versuch und Irrtum". Lies auch die Links zu „Edward Thorndike" (wichtigste Lebensdaten und Land notieren) und zu seinem „Problemkasten" (Notizen dazu).
   http://www.plassmann.de/lernen/kond-op/index.html
4. Beobachte die Taube und finde heraus was passiert. Nutze ruhig die angebotenen Hilfen.
   http://www.uni-koeln.de/phil-fak/paedsem/psych/alice/personen/s/Skinner/tauben.html

5. Lies den Absatz „Lernen durch Verstärkung“ und informiere Dich auch über Skinner (Lebensdaten) und seine „Skinnerbox“ (Notizen).
   http://www.plassmann.de/lernen/kond-op/index.html

6. Hier kannst Du Dir Bilder von Skinner ansehen, wenn Du möchtest. Durch anklikken des File-Namen kannst Du das Bild vergrößern. (kann ausgelassen werden)
   http://www.bfskinner.org/images.asp

7. Informiere Dich hier über Verstärker. Auch auf der nächsten Seite („weiter“ klicken) findest Du Informationen über Verstärker. Welche Arten von Verstärkern unterscheidet man?
   http://www.regiosurf.net/supplement/lernen/lernnh.htm

8. Hier findest Du sehr ausführliche Informationen über Verstärker. Informiere Dich über „kontinuierliche und intermittierende Verstärkung“, „Arten der Verstärker“ und „Merkmale der Verstärkung“. Mach Dir hierzu nur **kurze** Stichworte!

   Lies auch noch „Lernübertragung“, „Löschung/Extinktion“ und „Lernen durch Bestrafung“. Mache Dir auch hierzu nur **kurze** Notizen!
   ---http://www.plassmann.de/lernen/kond-op/index.html

**Bonus:** Wenn Ihr auf dieser Seite die großen Tasten „Thorndike“ und „Skinner“ anklickt, erscheinen nette Versuche. http://www.regiosurf.net/supplement/lernen/lernnh.htm.

---

2. Ein weiteres Beispiel kann man dem Internet entnehmen. Es ist ein online-Arbeitsblatt zum Thema „Lernen und Gedächtnis“. Besonders vorteilhaft ist hier die Auflistung der Lernziele, die es den Schülern und Schülerinnen erleichtert, Wichtiges von Unwichtigem zu unterscheiden.

Man findet dieses Arbeitsblatt unter der Adresse:

> http://paedpsych.jk.uni-linz.ac.at/INTERNET/GAESTEBUCHORD/Arbeitsaufgaben.html

Das Beispiel eines kompletten Studierplatzes (Programmierte Unterweisung), an dem die Schüler/innen selbständig arbeiten können, finden Sie unter dem Link Studierplatz 2000 – Prototypen auf der Homepage in Jahrgangsstufe 11/2 Lernen und Entwicklung (vgl. Anhang). Wenn die Schüler mit dem Programm arbeiten, werden ihre Daten (was bereits behandelt wurde, Testergebnisse, Notizen) online-gespeichert. So können sie jederzeit wieder problemlos bei ihrem alten Lernstand ansetzen.

## 4.4 Elektronische Medien in der freien Recherche (Projektarbeit)

Der Lehrplan Erziehungswissenschaft nennt unter den „Methoden/Techniken der Beschaffung, Erfassung und Produktion pädagogisch relevanter Informationen“, die in der gymnasialen Oberstufe eingeübt werden sollen, die „Nutzung von Bibliotheken: Arbeit mit Verfasser- und Schlagwortkatalog sowie **Umgang mit elektronischen Informationstechnologien** (u.a. Computerdateien, Internet)“ (Ministerium 1999, S. 12). Diese Methodenkompetenzen können vor allem in der freien Recherche erworben werden. Bei dieser Unterrichtsart werden den Schülern und Schülerinnen keine ausdifferenzierten Vorgaben gemacht. Die Schüler/innen folgen nicht einem vorgegebenen Weg, sondern müssen ihren Lernprozess selbst organisieren und steuern. Dieses Vorgehen ist also schülerorientiert.

Der Lehrer gibt lediglich eine Aufgabenstellung oder ein Thema vor, zu dem die Schüler/innen recherchieren sollen. Diese Methoden inhäriert die Gefahr, dass alle Schüler/innen zu unterschiedlichen Ergebnissen kommen. Außerdem setzt diese Methode bereits einige Medienkompetenzen voraus. Die Schüler/innen müssen in der Lage sein, eine sinnvolle Recherche durchzuführen, d.h. sie müssen mit Suchmaschinen umgehen können und Seiten nach ihrer Qualität beurteilen können. Allerdings ist diese Methode gut für die freie Arbeit, z.B. in **Projekten** geeignet.

Die sachliche Kompetenz wird bei der Auseinandersetzung mit den Internetdokumenten erworben, die Sozialkompetenz in den Gruppen am PC und die Selbstkompetenz in Form von Medienkompetenz.

Außerdem bietet diese Methode den Vorteil, dass man hier jederzeit die Recherche abbrechen kann, um die bis dahin gesammelten Informationen der Gruppe zu präsentieren und auszuwerten. Wichtig ist, dass die Schüler/innen nicht einfach nur surfen, sondern die gefundenen Seiten auch sinnvoll sichern. Dazu können Bookmarks angelegt werden, die allen anderen Usern im LAN zugänglich gemacht werden können, besonders wichtige Seiten können ausgedruckt werden. Man sollte aber darauf achten, dass dies systematisch geschieht. Die ganze Gruppe sollte mitentscheiden, was ausgedruckt wird, damit nicht lauter doppelte Ausdrucke Papier und Tinte verschwenden.

Die Unterrichtsvorbereitung und die Aufbereitung des Materials entfällt bei dieser Unterrichtsform fast ganz, allerdings verlangt sie vom Lehrer/von der Lehrerin große Fachkompetenz, denn er muss mit allen Ergebnissen rechnen.

- **Qualitätskriterien von Internetdokumenten**

Ein Ziel des Faches Erziehungswissenschaft ist es, dass die Schülerinnen und Schüler „kritisch reflektieren lernen, inwieweit pädagogisches Wahrnehmen, Denken und Handeln durch Medien beeinflusst wird“ (Ministerium 1999, S. 8).

Gerade diese rezeptiven Kompetenzen müssen im Zusammenhang mit den elektronischen Medien thematisiert werden.

„... denn so steht es geschrieben“ ist eine Weisheit, die gerade beim Internet an Bedeutung verliert. Während man beim Buchdruck eine lange Evaluierungsphase hat, unterliegt die Veröffentlichung von Dokumenten im Internet keiner Kontrolle. Die Veröffentlichung ist schnell, unkompliziert und meistens kostenlos. Daher ist die Qualität von Dokumenten manchmal fraglich.

Wie aber kann man sich der Qualität oder Relevanz eines Dokuments versichern? Hier ist ein hohes Maß an Sach- und Fachkompetenz gefordert, mit dem der Lehrer seinen Schülern und Schülerinnen zur Seite stehen muss. Man kann auch auf Rezensionen der entsprechenden Dokumente zurückgreifen oder Dokumente lesen, die das betreffende Dokument zitieren.

„Zu diesem Zweck gibt man z. B. im Altavista Advanced Modus ein: link: URL des Dokuments. Auf diese Weise erhält man eine Liste von Dokumenten, welche das Dokument zitieren. Eventuell finden sich auf diese Weise Besprechungen, Kommentare, Bewertungen des fraglichen Dokuments. In jedem Fall erkennt man, wer sich für das Dokument interessiert" (Christian A. Gertsch 1999).

Hilft einem dies nicht weiter, kann man solch ein Dokument natürlich auch in Fach-Newsgroups oder Chats zur Diskussion stellen und so schnell eine Vielzahl weiterer Meinungen zum Dokument einholen. Oder man befragt Kollegen vom Fach per E-mail nach ihrer Meinung zu dem Text.

Stehen einem all diese Möglichkeiten nicht zur Verfügung oder will man sich zunächst einen eigenen Eindruck vom Dokument machen, kann man **formale Kriterien** heranziehen.

„Qualitativ hochstehende Hypertextdokumente auf dem WWW zeichnen sich durch folgende **formalen Eigenschaften** aus:

- Was als erstes auf dem Bildschirm erscheint, muss unmittelbar dem Zweck der Information dienen. Bildschirmfüllende Grafiken ohne jede Informationsfunktion lassen einen Mangel an Professionalität erkennen.
- Es ist ein Kopf oder eine Spalte vorhanden, die Auskunft gibt über den Anbieter des Dokuments und den Gesamtzusammenhang, in dem das Dokument steht. Ist das Dokument Teil einer ganzen Dokumentstruktur, dann sollte seine Position darin sofort ersichtlich sein.
- Die wichtigsten Informationen, die Kernaussagen, ein ... Inhaltsverzeichnis oder Verzeichnisse von Quellen stehen im ersten Drittel des Dokuments.
- Das Dokument ist insgesamt nicht länger als zwei oder drei Bildschirmseiten. (Ausnahmen: elektronische Texte).
- Es ist eine Fußzeile vorhanden mit dem Namen des Autors, seiner E-mail-Adresse, dem Erstelldatum und dem Datum der letzten Aktualisierung des Dokuments. Die letzte Aktualisierung liegt nicht weiter als ein paar Wochen zurück.
- Die grafischen Elemente des Dokuments – inkl. Rahmen – haben Informations- oder Navigationsfunktion. Sie sind nicht bloße dekorative, spielerische oder zusätzliche Elemente.

- Alle Hyperlinks im Dokument funktionieren und führen zu aktuellen Dokumenten. Neue Links sind besonders markiert.
- Sind alle diese Anforderungen erfüllt, so kann man mit einiger Sicherheit davon ausgehen, dass auch der Inhalt gewissen Ansprüchen standhält“

(Christian A. Gertsch 1999).

- **Beispiel: Lerntipps gemäß der Kriterien von Frederic Vester**

Im Rahmen des Kurshalbjahres 11/II (Lernen und Entwicklung) kann unter dem fächerübergreifenden Gesichtspunkt „Biologische Grundlagen der Entwicklung (Biologie)“ (Ministerium 1999, S. 18) die Prägung und Vorprogrammierung nach Frederic Vester (vgl. 1999) thematisiert werden. Aus diesem Themenkomplex lassen sich Kriterien ableiten, die Lernmethoden erfüllen müssen, um wirksam zu sein (mehrere Lernkanäle u. ä.). Diese Kriterien können auch zur Beurteilung von Internet-Dokumenten herangezogen werden. Im Rahmen der Forderung, dass Lernaufgaben komplex gestaltet sein sollen, können diese Kriterien die Grundlage zu einem Projekt bilden. Im Internet sind viele Dokumente zu finden, die sich mit Lernstrategien und Lerntipps beschäftigen (siehe meine Linksammlung, 11/II – vgl. Anhang). Die Schüler/innen könnten diese Dokumente auf ihre fachliche Qualität und mögliche Wirksamkeit hin überprüfen und ihre Ergebnisse in Form einer eigenen Lerntipp-Sammlung präsentieren.

## 4.5 Präsentation im Internet

Der Lehrplan beschreibt die „Aufbereitung von Ergebnissen der Unterrichtsarbeit in Dokumentationen, Ausstellungen oder anderen produktorientierten Verfahren“ als eine der „Methoden/Techniken der Beschaffung, Erfassung und Produktion pädagogisch relevanter Informationen“ (Ministerium 1999, S. 12f.), die in der gymnasialen Oberstufe eingeübt werden sollen.

Gerade bei der freien Recherche stellt sich die Frage, wie die gefunden Ergebnisse weiterverwendet und präsentiert werden können. In der Projektarbeit bietet sich hier ein produktorientiertes Vorgehen an.

Bislang wurde nur darüber geredet, wie Schüler/innen am Besten aus dem WWW rezipieren können. Damit sind die Möglichkeiten des Internets aber noch lange nicht ausgeschöpft. Ein wichtiger Faktor bei der Arbeit mit dem Internet ist, dass die Schüler/innen hier ernsthaft produktorientiert arbeiten können. Durch die Präsentation ihrer Arbeiten im Internet erhält ihre Arbeit eine Ernsthaftigkeit, die beim normalen Unterricht nicht erreicht wird. Auch die produktorientierte Arbeit, bei der ein Werk der Schulgemeinschaft präsentiert wird, hat nicht den gleichen Charakter. Den Schülern und Schülerinnen ist durchaus bewusst, dass ihre Arbeiten so einem Millionen-Publikum zugänglich werden und dass darunter auch Fachleute sein können.

**Beispiel: Lerntipps gemäß der Kriterien von Frederic Vester (Präsentation)**
Die Arbeitsergebnisse aus der oben skizzierten Projektarbeit können von den Schülern und Schülerinnen auf verschiedene Art und Weisen präsentiert werden. Klassische Methoden wären die Präsentation durch Plakate in der Schule. Weitere Präsentationsmethoden wären ein Artikel in der Schülerzeitung oder die Herausgabe eines Readers, der an alle Mitglieder der Jahrgangsstufe oder der Oberstufe zum Selbstkostenpreis verkauft wird. Diese beiden Methoden könnten bereits mit Computer-Unterstützung bewältigt werden. Dabei würden die Schüler/innen ihre Kompetenzen in Bereich Präsentation, computergestützte Textverarbeitung, Layoutgestaltung und somit ihre Kreativität üben. Eine weitere Möglichkeit wäre die Veröffentlichung der Ergebnisse als Online-Version. HTML-Editoren sind heute von der Bedienung her ähnlich aufgebaut wie die Standard-Textverarbeitungsprogramme und 'What you see is what you get'. So ist es möglich, dass die Schüler/innen auch ohne HTML-Kenntnisse eine einfache Internetseite gestalten können. Möglicherweise befindet sich ja im Kurs auch ein Schüler/eine Schülerin, der/die sich mit WebDesign auskennt. Auch dieses Vorgehen würde die Methodenkompetenz der Schüler/innen im Bereich neue Medien fördern.

- **Präsentationsbeispiele aus dem Internet**

Die **Holzkamp-Gesamtschule Witten** hat ihr Projekt im Erziehungswissenschaftlichen Unterricht „Der gläserne Klassenraum" genannt. Mit der Veröffentlichung genauer Stundenprotokolle, die auch die Auflistung der fehlenden Schüler/innen einschlossen, sollte der Unterricht transparent gemacht werden. Die Internetseite war so gestaltet, dass Fragen zum Thema oder die Hausaufgaben direkt per E-mail an den Fachlehrer geschickt werden konnten (vgl. auch Pädagogikunterricht, Heft 4/1998, S. 28 bis 39).
Holzkamp-Gesamtschule Witten
http://voss.fernuni-hagen.de/import/schulinformatik/cmc/projekte/glas/Glas.htm

Die **Geschwister-Scholl-Gesamtschule** in Dortmund veröffentlichte zu verschiedenen Kursthemen Texte, Klausurbeispiele und Linksammlungen. Auch Kurs- und fachübergreifende Projekte werden dargestellt. (Vgl. hierzu auch: Pädagogikunterricht, H. 4/1998)
Geschwister-Scholl-Gesamtschule
Haferfeldstr. 3–5, 44309 Dortmund
http://schulen.hagen.de/GSGE/ew/Weiche.html

Am **Gymnasium Borghorst** wurden pädagogikrelevante Hypertextseiten in einem Projekt erstellt. Die Vorstellung des Projekts macht deutlich, wie intensiv die Auseinandersetzung mit didaktischen und medienpädagogischen Aspekten gewesen sein muss. Es wird unter anderem auf den Bezug zu den Richtlinien und Lehrplänen, das Prinzip des „Lernen Lernen" und die besondere Form des Hypertextes eingegangen.

Gymnasium Borghorst
Herderstr. 6, 48565 Steinfurt-Borghorst
http://www.gymnasium-borghorst.de/lernen/vorstell.htm

Am **Gertrud-Bäumer-Berufskolleg** in Duisburg hat man versucht, einen regelrechten Online-Kurs zu allen Kurshalbjahren zu erstellen. Die Seiten verfügen über eine detaillierte Beschreibung der Kursinhalte. Als Hyperlinks können von den Schülern und Schülerinnen selbst verfasste Texte (meist Zusammenfassungen von Standardliteratur) und Fachseiten (z. T. von Universitäten) abgerufen werden. Intention der Seite war die Schaffung einer Online-Hilfe zum Unterricht für nachfolgende Jahrgänge.

Gertrud-Bäumer-Berufskolleg
Klöcknerstr. 48, 47057 Duisburg
http://www.du.nw.schule.de/gbks/7s61/index.htm

## 5. Elektronische Medien als Unterrichtsinhalt

Der Lehrplan für das Fach Erziehungswissenschaft in NRW erlaubt es auch, die elektronischen Medien als Unterrichtsinhalt zu thematisieren.

Im Kurshalbjahr **11/I** ist die Thematisierung von Kommunikation vorgesehen. „Erziehung vollzieht sich über Kommunikation, deshalb sollte die Thematisierung des Verhältnisses von Kommunikation und Erziehung im erziehungswissenschaftlichen Unterricht selbstverständlich sein“ (Ministerium 1999, S. 15). Als mögliches Projektthema wird dazu „Kommunikation und Information“ (ebenda, S. 17) vorgeschlagen. Das Lehrbuch *PHOENIX* schlägt für diesen Themenbereich die Behandlung der Kommunikationstheorien nach Friedemann Schulz von Thun, Paul Watzlawik und Thomas Gordon (vgl. Heinz Dorlöchter u. a.1996, S. 46–60) vor. Im Zeitalter der elektronischen Medien sollte sich dieser Themenbereich aber nicht nur mit der direkten Kommunikation von Angesicht zu Angesicht befassen. Da die elektronischen Medien zunehmend unser Leben durchdringen, nehmen sie auch Einfluss auf unsere Kommunikationsgewohnheiten. Gespräche, Briefe und Telefongespräche, werden ergänzt durch E-mail, Mailinglisten, Newsgroups und Chats.

Für das Kurshalbjahr **11/II** (Lernen und Entwicklung) schlägt der Lehrplan vor, „auch der Frage nachzugehen, welche Bedeutung die Tatsache der Informationsoffenheit moderner Gesellschaften für das Leben und die Entwicklung hat“ (Ministerium 1999, S. 16). Als möglicher Zusammenhang zu anderen Fächern wird hier „PC und Internet (Informatik)“ (ebenda S. 18) genannt. Mögliche Projektthemen sind „Medienpädagogik“ und „Lernen im Cyberspace“ (ebenda). Gerade im Bereich „Lernen“ ist das Angebot an didaktisch aufbereitetem online-Material groß.

Die psychologischen Fakultäten der Universitäten bieten zum Teil *Studienplätze* zur Lernpsychologie an, deren Inhalte sich oft weitgehend mit denen des Lehrplans decken. So ist es z. B. möglich, dass die Schüler/innen sich die Theorie des Behaviorismus selbstständig an solch einem Studienplatz erarbeiten, der wie ein Lernprogramm strukturiert ist. Es werden Informationseinheiten angeboten, die durch Bilder, Videos und weitere Links ergänzt werden. Zu jeder Einheit gibt es einen Aufgabenbereich (meistens multiple-choice), in dem man sein neu gewonnenes Wissen testen kann.

Es gibt aber auch Lernprogramme, die die Informationseinheiten bereits interaktiv gestalten. Man kann Vermutungen äußern und bekommt demnach Erklärungen geliefert. Die Wissensüberprüfung kann dabei auch spielerisch gestaltet sein.

Ein typisches Beispiel ist das Lernprogramm *Wege in die Psychologie* von Prof. Mietzel unter der URL

http://www.regiosurf.net/supplement/lernen/lernh.htm

So kann man die Schüler/innen also selbst Erfahrungen mit dem Lernen im Internet sammeln lassen. Darauf aufbauend kann man dann zu einem späteren Zeitpunkt diese Erfahrungen auf einer Metaebene betrachten. Man sollte darauf eingehen, wie sich Lernen verändert hat und verändern wird und welche Veränderungen sich aus dieser neuen Art zu Lernen für die Entwicklung und Erziehung ergeben. Nachdem die Schüler/innen den Einsatz der Medien selbst kennen gelernt haben, sollten sie in der Lage sein, die Nutzung und Bedeutung der elektronischen Medien kritisch unter pädagogischen Gesichtspunkten zu reflektieren.

Im Kurshalbjahr **12/I** wird unter dem Zugang „Das Spiel im Entwicklungs- und Sozialisationsprozess“ das Projektthema „Computerspielwelten“ vorgeschlagen (Ministerium 1999, S. 23). Dies ist ein Thema, dass die Schüler/innen direkt betrifft. Man kann davon ausgehen, dass viele Schüler/innen in ihrer Freizeit Computerspiele spielen. Im Rahmen dieses Projektthemas könnte man anregen, dass einige Schüler/innen solche Computerspiele unter pädagogischen Gesichtspunkten vorstellen. Im Halbjahr 12/I wird die Entwicklung von Kindern thematisiert und das Projekt wird erst zum Ende des Kurses vorgeschlagen. Aufbauend auf dem in diesem Halbjahr gewonnen Wissen, sollte es den Schülern und Schülerinnen möglich sein, Computerspiele in Bezug auf ihre Auswirkung auf Kinder verschiedener Altersstufen zu beurteilen. Man könnte auch anregen, die Schüler/innen Kriterien für geeignete Computerspiele für Kinder bestimmter Altersgruppen erstellen zu lassen. Weiterhin könnte man Theorien zur Auswirkung von Computerspielen auf die Entwicklung von aggressivem Verhalten (Katharsistheorie, Stimulationstheorie, Inhibitionstheorie, Habitualisierungstheorie, Erregungstheorie) thematisieren.

Für das Kurshalbjahr **12/II** sind unter dem Thema „Entwicklung, Sozialisation und Identität im Lebenszyklus“ die Projektthemen „Lebenslanges Lernen“ und „Angebote der Erwachsenenbildung“ vorgeschlagen (Ministerium 1999, S. 24). Die elektronischen Medien eröffnen uns heutzutage eine ganz andere Art des Lernens.

Uns sind dauernd Informationen zu allen möglichen Themen, oftmals in lernpsychologisch aufbereiteter Form, zugänglich. Wichtig ist nicht mehr so sehr die Frage nach dem Faktenwissen, sondern vielmehr die Frage nach den Kompetenzen zur Beschaffung von Wissen. Da wir ständig einer wachsenden Informationsflut ausgesetzt sind, wird Lernen notwendigerweise zum lebenslangen Lernen. Daher sollte der Aspekt der Methodenkompetenz in Bezug auf die elektronischen Medien einen Schwerpunkt dieses Themenbereichs bilden.

Im Kurshalbjahr **13/I** wird zum Thema „Pädagogische Theoriebildung" das Projekt „Projekt Zukunft" vorgeschlagen (ebenda, S. 29). Hier könnte man mit der Methode der Zukunftswerkstatt eine kritische Bestandaufnahme der bestehenden Erziehungssituation im Bildungssystem (auch in Bezug auf Ausstattung mit neuen Medien und deren Einsatz) erstellen. In der Utopiephase könnte man ein Konzept der 'Schule der Zukunft' oder 'Erziehung der Zukunft' entwerfen, das die elektronischen Medien integriert. In der letzten Phase schließlich wäre zu überlegen, ob und welche Maßnahmen man ergreifen könnte, um die Utopie zu realisieren.

Im Kurshalbjahr **13/II** soll „Mündigkeit und Verantwortung" ein Zugang sein (ebenda, S. 30). Der Lehrplan führt dazu weiter aus, „die Entstehung und Förderung von Identität und Mündigkeit vollzieht sich im sozialen Kontext und sind auf die Befähigung zu sozialer Verantwortlichkeit bezogen" (ebenda, S. 27). Das Internet fordert wie kein anderes Medium die soziale Verantwortung der Nutzer. Pornographie und Rechtsradikalismus im Netz sind nur zwei geläufige Schlagwörter, die vor dem Missbrauch des Internets warnen. Sowohl als User als auch als Autor von Internetdokumenten, muss man sich seiner globalen sozialen Verantwortung bewusst sein. Gerade als Autor muss man sich im Klaren darüber sein, dass man die dort veröffentlichten Informationen nicht nur für sich oder ein homogenes Publikum veröffentlicht. Solche Informationen sind allen, auch Kindern, zugänglich. In diesem Rahmen sollte auch die Bedeutung von Webringen gegen Rechtsextremismus, Kinderpornographie u. ä. thematisiert werden. Das sind Zusammenschlüsse von Internetautoren, die sich auf ihren Seiten deutlich gegen das jeweilige Thema aussprechen, und dazu auffordern, sich dieser Meinung anzuschließen. Meistens besitzen diese Seiten entsprechende Banner als Kennzeichen.

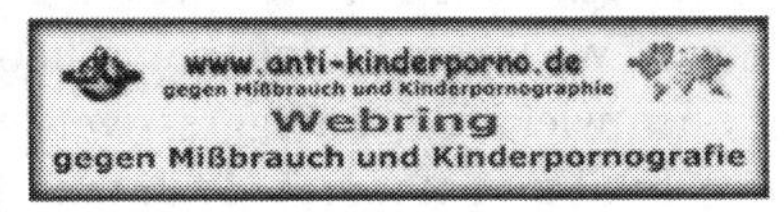


Webring Banner

Wie gezeigt wurde, sind durchaus Einsatzmöglichkeiten für elektronische Medien im Pädagogikunterricht gegeben. Sei es nun als **Werkzeug zur Unterrichtsvorbereitung oder zur Vermittlung von Unterrichtsinhalten** und als **Recherchemittel in der Projektarbeit** oder **freien Arbeit**. Auch als **Unterrichtsinhalt** lassen sich elektronische Medien thematisieren. Elektronische Medien gehören in unserer Informationsgesellschaft mit ihren globalisierten Lebensbereichen zur Erfahrungswelt der Schüler/innen und stellen Forderungen an die Kompetenzen der Schüler/innen und somit an den Unterricht. Daher halte ich es für sinnvoll, wenn gerade im Pädagogikunterricht, in dem Methodenkompetenz, Lernstrategien und Medienpädagogik berücksichtigt und thematisiert werden, versucht wird, diese Medien zu integrieren.

Quelle:

Dams, Anja: Lehren und Lernen mit elektronischen Medien im Pädagogikunterricht? Hausarbeit im Rahmen der Zweiten Staatsprüfung. Studienseminar Duisburg II 2000.

## Literatur


Ausschuss 'Junge Lehrer' im nordrhein-westfälischen Lehrerverband (Hrsg.): Ausbildung aktuell. Handreichungen und Informationen für die Lehrerausbildung '99. Düsseldorf [22]1999.

Dorlöchter, Heinz; Maciejewki, Gudrun; Stiller, Edwin: PHOENIX. Der etwas andere Weg zur Pädagogik. Ein Arbeitsbuch. Band I. Paderborn: Verlag Schöningh 1996.

Gertsch, Christian A.: Internet macht Schule. In: Neue Zürcher Zeitung, Beilage „Bildung und Erziehung". 18. September 1997. Online im Internet: NZZ on-line: http://www.cx.unibe.ch/ens/Schulinternet.html (Stand: 15.7.2000)

Gertsch, Christian A.: Qualitätskontrolle auf dem World Wide Web. Strategien für das Auffinden und Evaluieren von WWW Ressourcen. Online im Internet: http://paedpsych.jk.uni-linz.ac.at:4711/LEHRTEXTE/Gertsch99.html (Stand: 1.10.1999)

Döring, Nicola: Lernen mit dem Internet. In: Issing Ludwig J.; Klimsa, Paul (Hrsg.): Information und Lernen mit Multimedia. Weinheim: Psychologie Verlags Union [2]1997.

Issing, Ludwig J.; Klimsa, Paul: Multimedia – Eine Chance für Information und Lernen. In: Issing Ludwig J.; Klimsa, Paul (Hrsg.): Information und Lernen mit Multimedia. Weinheim: Psychologie Verlags Union [2]1997.

Klimsa, Paul: Multimedia aus psychologischer und didaktischer Sicht. In: Issing Ludwig J.; Klimsa, Paul (Hrsg.): Information und Lernen mit Multimedia. Weinheim: Psychologie Verlags Union [2]1997.

Kroll, Sibylle: Richtig Lernen. Tipps und Lernstrategien für die Oberstufe. Freising: Stark 1999.

Ministeriumfür Schule und Weiterbildung, Wissenschaft und Forschung des Landes NRW (Hrsg.): Richtlinien und Lehrpläne für die Sekundarstufe II – Gymnasium/Gesamtschule in Nordrhein-Westfalen. Erziehungswissenschaft. (=Schriftenreihe Schule in NRW. Nr. 4719). Frechen: Ritterbach Verlag 1/1999.

Ministerium für Schule und Weiterbildung, Wissenschaft und Forschung des Landes NRW (Hrsg.): Zukunft des Lehrens – Lernen für die Zukunft: Neue Medien in der Lehrerausbildung. (=Schriftenreihe Schule in NRW. Nr. 9032). Frechen: Ritterbach Verlag 1/2000.

Printz, Johann: Die Programmierte Unterweisung. In: Ashauer, Günter (Hrsg.) Audiovisuelle Medien. Handbuch für Schule und Weiterbildung. Bonn: Dümmler 1980.

Vester, Frederic: Denken, Lernen, Vergessen. München [26]1999.

**Anlage 1:**

Links von der Homepage von Anja Dams – http://people.freenet.de/Paedagogik-Links/112.htm

## Lernen und Entwicklung

**Wählen Sie einen Themenbereich:**

- Lernen allgemein
- Lerntheorien
- Wahrnehmung
- Gedächtnis/Denken
- Entwicklung, Lernen, Reifung, Prägung
- Intelligenz und Begabung
- Lernen und Entwicklung in der informationsoffenen Gesellschaft
- Schulisches Lernen und Lehr-/Lerntechniken
- Beratung (Lernschwierigkeiten)
- Manipulation und Strafe
- Motivation
- Lernbehinderung

▪ **Lernen allgemein:**

- Wege in die Psychologie (sehr empfehlenswert!)
- Werner Stangls Arbeitsblätter
- Informationen rund um's Lernen
- Psychologische Links im WWW
- Mailingliste Lernen
- Inhaltsverzeichnis (Übersicht über mehrere Bereiche)
- Psychologielexikon
- Tuecke – Psychologie in der Schule – Psychologie für die Schule
- Schüler sollen lernen – aber wie?
- ILL-Initiative für Leichteres lernen

▪ **Lerntheorien**

- Studienplatz 2000 – Prototypen
- Vorlesung Lernen und Gedächtnis
- Was versteht man unter „Lernen“

▪ **Behaviorismus:**

- Einleitung
- Die Wissenschaft Psychologie: Der Behariorismus

- **klassische Konditionierung:**
  - http://www.uni-essen.de/~ gvo001/lehrangebot/kondiweb/
  - http://www.plassmann.de/lernen/kond-kla/index.html
  - Studierplatz 2000 – Prototypen
- **operante Konditionierung:**
  - http://www.uni-saarland.de/fak5/krause/klaus/Lernpro2.htm
  - B.F. Skinner Foundation – Media
  - Konditionierung von Tauben
  - Lernpsychologie
  - Psychologie operantes Konditionieren
  - Studienplatz 2000 – Prototypen
  - http://www.regiosurf.net/supplement/lernen/lernnh.htm
- **Modelllernen:**
  - http://www.uni-koeln.de/phil-fak/paedsem/psych/medien/medpsy/bamose/bamose.htm
  - Medienpsychologie – Bandura
- **kognitives Lernen:**
  - Einleitung Gagné
  - Lernen – Kognitive Aspekte des Lernens
  - incops: Anmeldung
- **Selbstgesteuertes Lernen:**
  - Selbstgesteuertes Lernen
- **Wahrnehmung:**
  - Lew S. Wygotski (1930): Die Entwicklung von Wahrnehmung und Aufmerksamkeit
  - Wahrnehmung © Jens Gallenbacher
  - Zur Neurowissenschaft der Aufmerksamkeit
- **optische Illusionen**
  - http://www.illusionworks-com/html/jump page.html
  - Optical Illusions
  - Optical Illusions
  - Mona: Exploratorium Exhibit
  - Optische Täuschungen
- **Gedächtnis/Denken**
  - Besseres Gedächtnis mit Bilderketten
  - Webseiten zum Thema Gedächtnismodelle
  - http://www.quarks.de/gehirnakrobaten/00.htm

- Wie gut ist Ihr Gedächtnis?
- Das Lernen lernen (8): Gedächtnistechniken
- Gedächtnistechniken
- Arbeitsaufgaben zu Gedächtnis und Lernen
- Gedächtnistest
- Das Gedächtnis

- **Entwicklung, Lernen, Reifung, Prägung**

- Psychologie – Lernbegriff – Abgrenzung

- **Intelligenz und Begabung**

- http://www.online.iqtest.de/iqtestl.htm
- Intelligenztest
- ILL – Initiative für Leichteres Lernen (mehrere Tests)
- Rhetorik Erfolgstraining EQ IQ emotionale Intelligenz Kommunikation
- Testverzeichnis
- Mensa in Deutschland e. V. (MinD): IQ-FAQ

- **Lernen und Entwicklung in der informationsoffenen Gesellschaft:**

- Lernen lernen Internet Schule Schulpsychologie
- learn:line Arbeitsbereich (Lernen mit neuen Medien)
- Medienkompetenz in der Informationsgesellschaft
- Medienpsychologie – Lernen mit dem Internet
- Die erste Cybergeneration
- Jon Katz: Die Rechte der Kids im digitalen Zeitalter
- NZZ Format: Lernen mit Internet (12) – Text-/Grafikmaterial
- Medienbildung

- **Schulisches Lernen und Lehr-/Lerntechniken**

- Leitseite Lerntechniken
- Das Lernen lernen: Leitseite
- Leichter Lernen Lernen
- Praesentationstips
- Präsentationsformen wissenschaftlichen Arbeitens
- Benjamins und Werners praktische Lerntips
- Referate
- Gedächtnistechniken
- Concept Mapping Homepage
- MindManager
- Moderationssoftware
- Werner Stangls Arbeitsblätter
- Neuro-Linguistisches Programmieren: General Information Server
- Lernautonomie

- Teamfähigkeit
- Methodensammlung

- **Beratung (Lernschwierigkeiten):**

- Bundesverband Legasthenie e. V. – Legasthenie – Definition mit Erläuterungen und Empfehlungen
- http://legasthenie.de/Irs/zenauto.htm
- BVdE-Info: Hyperaktivität und Lernstörungen als ganzheitliche Aufgabe
- Rechenschwäche verstehen – Informationsschrift zum Phänomen Rechenschwäche/
- Dyskalkulie

- **Manipulation und Strafe:**

- Wie bestrafe ich mein Kind richtig?
- Autorität, Gehorsam und das Milgram Experiment

- **Motivation:**

- Motiviert Sein oder motiviert Werden?
- Zum Lernen fehlt häufig die Motivation
- Maslow'sche Bedürfnispyramdie

- **Lernbehinderung:**

- Blinde u. Sehbehinderte
- Informationen für Blinde und Sehende
- KOM-IN-Netzwerk – nicht nur für Blinde und Sehbehinderte
- blind? Sehen Sie ...??? Das sollten nicht nur Blinde wissen!
- Blinde schulen
- DZB – Deutsche Zentralbücherei für Blinde
- Gehörlosen- und Schwerhörigenpädagogik – Uni Köln
- Links in die Welt der Hörgeschädigten
- Das Deutsche Fingeralphabet – Universität zu Köln, Hörgeschädigtenpädagogik
- Neues in BIDOK

Anlage 2: Gunter Gesper

*Linkliste Erziehungswissenschaft*

Die angeführten Links stammen aus Schüleraufzeichnungen im Unterricht sowie anderen Quellen und wurden vollständig erprobt. Die Schnelllebigkeit des WWW macht es jedoch erforderlich, die Verweise jeweils kritisch zu prüfen.

Aller Erfahrung nach „funktionieren" die meisten sehr gut, wenn auch die Wertigkeit von Fall zu Fall unterschiedlich sein wird.

| | |
|---|---|
| http://www.phil-fak.uni-duesseldorf.de/erzwiss/ | Erziehungswissenschaftliches Institut |
| http://www.educat.hu-berlin.de/dgfe/rund97-1.html | Materialsammlung |
| http://www.montessori.de | Montessorieinrichtungen |
| http://www.luther.de | Humanismus |
| http://www.waldorfschule-mh.de/ | freie Schulen |
| http://www.jenaplan.de/ | Jenaplaninitiative Bayern e.V. – viele Links, Grundlageninformationen und Adressen |
| http://www.fu-berlin.de/ewifis/ | Linksammlung freie Schulen |
| http://paed.com/ph/uebers.htm | Reformpädagogik an freien Schulen |
| http://info.uibk.ac.at/c/c6/c603/cd-paed/abstract/sozialis.html | Sozialisation |
| http://www.initiative-zukunftsforum.de/neonet/100/ | Material zu Jugend und Kindheit/Zeitung |
| http://www.schulforum.ch/2reform/hintergr.html | vielfältiges Material zu Schulreformen |
| http://www.rz.uni-karlsruhe.de/Outerspace/VirtualLibrary/37.de.html | Linksammlung der Uni Karlsruhe |
| http://paedpsych.jk.uni-linz.ac.at/ | Universität Linz |
| http://www.ammma.uni-bielefeld.de/museum/titel.htm | Kindheitsdarstellungen in der bildenden Kunst |
| http://info.uibk.ac.at/c/c6/c603/cd-paed/index.html | CD-Rom der Pädagogik |
| http://www.mehr-respekt-vor-kindern.de/index-ns.html | Aktion gegen Gewalt |
| http://www.lernort-internet.de/ | „Internet zwischen Schule und Unterricht". |
| http://dbs.schule.de/institute.html | Institutionen im Bildungsbereich |
| http://dbs.schule.de/erzwiss.html | Angebote für Erziehungswissenschaftler und Bildungsforscher |
| http://www.teachersnews.net/ | Drei Pädagogen präsentieren täglich ein interessantes und aktuelles Angebot rund um das Thema Schule. |
| http://www.mpib-berlin.mpg.de/TIMSS-ii/Ergebnisse.htm | Studie zu Ergebnissen und Motivation im math.-naturwiss. Unterricht |
| http://dbs.schule.de/db/fach.html?fach=1975&Rnum=0&Snum=0 | über 250 Links zu EW-Materialien |
| http://dbs.schule.de/statistik.html | vielfältiges Statistikangebot |
| http://www.dialogische-fachdidaktik.de | sehr umfangreiche und ergiebige Linkliste zu EW – wertvolle didaktische Hinweise und sehr gute Materialien von den Verfassern der Phoenix – Bände |
| http://www.topfschlagen.de | Spielesammlung für Kinder |

CAROLA VOLK

*„Wir werden die Welt verstehen,*
*wenn wir uns selbst verstehen."*
Novalis

# Leistungsermittlung und Leistungsbewertung im Pädagogikunterricht am Beispiel der Abiturprüfung

Mit diesem Beitrag wird der Versuch unternommen, am Beispiel **zweier kommentierter Vorschläge** für die schriftliche Abiturprüfung aus der Praxis des Pädagogikunterrichts persönliche Erfahrungen zur Erstellung von Abituraufgaben an interessierte Kollegen weiterzugeben.

Dabei beziehe ich mich auf die konkreten Anforderungen im Land Brandenburg. In anderen Bundesländern können im Detail sicher unterschiedliche Formalia vorgegeben sein, die aber im Prinzip in Übereinstimmung mit den „Einheitlichen Prüfungsanforderungen in der Abiturprüfung" (EPA) Pädagogik (1989) stehen müssen.

## 1. Zu Formalia der Abiturprüfung im Land Brandenburg

Grundsätzlich gelten die von der Kultusministerkonferenz für das Fach „Pädagogik" beschlossenen „Einheitlichen Prüfungsanforderungen in der Abiturprüfung" (EPA) vom 1.12.1989.

Für die schriftliche Abiturprüfung sind drei Aufgabenvorschläge einzureichen, von denen zwei nach Genehmigung und Auswahl durch die zuständige Schulrätin oder den zuständigen Schulrat dem Prüfling zur Auswahl vorzulegen sind. Eine der beiden zur Auswahl vorgelegten Aufgabenstellungen ist zu bearbeiten.

Unter den eingereichten Aufgabenvorschlägen für die schriftliche Abiturprüfung muss mindestens einmal die Aufgabenart „Problemerörterung mit Material" vertreten sein, des weiteren sind der Aufgabentyp „Problemerörterung ohne Material" oder eine „Auswertung von Material" möglich.

Gemäß EPA kommen folgende Aufgabenarten in Frage: materialgebundene Aufgabe mit untergliederter Aufgabenstellung; materialgebundene Aufgabe mit komplexer Aufgabenstellung; Problemerörterung ohne Materialgrundlage (S. 14).

Grundsätze der Leistungsbewertung ergeben sich auch aus dem Brandenburgischen Schulgesetz vom 12. April 1996, Abschnitt 3, § 57 und dem Entwurf der GOSTV vom 22.10.1998 (§§ 18 und 19).

Die Anforderungen in der Abiturprüfung umfassen die Bereiche:

- **Wiedergabe von Sachverhalten** sowie **Verwendung erlernter fachbezogener Arbeitsweisen** (Anforderungsbereich [AFB] I),
- **selbständiges Anwenden erworbener Kenntnisse und Fähigkeiten auf veränderte oder neue Problemstellungen** (AFB II) und
- **selbständige Lösung einer vielschichtigen Aufgabe einschließlich Entscheidungen über den Lösungsweg mit Begründungen, Schlussfolgerungen und Wertungen** (AFB III).

Der Schwerpunkt liegt im Anforderungsbereich II und kann bis zur Hälfte der Gesamtforderung ausmachen. Die Anforderungsbereiche I und III werden so berücksichtigt, dass der Aufgabenbereich III nicht überwiegt.

Inhaltliche Anforderungen ergeben sich aus dem Rahmenplan des Landes und den in der EPA festgelegten Prüfungsgegenständen.

Die **Aufgabenstellung in der Abiturprüfung** berücksichtigt die von der Lehrkraft getroffenen Entscheidungen hinsichtlich Stoffauswahl und Themenschwerpunkten. Sie muss einen thematischen Schwerpunkt haben, der sich auf **Sachgebiete eines Schulhalbjahres** der Qualifikationsphase bezieht, muss jedoch so angelegt sein, dass zur Lösung auch auf Fähigkeiten und Kenntnisse **zurückgegriffen** werden muss, die in **stofflichen und thematischen Zusammenhängen anderer Schulhalbjahre der Qualifikationsphase** erworben worden sind.

Die Aufgabenstellung in der Abiturprüfung muss zur Lösung eine **eigenständige Gesamtleistung** erfordern.

Besteht die Aufgabenstellung aus **mehreren Teilaufgaben**, so müssen sie in einem **thematischen Zusammenhang** stehen.

Unter Berücksichtigung der drei Anforderungsbereiche [Reproduktion von Kenntnissen – reorganisierende Leistungen im Anwenden bekannter Sachverhalte in neuen Zusammenhängen – selbständiges Finden und Lösen von Problemen und Werten] sollten zur Leistungsbewertung im Pädagogikunterricht Aufgabenstellungen gefunden werden, die dem Schüler die Anwendung von Fähigkeiten der Wahrnehmung und Darstellung, der theoriegeleiteten Deutung und Erklärung, der begründeten Bewertung sowie der Planung von Erziehungsphänomen ermöglichen.

Das heißt konkret, dass der Schüler die Gelegenheit bekommen soll, erworbene theoretische pädagogische Kenntnisse und Fähigkeiten für die pädagogische Reflexion zu nutzen und damit Kompetenzen zu komplexer pädagogischer Reflexion nachzuweisen.

Überprüfte Kenntnisse und Fähigkeiten sollten dabei immer an die Komplexität erzieherischen Denkens und Handelns rückgebunden bleiben, d. h. der Schüler soll zugleich zeigen, dass er sich nicht nur Theorien oder Erklärungsmuster angeeignet hat, sondern diese komplex mit anderen erworbenen Elementen für pädagogisches Denken und Handeln nutzen kann.

Der Schüler muss nachweisen, dass er sich Theorien angeeignet hat, Lebens- (Erziehungs-) Wirklichkeit von dieser speziellen Theorie reflektieren (erklären, werten) kann und diese Wirklichkeit aus einer komplexen Perspektive (Verbindung der Theorie mit anderen schon bekannten) bewerten kann.

## 2. Ein erstes Beispiel

An einem ersten Beispiel soll die Umsetzung der beschriebenen Anforderungen gezeigt werden:

### 2.1 Aufgabenstellung als Problemerörterung mit Material

Thema: Die seltsame Art, wie Kinder Dinge sehen

**Aufgabenstellung:**

1. Analysieren Sie den Text und geben Sie die wesentlichen Grundgedanken der „Theorie- Theorie“ wieder. Fassen Sie die Kernaussage dieser Theorie in einer These zusammen.
2. Stellen Sie einen Bezug zu Jean Piagets Stufentheorie der kognitiven Entwicklung her. Erläutern Sie Piagets Ansätze, stellen Sie seine wichtigsten Aussagen dar und vergleichen Sie diese mit den neuen Auffassungen der „Theorie-Theorie“.
3. Diskutieren Sie die folgende Aussage kontrovers: „Die seltsame Art, wie Kinder Dinge sehen“, ist auf eine mangelnde Intelligenz bei Kindern im Vergleich zu Erwachsenen zurückzuführen, Erwachsene sind einfach klüger als Kinder.

   Leiten Sie pädagogische Konsequenzen ab.

**Die kleinen Theoretiker**

„Werden Kinder dumm geboren oder beherrschen sie von Anfang an die Fähigkeit zur wissenschaftlichen Theoriebildung? Mit der „Theorie-Theorie“ versuchen Psychologen zu erklären, wie sich die Kleinen ihre Welt erschließen.

... „Terrible twos“, die schrecklichen Zweijährigen, heißen im pädagogischen Jargon die Kinder jener Altersstufe, die manchmal stundenlang nichts anderes tun als Testen, Testen, Testen: Ist die Pfütze wirklich tiefer, als die Gummistiefel hoch sind? Gilt das Gesetz der Schwerkraft auch für Blumenvasen und Nachttischlampen? Funktioniert Mamas Filzstift tatsächlich an der Tapete?

Seien Sie beruhigt, liebe Eltern! Und auch ein bißchen stolz. Denn was Ihr Kind tut, unterscheidet sich in nichts von dem, was die Nobelpreisträger treibt: Wie ein Wissenschaftler ergründet es die Welt, um nach der Methode von Versuch und Irrtum herauszufinden, welche Eigenschaften und Funktionen die Dinge und Wesen haben.

Kinder werden als empirische Forscher geboren, sagen die beiden amerikanischen Entwicklungspsychologen Alison Gopnick und Andrew Meltzoff. Sie glauben, daß Kinder schon vom ersten Tag an Theorien entwickeln, revidieren und verbessern, im Laufe der Jahre aber geistig immer träger werden, bis sie, von Normen und Ideologien geprägt, als Erwachsene kognitiv erstarren: „Alles was wichtig ist im Leben, hat man im Grunde schon im Kindergarten gelernt“, sagt Alison Gopnik, die an der University of California in Berkeley lehrt.

Mit dieser These stellen Gopnik und Meltzoff eine Lehrmeinung auf den Kopf, die seit einem halben Jahrhundert die Vorstellung von der geistigen Entwicklung des Kindes geprägt hat. Sie stammt von dem Schweizer Biologen und Erkenntnistheoretiker Jean Piaget, der wie kein zweiter untersucht hat, nach welchen Prinzipien sich die Explosion kindlicher Fähigkeiten abspielt.

Piaget zufolge werden Kinder mit nicht viel mehr als Reflexen geboren, weitgehend ohne Wissen und ohne eine Vorstellung von der Welt – wie ein blankes Stück Papier. Ihr kognitives Rüstzeug unterscheidet sich fundamental von dem der Erwachsenen. Geistige Fähigkeiten müssen sie erst erlernen, indem sie, getrieben von allerdings angeborener Neugier, an den Objekten die Welt begreifen. Allmählich, im Laufe von Monaten und Jahren, verfeinern sie dabei ihre Methoden. Sie machen Annahmen, untersuchen und ziehen Schlüsse; sie sammeln Beweise, formulieren Hypothesen, bestätigen und widerlegen und kommen schließlich zu einer eigenen Logik, aus der ein immer wieder modifiziertes Weltbild entsteht.

Doch Tausende empirischer Untersuchungen der letzten Jahre zeigen deutliche Mängel an Jean Piagets eingängiger Theorie vom ahnungslosen Neugeborenen, das da langsam zum Wissenschaftler heranwachse.

Nicht nur Gopnik und Meltzoff, auch andere Psychologen fanden heraus, daß schon Kleinstkinder weit größere Erkenntnisfähigkeiten besitzen als ursprünglich angenommen. Offenbar kommen Kinder schon mit einem intuitiven Wissen über die belebte und unbelebte Natur sowie über zwischenmenschliches Verhalten auf die Welt. Sie verstehen auf ihre naive Art bereits die Grundregeln der Biologie, der Physik und der Psychologie. Vor allem aber beherrschen sie die Methode der Theorienbildung.

Piaget hatte, so die neueren Studien, Babys und Säuglinge massiv unterschätzt. Ein banaler Grund dafür: Man kann sie nicht so leicht fragen. Und Piaget glaubte, daß sich die Sprachfähigkeit erst entwickelt, wenn das Verständnis für die Dinge entstanden ist.

... Mittlerweile ist den Psychologen klar, daß bereits Kleinstkinder lebende Objekte – insbesondere Menschen – von unbelebten unterscheiden können, Distanz, Größe und Bewegung von Gegenständen richtig einschätzen und vermutlich von Anfang an wissen, daß sie Menschen sind. Das geht aus der Tatsache hervor, daß neugeborene Menschen – nicht aber neugeborene Menschenaffen! – schon wenige Minuten nach der Geburt Grimassen imitieren können. Piaget zufolge vermochten sie das erst mit etwa einem Jahr.

... Gopnik und Meltzoff gehen so weit, die geistigen Leistungen eines Babys mit denen von Genies wie Albert Einstein zu vergleichen. Genau wie dieser den zunächst unbegreiflichen Zusammenhang zwischen Masse und Energie in einer einzigen Gleichung definiert hat, lernen Kinder innerhalb kurzer Zeit zuvor Unfaßbares zu verstehen. Aus einfachen Sinneserfahrungen stellen die kleinen Gehirne abstrakte Theorien auf, die immer wieder mit der Erfahrungswelt abgeglichen werden. So lernen Neugeborene relativ schnell, daß, wenn sie (A) schreien, (B) die Mutter erscheint, erschließen sich aber im Lauf der Zeit, daß (B) nicht zwingend die Folge von (A) ist.

... Zwar konstruieren Kinder ihre Theorien nicht explizit wie Wissenschaftler, die grübelnd am Schreibtisch sitzen und systematisch ihre Gedanken entwickeln, sondern intuitiv und weitgehend unbewußt. Kinder denken nun einmal nicht wie Erwachsene.

... Die Theorie der angeborenen Theoriefähigkeit, die sogenannte „Theorie-Theorie“, ist heute für manche Psychologen der Schlüssel bei der Erforschung menschlichen Bewußtseins. Denn sollte sie sich als richtig erweisen, dann wäre das menschliche Gehirn schon bei der Geburt mit viel grundlegenderen kognitiven Mustern ausgestattet als bisher vermutet. „Babys besitzen gewissermaßen ein Konzept zum Denken, können die Resultate aber dank ihrer Theoriefähigkeit immer wieder revidieren“, sagt Alison Gopnik ...“

aus: Reiner Klingholz, Kleine Menschen – Große Theorien
in: GEO WISSEN Nr. 1/99.

## 2.2 Beschreibung der vom Prüfling erwarteten Leistung

(1) Erläuterung des stofflichen und thematischen Zusammenhangs mit dem Unterricht in den vier Schulhalbjahren der Qualifikationsphase,

(2) Darlegung der selbständigen Leistung des Prüflings,

(3) Angabe der Bewertungsgesichtspunkte.

(1) **Erläuterung des stofflichen und thematischen Zusammenhangs mit dem Unterricht in den vier Schulhalbjahren der Qualifikationsphase**

- Die Wiedergabe der Grundgedanken der „Theorie-Theorie“ erfordert Kenntnisse und Fähigkeiten der Textanalyse, die als grundlegende lerntechnische Anforderung von 12/I bis 13/II praktiziert wurde.
- Die Formulierung der Kernaussage der Theorie sollte auf der Grundlage von Kenntnissen und Fähigkeiten aus dem Bereich Entwicklung und Lernen (12/I und 12/II) erfolgen.
- Aufgegriffen werden müssen diese Kenntnisse (12/II), um einen Bezug zu Piaget herzustellen.

- Eine wichtige inhaltliche Verbindung stellt der Vergleich der beiden unterschiedlichen Auffassungen dar, der eine komplexe Anwendung unterschiedlicher theoretischer Kenntnisse und Fähigkeiten erfordert.
- In der Auseinandersetzung mit der Aussage im Aufgabenteil 3 müssen Diskursfähigkeiten unter Beweis gestellt werden, die von 12/I bis 13/II im Erziehungswissenschaftlichen Unterricht entwickelt worden sind. Die Ableitung der pädagogischen Konsequenzen macht eine komplexe Anwendung der in allen Kurshalbjahren erworbenen Kenntnisse und Fähigkeiten notwendig.

(2) **Darlegung der selbständigen Leistung des Prüflings**

Der Prüfling muss sich ausgehend von den dargelegten theoretischen Kenntnissen kontrovers mit der Aussage auseinandersetzen und eine überzeugende eigenständige Argumentation entwickeln. Die Diskussion und Wertung und die selbständige Ableitung der pädagogischen Konsequenzen und deren Begründung erfordern die komplexe Anwendung grundlegender im Erziehungswissenschaftlichen Unterricht erworbener Kenntnisse und Fähigkeiten und könnten mit eigenen Erfahrungen verknüpft werden.
Erwartet wird eine umfassende und vielschichtige Problembetrachtung.

(3) **Angabe der Bewertungsgesichtspunkte**

**Aufgabe 1:**

Die Schüler sollten im Ergebnis der Textanalyse die wesentlichen Grundgedanken der „Theorie-Theorie" strukturiert wiedergeben. Dabei müsste die wissenschaftliche Fragestellung explizit herausgearbeitet werden (Werden Kinder dumm geboren oder beherrschen sie die Fähigkeit zur wissenschaftlichen Theoriebildung?).

**Folgende Grundgedanken** könnten formuliert werden:

- Zweijährige ergründen ähnlich wie Wissenschaftler die Welt;
- Kinder werden als empirische Forscher geboren;
- vom ersten Tag an entwickeln sie Theorien, revidieren und verbessern diese;
- alles Wichtige im Leben lernt man im Grunde schon im Kindergarten;
- Kleinstkinder besitzen größere Erkenntnisfähigkeiten als ursprünglich angenommen;
- sie beherrschen die Methode der Theoriebildung;
- Kleinstkinder können bereits unterscheiden (Lebewesen von Nichtlebewesen; Eigenschaften von Gegenständen), verstehen auf ihre Art Grundregeln der Biologie, Physik und Psychologie (zwischenmenschliche Beziehungen);
- Kinder lernen innerhalb kurzer Zeit, Unfassbares zu verstehen;
- Kinder konstruieren ihre Umwelt intuitiv und weitgehend unbewusst;
- können Distanz, Größe und Bewegung von Gegenständen richtig einschätzen;

- wissen, dass sie Menschen sind und können nach der Geburt Grimassen imitieren;
- geistige Leistungen eines Babys können mit denen eines Genies wie A. Einstein verglichen werden (Gopnik und Meltzoff);
- aus einfachen Sinneserfahrungen stellen die kleinen Gehirne abstrakte Theorien auf – diese werden immer wieder mit der Erfahrungswelt abgeglichen.

Die Kernaussage des Textes lässt sich in **folgender These** zusammenfassen:

Kinder besitzen ein Konzept zum Denken, sie können Resultate dank Theoriefähigkeiten immer wieder revidieren.

Die Textarbeit entspricht dem AFB I, die Strukturierung und die Formulierung der Kernaussage gehen bereits in den AFB II über.

**Aufgabe 2:**

Um den Bezug zu Piagets Stufentheorie der kognitiven Entwicklung herzustellen, könnten die Schüler die im Text enthaltenen Ansätze nutzen:

- Kinder werden mit nicht viel mehr als Reflexen geboren – ohne Wissen und ohne Vorstellung von der Welt;
- ihr kognitives Rüstzeug unterscheidet sich fundamental von dem der Erwachsenen;
- geistige Fähigkeiten müssen erst erlernt werden;
- Kinder verfeinern dabei ihre Methoden;
- Piaget glaubte, dass sich die Sprachfähigkeit erst entwickelt, wenn das Verständnis für die Dinge entstanden ist.

Es wird erwartet, dass diese Ansätze genauer erläutert werden, indem diese Aspekte der Theorie Piagets beschrieben und veranschaulicht werden.

Dabei kommt es keinesfalls auf eine vollständige Darstellung der Merkmale der von Piaget beschriebenen Stufen der kognitiven Theorie an, sondern eine Erläuterung der Grundannahmen und Hauptgedanken seiner Theorie sollte im Mittelpunkt stehen. Eine Auseinandersetzung mit den theoretischen Inhalten sollte erkennbar sein.

Wichtig ist, dass die Darstellung und Erläuterung der Aussagen Piagets immer im Vergleich mit den Auffassungen der „Theorie-Theorie“ erfolgen, so dass die Gemeinsamkeiten und Unterschiede deutlich gekennzeichnet werden können.

Die Schüler könnten zu **folgenden Aussagen** kommen:

- beide Theorien sehen den Menschen als aktiven Organismus, der in der Auseinandersetzung mit seiner Umwelt eine Vorstellung der Welt entwirft – dabei betont Piaget, dass der Organismus seine eigenen Strukturen erst Stufe für Stufe weiterentwickelt und geistige Fähigkeiten erst erlernt werden müssten, während die „Theorie-Theorie“ von einer Ausstattung des Gehirns schon bei der Geburt mit viel grundlegenderen kognitiven Mustern als bisher angenommen ausgeht,

d. h. die Kleinstkinder besitzen Erkenntnisfähigkeiten und beherrschen die Methode der Theoriebildung ... – siehe unter 1.;

- im Gegensatz zu den Vertretern der „Theorie-Theorie" geht Piaget von der Prämisse aus, das Kind bringe bei seiner Geburt nur wenig an Grundausstattung mit – quasi automatisch ablaufende Reflexe, vor allem Greifen und Saugen; das Kind könne vor allem zweierlei: Reize aus der Umwelt über seine Sinnesorgane aufnehmen und es kann sich – zunächst noch nicht sehr koordiniert – bewegen;
- die Vertreter der „Theorie-Theorie" meinen, dass Kinder schon kurz nach der Geburt Grimassen imitieren können – Piaget ordnet diese Fähigkeit erst in die 3. Phase der sensumotorischen Stufe ein;
- wie bereits aufgeführt, gehen die Vertreter der „Theorie-Theorie" davon aus, dass die Kinder vom ersten Tag an Theorien entwickeln, revidieren und verbessern, sie glauben, dass die kleinen Gehirne aus einfachen Sinneserfahrungen abstrakte Theorien aufstellen und diese immer wieder mit der Erfahrungswelt abgleichen – Piaget sagt, die voranschreitende Entwicklung des Kindes führe dazu, dass die Vorstellungen von der Welt und die Fähigkeiten zur Problemlösung immer wieder ins Ungleichgewicht zu den Anforderungen der Umwelt geraten – diese Störungen führen immer wieder zu neuen Stufen (Äquilibration) – nach seiner Auffassung, können bestimmte kognitive Fähigkeiten erst zu einem späteren Zeitpunkt erbracht werden.

(...) Zusammenfassend müssten die Schüler zu dem Schluss kommen, dass mit dieser neuen Theorie die Annahme vom ahnungslosen Neugeborenen in Frage gestellt wird.

Die Darstellung der Theorie Piagets entspricht dem AFB I, der Vergleich der beiden Theorien und die Auseinandersetzung mit den Inhalten ist dem AFB II zuzuordnen.

**Aufgabe 3:**

Die Auseinandersetzung mit dem Ausspruch sollte zu dem Ergebnis führen, dass diese Aussage falsch ist. Kinder sind nicht dümmer als Erwachsene, sie denken einfach nur anders. Nach Piaget befinden sie sich bloß auf einer anderen Stufe der kognitiven Entwicklung, nach Auffassung der „Theorie-Theorie" ergründen Zweijährige ähnlich wie Wissenschaftler die Welt. Es bleibt den Schülern überlassen, welcher Auffassung sie sich anschließen, wichtig ist nur, dass sie ihre persönliche Haltung hinreichend begründen.

Da die neuen Erkenntnisse nur einige Aspekte von Piagets Theorie in Frage stellen, nicht jedoch die gesamte Theorie, ist anzunehmen, dass die Schüler davon ausgehen, dass sich aus den Merkmalen der einzelnen Stufen der kognitiven Theorie pädagogische Konsequenzen ableiten lassen. In welcher Form die Schüler diese theoretischen Überlegungen konkret in die erzieherische Praxis umsetzen, kann hier nicht vorweggenommen werden. Es ist denkbar, dass sie ihre persönlichen Erfahrungen einfließen lassen.

Durch die Komplexität und Vielschichtigkeit ist die Aufgabe 3 dem Anforderungsbereich III zuzuordnen.

Die Leistung ist mit **„ausreichend"** zu bewerten, wenn einige Grundgedanken der „Theorie-Theorie" und wichtige Aussagen der Theorie Piagets dargestellt werden, der Versuch eines Vergleichs und die Auseinandersetzung mit dem Ausspruch erkennbar ist sowie einige pädagogische Konsequenzen genannt werden.

**Hinweise zur Bewertung**

| | |
|---|---|
| **AFB I – 30%** | 20% Aufgabe 1 – Textarbeit (Wiedergabe wesentlicher Grundgedanken)<br>10% Aufgabe 2 – Darstellung der Theorie Piagets |
| **AFB II – 50%** | 5% Aufgabe 1 – Strukturierung und Formulierung der Kernaussage<br>45% Aufgabe 2 – Vergleich der Theorien und theoretisch begründete Auseinandersetzung mit den Inhalten |
| **AFB III – 20%** | Aufgabe 3<br>10% Auseinandersetzung mit dem Ausspruch und<br>10% Ableitung pädagogischer Konsequenzen |

## 3. Ein weiteres Beispiel:

Weitere Positionen zur **Lernerfolgsüberprüfung im Pädagogikunterricht** finden sich bei Klaus Beyer (1998):

Leistungsbewertung als Überprüfung des Lernerfolgs ist ein kontinuierlicher Prozess, der in der Abiturprüfung seinen Höhepunkt finden sollte, d. h. die Schüler sollten langfristig durch geeignete Leistungsüberprüfungen (in mündlicher und schriftlicher Form, besonders durch die zu schreibenden Klausuren) auf die in den Abituraufgaben enthaltenen Anforderungen vorbereitet und nicht von diesen „überrascht" werden. Durch eine entsprechende Transparenz des Unterrichtes sollten die Schüler rechtzeitig die an sie gerichteten Erwartungen kennen lernen und sich so gezielt auf diese einstellen können. Dadurch wächst ihr Zutrauen in die eigene Leistungsfähigkeit und Ängste vor der Abiturprüfung werden abgebaut.

In der langfristigen Vorbereitung auf das Abitur sollte den Schülern immer wieder Gelegenheit gegeben werden, von einmal erworbenen kognitiven Kompetenzen Gebrauch zu machen. Dies kann durch einen spiralförmigen Aufbau des Unterrichts und didaktisch geschickt geplante Leistungsüberprüfungen geschehen, indem die Anwendung von Kompetenzen in zunehmend komplexeren Zusammenhängen erforderlich wird. Von besonderer Bedeutung sind in diesem Zusammenhang die Klausuren, welche die Schüler letztlich schrittweise auf die komplexen Anforderungen der Abiturklausuren vorbereiten sollen. So sollten ihnen hier bereits ausreichend Möglichkeiten gegeben werden, ihre Kompetenzen in der selbständigen, problemgerechten Materialauswertung, der logischen Gedankenführung, der fach- und sachgerechten schriftlichen Darstellung und der Bewältigung einer Aufgabenstellung in vorgegebener Zeit zu überprüfen. Der neue Rahmenplan Erziehungswissenschaft Sek. II des Landes Brandenburg verweist in diesem Zusammenhang darauf, dass in Klasse 11 eine sachgerechte Erörterung von Erziehungsphänomenen, die Nutzung von Methoden wissenschaftspropädeutischen Arbeitens (z. B. in Fallstudien) und die beschreibende Darstellung von theoretischen Zusammenhängen anspruchsvolle Leistungen darstellten. In Klasse 12 und 13 sollten sich die Aufgabenstellungen auf komplexe Erziehungsphänomene beziehen, einen Rückgriff auf zurückliegende Erklärungsmodelle beinhalten und zunehmend die argumentative Entwicklung pädagogischer Werturteile einfordern.

**Motivationsfördernd** wirkt sich ein hoher Aufgabenreiz aus, d. h. der Schüler sollte erkennen können, dass es sich bei den Aufgaben um für ihn persönlich bedeutsame Inhalte und Prozesse handelt. Dies kann durch eine Ausrichtung der Aufgaben an der gegenwärtigen und wenn möglich auch zukünftigen Lebenswirklichkeit der Schüler erreicht werden.

Die **folgende Abituraufgabe** zeigt, wie dem Schüler das Gefühl gegeben werden kann, dass er aus der Auseinandersetzung mit dieser Aufgabe einen Gewinn für seine persönliche Urteils- und Handlungsfähigkeit ziehen kann. Eine erfolgreiche Bearbeitung setzt jedoch einen entsprechenden vorbereitenden Unterricht voraus, wie er im Beitrag von Elfi Weiß beschrieben wird. Dem Schüler sollten also bereits verschiedene Möglichkeiten angeboten worden sein, sich Schulkonzepte weitgehend selbständig anzueignen, d. h. er müsste über ein entsprechendes Methodenrepertoire und Verfahrenskenntnisse verfügen. Es sollte nicht das erste ihm völlig neue Schulkonzept sein, mit dem er konfrontiert wird, sondern er sollte aus der Erfahrung gewachsener pädagogischer Kompetenz das Bewusstsein entwickeln, den Anforderungen dieser Aufgabe gewachsen zu sein.

## 3.1 Aufgabenstellung:

**Thema:** Klasse für Produktives Lernen an der Jean-Piaget-Oberschule Berlin Hellersdorf

**Material:** Aus: Konzept des Schulversuchs Produktives Lernen an der Jean-Piaget-Oberschule Berlin Hellersdorf, Mittenwalder Str. 5, 12629 Berlin – vorgelegt von Marion Lange am 14. 12. 1998 und beigefügtem Werbematerial dieser Schule.

Aufgabenstellung:

1. Analysieren Sie das vorliegende Werbematerial (Material 1) und den Bericht einer Schülerin (Material 2) und geben Sie die wesentlichen Aspekte des Schulkonzeptes Produktives Lernen an der Jean-Piaget-Oberschule Berlin Hellersdorf wieder.

2. Setzen Sie sich mit diesem Konzept aus erziehungswissenschaftlicher Sicht auseinander. Erörtern Sie am Fallbeispiel K., inwieweit Schule als Sozialisationsinstanz die Persönlichkeitsentwicklung beeinflussen und prägen kann.

3. Diskutieren Sie unter Einbeziehung Ihrer persönlichen Erfahrungen Anforderungen an die gegenwärtige Schule, damit sie positiven Einfluss auf die Persönlichkeitsentfaltung der Schüler nehmen kann.

## Material 1:

### Klasse für Produktives Lernen an der Jean Piaget-Oberschule in Berlin Hellersdorf

Die Klasse für Produktives Lernen an der Jean Piaget -Oberschule ist ein Angebot, das sich besonders an Jugendliche in Hellersdorf, Marzahn, Hohenschönhausen und Köpenick richtet, die Schwierigkeiten mit althergebrachten Lernmethoden haben. In produktiven Ernstsituationen kann jeder seine Fähigkeiten unter Beweis stellen und die meisten erkennen plötzlich, zu welchen tollen Leistungen sie in der Lage sind. Plötzlich macht auch das Lernen wieder Spaß, denn man begreift, wozu man lernt.

**3 Tage Praxis an einem selbstgewählten Praxisplatz** ( nach Wahl der Teilnehmer)
Gemeinsam mit den Pädagogen und Deinem Mentor erarbeitest Du dir einen Lernplan, der auf deine Interessen und deinem Praxisplatz abgestimmt ist. Du kannst deine Themen in der Schule, am Praxisplatz, in der Bibliothek, Zuhause, am Computer, mit Freunden, Eltern, Geschwistern, Lehrern, Praxisbetreuern u.s.w. bearbeiten.

2 Tage Schule in der Jean Piaget-Oberschule
Dein Stundenplan beinhaltet:

| | | |
|---|---|---|
| 5 | Unterrichtsstunden | Kommunikation |
| 2 | Unterrichtsstunden | Mathematik |
| 2 | Unterrichtsstunden | Englisch |
| 2 | Unterrichtsstunden | Lernbereich |
| 2 | Unterrichtsstunden | Wahlpflicht |
| 1 | Unterrichtsstunde | Computer |

**Das habe ich ja noch nie als Unterrichtsfach gehört!**

Kommunikation
Hier lernst Du:
Wie man richtig telefoniert,
Wie man sich bewirbt,
Wie man miteinander redet,
Wie man Streit klärt,
Wie man Probleme löst,
Wie man sich in kritischen Situationen verhält,
Wie man anderen seine Gefühle zeigen kann und dessen erkennt,
Wie man sich in einer Gruppe verhält,
Warum eine Familie wichtig ist
und vieles mehr

Lernbereiche:

Hier lernst du verschiedene Themenbereiche kennen:
Sprache, Kunst, Kommunikation,Gesellschaft, Wirtschaft,Natur, Technik
Alle Themen werden mit Euch abgesprochen.
Ihr arbeitet im Klassenverband, in kleinen Gruppen oder völlig allein an einem selbstgewählten Thema.

**Bewertung:**

Die Teilnehmer erhalten für die Bewertung keine Zensuren, sondern Punkte.

Pro Trimester bzw. Schuljahr sind in drei Bildungsteilen **maximal folgende Punktsummen** erreichbar:

| | **Trimester** | **Schuljahr** |
|---|---|---|
| Produktives Lernen | 17 Punkte | 51 Punkte |
| Kommunikationsgruppe | 5 Punkte | 15 Punkte |
| Thematische Gruppe | 8 Punkte | 24 Punkte |

Ein Schuljahr ist erfolgreich durchlaufen, wenn

1. Mindestens 45 Punkte erreicht werden,
2. mindestens 6 von 9 Bildungsteilen mit wenigstens der Hälfte der maximal erreichbaren Punktzahl abgeschlossen werden,
3. im Bildungsteil Produktives Lernen mindestens einmal, in den übrigen Bildungsteilen jeweils mindestens zweimal wenigstens die Hälfte der maximal erreichbaren Punktzahl erreicht werden.

Nach erfolgreichem Durchlauf der Klasse 9 ist ein dem Hauptschulabschluss gleichwertiger Abschluss erreicht, nach erfolgreichem Durchlaufen der Klasse 10 ein dem erweiterten Hauptschulabschluss gleichwertiger Abschluss.

**Folgende Aufnahmekriterien werden überprüft:**

- Bei den Teilnehmer/innen muss eine gewisse psychische Reife erkennbar sein. Sie sollen das produktive Lernen als Chance erkennen.
- In der Regelklasse besitzen die Teilnehmer/innen kaum Motivation zum Lernen.
- Es besteht die Bereitschaft seitens der Teilnehmer/innen und der Eltern, am Schulversuch teilzunehmen.
- Es besteht die Bereitschaft der Teilnehmer/innen zur produktiven Tätigkeit.
- Es besteht die Bereitschaft der Teilnehmer/innen, pünktlich und regelmäßig in der Schule und am Praxisplatz zu erscheinen.
- Es besteht die Bereitschaft der Teilnehmer/innen, selbständig und kontinuierlich zu lernen.
- Es besteht die Bereitschaft der Teilnehmer/innen, sich persönlich weiterzuentwickeln.
- Es besteht bei den Teilnehmer/innen der Wille, einen Schulabschluss zu erreichen.

- Es besteht die Bereitschaft der Teilnehmer/innen, andere Teilnehmer/innen nicht am Lernen zu hindern.
- Die Teilnehmer/innen legen ihre Motivation, am Produktiven Lernen teilzunehmen, dar.
- Es besteht die Bereitschaft der Eltern zur Zusammenarbeit mit den Pädagoginnen.

In diesem Zusammenhang achten die Jugendlichen und die Pädagoginnen **auf nachfolgende Punkte**:

Inwieweit ist der Jugendliche **bereit:**

- Verantwortung und Eigenverantwortung zu übernehmen?
- sich selbständig Wissen anzueignen?
- ihm übertragene Aufgaben zu lösen bzw. Lösungswege zu finden?
- die Ideen des Produktiven Lernens für sich zu nutzen?
- individuell oder in kleinen Gruppen tätig zu werden und zu lernen?

**Material 2:**

**K. erzählt ihre Geschichte:**

Als ich noch in der Grundschule war, war ich Klassenbeste und hatte alle Voraussetzungen. Ich hätte werden können, was ich wollte. Da ich dann auch noch eine Empfehlung für das Gymnasium hatte und dieses auch besuchte, waren meiner beruflichen Laufbahn keine Grenzen mehr gesetzt. Auch die richtigen Freunde hatte ich dort noch. Ende der 7. Klasse war auf meinem Zeugnis ein Durchschnitt von zwei. In den Sommerferien zur 8. Klasse lernte ich neue Freunde kennen, die waren anders als die anderen, die ich kannte, die waren nicht so langweilig und haben Sachen gemacht, die die anderen nie gemacht hätten. Sie gaben der Jugend irgendwie einen Sinn. Dazu muss ich aber noch sagen, dass ich damals immer Angst hatte, ich könnte mich nicht mehr an meine Zeit damals erinnern, wenn ich mal älter bin. Und wenn ich jetzt nachdenke, ist es ja auch so, die Zeit mit meinen Freunden werde ich mein ganzes Leben lang nicht vergessen, denn die haben mein ganzes Leben verändert und ich habe mir dadurch alles kaputt gemacht. Ich habe immer öfter die Schule geschwänzt, weil ich bei denen sein wollte. Als dann aber meine Eltern nicht mehr mitgespielt haben, gab es immer öfter Ärger zu Hause. Als mir das zu viel wurde, bin ich sogar von zu Hause abgehauen und gar nicht mehr zur Schule gegangen. Die Folgen waren: ich bin sitzen geblieben (musste die 8. Klasse wiederholen) und bin von der Schule geflogen. Dann besuchte ich eine Realschule, hatte aber aus meinen Fehlern noch nicht gelernt und schwänzte weiterhin, ich setzte meine ganze Kraft und mein Wissen nicht für die Schule, sondern für die Szene ein. Erst als das Schuljahr fast zu Ende war und mir gesagt wurde, dass ich schwanger bin, machte es auf einmal „Klick" und mir wurde das erste Mal bewusst, was ich überhaupt getan hatte. Auf einmal wurde mir klar, dass ich dabei war, meine ganze Zukunft zu ruinieren und ich mir ja bisher noch keine Gedanken über die Zukunft (auch die meines Kindes) gemacht hatte und mir nicht viel Zeit blieb, noch etwas in Ordnung zu bringen. Ich bemühte mich so gut, wie ich konnte, aber ich schaffte auch dieses Schuljahr nicht. Für mich brach eine Welt zusammen. Wie sollte es nun weitergehen? Ich hörte, dass es in Berlin Hellersdorf ein Schulprojekt für Jugendliche in meiner Situation gab. Ich wusste auch, dass dieses Projekt meine letzte Chance war. Ich setzte mich mit meiner Mutter dafür ein, dass ich dieses Projekt besuchen konnte. Ich erklärte den Lehrern und der Direktorin, in was für einer Situation ich bin, dass ich schwanger bin und es meine letzte Chance wäre, denn andere Schulen würden mich in diesem Zustand nicht nehmen und dass ich die 8. Klasse nicht noch ein drittes Mal machen wollte – ich bin ja nicht dumm, sondern habe die Schule nur nicht besucht. Die Lehrer vom Schulversuch setzten sich mit meinen Lehrern und Direktoren auseinander und fanden, dass es wirklich nur daran lag. Denn wenn ich in der Schule war, war meine Arbeit auch gut. Und die Lehrer gaben mir diese Chance. Ich bestand die Probezeit und war, als es Zeugnisse gab, Klassenbeste (ich hatte 29 von 30 Punkten). Inzwischen habe ich mein Kind bekommen, die Freunde habe ich zwar immer noch, aber mir kann jetzt keiner mehr dazwischen reden. Ich weiß jetzt, dass man bestimmte Sachen einfach trennen muss und zwischen wichtig und unwichtig unterscheiden muss!!

## 3.2 Beschreibung der vom Prüfling erwarteten Leistung

**(1) Erläuterung des stofflichen und thematischen Zusammenhangs mit dem Unterricht in den vier Schulhalbjahren der Qualifikationsphase**

- Die Wiedergabe der wesentlichen Aspekte des Konzeptes des produktiven Lernens erfordert Kenntnisse und Fähigkeiten der Textanalyse, die als grundlegende lerntechnische Anforderung von 12/I bis 13/II praktiziert wurde.
- In der Auseinandersetzung mit diesem den Schülern unbekannten Konzept müssen Kenntnisse und Verfahren aus 13/I (Ziele und Konzepte der Erziehung; Erfahrungen mit Schule – Zukunftswerkstatt Schule) und aus 13/II (Pädagogik als gesellschaftliche Gestaltungskraft/Pädagogik in der Diskussion/Persönlichkeitsbildung) angewendet werden.
- Zur begründeten Beurteilung könnte auf Entwicklungs- und Lerntheorien aus 12/I zurückgegriffen werden. Die Bearbeitung des Fallbeispiels verlangt den Bezug zu 12/II (Entwicklung und Sozialisation/Erziehung und Gesellschaft – Interdependenzen: Entwicklung, Persönlichkeit, Sozialisation, Gesellschaft).

Die Diskussion fordert die Verbindung von eigenen Erfahrungen und komplexen theoretischen Erkenntnissen aus verschiedenen Kurshalbjahren.

**Darlegung der selbstständigen Leistung des Prüflings**

Der Prüfling muss ausgehend von den Kenntnissen und Überlegungen zur Funktion von Schule als Sozialisationsinstanz und ihrer sich daraus ergebenden Bedeutung für die Persönlichkeitsentwicklung des Schülers selbständig Anforderungen an die gegenwärtige Schule ableiten. Schlussfolgerungen explizit unter diesem Aspekt sind dem Prüfling aus dem Unterricht nicht bekannt, wurden nur in anderen thematischen Zusammenhängen gefordert.

Die Formulierung und Begründung der Forderungen erfordert die Anwendung grundlegender erziehungswissenschaftlicher Kenntnisse und Fähigkeiten.

Da die Thematik die Emotionalität anspricht, eigene Erfahrungen impliziert und deshalb breiten Raum für individuelle Auffassungen bietet, sollte dem Prüfling in der Erarbeitung genügend Freiraum zugebilligt werden.

**Angabe der Bewertungsgesichtspunkte**

**Aufgabe 1:**

Die Schüler sollten im Ergebnis der Textanalyse wesentliche Aspekte des Konzeptes des Produktiven Lernens strukturiert darstellen. Dabei können durchaus unterschiedliche Schwerpunkte gesetzt werden, dennoch sollte der Ansatz des Produktiven Lernens explizit herausgearbeitet werden: am Anfang des Produktiven Lernens steht die Tätigkeit, d. h. die Jugendlichen lernen aus der Erfahrung produktiver Tätigkeiten und erschließen sich diese mit pädagogischer Unterstützung für ihre Bildung mit dem Ziel der Persönlichkeitsentwicklung und der Entwicklung eines individuellen Bildungsweges.

Möglich wäre die Darstellung folgender weiterer Aspekte:

- Zielgruppe: Schüler der 9./10. Klasse, die mit der traditionellen Regelschule nicht zurechtkommen bzw. deren Abschluss gefährdet ist;
- Ziele: nach erfolgreichem Durchlaufen der 9. Klasse ein dem Hauptschulabschluss gleichwertiger, nach der 10. Klasse ein dem erweitertem Hauptschulabschluss gleichwertiger Abschluss; durch das Lernen in beruflichen Situationen soll die Motivationskraft des Lernens wiedergewonnen werden;
- Unterrichtsformen: drei Tage Praxis an einem selbstgewählten Praxisplatz, zwei Tage Unterricht in der Jean-Piaget-Oberschule;
- Unterrichtsmethoden: statt althergebrachter Lernmethoden sollen die Schüler aus der Tätigkeit in produktiven Ernstsituationen lernen – am Anfang steht die Tätigkeit am Praxisplatz – aus den persönlichen Erfahrungen dort erkennen die Lernenden selbst, welche Kenntnisse und Fähigkeiten sie benötigen, um produktiv zu werden – in Absprache mit den Pädagogen gestalten sie ihr individuelles Bildungsprogramm (eigene Interessen werden berücksichtigt) = selbstbestimmtes Lernen – selbstgesteuertes Lernen – individuelles Lernen;
- Unterrichtsinhalte: ergeben sich u. a. aus der Erfahrung am Praxisplatz, d. h. Auseinandersetzung mit fachlichen Fragen, des weiteren Themenbereiche wie Kommunikation, Sprache, Kunst, Gesellschaft, Wirtschaft, Natur, Technik – bei der Auswahl der Themen haben die Schüler Mitspracherecht;
- Sozialformen: Arbeit im Klassenverband, in kleinen Gruppen oder Einzelarbeit an einem selbstgewählten Thema;

- es werden keine Zensuren erteilt, es gibt keine Schulstrafen, drei Mal im Jahr erhält der Jugendliche einen Trimesterbericht mit einer Punktebewertung und sehr ausführlichen Beurteilungen;
- dennoch gibt es auch an dieser Schule Regeln – der Jugendliche muss bestimmte Aufnahmekriterien erfüllen.

Eine Begriffsbestimmung des Produktiven Lernens sollte erfolgen – ein pädagogischer Prozess, der auf der Grundlage der Teilnahme an produktorientierten Tätigkeiten an verschiedenen Praxisplätzen die Persönlichkeitsentwicklung und die Entwicklung eines individuellen Bildungswegs im Schul- und Praxisteil hervorbringt.

Bewertungsschwerpunkt ist das Erfassen der wesentlichen Gedanken und deren logische Zuordnung. Das Besondere dieses Konzeptes sollte klar herausgearbeitet werden.

Die Textarbeit entspricht dem AFB I, die Begriffsbestimmung des Produktiven Lernens und die in Aufgabe 2 geforderte Auseinandersetzung mit dem Konzept dem AFB II.

**Aufgabe 2:**

In der Auseinandersetzung mit dem Konzept könnten die Schüler folgende Ansätze wählen:

- das Konzept ermöglicht es den Jugendlichen, aus der Passivität des Schülerdaseins herauszutreten;
- sie erhalten Gelegenheit, Selbstbewusstsein, Kreativität und Leistungsfähigkeit bei Tätigkeiten, die ihnen sinnhaft erscheinen und ihren Ansprüchen und ihrem persönlichen Engagement entsprechen, zu entwickeln;
- sie üben die Erwachsenenrolle, indem Vertrauen in ihre Fähigkeiten gesetzt wird – Praxisplätze ermöglichen dies;
- sie beweisen öffentlich ihre Fähigkeiten und machen die Erfahrung, etwas für sich und das Umfeld Wichtiges bewirken zu können;
- Theorie-Praxis-Bezug: Anregung zum Selberlernen; sich durch die Situation persönlich angesprochen zu fühlen, die Möglichkeit, selbst tätig zu werden und die Komplexität von Tätigkeiten ermöglicht Problemstellungen, die die Motivation erhöhen;
- unterschiedliche persönliche Erfahrungen am Praxisplatz ermöglichen einen hohen Grad an Individualisierung – individuelles Lernen erfordert in erhöhtem Maße Selbständigkeit und Disziplin;
- das Lernen in unterschiedlichen Sozialformen trägt zur Entwicklung von Sozialkompetenz bei;
- die Wiederentdeckung der „Freude“ am Lernen führt dazu, den Bildungsweg wieder aktiv zu planen und zu gestalten (selbstgesteuertes Lernen, das Lernen lernen).

Zur Begründung ihrer Positionen könnten die Schüler verschiedene Bezüge zu Lern- und Entwicklungstheorien herstellen ( z. B. Erik Eriksons Identitätstheorie, Jean Piagets Entwicklungsphasenmodell, Lernen durch Einsicht, Handlungstheorien etc.).

Die Schüler sollten zusammenfassend beurteilen, dass dieses Konzept der Persönlichkeitsentwicklung der Jugendlichen dient. Sie könnten zu folgenden Schlussfolgerungen kommen:

- kontinuierliche Erhöhung der Selbständigkeit,
- Entwicklung eines gesunden Selbstvertrauens,
- Motivation, etwas für die eigene Bildungsentwicklung zu tun,
- Anregung, über mögliche Abschlussperspektiven zu diskutieren,
- Stärkung des Selbstbewusstsein,
- Hilfen zur Selbstfindung,
- Erwerb von Schlüsselqualifikationen,
- Entwicklung sozialer und kommunikativer Kompetenzen,
- Fähigkeit zur Kooperation (...).

Diese allgemeinen Feststellungen könnten konkret auf das Fallbeispiel der Schülerin K. übertragen werden.

Es wird erwartet, dass ausgehend von der Analyse der konkreten sozialen Situation der Schülerin K. der Einfluss der Schule auf die Persönlichkeitsentwicklung nachgewiesen wird.

Dabei könnten folgende Aspekte betrachtet werden:

- Ziel, Schulabschluss zu erreichen,
- selbstbestimmt lernen,
- Erfahrungen für zukünftiges Berufsleben sammeln,
- Chance, neu anzufangen,
- Erfolg statt Misserfolg,
- neue Perspektive.

Die Schüler sollten zu der Einsicht finden, dass das sich entwickelnde Individuum immer auf soziale Gefüge trifft, in die es sich einordnet und von denen es in seiner Persönlichkeitsentwicklung beeinflusst und geprägt wird. Dieser umfassende Einwirkungsprozess aller gesellschaftlicher Faktoren auf die individuelle Entwicklung wird als Sozialisation bezeichnet. Im Fallbeispiel wird die Wirkung der Sozialisationsinstanz Schule deutlich. Es sollte erkannt werden, dass Schule als gesellschaftliche Institution in vielfältiger Weise mit der Sozialisation Jugendlicher verbunden ist, da sie wie kaum eine andere Instanz strukturierend und definierend in die Gestaltung der Lebensphase Jugend eingreift. Der Einfluss auf die biografische Entwicklung müsste am Fallbeispiel explizit nachgewiesen werden.

Die Wiedergabe theoretischer Inhalte ist dem AFB I zuzuordnen, deren Auswahl und die Herstellung kausaler Zusammenhänge dem AFB II.

**Aufgabe 3:**

Erwartet wird die selbständige logische Ableitung von Anforderungen an die gegenwärtige Schule, damit diese positiven Einfluss auf die Persönlichkeitsentfaltung der Schüler nehmen kann. Diese Anforderungen sollten in einem begründeten Zusammenhang mit den theoretischen Aussagen zum Zusammenhang von Entwicklung, Sozialisation und Erziehung befinden, jedoch auch genügend Raum für die Reflexion persönlicher Erfahrungen lassen.

Mögliche Ansätze könnten sein:

- Schule sollte zu einer anregungsreichen Begegnungsstätte werden, in der möglichst freiheitliche Lern- und Lebensbedingungen herrschen (Lern- und Lebensraum);
- Wissensvermittlung und Persönlichkeitsbildung;
- Trennung von Lernen und Leben sollte aufgehoben werden – Schule muss sich gegenüber ihrer sozialen Umwelt öffnen;
- Schule müsste entinstitutionalisiert werden ( Aufhebung von Jahrgangsklassen, Fächertrennung und 45-Minuten-Rhythmus);
- selbstbestimmtes Lernen, Anregung zum Selberlernen (Lernkompetenz), individuelles Lernen und soziale Erfahrungen;
- Erwerb von Schlüsselqualifikationen, Entwicklung sozialer und kommunikativer Kompetenzen; Hilfen und Angebote zur Identitätsfindung/Entwicklung des Selbstkonzeptes;
- Thematisierung von Alltagsfragen, Alltagserfahrungen und Lebensproblemen;
- Diskussion von Lebenskonzepten;
- Entwicklung von Urteilsfähigkeit und Nutzungskompetenz (...).

Ein Bezug zum Bericht der Rau – Kommission wäre denkbar. Eine besondere Leistung wäre der Verweis darauf, dass Schule heute neben den traditionellen Funktionen (Qualifikations-, Integrations- und Selektionsfunktion sowie Personalisation) neue Funktionen zu erfüllen hat, welche z. B. von Peter Struck wie folgt beschrieben worden sind: kompensatorische F., familienergänzende F., diagnostische und therapeutische F., eine die Einflüsse von Gleichaltrigen regulierende Funktion. Im Unterricht in 13/I wurde diese Auffassung kurz erwähnt.

Durch die Komplexität und Vielschichtigkeit ist die Aufgabe 3 dem AFB III zuzuordnen.

Die Leistung ist mit „**ausreichend**“ zu bewerten, wenn wesentliche Aspekte des Schulkonzeptes erkannt und wiedergegeben werden, der Versuch einer Auseinandersetzung mit dem Konzept erkennbar ist, der Zusammenhang von Entwicklung, Sozialisation und Erziehung erkannt wird, das Fallbeispiel in diesen Zusammenhang gestellt wird und einige Anforderungen in Ansätzen abgeleitet werden.

**Hinweise zur Bewertung:**

| | |
|---|---|
| **AFB I – 30%** | 20% Aufgabe 1 – Textarbeit (Erfassen wesentlicher Gedanken und geordnete Wiedergabe) – 10% Aufgabe 2 – Wiedergabe wesentlicher Inhalte |
| **AFB II – 50%** | 5% Aufgabe 1 – Begriffsbestimmung produktives Lernen; 45% Auseinandersetzung mit dem Konzept |
| **AFB III – 20%** | 20% Aufgabe 3 – selbständige Ableitung |

Anschließend folgt ein Beispiel für den Überblick über den **Unterricht der Qualifikationsphase,** wie er unter Bezug auf die Themen der Aufgabenstellungen mit den Aufgaben eingereicht werden muss.

## 4. Überblick über den Unterricht der Qualifikationsphase (Themen, Inhalte und Methoden):

**Schulhalbjahr 12/I :**

Erziehung, Entwicklung und Lernen

Wiederholung anthropologischer, sozial- und geisteswissenschaftlicher Grundlagen von Erziehung, Lernbegriff, Abgrenzung von anderen Handlungsarten, Lerntheorien des klassischen und operanten Konditionierens, Modelllernen, Lernen durch Einsicht, Betrachtungen zur Annäherung der Theorien und zur Komplexität von Lernprozessen;

Edukinesiologie, Brain-Gym, gehirngerechtes Arbeiten (Vera Birkenbihl);

menschliche Entwicklung, Entwicklungsbegriff, Entwicklungsbedingungen,

theoretische Arbeit, mind-map, Gruppenarbeit, Arbeitshypothesen, Referate, Gestaltung von Stundenthemen, Collagen, Wandzeitungen, Protokolle, Experimente, Umfragen, praktische Übungen, Rollenspiele und Anwendungsübungen

**Schulhalbjahr 12/II:**

Erziehung, Sozialisation und Selbstfindung

Wege der Erkenntnis- Wege zum Selbst, Jean Piagets Stufentheorie der kognitiven Entwicklung, Modelle der Persönlichkeitsentwicklung nach Sigmund Freud und Erik Erikson, psychische Störungen (Angst nach Fritz Riemann, Exkurse: Fromm, Axline, Rogers)

Entwicklung und Sozialisation/Erziehung und Gesellschaft (Grundbegriffe, Sozialisationsbedingungen und -faktoren, Rollentheorie, Strukturwandel, Mädchen- und Jungensozialisation)

Jugend und Selbstfindung

Interdependenzen: Entwicklung, Persönlichkeit, Sozialisation, Gesellschaft theoretische Arbeit, Analyse von Fallbeispielen und Anwendung theoretischer Kenntnisse, Arbeit an einer Ganzschrift: Ude-Pestel „Betty", Befragungen

**Schulhalbjahr 13/I:**

Ziele und Konzepte der Erziehung

Erfahrungen mit Schule – Zukunftswerkstatt Schule

Schule in der Kritik, Schulische Sozialisation, Das Bildungswesen der BRD – historischer Wandel, Bildungsreform, Bericht der Rau-Kommission

Bildungskonzepte großer Erzieher (M. Montessori, R. Steiner, J. Korczak, A. S. Neill)

Projektmethode, Facharbeit, Zukunftswerkstatt, Besuch in reformpädagogischen Einrichtungen, Analyse von Biographien und theoretischen Schriften, Untersuchung gesellschaftlicher Hintergründe, Bibliotheksarbeit

**Schulhalbjahr 13/II:**

Pädagogik als gesellschaftliche Gestaltungskraft/Pädagogik in der Diskussion

Persönlichkeitsbildung – Wie bin ich geworden, wie ich bin? – Selbstentfaltung – Wege zum „großen Ich" – subjektstärkende Erziehung

Modelle des Menschen und ihre pädagogischen Implikationen (Modelle des Menschen, Menschenbilder, Modell der produktiven Realitätsverarbeitung, Strukturmodell)

Was nun? Lebens- und Berufsplanung, Perspektive Studium

theoretische Arbeit, Referate, Gruppenarbeit, Diskussion/Debatte, Rollenspiel, mind-map, Clusterbildung -Lerntechnik Prüfungsvorbereitung – Entspannungs- und Konzentrationsmethoden

## 5. Zur Textsuche

Eine spannende und gerade für Anfänger oftmals schwierige Frage ist das Problem der Textauswahl.

Nach meinen persönlichen Erfahrungen ist es günstig, sich eine private Textsammlung aufzubauen und diese kontinuierlich zu erweitern, um bei Bedarf darauf zurückgreifen zu können.

Geeignete Texte lassen sich mit dem nötigen „didaktischen Blick" zu jeder Zeit in vielen Zeitschriften und in der Tagespresse finden.

Für die schriftliche Abiturprüfung erweist es sich als günstig, dem Schüler alternative Text- und Materialarten anzubieten.

Fachwissenschaftliche Texte zu erziehungswissenschaftlichen Problemen lassen sich in speziellen Fachzeitschriften finden. Empfehlenswert sind besonders Zeitschriften wie „Pädagogik", thematische Sonderhefte der PM oder der Reihe GEO

Wissen, die Friedrich Jahreshefte oder die „Psychologie heute". Texte aus letzterer Zeitschrift sind jedoch meist sehr psychologisch ausgerichtet und so erfordert es etwas methodisches Geschick, sie durch Kürzungen und unter entsprechenden pädagogischen Fragestellungen für das Fach bzw. das Abitur nutzbar zu machen.

Unter den erschwerten Prüfungsbedingungen wirkt es sich angstabbauend und motivationsfördernd aus, wenn der Schüler gleich beim ersten Lesen in den angebotenen Texten Bekanntes entdeckt und Bezüge zu im Unterricht thematisierten Problemstellungen, Theorien etc. herstellen kann. Interessant für Schüler sind z. B. neuere Forschungsergebnisse oder Weiterentwicklungen von im Erziehungswissenschaftlichen Unterricht behandelten Theorien, die einen Vergleich mit dem bereits Bekannten geradezu herausfordern (vgl. Abiturbeispiel zur Theorie Piagets).

Möglich wäre, im Ergebnis einer Textanalyse die thesenartige Darstellung der wesentlichen Gedanken zu verlangen, ein Konzept/eine Theorie in grundlegenden Aspekten oder die Auffassung des Autors zu einem bestimmten fachwissenschaftlichen Problem herausarbeiten zu lassen (AFB I).

Dadurch ist bereits in der ersten Teilaufgabe ein Materialbezug gesichert, der dann in weiteren Teilaufgaben logisch fortgesetzt werden kann, beispielsweise durch eine Auseinandersetzung aus erziehungswissenschaftlicher Sicht, die Bezüge zu verschiedenen Theorien erforderlich macht.

Populärwissenschaftliche Texte zu erziehungswissenschaftlichen Fragestellungen finden sich in den zahlreichen Elternzeitschriften, in denen Erziehungswissenschaftler wie Peter Struck oder Klaus Hurrelmann veröffentlichen. So bieten z. B. „Familie und Co" oder „Eltern" eine große Auswahl interessanter Texte zur Erziehungspraxis und deren theoretischen Hintergründen, aber auch zahlreiche Fallbeispiele an, die sich geschickt als Grundlage für die Ableitung pädagogischer Fragestellungen einsetzen lassen.

Es lohnt sich auch immer ein Blick auf die Titelthemen von Magazinen wie „Spiegel", „Focus" etc. oder Wochenzeitschriften wie z. B. „Die Zeit" oder speziellen Themenheften dieser Zeitungen, die in der letzten Zeit verstärkt pädagogische Problemstellungen thematisiert haben.

Auch in der Tagespresse können ständig Beiträge zu aktuellen pädagogischen Fragestellungen (beispielsweise zum Schulsystem, zu Alternativschulen, zu neueren lerntheoretischen und lernpsychologischen Problemen) entdeckt werden.

Auf speziellen Familienseiten werden neueste Erkenntnisse, Ergebnisse von Studien und Tipps von Erziehungswissenschaftlern zu Erziehungsphänomenen dargestellt und kommentiert sowie pädagogische Fragestellungen erörtert, ProContraArgumentationen, Statistiken, Expertenbefragungen etc. veröffentlicht.

Ich denke, aus diesem breiten Angebot unterschiedlichster Materialien und verschiedenster Textarten lassen sich auf jeden Fall geeignete Texte finden, um interessante Abituraufgaben für die Schüler zu formulieren. Dafür wünsche ich uns allen weiterhin Erfolg und viele gute Ideen.

## Literatur

Beyer, Klaus: Handlungspropädeutischer Pädagogikunterricht. Teil III. Eine Fachdidaktik auf allgemeindidaktischer Grundlage. Reihe Didactica Nova, Band 4. Baltmannsweiler: Schneider-Verlag Hohengehren 1998.

# Kleines Methodenregister

# Nachweis der Abbildungen

**Beitrag Thiem:**

**S. 73:** Familienmobile. Zeichnung: Claudia de Weck. In: Brigitte Legatis-Roth/ Ruth Schnelli-Näf: Familienleben so und anders. (Verlag pro juventute. Zürich 1993, S. 57). Aus: Dorlöchter, Heinz u. a.: Phoenix. Der etwas andere Weg zur Pädagogik. Band I. Paderborn: Ferdinand Schöningh, 2000, S. S. 78.

**Beitrag Gesper:**

**S. 109 bis 114:** Kinderzeichnungen aus seinem Praktikum in der Kindertagesstätte.

**Beitrag Remmert:**

**S. 144:** Auguste Rodin: „La cathédrale" (1908).

**Beitrag Stiller (Fotografie):**

**S. 160:** Zwei Fotos zu Koranschulen: Henning Christoph: Das Fotoarchiv. In: Dorlöchter, Heinz u. a.: Phoenix. Der etwas andere Weg zur Pädagogik. Band I. Paderborn: Ferdinand Schöningh 2000, S. 131.

**S. 167:** Zwei Klassenfotos: Stiller, Edmund: aktuelles Gruppenbild des Differenzierungskurses vor der Büste des Freiherrn von Stein im Gymnasium Recklinghausen. Historisches Foto ohne Datierung und Autor aus: Felsches, Josef: Didaktische Phantasie. Essen: Die Blaue Eule 1993, S. 34.

**S. 167:** Erster Schultag, Ostern 1958. In: Dorlöchter, Heinz u. a.: Phoenix. Der etwas andere Weg zur Pädagogik. Band I. Paderborn: Ferdinand Schöningh 2000, S. 161.

**S. 168**: „Zwei Generationen". Foto von Mike Schröder/argus. Aus: Dorlöchter, Heinz u. a.: Phoenix. Der etwas andere Weg zur Pädagogik. Band II. Paderborn: Ferdinand Schöningh 2000, S. 343.

**Beitrag Laska (Bilderbuffet):**

**S. 175, 176 und 178:** Bild 1,2 und 4: Diane Arbus/Monografie „diane arbus" Zweitausendeins 1985. Originalausgabe: An Aperture Monograph. New York: Millerton 1972.

**S. 177:** Hat Autor ohne Quelle gefunden und konnte Ursprung nicht ergründen.

**Beitrag Rogal:**

**S. 186, 187:** Fotografien vom Autor.

# Die Herausgeber und Autoren des Bandes

**Anja Dams,** Studienassessorin

Jahrgang 1974, 1993 bis 98 Studium Physik Lehramt Sek. II/I und Pädagogik Sek. II an der Gerhard-Mercator-Universität/Gesamthochschule Duisburg, 1999 bis 2001 Referendariat am Studienseminar II in Duisburg für Sek. II/I.

**Gunter Gesper,** Studienrat

Jahrgang 1961; Studium Diplomlehrer für Mathematik und Physik an der Humboldt-Universität Berlin; Aufbaustudium für Erziehungswissenschaft Sek. II Universität Potsdam; seit 1985 im Schuldienst – gegenwärtig Lehrer für Mathematik, Physik, Erziehungswissenschaft am Städtischen Gymnasium „F. Stoy“ in Falkenberg. Fachmoderator Erziehungswissenschaft Sek. II für das Land Brandenburg.

**Eckehardt Knöpfel**, Mag. theol., Studiendirektor

Jahrgang 1946, Studium der Erziehungswissenschaft, Ev. Theologie und Germanistik in Erlangen, Bonn und Duisburg; Fachleiter am Studienseminar S II in Oberhausen, Fachberater bei der Bezirksregierung Düsseldorf, Lehrauftrag für Didaktik des Faches Pädagogik an der Universität/GS Essen, Vorsitzender des Verbandes der Pädagogiklehrer und -lehrerinnen.

**Jürgen Langefeld,** Prof. Dr.

Jahrgang 1941, Studium von Latein, Romanistik, Pädagogik und Philosophie in Köln, Düsseldorf, Nancy, Barcelona; 1./2. Staatsexamen, Promotion, Studienrat; Professor für Pädagogik an der Gesamthochschule Wuppertal, langjähriger Vorsitzender des Verbandes der Pädagogiklehrer und -lehrerinnen; zahlreiche Publikationen zum Pädagogikunterricht.

**Peter Laska**, Studiendirektor

Jahrgang 1946, Studium der Germanistik und Erziehungswissenschaft an der Ruhr-Universität Bochum, Studienreferendar in Essen 1973; im Schuldienst seit 1974 an der Luisenschule/Gymnasium in Mülheim/Ruhr, 1977 Fachleiter für Erziehungswissenschaft, später auch Hauptseminarleiter am Studienseminar Essen, 1985 Fachberater für Erziehungswissenschaft bei der Bezirksregierung Düsseldorf.

**Uta Lehmann,** Dr. paed.

Jahrgang 1950, Studium an der Pädagogischen Hochschule Potsdam, Diplomlehrerin. Nach der Promotion in der Lehrerbildung an der PH/ Universität Potsdam tätig. Seit 1994 wissenschaftliche Mitarbeiterin in der Professur für Schulpädagogik mit dem Schwerpunkt Didaktik des Unterrichtsfaches Pädagogik und Didaktik der Sekundarstufen.

**Kerstin Mettke,** Dr.

Jahrgang 1963; 1981 bis 1985 Studium Diplomlehrer für Biologie und Chemie in Rostock, 1985 bis 1989 Forschungsstudium in Rostock, Sektion Biologie, Wissenschaftsbereich Biologiemethodik; 1990 Promotion, seit 1989 im Schuldienst; 1992 bis 1995 Aufbaustudium für Erziehungswissenschaft Sek. II an der Universität Potsdam; Fachlehrerin für Biologie, Chemie und Erziehungswissenschaft am Gymnasium Beeskow.

**Claudia Antonia Remmert**

Jahrgang 1950; Studium der Fächer Soziologie, Religionswissenschaften in Bochum und Frankfurt/Main – Examen in Lehramt Sek. I in Politik und Französisch; Lehramt Sek. II: Erziehungswissenschaft – Ausbildung zur Gestaltpädagogin am Gestaltpädagogischen Zentrum Berlin, mehrjährige Auslandserfahrung in der Arbeit an einer Freien Schule in Neuseeland – Lehrerin an Hauptschule und Gesamtschule in Berlin; gegenwärtig Lehrerin am Gymnasium in Werder/Havel.

**Stefan Rogal,** Dr. phil.

Jahrgang 1965, Studium der Pädagogik, Philosophie und Literaturwissenschaft in Bochum, Innsbruck, Klagenfurt und Essen; Vorbereitungsdienst für Lehramt in Deutsch, Pädagogik (Gymnasium), Unterrichtstätigkeit am Lehrerseminar Kreuzlingen, Doktoratsstudium an der Universität Innsbruck, Lehrauftrag an der Universität Brixen.

**Edwin Stiller**, Studiendirektor

Jahrgang 1952; Studium der Sozialwissenschaften, Erziehungswissenschaft und Publizistik in Bochum und Münster (1972 bis 1977). Im Schuldienst (einschließlich Referendariat) seit 1977. Studiendirektor am Freiherr-vom Stein-Gymnasium in Recklinghausen. Seit 1993 Fachleiter für Pädagogik am Sek. II – Studienseminar in Recklinghausen, seit 1998 dort auch Hauptseminarleiter. Seit vielen Jahren für die Bezirksregierung Münster und das Landesinstitut für Schule und Weiterbildung Soest in der Lehrerfortbildung tätig. Autor der Dialogischen Fachdidaktik Pädagogik, Mitautor von „Phoenix“.
Internetadresse: http://www.dialogische-fachdidaktik.de

**Hans-Georg Tangemann,** Oberstudienrat

Studium der Philosphie, Erziehungswissenschaft und Romanistik; Oberstudienrat am Gymnasium am Wirbeltor in Düren.

**Wolfgang Thiem**, Prof. Dr. paed. habil.

Jahrgang 1937, Studium Chemie und Biologie an der Karl-Marx-Universität Leipzig; Staatsexamen für Lehramt bis Klasse 12; 1971 Promotion in Didaktik zur Kontrolle im Unterricht; 1981 Habilitation zum unterrichtlichen Aneignungsprozess; 1981 bis 1984 Lehrerbildner in Maputo/Mocambique, seit 1984 an der PH/Universität Potsdam; Hochschulprofessor für Schulpädagogik/Didaktik des Unterrichtsfaches Pädagogik/Didaktik der Sekundarstufen. Autor des Bandes 1 der Reihe „Didactica Nova".

**Carola Volk**

Jahrgang 1961, Studium 1979 bis 1983 an der PH „Clara Zetkin" in Leipzig; 1981 bis 1982 Auslandsstudium in Kaluga bei Moskau; Schuldienst seit 1983 in Zwenkau bei Leipzig und in Bernau bei Berlin; – seit 1991 Lehrerin für Deutsch Sek. I und II an der Gesamtschule mit GOST in Bernau/Zepernick; 1990 bis 91 Fachmoderatorin Deutsch Sek. I; 1991 bis 1996 Fachleiterin für Deutsch Sek. I am Studienseminar Bernau; Aufbaustudium für Erziehungswissenschaft Sek. II Universität Potsdam (1995 bis 98); ab 1997 Unterricht in Erziehungswissenschaft – Fachkonferenzleiterin; Mitarbeit am neuen Rahmenplan Erziehungswissenschaft Sek. II.

**Elfi Weiß**

Jahrgang 1957, Lehrerstudium der Fächer Deutsch und Russisch in Leipzig, 1995 bis 1998 Aufbaustudium für Erziehungswissenschaft Sek. II Universität Potsdam, Schuldienst seit 1980, aktuell am Elsterschloss-Gymnasium Elsterwerda.